恩寵與勇氣

生與死的靈性與療癒

GRACE AND GRIT

Spirituality and Healing in the Life and Death of Treya Killam Wilber

肯恩・威爾伯 Ken Wilber——著

胡因夢・劉清彥——合譯

其實結局是幸福的〈二版序〉

肯恩・威爾伯

在寫下這篇序的此刻，距崔雅過世已經十年了。因為她的存在，我多了無限多，也少了無限多。多了無限多，是因為認識了她；少了無限多，則是因為失去了她。但或許生命中事事皆如此：在同一時刻將你充滿，又把你掏空。只是我們鮮少能見到像崔雅這樣的人，因此那喜悅，那痛苦，更被強烈放大。

崔雅在每個認識她的人心中都有不同的面貌。以下是我心中的崔雅。我不認為這是唯一的崔雅，或許甚至不是最好的崔雅，但我相信這本書是很完整的、平衡而公平的描述。尤其是這本書可以自由運用她自己的日記。崔雅成年之後都斷斷續續地寫日記，我們在一起的那段日子，她幾乎每天都寫。

崔雅過世後，我一直打算不先看過就把這些日記全部銷毀，因為它們對她而言是極度私密的。她從來不曾把日記給任何人看，包括我在內。不是因為她要保留或隱藏她「真正的感覺」，所以要將它們「藏在」日記裡。事實正好相反，崔雅最特別的一點——事實上可以說是她最最令人驚訝的一點——正是她公開的自我與私下的自我幾乎沒有分別。她沒有藏匿任何「祕密」的、她害怕或羞於跟全世界分享的想法。只要你開口問，她就會原原本本地告訴你她的想法——對你或對其他任何人——但是她表達的方式如此直接明白，毫無防衛，因此極少有人會因此生氣。就是這樣的基礎，讓她如此正直坦率。大家會從一開始就信任她，因為他們似乎都知道她絕對不會

對他們說謊。據我所知，她也確實如此。

所以我曾經想銷毀這些日記，不是因為她想隱藏什麼，而是因為寫日記的時刻是她單獨與自己相處的特別時光，我覺得任何人，包括我在內，都不應該侵入那個空間。但就在她即將過世前，她指著她的日記說：「你會需要它們。」她之前就要求我寫下我們歷經的折磨，而她知道我會需要這些日記，才能傳達出她自己的想法。

在寫《恩寵與勇氣》時，我讀完了她寫在十大本筆記本跟許多電腦檔案中的所有日記，因此關於書中涵蓋的每個主題，我幾乎都能從中找到一些片段，而能讓崔雅用自己的方式，為自己說話。在閱讀這些日記時，我發現它們就如我所猜測：裡面沒有任何祕密，沒有任何她不曾大致上跟我或跟她的家人朋友分享過的事情。崔雅公開的自我與私下的自我根本沒有任何分別。我想，這正是她正直人格的一部分，我也認為，這跟她只能稱之為無所畏懼的個性息息相關。崔雅有一股絕對無懼的力量，這絕對不是我隨口說說。崔雅無所畏懼，因為她對你，對我，對上帝，或對任何人，都無所隱瞞。她面對現實，面對神聖力量，面對世界，都是完全透明的，因此對來自其中的一切也毫無畏懼。我見過她極度痛苦，我見過她極度憂傷，我見過她極度憤怒。但我從沒見過她陷入恐懼當中。

你不難了解為什麼許多人跟她相處時都會覺得充滿生氣，活力充沛，被徹底喚醒。即使是當我們進出各間醫院，當崔雅經歷一次又一次讓人失去尊嚴的殘酷經驗時，許多人（護士、訪客、其他病人、其他病人的親友）都經常待在她的病房裡，只為了在她身邊，感受她渾身上下散發出的那股生命力與活力。我記得在德國波昂的一間醫院時，我甚至得排隊等候進她的病房。

她有時會很頑固；堅強的人經常如此。但是那頑固是來自於她散發活力、清明與存在感的核心，這給人無比的支持力量。與崖雅相處過之後，許多人都會變得更有活力，更開放，更直接。她的存在會改變你，這改變有時候很細微，有時候很重大，但無論如何都會讓你有所改變，讓你真正存在於當下，讓你清醒。

另外值得一提的是：崖雅非常漂亮，但是（你會在書中看到），她卻毫不虛榮，這點很令人訝異。她只是毫不自覺地做她自己，如此而已。那種自在的程度可與我認識的許多人比擬，包括一些靈性啓發甚深的導師。她只是單純而直接地，讓她整個人存在當下。她對自己的不在意讓她更是完全「就在當下」。在崖雅身邊，整個世界都會變得接近而聚焦，清晰而誘人，明亮而坦率，開放而活躍。

《恩寵與勇氣》是她的故事；也是我們的故事。許多人問我，既然我如此留心地將崖雅自己的文字與聲音放在書裡，為什麼不把她列為本書的共同作者。我從一開始就想這麼做，但是在跟編輯與發行人多次討論過後，我們越來越清楚這麼做會誤導讀者。就像一位編輯說的：「共同作者應該是主動與另一人一起寫作的人。」有些讀者認為我不肯定崖雅的貢獻，但我絕對無意如此。我希望他們能明白，這本書中幾乎每一頁都包含了崖雅真實的聲音，讓她替自己發聲。

崖雅在一本日記中寫道：「跟香巴拉（*Shambhala*）的編輯愛蜜麗・賀班・賽爾（*Emily Hilbrun Sell*）吃午飯。我很喜歡她，很信任她的判斷。我告訴她我正在寫一本書，關於癌症、心理治療與靈性，並且問她願不願意幫我編輯。她說她很樂意，這讓我更下定決心要完成這項計畫！」結果崖雅沒有足夠的時間來完成她的書——所以她要求我寫這本書——但我很高興能向各

位報告，愛蜜麗確實是《恩寵與勇氣》的編輯，而且做得好極了。

另外我想提幾件小事。大多數人讀這本書都不是為了了解我的工作內容，而是為了看崔雅的故事。如我在「給讀者的短箋」中所說，第十一章的專業術語特別多，你絕對可以略過這章，而不會遺漏任何東西！（事實上，如果你想略過那章，可以只讀穿插在訪問之間的幾段文字，因為裡面有一些重要故事的成分；其他你大可以全部略過。讀者若想了解關於我的工作的最新近況，歡迎閱讀《整合心理學》（*Integral Psychology*）。

在這本書的英文版裡，所有節錄自崔雅日記的部分，在左邊留白處都會有一條垂直的實線（編註：中文版以仿宋體區分），而她其他的文字，包括一些信件，旁邊則沒有實線。她的信件雖然大多是私密的，但仍舊是對其他人開放的（對那些她寫信的對象），而以實線標示的部分則是來自她的日記，因此是過去從來沒有人看過的內容。

《恩寵與勇氣》引起了熱烈的迴響，而讀者們想回應的人並不是我。到今天為止，我收到來自全世界各地讀者將近一千封信，而其中前所未有的比例都是寫來告訴我，崔雅的故事對他們而言有多大的意義，如何改變他們的人生。有些人還寄來他們在襁褓中女兒的照片，寶寶的名字就叫「崔雅」。我可以從完全客觀的旁觀者角度告訴你，這些寶寶是全世界最漂亮的小女孩。有些來信的讀者罹患癌症，而他們一開始都很害怕讀這本書。但是一旦他們開始讀，經常就能逐漸拋開恐懼，有時候甚至能完全不再懼怕——我真的相信，這是崔雅給他們的禮物。

「親愛的肯恩，

去年八月我被診斷出罹患乳癌。我動過部分乳房切除手術、淋巴結摘除手術，還接受過三星

期的治療。我現在生活的各方面都與癌症息息相關。幾個星期前，一個朋友向我介紹了你的書，我就知道我非讀不可。但這個想法讓我害怕，畢竟我已經知道故事的結尾。

『但是，』我心想，『她得的癌症是比較嚴重的那種。』我很會自欺欺人吧？事實是，我得的是跟崔雅的癌症一樣恐怖的癌症。而眞相是，這本書有時候眞的很『令人驚恐』，但同時又極度『讓人自由』……」

讓人自由，是因為崔雅幾乎是一步步鉅細靡遺地描述她如何度過癌症的痛苦與折磨，走向靈性的自由與解放，而能壓過死亡以及死亡必定帶來的驚恐。就如我最愛的其中一封信所寫（以下是這封信的全文）：

「親愛的肯恩．威爾伯，

我現在十四歲。我從很小的時候就很害怕死亡。但是讀了崔雅的故事之後，我就不害怕死了。我想告訴你這件事。」

或者另一封信：

「親愛的肯恩，

去年我被診斷出罹患轉移性乳癌。我的一個朋友說我一定得看《恩寵與勇氣》這本書，但我問他書的結局時，他說：『她過世了。』因此有一段很長的時間我都很害怕讀這本書。

但是現在讀完之後，我想要打從心底感謝你跟崔雅。我知道我也可能會死，但是閱讀崔雅的故事讓我不再害怕。我頭一次覺得我擺脫了恐懼……」

大部分來信的讀者並沒有罹患癌症，只是崔雅的故事也是每個人的故事。崔雅看來似乎「擁有一切」：聰明、漂亮、魅力、正直、幸福的婚姻、美妙的家庭。但是崔雅就跟我們所有人一樣，也有她自己的懷疑、不安全感、自我批判，也對自己的價值與自己人生的意義感到深刻疑惑；更不用說因為與一項致命疾病殘酷搏鬥而煩亂不安。但在這些陰影相伴之下，崔雅仍舊打了一場漂亮的仗；而且打贏了，不論你如何定義「贏」這個字。崔雅的故事能啓發我們所有人，因為她是帶著勇氣、尊嚴，與優雅，正面地面對這些夢魘。

而且她為我們留下了日記，清楚說明她是如何做到的。她描述了她如何用冥想覺察去承受痛苦，進而消除痛苦對她的掌控；如何沒有封閉自己，變得怨懟憤怒，反而滿懷著愛迎向世界；如何以「熱情的靜定」（*passionate equanimity*）面對癌症；如何擺脫自哀自憐，選擇喜悅地生活下去；如何無所畏懼，不是因為她沒有恐懼，而是因為她會立刻擁抱恐懼，即使在她清楚知道自己大限將至時：「我會帶著恐懼到我的心底。我會以開放的心情面對痛苦與恐懼，擁抱它，接納它的存在。領悟這一點會帶來生命中的驚喜。這使我的心洋溢喜悅，使我的靈魂充分滋養。我感到如此的喜悅。我並不想『打敗』我的疾病；我要順受，原諒它。我會繼續向前，不帶著憤怒與怨懟，而是帶著決心與喜悅。」

而她確實如此，帶著決心與喜悅迎接生與死，遠遠超越了生死所帶來的令人厭煩的恫嚇。如

果崔雅做得到，那麼我們也做得到；這就是這本書要傳達的訊息，也是讀者信中所表達的：關於她的故事如何感動他們，讓他們記起什麼才是真正重要的；她試著平衡內在的陽剛／行動，與陰柔／存在，這樣的企圖如何直接碰觸到他們在今日世界裡最深刻的憂慮；她無比的勇氣如何激勵了他們——不分男女——在自己難以承受的苦難中繼續前進；她的例子如何幫助他們度過自己夢魘中最黑暗的時刻；她的「熱情的靜定」如何讓他們安頓在真實的自我當中；以及為什麼他們所有人都能從內心最深處明白，這本書其實有個深深幸福的結局。

許多寫信給我的人也是支持者，他們承受著雙重的苦難：必須看著所愛的人受苦，同時不被容許有任何自己的問題。我希望《恩寵與勇氣》也同時為他們發聲。若你想看看一些讀者對《恩寵與勇氣》的信件回應，可以在《一味》（One Taste）這本書中三月七日的日記裡找到。

在我寫這篇序的當下，崔雅的家人——瑞德跟蘇、凱蒂、大衛、崔西跟邁克——都還健在並活躍著。崔雅常說，她無法想像比他們更好的家人，而我至今也深深贊同。

由崔雅跟薇琪．威爾斯（Vicky Wells）創立的「癌症支持社群」（Cancer Support Community）曾獲得獎勵肯定，並且仍在不斷茁壯。如果你願意捐款，或者你需要這個機構的服務，只要打電話到舊金山查號中心就能得知它的地點。

崔雅跟我在一起五年。那幾年已經被鑿刻到我的靈魂裡。我真的相信我至今都信守承諾，我也真的相信那是因為有她的恩寵。而且我也真的相信，我們當中任何人都能夠在任何時候，隨時再遇見崔雅，只要我們能抱持著誠實、正直，與無懼——因為崔雅的心與靈魂就在其中。

如果崔雅做得到，那麼我們也做得到。這就是《恩寵與勇氣》要傳達的訊息。（李淑珺譯）

也是自療〈譯序〉

胡因夢

一九九二年的初春，我和一名美國友人前往加州歐亥（克里希那穆提故居）尋幽訪「聖」，途中經過舊金山的香巴拉書店，兩人決定下車買幾本好書。

那段時期我的閱讀仍局限在靈修的究竟真理，友人向我推薦威爾伯的著作，並買了這本《恩寵與勇氣》送我當禮物。我看了看威爾伯淩厲而缺乏空間的眼神，便決定將此書暫時束之高閣。

一九九四年十一月底潔生出世，產後的第二天我的身體突然瓦解，往後三年我度過了此生第一次的谷底經驗。其原因、過程與微細的體悟，我不打算也無法在這篇序文中詳加描述。我只能說谷底就是另一個高峰的起點，因為氣血循環不良、失眠、消化緩慢、心跳過快、夜間驚恐以及伴隨而來的各種思維與情緒的反應，提供了我觀察身心靈鍊鎖關係的絕佳機會，也學會了順受和純然的覺知。

三年中我實驗過各種另類療法——針灸、刮痧、放血、草藥、中藥、斷食、生食、精油按

摩、磁能治療與靈療，最後發現主要的病源出自剖腹生產與右邊卵巢的畸胎瘤。因為中藥無法化解畸胎瘤，不得已只好選擇二度開刀。

就在準備開刀的前十天，我不經意地從書架上取出了《恩寵與勇氣》。記憶裡，這本書描述的是超個人心理學界的天才肯恩・威爾伯與罹患乳癌的妻子崔雅・吉蘭共同抗癌的心得，我想也許它能幫我面對十天後再度開刀的不確定感。我萬萬沒料到，這本被我束之高閣長達五年的傳記，竟然充分印證了我三年谷底經驗中對生命的一些深層領悟。

閱讀的過程中，我愈來愈意識到此書的重要。它不僅僅是癌症病患的經驗談，更是難得一見身心靈整合治療、臨終關懷與終極解脫的坦直實錄。

放眼望去，國內外有關身心的著作通常無法上達靈修的層面，而靈修的教誨又往往略過肉體的現象與心理轉化的進階，即使某些密學導師有能力兼顧身心靈各個層面，其著作仍缺乏人性掙扎過程的微細描述。然而，誠如肯恩所言，崔雅四十一年的短暫生命：主要的目的就是完成人生情境最殘忍的考驗（她的癌瘤最後增長到腦部四個，肺部六十個，同時併發了糖尿病、導致左眼失明）；她以書信體的方式，鉅細靡遺地記錄癌症各種主流與另類療法的療程、方式、醫藥名稱與她接受治療後的身心反應；癌症雲霄飛車的情緒起伏，夫妻之間面臨嚴重磨難所產生的齟齬、甚至肢體爭鬥，對這些反應，崔雅赤裸而坦誠地自省與詳加敘述，肯恩也佐以他的觀察和剖析。雖然兩人在結識前各有十多年的靈修基礎，也都有所謂超個人（*Transpersonal*）的經驗，但為了確保精神的穩定度和透過磨難轉化自我的習性，他們廣泛地含納東西方的靈修途徑——基督教的寬恕與向神臣服、佛法的內觀與深思，以及藏密的自他交換觀想和持咒法門；在最混亂艱困的

階段，他們藉助心理治療，幫他們挽回婚姻。總地來看，身心靈的治療最不重要的反而是肉體的層面，靈性層面的純然覺知一旦建立，肉身即使幾近瓦解，病者的心仍然自在、解脫、愉悅、充滿著生命力，甚至有餘力慈悲地回饋。

崔雅的「賢內助」肯恩，早在二十三歲便撰寫出《意識的光譜》這本長青心理學領域最通達、最廣博的著作。到目前為止，他一共出版了十四本巨作，國內節譯過來的只有《事事本無礙》（光啓社出版）。他以驚人的歸納研究能力，綜合心理學、心理治療、神祕主義與東西方各大宗教的靈修，也統合了哲學、社會學、超心理學、人類學、神話學、經濟學、生物學、物理學與知識史等等，形成意識的「大統一場理論」。在這麼多純理性、純知性的博雜作品中，我看重的卻是這一本記錄真實生命經驗的傳記。這位現代唯識學的愛因斯坦，以無比縝密的科學心思，解讀了他與靈魂伴侶崔雅之間不可思議的業力軌跡。他為崔雅架構人生的方向，放棄自己的事業，甘心扮演順從妻子的角色；他從無私的奉獻中，真正體會了無我與解脫的第一義諦。

翻譯這本書的心情非常錯綜複雜。早在去年十月開刀前，這本書已經被張老師文化公司預定為次年的重要出版品。但是著手翻譯了五章之後，我發現自己的身體非常抗拒這項工作：主要因為心腎不交、脾胃受損，因此一集中用腦，便產生反胃的現象。於是張老師文化公司找到了救急的援手清彥。清彥以驚人的速度初譯了大約三分之二的內文，我再以三個多月的時間加以細潤。進度雖然緩慢，身體雖然不適，但整個過程仍然延續了三年來的自療。我為崔雅與肯恩的磨難落淚，也為他們的領悟狂喜，同時更體會到不抗拒、不揀擇的平等心，就是自我解脫與治療自己的關鍵。

在這裡我要特別感謝高雄的賴俊廷醫師以及台中的李孟浩先生，在醫學與心理學名詞上給予我的協助，也要感謝隆宜修小姐的聽寫功力。

我發誓這本書出版後，一定要好好運動了。

目次

給讀者的短箋

肯恩・威爾伯

崔雅與我初次見面時，彼此都有一種非常奇妙的感覺，好像生生世世我們都在尋覓對方，雖然我不知道這是否屬實。我確知的是，自那一刻起，我所聽過最不尋常的故事便展開了。從很多角度來看，它都是難以置信的。我可以向你保證它絕對是真實的。

這本書說的兩件事情：第一，那則故事。第二，書中介紹了世上偉大的智慧傳統，或稱長青哲學（*perennial philosophy*）。因為最後的總結，兩者是不可分割的。

我認為崔雅有五樣熱愛的事物：自然與環境（從保育到休閒）、手工藝與藝術、靈修與冥想、心理學與心理療法，以及社服團體。其中自然、手工藝和社服團體的意義是不解自明的，然而崔雅所謂的「靈修」是深思與冥想，也就是以另一種方式說出了長青哲學。崔雅很少提及她的神祕體驗，以至於許多人、甚至親近她的人都斷定，那對她而言是旁枝末節的事。崔雅自己則把它形容成「我人生的指引象徵」。換句話說，它在這個故事裡是絕對重要的。

後來我們發現，我和她深深分享著這份對心理學和宗教的興趣，我也曾就這個題目寫了好幾本書，因此以下的故事便穿梭解析了這些偉大的智慧傳統（從基督教、印度教到佛教）、冥想的本質、心理療法與靈修的關係，以及健康與治療的本質。誠然，本書的主要目的就是在介紹這些主題。

雖然如此，假設你剛好讀到這些解說的章節——它們佔了本書的三分之一，而且相當醒目（第十一章的專門術語特別多）——而你真正的興趣卻是繼續追蹤崔雅的故事，那麼請你毫不客氣地快速翻過這些章節，重回故事中；如果你還想回頭，你可以在閒暇時細細閱讀這些章節。

我初次見到崔雅是在一九八三年一個微風輕拂的夏夜，地點是舊金山灣邊的某位友人家中……

1 幾次擁抱，數個好夢

她總是稱之為「一觸鍾情」。

活了三十六年才和「我夢寐以求的男人」連繫上。只要我一習慣他那剃得精光的腦袋，在這樣的年頭，我的生命真可算是近乎完美了。

南德克薩斯州是我生長的地方，同年代的女孩都在做新嫁娘的夢，但我怎麼也無法想像我會嫁給一位身高六呎四、長相如同外星人的哲學家、心理學家兼超驗論者。獨一無二的整體感，奇特的職業組合。多麼棒的愛人哪！並且深具才華。我過去經驗裡的男人，可親的無才，有才的不可親，而我兩者都想要。

一九八三年的八月三日，肯恩與我相遇。兩個禮拜之內，我們便決定結婚。多年來我一直都有男友，也有過幾次非常滿意的關係，但我已經三十六歲了，竟然沒遇到一個人能令我生起結婚的念頭。我曾懷疑自己是否恐懼，或是太完美主義，甚至根本就是個無可救藥的神經過敏者。經過一陣子的自我質疑和擔憂之後，我已經可以很安適地接納自己的情況，直到又看到別人戀愛、結婚、生活在關係之中，我再度懷疑自己是否正常……

我認爲想「正常」只是爲了要別人接納我們。自小我就不喜歡招來別人異樣的眼光，偏偏我日後的生活又稱不上正常。我在七姊妹學院中的一所大學完成正規教育後，教了一年書，得到英國文學碩士學位，後來因熱愛環境運動而搬到科羅拉多州的山區。環保、滑雪、打零工、教滑雪。接著，懷著內心深處一股無以名狀的渴望，我騎單車到蘇格蘭旅遊，途中撞見一個靈修社區——芬霍恩（*Findhorn*），我在那裡一住就是三年，並且找到了解決那份渴望部分的答案。我逐漸認清那原來是心靈的渴求，我在那兒學會了用各種方式去尊重那個急迫的召喚。我離開只因友人要我幫忙設立另一個自由的靈修中心——風中之星（*Windstar*），地點在科羅拉多州的阿斯彭城外。我希望我對心靈和環境的關懷能在此交織。離開風中之星後，我在加州整合學院（*the California Institute of Integral Studies*）繼續讀研究院，這是一所異於傳統的學校，它整合了東西方的宗教訓練與超驗哲學及心理學。

我第一次讀到肯恩•威爾伯的書就是在這所學校裡。聽說他被視爲超個人心理學領域首屈一指的理論家（超個人心理學涉及所有正統的心理學，此外還研究靈修經驗）。他那時已被譽爲「意識研究界等待已久的愛因斯坦」和「我們這個時代的天才」。我很喜愛他的書——它們明晰地闡釋了我覺得棘手的許多問題，充分鼓舞了我。我很喜歡《普世的神》（*A Sociable God*）那本書的封底照片。照片中的男士長相文雅，光頭與眼鏡襯托出他的熱情與專注，背景是一片書牆。

一九八三年的夏天，我去參加一年一度的超個人心理學會議，聽說大名鼎鼎的肯恩•威爾伯也在那裡，但這回他不演講。我遠遠地看到他好幾次（六呎四的身高與光頭是很難不被看見的），身邊圍了一羣仰慕著。還有一次，他懶洋洋地癱在沙發上，看起來有些寂寞。我並没有對

這件事多加想像，直到幾個星期之後，曾經和我一同去印度旅遊的友人法蘭西絲・沃昂打電話來邀我與肯恩共進晚餐。

我不能想像法蘭西絲與羅傑居然相中了同一個人——泰利・吉蘭。聽說她非常漂亮，智力極高，有豐富的幽默感，身材好極了，又是道友，非常受歡迎。這件事聽起來未免太完美了，如果她真的那麼棒，為什麼身邊沒有一個伴？我對這整件事有點存疑。我實在不需要再和另一個素不相識的人約會，我一邊打電話給她，一邊這樣想著。我討厭約會那一套例行公事，就像我厭惡牙齒的根管手術。孤獨老死又有什麼不對？太悲慘了嗎？去他的約會。

我曾和法蘭西絲・沃昂及羅傑・沃爾什同住將近一年。法蘭西絲是一位非凡女性，超個人心理學會從前的會長，人本心理學會未來的會長，許多本書的作者，最著名的一本是《內心的曲形》（*The Inward Arc*）——更別說她有多漂亮，看起來比四十五、六歲的實際年紀至少小十歲。羅傑是從澳洲來的，過去二十年都住在美國。他在澳洲已經獲得相當於美國的碩士與博士學位，也曾寫過好幾本書，他和法蘭西絲合編了最受歡迎（也是最好的）超個人心理學的刊物〈超越自我〉（*Beyond Ego*）。羅傑就像我的兄弟（這是以前從未發生過的事），我們在天堂路上定居下來，就像一個小家庭一般。

當然，我們還少了一個人——我的配偶，因此法蘭西絲和羅傑四處替我留意任何可能的人選。有時法蘭西絲想到某個女人，羅傑便立刻向我解說：「她不是特別好看，不過你也不是啊！」羅傑如果想到某人，法蘭西絲又會告訴我：「她不很聰明，可是你也不太靈光啊！」總而

言之，我記得那一年，我約會的所有對象，羅傑和法蘭西絲從未一致贊同過任何一位。

有一天羅傑對我說：「我替你找到了一個完美的女人。以前我居然沒想到她。她叫做泰利・吉蘭。」我心想，這種事我早就經歷過了，這一次就省了吧！

三天以後，法蘭西絲進到我房間裡對我說：「我替你找到了一個完美的女人。以前我居然沒想到她。她叫做泰利・吉蘭。」

我有一點驚訝，他們倆竟然意見一致，而且還相當熱衷？我心想這必定是個既漂亮又有益於我的靈魂的女人。我看著法蘭西絲半開玩笑地說：「我會娶她的。」

第一次見面的情況是很不平常的。我們各有許多事先預定的計畫，最後只好在我們都認識的朋友家碰面。這位友人正在和我從前的校友交往（也是肯恩前幾任的女友）。我到達時已經是晚上九點了，肯恩與我連說「你好」的機會都還沒有，我們的兩位友人就開始提出他們關係中的一些深層問題。他們要求肯恩扮演「當晚的心理醫生」，於是接下來的三個小時便完全花在他們的問題上。看得出那一晚肯恩並不想如此度過，但他仍舊全神貫注，幫他們處理一些非常艱深的問題。他真的很棒。

我大部分的時間都在努力適應他的光頭，我很喜歡他正面的樣子，但是側面……嗯！那就需要一些時間了。不過他的溫柔、敏感與慈悲留給我很深的印象。特別是當他在幫助一位女性面對想要小孩及關係中的那些痛苦問題時。

談到某個階段，我們都到廚房去喝茶，肯恩伸手摟住了我。我覺得有點不自在，因為我根本

不認識他，但我竟然也慢慢地伸手去摟他。接著某樣東西觸動了我，於是我伸出另一隻手環抱住他，闔上了雙眼。我當時有一種無法形容的感覺，很溫暖，好像要溶解了，兩個人似乎是一體的。我讓自己在這份感覺裡漂浮了片刻，然後才睜開眼睛。

剛才到底發生了什麼事？那似乎是一份熟識的感覺，熟識得已經超越了現世。這和我們說了多少話根本無關。那份感覺有點令人發毛，一生只能有一次那樣的感受。清晨四點，當我準備離去時，肯恩一把抱住了我。他說他很訝異，因爲他根本不想讓我走。那也正是我的感覺，好像我命中註定就是屬於他的臂膀的。

當天晚上我做了一個有關肯恩的夢。我夢見我從市區開車經過金山大橋，就像昨晚一樣，但是眼前的那一座橋並不真的存在。肯恩開著另一輛車跟在我後面，我們正要去赴約。那座橋通往一個奇幻的城鎮，有點像真的城，又有一點天界的質地，它充滿著意義、重要性和美。

一觸鍾情。我們幾乎没談上一句話。從她打量我的光頭的表情，我知道她對我絕非一見鍾情。我呢！就像大部分人一樣，覺得她相當漂亮，卻對她毫無所知。但是當我摟住她的時候，我覺得所有的距離和界分全都消失；我們似乎合一了。那種感覺就像我們已經在一起好幾世了。這一切的感覺都非常真實，但我不知該如何評斷。崔雅和我仍然没有交談，因此不知道對方也有相同感覺。我記得當時我心裡還想：這回可好了，清晨四點，我在我最好的朋友的廚房裡，只不過碰了某個素不相識的女人，居然有了一次神祕體驗，這可不容易解釋了……

當天晚上我完全無法入睡——崔雅的各種影像在我腦子裡翻騰。她確實很漂亮，但真正的特質

到底是什麼？她的身上似乎有一股向四方發射的能量——一股非常安祥而柔和的能量，也是非常具有威力的；那是一種高智力的能量，充滿著特異的美感，但最主要的，它是「活的」。這個女人比我認識的任何一個人更能表達出「生命」，包括她的動作、她頭部的姿勢、那股隨時準備綻放的笑容，替我所見過最開放與最透明的臉龐增色不少——天哪！她真的是活力四射！

她的眼睛似乎能透視每一樣東西，但不是具有侵略性的眼神，而是自然的透視力。她似乎能完全接納她所看見的所有事物，如同溫柔而又慈悲的X光眼。我最後的結論是：一對忠於真相的眼睛。當她直視你的時候，可以很明顯地看出這個人是永遠不會對你說謊的。你會立刻信任她，她是我見過最有自信的人，又沒有任何驕縱或炫耀的成分。你似乎很難想像她會變得慌亂。她穩重的性格幾乎給人一股威脅感，然而眼神卻是跳躍的、全觀的、毫不沉重的。我心想這個女人是來遊戲人間的；我不認為有任何事會嚇到她。她周圍散發著輕鬆的氣息，很誠懇而不嚴肅；以她過剩的精力，她可以玩得起，如果她願意，她可以擺脫密度而飄上星空。

我回神的時候吃了一驚：我找到她了，是的，我找到她了。

同樣的清晨，崔雅寫了一首詩。

昨夜是個動人的夜晚，四處綴飾著白蘭地，
續杯、泡咖啡替交談劃上了標點，
當他處理他們關係中的問題時，
他的話語和微小的動作交織著細膩的探索和深切的關懷，好似一首小步舞曲。

他以溫柔和支持的態度提出棘手的問題，深入地檢查，
如同淘金一般，先掘出一些塵土、一些小圓石塊，然後慢慢地深入煩惱之母，最後
發現了眞相。
這整個過程是動人的，我看著他如何繼續往下探查，如何關懷，
然後得到一個極佳的解答，空氣中和我們大家之間充滿著輕柔的氣氛。
當我回想這一切時，我感覺我的心開了，
就像昨夜它被打開了那樣。
他碰觸我的時候，我也有同樣的感動，
首先是他的話語以及他的話語顯示出的他，
他褐色的眼底那份溫柔的深度，
接著是身體與身體自然地融合，有件事很清楚地發生了，
我閉上雙眼試著去感受那超越言語，卻又明顯、眞實，甚至是不可表達的東西。
我覺得自己的心開了，
我信賴他甚於我信賴這整個宇宙。

我躺在床上，發現體內有些細微的能量正在流動，有點像所謂的拙火。東方宗教認為這股能量象徵靈性的覺醒，必須碰到合適的人或事物才會被喚醒。我打坐已有十五年，這一類的微細能量在打坐中是常有的，但從未如此明顯。不可思議的是，同樣的事在同一時間發生在崔雅身上。

今天早上躺在床上有一股沉醉的感覺。身上的微波振動得十分明顯，手臂和腿部都有這種感受，不過最明顯的部位在下半身。到底發生了什麼事？是不是過去壓抑的緊張放鬆了？

我集中焦點在心的部位，我非常、非常清楚它打開了。只要一想到昨晚和肯恩在一起的感覺，一股驚人的能流便從心內湧出，沿著身體的中央往下沖，接著又沖上頭頂。這份感覺歡愉、至樂到幾乎令人心疼的地步，它是渴望，是欲求，是開放，是脆弱，是一種竭力想達到對方的感受。好似長久以來我從未保護過自己，或者完全放棄了自我防衛……同時又覺得那麼美妙。我愛極了這份感覺，它是活生生而又真實的，充滿著能量與溫暖。它把我的核心都搖醒了。

我想把話再說清楚一點，崔雅和我那晚並沒有睡在一起，我們甚至沒談上什麼話，只有一次在廚房裡彼此擁抱，後來在她離去之前，我們又有另一次短暫的擁抱。全部的交談不過十五分鐘。我們的關係僅此而已，然而我們都對當時發生的事感到吃驚。感覺太過於強烈了，因此我們試圖讓自己清醒和克制一些，但效果並不大。

那一天之後，我有一星期沒看到肯恩。他告訴我他必須去洛城一趟，回來之後再和我聯絡。他不在的那段時間我做了兩個有關他的夢。我很清楚這是一個重要的相會，但是我故意泰然處之。因爲我很可能只是在幻想，或是建造空中樓閣，畢竟過去有過太多的失望。這個關係若要發展下去，到底擁有什麼基礎？不過是幾次擁抱，數個好夢罷了。

一個星期以後，我們正式約會。肯恩一整晚都在談他去洛城看望的那位女友。談這些事有點

令他困窘，我卻覺得十分有趣。最後我才知道，他是爲了隱藏他對我的感覺，才談起別人的。我們從那一天開始便真的在一起了。如果分開，我們會讓對方知道自己正在做些什麼。當我們在一起時，我們喜歡親密地觸摸彼此。我覺得我好像渴望他很久了，不只是肉體，也是情緒和心靈上的，只有一個方式可以解渴，那就是盡可能相處在一起。

九月上旬某個可愛的傍晚，我們坐在我那幢位於穆爾海灘的房子甲板上品酒。四周充滿著太平洋和尤加利樹的氣味，夏日傍晚的聲籟輕柔地奏著，薰風輕拂過林間，遠方有狗吠，下方的海浪拍打著沙灘。也不知怎麼辦到的，我們竟然可以一邊喝酒，一邊捲麻花似地纏在一起，真是神乎其技。沉默了一陣子，肯恩開口問我：「這樣的事，妳以前發生過嗎？」

我毫不遲疑地回答：「沒有，我從沒有過這樣的感覺，你呢？」

「這樣的感覺，從未有過。」我們突然大笑了起來，他學著約翰韋恩的聲音，很誇張地說：「朝聖者！這件事比我們兩人要偉大多了。」

我的腦子填滿了有關肯恩的念頭。我愛他走路的樣子、說話的神情，他的各種動作、衣著和一切。他的臉孔無時不刻地跟著我，我因此發生了幾次不小的災難。有一回去書店買幾本他的著作，沒想到因爲想他想得太專注，竟然在開出停車場時撞上了一輛旅行房車。我開了那麼多年車從未發生過意外。另一個傍晚我正要和肯恩碰面，腦子裡同樣塞滿了有關他的念頭，結果車子在靠近金山大橋的附近竟然沒油了。這個意外讓我很快地回到現實，不過還是遲到了好幾個小時。

對我們兩人而言，我們好像已經結婚了，只有一件事還需要做的，就是讓別人也知道。崔雅

和我從未提過要結婚，我們似乎都不認為有必要提，只覺得這是很自然的事。

令我驚訝的是我們兩人都早已不再尋覓那「最合適」的人。崔雅兩年來沒接受過任何約會，我也是，然而我們卻對結婚這件事有把握到隻字未提。

在正式手續未進行之前（即我尚未求婚之前），我希望她和我非常要好的一位朋友——山姆．柏裘兹見面。山姆和他的妻子及兩個孩子住在博爾德。

山姆是香巴拉（*Shambhala*）出版社的創辦人兼社長，香巴拉被視為有關東西方研究、佛學、奧祕哲學與心理學最卓越的出版社。我們很久以前便認識了。那時山姆還開了家書局，即現在非常著名的柏克萊總店。當年二十歲的山姆總是親自把郵購單放在書裡，在地下室忙著打包寄書給不同的客户。如同時鐘一般準確，每個月他一定收到來自內布拉斯加州林肯市一名小伙子的大量定單。山姆心裡想著：「如果這個傢伙真的把這些書都讀了，我們一定會聽到他的消息的。」

我真的把那些書都讀了。我那年二十二歲，正要完成生化研究學位。本來我只想當一名醫生，正就讀北卡羅來納都拉姆市的杜克大學醫學院預科，讀了兩年才發現，醫學對我的心智而言太缺乏創意，只要記住一些知識和資訊，非常機械化地應用於良善而毫不質疑的人的身上。我覺得這份職業就像被美化的鉛管工人，況且他們治療人的方式並不仁慈。於是我離開杜克大學返回家鄉（我的爸爸是一名空軍，他和我媽媽被派駐在內布拉斯加州奧馬哈的歐法特空軍基地）。我在內布拉斯加州的林肯州立大學選修兩門科目（一是化學，一是生物），後來才主修生化。生化比較有創意，至少可以做點研究或發現一點東西，發表一些新訊息、新觀念，而不僅僅是應用别人教給我的知識。

雖然畢業時成績優等，但我志不在此。生化、醫學和科學當時已無法解決我心中最根本的傻問題，譬如「我是誰？」「人生的意義是什麼？」「我為什麼會在這裡？」和崔雅一樣，我當時正在尋找某些東西，某些科學無法提供的東西。我開始著迷般地研究東西方偉大的宗教、哲學和心理學。我一天閱讀兩三本書，生化課時常不上，實驗室裡的實驗也找藉口不做（我們每週要切割上百隻牛眼以研究視網膜，這真是令人厭惡透頂的工作）。我詭異的興趣令我的教授們非常擔憂，他們懷疑我正在搞一些不合乎科學的事。某回我本來應該對師生發表一篇有關生化的「精彩」演講，題目是〈從牛的視網膜桿外緣分離出來的視紫紅質的光異構作用〉，我卻倉卒地將題目改成〈現實是什麼？我們如何認識它？〉。這篇演講嚴厲地攻擊依賴經驗的科學方法論的不當，與會教員十分專注地聆聽，並提出許多很有智慧與思考周全的問題，他們完全理解我的論點。演講結束時，後座有人耳語，但聲音十分清晰，那句話總結了每個人的感覺：「咻！終於回到現實了！」

當時的情況真的很有趣，大家都笑了。但可悲的是「現實」的意義指的仍然是依賴經驗的科學現象，也就是意味著只有人類感官或因此延伸出來的工具，如顯微鏡、望遠鏡、照相底片等等所能接收的現象。在這個狹窄的世界之外的任何東西——任何與人類靈魂、神、上帝或永恆有關的東西——都被視為不科學，也就是不真實的。如果我終其一生都研究科學，最後我可能只得到一個可悲的領悟，那就是科學並沒有錯，但卻是殘忍地有限與狹窄。如果人類是由物質、身、心、靈與神性所組合而成，那麼科學在處理物質與身體時是非常漂亮的，處理心智時顯得有點拙劣，處理靈魂或神性的層面則完全無能為力。

我對於物質和身體不再有任何求知欲；物質與身體的真相多到令我窒息。我渴望知道有關心智，尤其是靈魂和神性的真相。我想在我攝取的大量事實中尋到一些意義。

於是我開始研究香巴拉書局的郵購目錄。那時我已離開研究所，放棄博士學位而改修碩士；當我告訴我的教授我準備寫一本有關「意識、哲學與靈魂」之類的書籍時，教授們臉上流露出的恐怖表情是那個地方留給我的最後印象。為了付房租，我找到一份洗盤子的工作，一個月可以賺三百五十美元，其中有一百美元都花在香巴拉的郵購上了。

我真的完成了那本書。當時我剛滿二十三歲，書名是《意識的光譜》（*The Spectrum of Consciousness*）。很幸運地，書評頗為熱烈。這本書得到的正面回應使我有動力繼續工作。接下來的五年，我洗盤子、當跑堂、在雜貨店打工，就這樣完成了另外五本書（註）。那時我習禪打坐已有十年，我所有的書都很受歡迎；我感到相當滿足。我度過九年快樂的婚姻，即使後來離婚了也還是快樂的（我們到今天都是好朋友）。

一九八一年我搬到麻州的劍橋，為了挽救〈回觀〉雜誌（*ReVISION*），它是三年前由傑克·克里汀頓和我一起創辦的。從很多角度來看，〈回觀〉之所以值得注目，主要歸功於傑克的領導和洞見。當時不同文化的哲學和各學科間的交互研究還十分被忽略，許多學者和知識份子對東西方研究以及科學與宗教的交集感到興趣，〈回觀〉就像燈塔一般照亮了他們。舉例來說，我們是第一個討論全像範型的刊物，投稿者有卡爾·普日布拉姆、大衛·博姆、弗瑞裘夫·卡普拉及其他人。後來我將這些論文結集成一本書，書名是《全像範型：一探科學先鋒》（*The Holographic Paradigm: Exploring the Leading Edge of Science*）。

不可思議的是，〈回觀〉只是兩個人的舞台。我在林肯郡負責一般的編輯事務，傑克在劍橋負責其他所有事務，包括編排、剪貼、結集、印刷和郵寄。他最後聘請了一位非常聰慧（也非常漂亮）的女性負責訂閱部門，然後迅速娶了訂閱部門，而她又迅速懷了孕。為了找到一份真正的工作，傑克必須離開〈回觀〉，於是我只好前往劍橋探查是否能挽救〈回觀〉。

我終於在劍橋見到山姆本人。我們非常投緣。他身材壯碩，一臉鬍子，是個生意天才，非常有世界觀，極為熱情，他令我聯想到巨大的玩具熊。他在劍橋調查是否有可能把香巴拉出版社搬到波士頓，後來他真的這麼做了。到了年底，我終於受夠了。我的朋友都以為我會愛上劍橋，因為這裡充滿心智上的激勵，我卻覺得與其稱之為激勵，不如說是激怒。這裡的人似乎把咬牙切齒地努力用功誤解為思考。後來〈回觀〉因搬到賀爾德瑞夫出版社（*Heldreff Publications*）而得到解救，我也從劍橋飛回了舊金山，飛回與法蘭西絲及羅傑同居的家，一年後他們把崔雅介紹給我。

山姆和家人已返回博爾德，在我尚未向崔雅求婚之前，我希望山姆和崔雅能彼此檢驗一下。因此我們去阿斯彭見崔雅家人的途中，順道在博爾德停留。和崔雅談了五分鐘之後，山姆把我拉到一旁說：「我不但贊成，還有點擔心她會吃虧。」

當晚在博爾德的魯迪餐廳，我向崔雅正式求婚。她只回答了一句：「如果你不問我，我也會問你的。」

早先我就計畫和我父母一道去科羅拉多，雖然肯恩與我相識不到兩週，我仍迫切希望他能和他們見面。我先出發，讓心底的警戒隨風而去。我花了三天時間和我的父母及友人大談特談這位

奇妙的、獨一無二的、充滿愛心的男子。我一生從未如此激賞過任何男人，而且我有兩年沒和任何人約會了，但我完全不怕親友把我當傻子看；我對自己的感覺非常有把握。這些朋友之中有許多已認識我十年以上，大部分都認爲我不會結婚了。雖然我並未提起這件事，和肯恩也沒討論過，我的母親仍然忍不住問我會不會和他結婚。我能說什麼呢？我必須說實話，是的！我們一定會結婚。

當我飛到丹佛機場與肯恩碰面時，我突然非常緊張。我緊張兮兮地盯著每一個走下飛機的旅客，心中暗自期望他最好不要出現。我等待的這名高大、光頭、徹底不尋常的男子到底是誰？我準備好了嗎？不，那一刻我真的沒準備好。

他沒搭上那班飛機，這給了我時間重新考量。我先是怕他抵達，沒看到他反而鬆了一口氣，後來開始有點失望，最後想到他可能不出現而驚慌失措。他是不是我虛構出來的人物？就算他是真實的，如果他決定留在洛杉磯陪他的前任女友？如果……我突然全心全意地想再見到他一面。

沒錯，那的確是他，搭的是下一班飛機。我懷著緊張、窘迫和純然喜悅的心情迎接他，但仍舊有點不習慣他醒目的外表所招來的注視。

在博爾德接下來的幾天，我們都是和他的朋友們度過。不管在公開場合或私下，我和肯恩總喜歡膩在一起，我開始懷疑他的友人對我的看法。某回和山姆及黑澤爾共進晚餐後，我與肯恩站在餐廳外，我問他到底告訴了山姆哪些有關我的事。他握著我的手，以那對褐色的大眼睛看著我說：「我告訴山姆，她就是我想娶的女人，如果她要我的話。」我毫不遲疑地對他說：「當然要。」（也許當時我說的是『我正要向你求婚呢！』）我們大夥兒一起出去喝香檳慶祝，這時距離

我們相遇只不過十天。那是一個可愛的、有風的夏末傍晚，空氣非常清新，充滿著能量。身後的落磯山好像在朦朧中替我們證婚，給予我們祝福。我最愛的山，我夢寐以求的男人，我覺得自己快要樂暈了。

過了幾天我們前往阿斯彭，那是我生活十載的地方。我的父母愛他，我的弟弟和弟媳愛他，我所有的朋友都愛他。我妹妹打電話來祝賀我，另一個則提出許多問題，看看這整件事是否屬實。肯恩與我沿著我最愛的小徑散步，兩側的小徑美得如同雕塑。完美的山谷裡長滿了優雅的白楊和堅挺的冬青，裸露的岩石與山脊相連，水晶般的深藍晴空有如布幔襯托著這些蝕刻。這是我曾經走過也跑過無數次的小徑。每當我需要寧靜時，我總是到這個山谷裡觀想。現在小溪的喃喃低語伴隨著我們，偶爾有蜂鳥急速飛過。我們四周充滿著白楊葉的沙沙聲響，四處遍是火焰草、龍膽草、紫菀、白芷和永遠那麼可愛的漏斗菜。

當天傍晚我們到白楊林裡的小木屋獨處。這間小屋彷佛是地精或樹靈蓋的，其中一面牆由一塊巨大、泛紅、佈滿青苔的岩石構成；屋裡的四個角落是仍然活著的白楊樹幹，其他的幾面牆則是由手砍的白楊建造的。你經過這間木屋時可能不會注意到它，因爲它和周遭的環境融和得太自然了。花栗鼠在屋裡和屋外一樣逍遙。肯恩和我談論著未來，在彼此的懷裡沉沉入睡。

我們倆坐在火爐前，火焰在涼爽的夜晚中燃燒，屋裡的電又斷了。崔雅對我說：「它就在你

的左肩上，你看不見嗎？」

「看見？不，我看不見，到底要看什麼？」

「死亡，它就在那裡，在你的左肩上。」

「妳是說眞的嗎？妳在開玩笑吧？我不明白。」

「我們剛才討論死亡是多麼偉大的老師時，我突然看見你的左肩上有一個巨大的黑影。我很清楚那就是死亡。」

「妳是不是常有幻覺？」

「不，從來沒有。我只是很清楚地看見死亡在你的左肩上。我不知道這意味著什麼。」

我禁不住看看自己的左肩，但我什麼也沒看見。

註：此五本為《事事本無礙》（*No Boundary*）、《宇宙意識的進化方案》（*The Atmar Project*）、《普世的神》（*A Sociable God*）、《來自伊甸園》（*Up from Eden*）、《全觀之眼》（*Eye to Eye*）。

2 超越物理

婚禮定在十一月二十六日，距離現在還有幾個月。眼前我們忙著做各種準備，其實是崔雅忙著準備。我正在寫一本書——《量子問題》（*Quantum Questions*），主要在探討現代物理學偉大的先軀幾乎都是心靈上的神祕主義者，譬如愛因斯坦（*Einstein*）、薛丁格（*Schrödinger*）、海森柏格（*Heisenberg*），這真是一個不可思議的情況。最冷硬的物理學居然和最溫柔的神祕主義吻合了，為什麼？神祕主義到底是什麼？

我收集了幾位科學家的文章，包括愛因斯坦、薛丁格、海森柏格、路易斯・德布羅意（*Louis de Broglie*）、麥克斯・普蘭克（*Max Planck*）、尼爾斯・波爾（*Niels Bohr*）、沃爾夫岡・波利（*Wolfgang Pauli*）、亞瑟・愛丁頓爵士（*Sir Arthur Eddington*）和詹姆斯・金斯爵士（*Sir James Jeans*）。這些人的科學秉賦是無需爭論的（其中兩位是諾貝爾獎得主）；真正令人驚訝的是，他們都共享相同的神祕主義世界觀，這可能是科學先軀最令人無法預料的事。

神祕主義的精髓就在你生命的最深處及你本有的覺性中。基本上，你的靈性、神性和萬有同樣永恆無限。聽起來很不可思議是不是？讓我們看一看現代量子力學諾貝爾獎得主薛丁格怎麼說：

「你認為屬於你自己的知識、感覺和選擇並不是無中生有的。這些知識、感覺和選擇基本上是永恆不變的，它們存在於所有的人類，不！一切有知覺的生命身上。也許聽起來有點不合乎常理，但是你和一切有覺知的生命眞的是一體的。你的生命並不是整體存在的一部分，從某種層面來看，你就是整個宇宙。這個奧祕是如此簡單而明瞭：『我既是東也是西，既是上又是下，我就是整個宇宙。』

「因此你可以平躺在大地之上，在地母的身上伸展你的四肢，在心中領悟你和她以及她和你根本是一體的。你和她一樣堅實——沒錯，比你想像的堅實一千倍。明日她可能將你吞沒，也可能使你重生；不是『某一天』，而是現在，今天、每一日她都使你重生千萬次，如同她吞沒你千萬次一般。對永恆而言，存在的只有當下；當下是唯一不會結束的東西。」（摘自《量子問題》）

根據神祕主義者的領悟，我們一旦超越或轉化有限的自我，就會發現一個更偉大的我，一個無限、無所不在、永恆不變，與萬有或神合一的我。如同愛因斯坦所說：「人是整個宇宙的局部；這個局部受到了時空的限制。他體會到自己及自己的思想和感覺，與這個整體是分開的——一種意識上的視錯覺。這份視錯覺對我們而言卻好像監獄，把我們局限在個人的欲望和對身邊少數人的熱情中。我們的任務就是從這個監獄解脫出來。」

不論是東方或西方的冥想或默觀，不論基督教、回教、佛教或印度教，都是要幫我們解脫視錯覺，幫我們發現一旦解脫自我感，我們便和神性及萬有合為一體，同樣的永恆無限。

這不僅是理論，而是直接、立即的體驗。世界各地從古至今都有相同的事發生，如同薛丁格所說：「如果某個文化環境裡的某種概念是受限的或屬於某些人的專攻，那麼這一類的簡單結論顯然過於大膽。譬如以基督教的語言來說，它可能會變成：『我就是萬能的上帝。』聽起來不但大不敬，甚至有點

瘋狂。但請把這句話擺在一邊，試想對印度人而言，這樣的想法不但不褻瀆神明，甚至代表對世界萬象最深的洞見。多少世紀以來的神祕主義者都有相同的描述，如果把她或他的獨特經驗濃縮成一句話，那就是——我已經變成了上帝。」

這句話並不意味我的自我便是上帝，而是在我覺知的最深處，我直接和永恆相交。令這些物理學先驅最感興趣的便是這神祕的覺知和永恆覺知的直接相交。

我並不是在強調現代物理學支持或證實了神祕主義的世界觀，我想說的是這些物理學家就是神祕家。他們的科學訓練並不具有神祕性，他們的心靈訓練並不是來自某種宗教的世界觀；換句話說我完全不贊同《物理之道》（*The Tao of Physics*）或《物理之舞》（*The Dancing Wu Li Masters*）之類的書籍，它們聲稱現代物理學支持或證實了東方的神祕主義，這真是一個天大的錯誤。物理學是有限、相對和片面的，它對於實相的觀察非常受限，它根本不處理生物、心理、經濟、文學或歷史的真相；神祕主義處理的則是整體的真相。聲稱物理學證實了神祕主義，就等於在說狗的尾巴證明了狗的存在。

讓我引用柏拉圖的「洞穴」比喻來說明：物理學為我們詳細說明了「洞穴」中的陰影部分（相對真理），而神祕主義則直接導向超越「洞穴」的「光明」（絕對真理）。不論你怎麼研究那些陰影部分，你仍然無法擁有光明。

更進一步地說，這些具有創見的物理學家，沒有人認為現代物理學支持神祕主義或宗教的世界觀。他們認為現代物理學只是不再「反對」宗教的世界觀，因為現代物理學比起古典物理學更能意識到自己的局限和片面，尤其在處理終極實相方面。愛丁頓同樣也引用了柏拉圖的比喻；

「物理學坦承它只能處理陰影部分，這是近代最重要的進展。」

所有的物理學先驅都是神祕家，理由是他們想超越物理的局限，進入神祕的覺知，也就要轉化這個世界的陰影現象，揭露更高、更永恆的實相。他們是神祕家並非因為他們研究物理，而是他們可以不顧物理；換句話說，他們希望神祕主義是形而上的，也就是「超越物理」的。

至於現代物理學企圖支持某個特定宗教的世界觀，以愛因斯坦為代表的物理學家們稱這樣的企圖「應該受譴責」，薛丁格甚至稱之為「罪惡的」，他的解釋是：「物理學與宗教毫無關係，物理學以日常經驗爲起點，然後以更精緻的方法進行研究，它不可能轉化日常經驗，進入另一個次元……宗教的領域是遠遠超過科學解說的。」愛丁頓非常確定地說：「我不是在暗示新物理學『證實』了宗教或替宗教信仰提供了正面的立論。就我自己而言，我完全反對這樣的企圖。」

試想，如果我們真的聲稱現代物理學支持神祕主義，那將會發生什麼事?!譬如我們說現代物理學完全贊同佛陀的領悟，那麼假設明日的物理學取代或遮補了今日的物理學，難道佛陀就喪失他的領悟了嗎?你了解問題所在了吧！如果你把你的上帝和今日的物理學掛勾，那麼今日的物理學一旦有失誤，上帝也會跟著產生失誤，這便是神祕主義的物理學家所關心的問題。他們既不希望物理學被扭曲，也不希望神祕主義被迫進入一個先上車後補票的婚禮。

崔雅極有興致地閱讀這些章節——她很快便成為我的最佳編輯和最值得信賴的評論者。這是一本令我特別滿意的書。

崔雅和我都是喜歡冥想的人；我們分享著一份神祕主義或靜思的世界觀。我們的冥想是直接超越自我和俗世、發現更大的我或源頭的練習。世上有這麼多偉大的物理學家都是直言無諱的神

祕家，這真是很大的鼓舞。我很久以前就認為只有兩種人會相信宇宙的神性——一種是智力不太高的人（例如奧羅爾・羅勃茲，*Oral Roberts*），還有一種是智力極高的人（愛因斯坦），中間則是那些不相信上帝或任何超理性事物的「知識份子」。總而言之，我和崔雅都相信上帝是人類心中最深的根基和終極，也就是説我們有可能是智力極高或很笨的人。我所謂的上帝並不是指某個擬人化的父權或母權的形象，而是純粹的覺知或意識，一個我們可以在日常生活透過冥想而領悟的真相。這份神祕的理解對於我和崔雅以及我們共同的人生都是最重要的事。

崔雅興致勃勃地看我組合這本書，她認為不管我做什麼，我其實都在拖延對未來婚禮該盡的責任，她也許是對的。

我和崔雅的連結繼續深化，我們遠遠「超越了物理」！自古以來愛情便是轉化自我、使人昇華的途徑；崔雅和我閉上雙眼，手攜著手，一同向上飛躍。

回顧起來，在遭受殘酷的打擊之前，我們的關係只靠這短短的四個月奠定基礎。我們在這幾個快樂的月裡所形成的連結，幫我們度過了五年如噩夢般的醫療過程。這份煎熬如此難挨，使崔雅和我終於崩潰。我們的愛幾乎瓦解，但後來又重新浮現，使我們再度連結在一起。

在熱戀期間我們不斷打電話和寫信給朋友，這兩名顯然愛得幾近瘋狂的人獲得十足的友情與耐性。我的朋友只看了崔雅一眼，便明白我為什麼全力以赴；崔雅的朋友覺得這整件事十分有趣，因為他們從未見過她對任何事如此喋喋不休。我一反常態地寡言；崔雅則一反常態地囉嗦。

親愛的鮑伯：

我會盡量言簡意賅。我找到她了。我不知道這句話是什麼意思，反正我找到她了。她的名字是泰利・吉蘭，她……嗯！……她實在太令人滿意了，既聰明又有才華，溫暖而充滿愛心、慈悲與關懷……還有，她比我認識的所有人都要勇敢與眞誠。鮑伯，我想我會尾隨這個女人到天涯海角。其實她並沒有那麼聰明，因爲她對我也有同感。我們才認識十天，我就向她求婚了，你相信嗎？她居然答應了，你相信嗎？請你攜伴前來參加婚禮，如果能找到的話。

肯恩於穆爾海灘
一九八三年九月二日

PS・我知道婚禮的第二天你可能才會出現。

親愛的愛莉森：

我終於找到他了。還記得我們替所謂的完美男人定下的「理想條件」嗎？那到底是幾年前的事？我訂下的期限是何時？誰知道……其實我早就放棄了。我從未想過這樣的事會發生在我身上。

他的名字是肯恩・威爾伯，妳大概聽過他，甚至讀過他的作品。他的書都是有關意識和超個人心理學，幾乎各大學都採用（包括我曾經就讀的加州整合學院），相信妳會有興趣。肯恩被視爲超個人心理學中居領導地位的理論家，他曾自嘲地說：「被稱爲超個人心理學最頂尖的理論家，就像被形容成坎薩斯市最高的建築物一樣。」

三十六歲的我，從未考慮嫁給任何人，但是肯恩・威爾伯先生出現了！

我覺得我們始終都在一起。我從未對任何男人產生過這樣的連結感，就好像我的每個細胞都和他在一塊兒。這份連結感存在於每個層面，即使是最細微的。我從未如此被愛和被接納過，也從未如此愛過和接納過任何一個人。他絕對是最適合我的男人！事實上，對我最難的一件事，竟然是接受他的光頭（他是禪門子弟，練習靜坐已經十二、三年了。）他三十四歲，六呎四吋高，身材很好，臉很美，皮膚潔淨。我會在信中附上他的照片，也會送妳幾本他的書。

遇到他令我覺得眞相大白……聽起來有點誇張，但這確實是我的感受。跟隨自己的內在直覺也許從表面看來有點令人迷惑，但還是正確的。我們倆都覺得我們在過去早已相識，又在此生繼續尋找對方……我不知道自己是否眞的相信這樣的形容，但對我們來說這個比喻似乎是正確的。感覺上他眞的就是我的靈魂伴侶，雖然這幾個字聽起來有點俗氣。和肯恩在一起塡補了我因自我懷疑和對這個宇宙的懷疑而產生的空虛。我非常敬重他的工作和他的才智，我更愛他在生活的每一個層面所展現的智慧。他很幽默，總是讓我笑個不停，他給我的愛和讚賞是我從未經驗過的。他是我見過最有愛心、最善良、最能鼓舞人的人。我們的關係非常自然、輕鬆、不需要做什麼努力。我們是很好的夥伴，二十年後如果我們還在一起，那會是十分有趣的探險。我渴望能和他長長久久。

有時我簡直不相信宇宙會讓這件事發生，總覺得不可能這麼順利，然而我們眞的深深相許，展望我們的未來和我們的工作是很令人陶醉的事。他現在已經算是和我同居了，計畫未來的婚禮似乎很怪，因爲我們覺得我們早已結婚，婚禮是爲家人舉行的。

親愛的，這就是我的大消息，最近我除了繼續諮商工作之外，便是和肯恩一起消磨時間。現在已經很晚了，我也很累了，在婚禮中我會告訴妳更多的事！

愛妳的泰利

一九八三年九月二十四日

我一直盯著自己的左肩，可是我什麼也沒看到。我想崔雅也許在開玩笑；畢竟我和她還沒有熟到那種程度。「妳的意思是不是妳象徵性地看到了它？」

「我不知道這到底意味著什麼，但我眞的在你的左肩上看到一個死亡的陰影，就像我見到你的臉孔一樣。它像是一個黑色的小鬼，面帶微笑地坐在那裡。」

「妳確定這樣的事不常在妳的身上發生嗎？」

「從未有過，我很確定。」

「爲什麼是左肩？爲什麼是我？」這件事開始有點詭異了。屋子裡只有微弱的火光，氣氛令人毛骨悚然。

「我不知道爲什麼，但似乎非常重要。我是很認眞的。」

因爲她這麼堅決，我禁不住又看了一下自己的左肩，還是什麼也看不到。

婚禮前的一個月，崔雅進醫院體檢。

我躺在檢驗台上，雙腿分開，膝上蓋著一張白色的罩單，整個人裸裎在冷空氣和大夫探測的雙手中——典型的婦科內診。在這個時刻做全身體檢似乎是很好的主意，因爲我馬上就要結婚了。我一直覺得自己健康得像一匹馬，所以没有定期體檢。大夫在檢查我的時候，我把他幻想成非洲酋長，正在替兒子未來的媳婦檢查牙齒和脛骨。

我的腦子裡充滿各種計畫和問題：婚禮該在哪裡舉行？該邀多少人？該選擇什麼樣的水晶杯和瓷器？這都是一對新人在典禮舉行之前必須決定的大事。婚禮定在我們相識的三個月後，準備的時間實在不夠。

大夫的檢查繼續進行，他現在正在推壓我的腹部和胃部。他是一位很好的醫生，我很喜歡他。

現在他正在檢查我的胸部，他先從左邊開始。從十二歲起我就擁有這對大胸脯了。我記得自己還曾經害怕它們會長不大。有一次我和一個女孩坐在浴缸裡，各自按摩和拉扯自己的乳頭，希望快點長成真正的女人。結果它們真的長大了，不但速度太快，尺寸也太大了一點。我記得有一次參加夏令營，還得向別人借穿過的胸罩。我的胸脯曾經帶給我無數的窘境。男孩故意在没有什麼行人的街上從我旁邊擠過。長大後，男人的眼光似乎總無法集中在我的臉上。我的襯衫扣子時常被撐開。寬鬆的上衣令我看起來肥胖或像懷孕，上衣如果塞在裙子裡也會顯得很胖或胸部過大。我就是男人所謂的波霸。我永遠都需要穿胸罩，慢跑和騎馬時需要穿特別强韌的胸罩。如果

我能找到合乎尺碼的比基尼或兩件式的泳裝，在我眼裡它們還是顯得猥褻。

但我畢竟還是學會了如何適應自己的獨特，而且逐漸喜歡上它們。從《花花公子》的角度來看，它們可以稱得上是柔軟、堅實與漂亮。

接著，大夫開始檢查我的右胸，這麼仔細的檢查是我每個月該做的，可是沒有人教我怎麼做。

「妳知不知道妳的右胸有一個瘤？」

「什麼？一個瘤？不，我不知道！」

「它就在妳右胸下方四分之一處，妳應該很容易就感覺到它。」

他拉著我的手伸向那個區域。没錯，我很容易就摸到了它。太容易了一點，這麼大的瘤，找到它是舉手之勞的事。「大夫，你認爲它是什麼東西？」

「嗯……它的尺寸很大，而且相當硬，没有和肌肉組織相連，很容易移動。這些特點加上妳的年齡，我認爲不必擔憂，也許只是個囊腫。」

「你認爲我該怎麼做？」到目前爲止還没有人提到癌症這兩個字。

「依妳的年齡來看，不可能是癌症。我們何不等一個月，看看它的大小會不會改變？它可能隨著妳的經期而改變，一個月後再來看我好了。」

我鬆了一口氣，穿上衣服離去。我的腦子裡充滿著婚禮的各項計畫，此外我正在修心理學和心理諮商的碩士學位，我必須讀很多的書、在諮商中心見習，然而在這麼多事情的底端，卻潛伏著一股恐懼的暗流。有可能是乳癌嗎？我知道我心裡有點害怕。這不是三言兩語可以形容的感

覺，似乎心裡已經有數。我雖然忙著做各種準備，手仍然不自覺地會去觸摸那個尖硬不變的腫瘤。到舊金山鬧區買婚禮要穿的鞋子時，它依然健在。坐在書桌前打電話安排婚禮的各項事宜時，它仍然在那裡。每天晚上躺在未來夫婿的身旁，鑽進他那修長的手臂時，我仍舊可以感覺它的存在。

不管怎樣，是癌症的機率只有十分之一，我的朋友都認為沒什麼大不了，而且我們如此相愛，一定不會出錯的。我們的地平線上只有一件事，那就是婚禮和從此「過著快樂幸福的日子」。

婚禮的那一天，天氣非常晴朗，那是狂風暴雨持續一週後的第一個好天氣。替我們證婚的是兩位非常親近的友人——大衛．威爾金森和麥可．阿布都神父。前者是我在芬霍恩結識的衛理公會牧師，後者則是科羅拉多老家旁的天主教修道院的院長。我的牧師朋友提醒我們婚姻很可能是監牢（我們的身後有朵阿爾卡特拉斯玫瑰，襯托它的是舊金山灣閃耀的海水），但也可能帶來自由與美。接著他指向銜接兩塊陸地的金門大橋，象徵我們在這一天彼此結合了。

喜酒十分有趣，親朋好友帶來了豐盛的食物和香檳。我很喜歡《奇蹟的課程》（*A Course in Miracles*）發行人裘迪斯．史卡區的話：「這是一場由皇室舉辦的婚禮！」我興奮得快要發狂了，希望婚禮後能有時間讓所有的事沉澱一下。那天晚上，我既亢奮又疲憊地在我丈夫的懷中酣然入夢。

接下來的幾天，我根本沒時間檢查腫瘤。周圍的人不斷安慰我，而且婚禮已經把我忙垮了。對它的恐懼此時已逐漸消失，回到醫生那裡複檢時，我覺得相當輕鬆。

我們把到夏威夷度蜜月訂在兩週後，因為崔雅必須結束她的課程、完成期末考。幾乎每個人都不再擔心她的腫瘤。

「它仍然在那裡，好像沒多大改變。」我的大夫說。「妳有沒有注意到任何變化？」

「大小或觸感都沒什麼變化。不過，我右胸的其他部位有時會劇痛，腫瘤的周圍卻沒有感覺。」我回答他。在沉默中我可以感覺大夫正在思考該怎麼辦。

最後他終於說：「妳這個病很難下結論，也許是囊腫。妳的年齡、健康情況以及它的觸感，都讓我覺得不嚴重。但爲了審慎起見，還是該拿掉它，這是最安全的做法。」

「好，如果你這麼認爲。反正我的胸部還有很多剩餘的組織，肯恩和我一週後要去度蜜月，我們會離開兩星期，能不能等三個禮拜再說？」我最關心的還是我們的旅遊。

「可以，等三星期應該沒有危險。度蜜月時最好不要擔心傷口。我希望妳能去見另一位外科大夫，徵求一下他的意見。」

我並沒有對這件事多做思考，畢竟我只是在採取必要的預防措施。第二天我來到這名外科大夫的診所。他很仔細地檢查我的胸部和腫瘤。如果是惡性腫瘤，皮膚看起來會有點不平，我的皮膚並沒有不平，腫瘤又不和任何組織相連，他也覺得只是個囊腫。接著他用一根針插進我的腫

瘤，如果是液狀的，針管便可將它吸出，只要幾秒鐘，腫瘤就不見了。但他的針插進我的腫瘤時，卻碰到一個尖硬的東西。大夫似乎有點吃驚，他說可能是良性纖維瘤。他建議把它拿掉，他認爲三週後再拿也不遲。於是我帶著胸上的瘀青走出診所……

醫生們既然都確信沒什麼好擔憂的（雖然它還是該被「除去」），於是大家都不再擔心，除了崔雅的母親之外。

母親非常堅持，她希望我去見一位血液腫瘤外科大夫，雖然我四天後就要去度蜜月，還有兩個期末考要通過。我先是抗拒，後來只好答應，因爲她很清楚自己在建議什麼。十五年前母親因發現自己得了結腸癌，令全家爲之震驚。

那是我大學畢業後的第一個夏天，那段日子的驚恐和困惑，我到現在都還記得，我們全家在休士頓安德生癌症中心的大樓裡徘徊，看起來是那麼地驚愕、惶恐與不解。母親躺在病床上，到處都是管子。我模糊地記得自己匆匆回家，心裡有一股未知的感覺，接著我搭機飛往休士頓的安德生醫院。我記得旅館的房間，我父親在房間裡、在停車場來回地走著。他盡力照顧我的母親，試著向我們解說，努力和自己的恐懼相處，安排所有的事宜和做決定。當時那件事情並沒有嚴重地打擊到我，我覺得自己是恍恍惚惚度過的。我並不了解癌症是什麼，手術過後去探望母親，我還因爲服了鎮定劑而頭暈腦脹。接下來的幾年，她每一次重返醫院複檢，家裡的氣氛都因此而緊張不安。但那些日子裡，我還是不覺得嚴重。

現在已經是十五年後，每一次的複檢她都安然通過，每一次全家都鬆一口氣，恐懼也跟著降低一點，世界似乎因此而穩定一些。我的父母是那麼親密，無法想像他們如果失去對方將如何生活，我從未思考過如果母親因癌症而死，會是什麼情況。我的無知替我省去了不必要的擔憂。十五年後的今天，她似乎安然無恙，堅持要我徵求第三位醫生的意見，她建議我該去看安德生大夫。多年來我的父母因感激安德生的妥善照料，愈來愈常參與安德生癌症中心的事務。

但我想去的是夏威夷而非休士頓。我打電話給我的一位遠親，他是一位腫瘤大夫，他推薦了一位血液腫瘤大夫給我。母親想更進一步地了解這位彼得・李察茲大夫。後來我們發現，原來李察茲大夫就是十五年前替我母親開刀的那位外科醫生的學生。多麼幸運啊！安德生醫院大力推薦，說他是多年來最好的醫生，他們很希望他能留在醫院服務，但他選擇回到舊金山的兒童醫院，因爲他的父親是那裡的首席外科。我心裡一直在想，這是一個很好的兆頭，母親也非常滿意。

第二天我到彼得・李察茲大夫的診所，很快便對他產生了好感。他很年輕、可親，而且很能幹。他檢查完我的腫瘤後，也建議我把它拿掉，而且他覺得應該立刻取出來。

也許我仍舊爲婚禮、爲墜入情網、爲夏威夷的蜜月而興高采烈，因此這件事一點也沒困擾到我。我們決定第二天，也就是星期四下午四點進行腫瘤切除，這樣實驗室更有足夠時間檢查冷凍切片，然後給我們一份報告。因爲手術當日即可返家，而且只有局部麻醉，我想我還是能參加明天的期末考。我計畫期末考一結束，立刻啟程前往夏威夷。

李察茲大夫很溫柔地問我：「如果有狀況發生的話，妳怎麼辦？」

我回答：「那麼我們就不去了。」我因無知而快活。經過幾週的恐懼，現在我已換上「如果是癌症我也能應付」的樂觀態度。

當晚和第二天我都在準備考試。肯恩正埋首完成《量子問題》。我告訴他不需要陪我去醫院，因爲我不想打斷他的工作。多年來我早已習慣自己處理事務，我不習慣的反而是求助於人。肯恩很驚訝我竟然會想自己單獨前往醫院，但是當他決定陪我一同前往時，我暗自鬆了一口氣。

崔雅和我前往兒童醫院，一路談論著夏威夷的蜜月計畫。我們找到當日返家手術區，開始辦理各種手續。突然我變得非常不安，手術還沒開始，我已經覺得不對勁了。

肯恩比我更緊張。我脫下衣服，換上手術衣，戴上手術圈以辨別身分。一位年輕的比歐大夫來到我身邊，問了一些看來無關痛癢的問題，後來我才明白它們的重要性。

「妳第一次月經來潮是幾歲？」

「應該是十四歲。比大部分人都晚。」（**月經來得早的女人得乳癌的機率大**）

「有沒有小孩？」

「沒有，我從沒懷孕過。」（**三十歲還沒生小孩的人得乳癌的機率更高**）

「妳的家族中有沒有人得過乳癌？」

「我一時想不出有什麼人得過。」（**我幾乎完全忘掉母親的妹妹五年前得過乳癌。家族之中如果有人得乳癌，罹患此病的機率比一般高**）

「妳的腫瘤會不會痛？以前有沒有痛過？」

「沒有，從沒有痛過。」（癌症腫瘤幾乎從來不痛）

「妳對這次的手術有什麼感覺？如果覺得緊張，我們可以給妳一些鎮定劑。」

「我覺得很好，似乎沒有必要。」（研究報告顯示，手術前會害怕的女人，比較不容易得癌症；那些看起來非常平靜的人，反而容易得）

「你們兩位是不是素食者？我從人們的膚色可以看出他是不是素食者。」

「沒錯，我們兩個都是。我從一九七二年開始吃素。」（我小時候吃的東西有很多動物性油脂，有人說這也是導致乳癌的原因之一）

不久我躺在一張急診床上，正通過一條只看得到天花板的長廊。鳥瞰的相反詞是什麼？因爲接下來的一個小時我都處在那種情況裡。我發現手術房出奇地冷（爲了不讓細菌滋生）。一位護士遞給我一條很溫暖的罩單，像是剛出爐一般，她一邊準備，我一邊和她聊天。我對所有的程序都很感興趣，希望得到最詳盡的解說。她爲我貼上心臟測試器，她說如果我的心跳降到60以下，測試器就會發出警訊。我告訴她我的心跳通常比較慢，於是她把標準降到56。

我們這一羣人，包括那位友善的護士、比歐大夫和我的好友李察茲大夫，開始閒聊起度假、爬山、滑雪、親人、哲學等等。他們在我搜尋的雙眼和我的右胸之間架起了一層薄薄的屏障。我很希望有一面鏡子能讓我看到手術的過程，後來覺得太血腥而作罷，早先打進我右胸的麻醉藥已經起了作用。我所想像的手術畫面十分鮮活，但也許是不正確的。有幾次心臟測試器發出警訊，顯示我的心跳已低於56，然而我是那麼地平靜。李察茲大夫和助理討論皮下縫合的技術，接著手

術大功告成。

我聽到李察茲大夫說：「叫某某大夫來！」我的心跳突然加速，我立刻問道：「出了什麼差錯嗎？」我的聲音帶著驚恐，我的心跳遠遠超過56。李察茲大夫說：「哦！沒什麼事。我們只是在叫一位等著化驗腫瘤的病理大夫。」

一切都很正常，我放鬆了下來，不太明白爲什麼驚慌失措。醫護人員幫我清理完身體，掀開被單扶我坐上輪椅。這時我已不像手術前通過走廊時那麼無助。我被推到護士的桌前填寫表格，心裡想著第二天的考試。李察茲大夫出現在我面前，詢問肯恩在哪裡，我漫不經心地說他可能在等候室。

當我看到彼得走下樓梯時，我已經知道崔雅得的是癌症了。我要求值勤護士帶我們去密室商談。

幾分鐘後，我們三個人來到密室。李察茲大夫喃喃自語地說他很抱歉那個腫瘤是惡性的。我震驚得幾乎僵住了。我沒有哭，茫然地問了幾個很理性的問題，盡量把持住自己，連一眼都不敢看肯恩。當李察茲大夫出去叫護士時，我回頭看了一下肯恩，周遭的一切突然消失，我從輪椅站起來，衝向他的懷裡，開始放聲大哭。

災難爆發時，腦子裡往往升起很怪的念頭。我覺得宇宙突然變成了薄紙，有人在你眼前把這

張薄紙撕成了兩半。我因震驚過度而有一種非常堅強的感覺，這份堅強感來自徹底的衝擊和茫然失措。我很清醒，全神貫注於當下。我記得山繆爾・強森（*Samuel Johnson*）曾就事論事地說過：「面對死亡能使你的心格外專注。」沒錯，我確實格外專注；但是我們的世界卻被撕成了兩半。當天所有的事好像都以慢動作進行著，一幕又一幕，就像痛苦的停格畫面，沒有任何保護和過濾。

接下來所發生的事，我只記得一些片段。當我放聲大哭的時候，肯恩把我抱進懷裡。我竟然想一個人來醫院，我是多麼的愚蠢啊！接下來的三天我好像都在哭，但不知爲了什麼。李察茲醫生回來告訴我們未來可以做的選擇，譬如乳房切除手術、放射治療、植入手術、去除淋巴結等等。他說他並不期望我們把這些名詞記住，他會很樂於再解說一遍。我們有一個禮拜至十天的時間做決定。一名在乳房健康諮詢中心工作的護士給了我們一大堆資料，並且給我們做了最基本而無趣的解說；世界快毀了，我們根本聽不進去。

我突然想奔出醫院，出去吸一口正常的空氣，我不想再看到穿白袍子的人。我覺得自己好像一件毀掉的東西，我很想對肯恩致歉。這麼棒的一個男人，與我結婚還不到十天，卻發現他的新婚妻子得了癌症；就好像打開一個等待已久的禮物，卻看到裡面的水晶禮品已經破碎。結婚不久就要承受這麼大的打擊，對他而言太不公平了。

肯恩立刻打斷我的想法，他甚至讓我覺得有這樣的想法是很蠢的事。「我找妳不知多久了，能擁有妳，我已經很高興了。我不會放妳走的，我會永遠陪著妳，妳不是一件已經毀掉的東西，妳是我的妻子、我的靈魂伴侶、我人生的光明。」他根本不讓我獨自面對這件事，毫無疑問地，

他將盡可能陪在我身邊；未來的幾個月我發現他真的辦到了。

我記得我們開車回家的途中，肯恩問我得癌症會不會覺得丟臉，我說不會，我没有這樣的感覺。我不覺得那是我的錯，我只覺得自己像一名中獎的現代人。四個美國人之中就有一個人得癌症；十個女人中就有一個得乳癌，但大部分人罹患的年齡都比較晚，大夫們通常等女人三十五歲以後才替她們做乳房檢查。我從未聽説波霸級的胸脯會有更高的危險性，但在三十歲以前生個孩子似乎能得到某種保護……關於這一點我是無能爲力的，因爲我的人生没有朝這個方向發展。

我們回到穆爾海灘的家，整個晚上我們勉強自己打電話通知親友。

我縮在沙發裡哭，一想到癌症這個名詞，淚水就像反射動作一樣湧了出來，好像這是唯一正常且妥當的反應。肯恩打電話通知親友這個壞消息時，我只是坐在那裡時而低泣、時而飲泣；我根本没力氣和任何人講話。肯恩來來回回地一會兒打電話，一會兒跑過來擁抱我……

過了一陣子，我的感覺突然改變，自憐失去了它的味道，腦子裡不斷捶擊的「癌症」字眼也愈來愈少。眼淚不再能滿足什麼，就好像吃了過多的餅乾而失去滋味。肯恩打最後幾通電話時，我已經平靜得可以和他們講話；這總比坐在沙發上像個漲得漏水的瘤要好一些。「爲什麼是我？」之類的問題被「現在該怎麼辦？」取代。

停格畫面一幕又一幕，緩慢、痛苦又鮮活地閃過。醫院裡打來了幾通電話都是壞消息，腫瘤

有2.5公分大，也就是把崔雅列入第二期癌症的階段。它們很可能透過淋巴系統擴散，更糟的是病理化驗顯示，這個腫瘤的細胞極度分化不良（也就是說非常像癌細胞），如果有一到四的等級，那麼崔雅的腫瘤應該屬於第四級——很難殺死，而且成長速度非常快。

雖然每件事都像慢鏡頭一般痛苦地發生著，但每個鏡頭也都包含了太多的經驗及太多的訊息，因而製造出一種古怪的感覺：好像事情既快速而又緩慢地發生。我的腦子出現一個打棒球的畫面——我站在那裡戴著球套，有幾個人不斷丟球給我，許多球都打在我的身上和臉上。我站在那裡，帶著傻傻的表情說：「喂！夥伴們！可不可以慢一點，讓我喘口氣吧……」壞消息還是不斷傳來。

没人打電話告訴我們任何好消息，這難道還不夠嗎？來一點希望之光吧？每一通電話打來，我都重新經驗一次自憐，爲什麼是我？我没有打斷心中的反應，過了一會兒，我已經可以平靜地把這些消息視爲實際的報告。事情就是這麼簡單，我有一個2.5公分的腫瘤需要切除，它是會擴散的癌，而且腫瘤細胞極度分化不良。這是我們目前知道的所有訊息。

時間很晚了，肯恩去廚房泡茶。外面的世界安靜下來，我的眼淚也開始湧出。那是無聲而絕望的眼淚，這件事真的在我身上發生了。肯恩回到房間看著我，没有說一句話，他坐下來把我緊擁在懷裡，我們不言不語，望著黑暗發愣。

3 被意義定罪

我突然醒了過來，非常不安，這時應該是清晨三、四點。肯恩在我身邊睡得很沉，外面黑暗而寂靜，從天窗可以看到星星。我的心一陣絞痛，喉頭跟著緊縮，我在恐懼什麼？我發現自己的手正在撫摸右胸上的绷帶，我可以感覺底下的縫線。我想起來了，我不想記住它，也不想知道；但是癌症在我婚禮後第五個暗夜喚醒了我。我得了癌症，我得了乳癌，幾個小時前一個堅硬的腫瘤才剛從我的胸部除去。

這件事真的在我身上發生了，肯恩躺在我身邊；我可以感覺他的溫暖和堅强，可是我突然覺得非常孤單。

不，我不能入睡，我的喉嚨發緊，我的胸口劇痛，我緊閉的雙眼拒絕接受這個事實，我該怎麼辦？我坐了起來，小心翼翼地爬過肯恩的身體。屋子裡很冷，我穿上浴袍，把自己舒適地裹在這份熟悉感中。現在是十二月天，我們座落於太平洋的房子裡沒有任何暖氣設備。我可以聽到穆爾海灘在黑暗中的浪聲。我没有生火，只披著一條毯子取暖。我清醒得不得了，獨自一人和自己的恐懼相處。我該怎麼辦？我不覺得餓，不能打坐，看書又不太妥當。突然我想起護士給我的那包資料，對了，我應該讀一讀。做這件事似乎能減低因無知而滋長的恐慌。

我蜷在沙發裡，把毯子裹得更緊一點，不知道今夜有多少女人被同樣嚴厲的打擊喚醒？有多少女人心中正擊打著癌症的無情鼓點！環繞著癌症這兩個大字，我們的文化編織出無盡的影像、概念、恐懼、故事、照片、廣告、文章、電影和電視；它們充斥著恐懼、痛苦和無助。這兩個字不是什麼好東西，我必須擺脫它。雖然我對癌症知道得很少，但這些故事告訴我，它是恐懼的、痛苦的、無法掌握的以及神祕而强大的。没有人了解它，没有人知道它是怎麼開始或如何才能制止它。

這就是一直在我身體裡滋長的東西。我打了個冷顫，像團繭一樣把自己裹在毯子裡。長久以來我每個星期慢跑十二哩路，我吃得很好，通常是生菜沙拉和蒸過的青菜，我一直規律地靜坐、學習，過著寧靜的生活，誰能了解爲什麼是現在？爲什麼是我？爲什麼人會得癌症？

我坐在沙發上，腿上堆著紙張和小册子。我急於想知道更多，無知會助長我的恐懼，於是我開始閱讀。某個女人發現自己的腫瘤時，大小就像一個蘋果，我的是2.5公分。我讀到一個孩子得了白血病，這麼小的孩子就要受這樣的折磨，到底是爲了什麼？我讀到一些從未聽過的癌症種類，還有手術、放射線治療和化療。資料顯示某個百分比的人經過五年仍然存活，另外一個百分比的人死亡了，我將屬於哪個百分比呢？我現在就想知道，我無法忍受的是未知和在暗夜中的戰慄。我該不該準備活下去？或者準備等死？没人能告訴我，他們只能給我一些數據。我繼續沉潛於這些文字、照片和數據中，它們填滿了我的腦子，使我不再想那些令人恐懼的故事。彩色照片中的病人躺在手術枱上與充滿關懷的醫生商量事情，另外有些病人和家屬對著鏡頭微笑。不久便輪到我了，我也會變成一個癌症的數據。這些照片很清楚地告訴我，這件事不只在我身上發生，

多少人已經深深涉入這場癌症的戰爭。

閱讀紓解了我，今晚這些資訊就是我最好的治療。後來我發現我知道得愈多，愈感到安全，即使壞消息也是如此。無知令我恐懼，知識卻能安撫我的心。真的，最糟的就是無知。

我爬回床上，緊緊靠著肯恩溫暖的身體。他已經醒了，安靜地望著天窗。「妳知道我是不會離開妳的。」

「我知道。」

「孩子，我認爲我們可以戰勝它，我們首先得弄清楚該怎麼辦……」

就像崔雅所說，我們眼前的問題並不是癌症，而是取得足夠的資訊。你所能得到的癌症資料，基本上都不屬實。

讓我來解釋一下，不論一個人得的是什麼病，他必須面對兩個不同的實存。第一，這個人必須面對疾病的整個過程——骨折、流行感冒、心臟病突發、惡性腫瘤等等。以癌症為例，它只是某一種特定的與醫藥和科學有關的疾病罷了，本身並沒有什麼價值判斷，它和是非、對錯無關，就像一座山的存在一樣。

然而一個病人還需要面對他的社會或文化賦予那個特定疾病的批判、恐懼、希望、神話、故事、價值觀和各種意義，這些我們可以統稱為「心病」。所以癌症不僅是一項疾病、一種科學和醫學的現象；更是充斥著文化和社會意義的心病。科學能告知你何時、如何得了這個病，你所屬的文化或次文化卻教導你如何形成心病。

疾病不一定是壞事，如果一個文化對某種疾病能抱持慈悲與理解，那麼任何病都可視為一項挑戰，一次治療的機會。如此一來，「病」就不是一種譴責或詛咒，而是更寬廣的治癒與復原的過程。如果我們從正面和支持的角度來看疾病，疾病就更有可能被治癒，病人也能因此成長。

人類都被意義定了罪，他們好像註定要製造各種價值和判斷。好像我得病這件事還不夠，我還得知道「為什麼」我會得這個病，為什麼是我？它的意義是什麼？我做了什麼錯事？它是如何發生的？換句話說，我必須賦予這個疾病某種意義，而這個意義讓我和我的社會緊緊相連。

譬如淋病，純粹以病理來看，它只是生殖泌尿道附近的組織被淋球菌感染的性伴侶經由性行為傳遞的。抗生素，尤其是盤尼西林，治療它特別有效。

然而社會在病理之外，又賦予它極大的價值批判，某些意見屬實，但大多數是錯誤、殘忍的。譬如得淋病的人是骯髒的、變態或不道德的。把淋病視為道德上的疾病，對病人而言是很大的懲罰。那些得淋病的人被視為活該，因為他們不符合社會的道德標準。

即使這個疾病被盤尼西林治癒，加在它身上的批判和詛咒，仍然吞噬這個人的靈魂：我是很糟的人，我不好，我很恐怖……

透過科學可以找到有關淋病的解說，透過社會，我理解到的則是我的心病，不管這份理解是正面或負面、鼓勵或譴責、救贖或懲罰——這些都會對我或我的疾病產生巨大的影響。社會眼中的病態，往往比疾病本身更具破壞性。

當社會把某項疾病視為不好的或負向時，通常是因為恐懼或無知。在人們還不了解痛風是一種遺傳疾病以前，它曾經被視為道德上的弱點。一個簡單的疾病會變成充滿罪惡感的心病，純粹

是因為缺乏正確的科學知識。同樣的，當人們還不了解肺結核是結核桿菌引發之前，結核病人通常被視為性格懦弱而被結核病菌逐漸耗盡能量。一個純粹因傳染細菌引起的疾病，竟然變成了懦弱的象徵。更早一點的黑死病和大飢荒，其至被視為上帝的懲罰，因某人牽連出集體的罪惡而遭到天譴。

被意義定罪的意思是：我們寧願被冠上有害與負面的意義，而不願什麼意義都沒有。因此每當遭受某種疾病打擊時，社會立刻提供一些現成的意義和價值判斷，讓病人能了解自己得的是什麼病。如果社會並不清楚某項疾病的真正原因，這份無知通常會助長恐懼，接著助長對這個病人負面的價值判斷。如此一來這個人不但有病，而且成了令人失望的人。這份由社會所造成的批判與失望，常會變成一種自問自答的預言：「為什麼是我？我為什麼會生病？」因為你不乖。「你怎麼知道我不乖？」因為你生病了。

某些疾病確實是因為道德上的弱點或性格而造成的。心智和情緒對疾病而言絕對扮演著重要的角色，但這和因欠缺知識而把某種疾病誤認為道德上的弱點是截然不同的。

癌症是一種疾病，是一種被了解得很有限的疾病（幾乎没人知道該如何治癒它），因此癌症變成了被大量的神話和故事所包圍的疾病。

如果你得了癌症，首先你必須了解，你所能獲得的一切資訊都是神話，因為醫學到目前為止，還無法解釋癌症的起因，也無法治癒它。醫學本身已經被大量的神話和誤解所感染。

我舉一個例子，美國癌症學會在一份全國性文宣裡聲稱：「半數的癌症，現在都可以治癒。」事實卻是：過去的四十年裡癌症病患的存活率並没有顯著地增加，即使醫學界引進了更進

步的放療、化療和手術。只有血癌是令人欣慰的例外，霍金氏病（*Hodgkin's*）與白血病採用放療能造成很好的反應。剩餘的癌症中百分之二的病患存活率增加是因為發現得早，其他的癌症存活率幾乎絲毫沒有提升，乳癌的存活率比以前更低。

其實醫生們都知道這項統計數字，但很少有人承認，彼得·李察茲很坦誠地告知崔雅和我：「如果你看看過去四十年的癌症統計數字，你會發現我們的治療沒有一項增加了病患的存活率。當癌細胞進入你的身體時，它已經寫上日期，也就是你將死的那一天。我們有時可以把間隔期延長，但是無法改變死期。如果你的癌細胞期限是五年，我們可以讓你在這五年內保持無病的狀態，但超過五年，我們的治療便無效，這就是為什麼過去四十年來癌症存活率無法改善的原因。我們必須在生化基因上產生重大的突破，才可能有真的進展。」

那麼醫生到底能做什麼？他知道他的醫療，如手術、放療、化療等基本上並不真的有效，然而他必須有所為：既然無法控制這個疾病，他只好控制病患的心病。也就是指定某種治療方法，讓病人覺得醫生十分了解這項疾病，而且只有他指定的方法才是有效的。

這意味著即使醫生知道化療無效，他仍然建議你採用此法。崔雅和我大感驚訝，但這是十分普遍的現象。韋克多·李察茲（彼得·李察茲的父親）醫生寫過一本非常受重視有關癌症的書《任性的細胞》（*The Wayward Cell*）。他花了許多篇幅說明化療為什麼無效，接著又說明即使如此，化療仍然該被採用。為什麼？「因為化療能讓病人維持正確的醫療方向。」但老實說，它也阻礙了病人尋求其他的治療途徑。

這根本不是在治療疾病；這是在治療心病——醫生企圖控制病人對疾病的理解以及他可能尋

求的治療種類。某種治療也許對疾病無效，但對心病卻有效，也就是它可以引導病人聽信某個權威和接受某種醫療。

我們有一位好友得了末期癌症，她的醫生建議她接受另一種非常強烈的化療，如果照他的話做，應該還可以活十二個月。她提出了一個問題：「如果我不接受化療，還能活多久？」醫生回答：「十四個月。」再度建議她採用化療。沒有經歷過這種事的人，很難理解這樣的事隨時都在發生——這顯示出我們是如何全盤接受正統醫學的解說和對心病的「治療」。

我並不是在責怪這些醫生；他們在病人熱切的期望下，同樣感到無助。我從未遇見一位醫生企圖惡意操縱病人。大體來講，醫生都是非常有修養的人，他們都在不可能的情況中盡力而為。如果疾病純屬科學的實存，那麼心病則屬於宗教的範圍。因為醫療對癌症無效，所以醫生被迫扮演牧師的角色。這個角色對他們而言是欠缺訓練的，但是在病人的眼中，醫生確實是地位崇高的牧師。

從發現崔雅得癌症的第一個星期到未來的五年中，這是我們一直都在面對的問題——我們必須把疾病和心病分清楚，並且努力尋找治療這個疾病的最佳方法，以及理解心病的最清醒的途徑。

在得知罹患癌症的那個晚上起，崔雅和我開始閱讀所能得到的一切資訊。那週週末，我們已經讀完三十幾本書（大部分都是醫學書籍，有些則是暢銷書及各類的雜誌）。我們希望能得到最純正的訊息。不幸的是，大部分有關癌症的研究，不是不得要領，就是令人氣餒，而且訊息改變的速度快得嚇人。

另外我們又開始研究各種的另類療法：長生醫學（*macrobiotics*）、澤森食療（*Gerson diet*）、凱利酵素療法（*Kelley enzymes*）、伯頓療法（*Burton*）、伯金斯基療法（*Burzynski*）、神通徒手開刀術（*psychic surgery*）、信心治療（*faith healing*）、觀想治療（*visualization*）、利文斯頓—惠勒療法（*Livingston－Wheeler*）、赫克塞療法（*Hoxsey*）、高單位維他命療法（*megavitamins*）、免疫療法（*laetrile*）、針灸（*acupuncture*）、自我肯定療法（*affirmations*）（其中的許多療法我將一一加以解說）。大部分正統醫學的報告，不是不得要領，便是負面得很實在；而大部分另類療法的報導，泰半是奇聞軼事，而且正面到鐵石心腸的地步。閱讀另類療法的文獻，你會眼花撩亂，好像每個接受正統醫療的人最後都死了，而每個接受另類療法的人最後都活了。你不久便會發現，另類療法對治癌症的真正效果，大都是提供病患道德上的支持，最重要的是令遭受癌症打擊的人保住希望。換言之，他們大部分從事宗教性的活動，而不是醫療。這就是為什麼他們的文獻通常不包含醫學研究，只有成千上萬的見證。

我們的首要任務是挖掘這些主流與另類療法的所有文獻，希望能從其中得到一小部分的事實。

第二個任務則是面對癌症帶來的心病，亦即各種文化和次文化賦予這個疾病的意義和批判，也就是崔雅所說的那些意象、概念、恐懼、故事、照片、廣告、文章、電影、電視節目……其中充斥著恐懼、痛苦和無助。

不只我們的社會提供了大量的故事，崔雅和我接觸過各種不同的文化和次文化，都有很明確的話要說：

1. 基督教的觀點——基本教義派相信疾病基本上是上帝對某種罪惡的懲罰。疾病愈嚴重，那個罪惡就愈令人難以啟齒。

2. 新時代的觀點——疾病是一門功課。你為自己製造了這個疾病，因為你需要學習重要的功課，以達到精神上的成長和演化。疾病是唯心所造，因此疾病也可以單靠心來治癒。這是基督教醫學雅痞化的後現代觀。

3. 醫學的觀點——疾病基本上是由生物物理上的因素造成生物物理上的失序（從病毒到內心的創傷到遺傳因素到環境的影響）。大部分的疾病都不需要心理和精神上的治療，因為這樣的另類療法通常無效，而且可能延誤你接受正當的醫療。

4. 輪迴的觀點——疾病是由惡業所造，也就是過去世裡不道德的行為，現在形成了疾病的果。疾病是惡果，但也能用來淨化或燃燒過去的惡業，因此算是好事一件。

5. 心理學上的觀點——如同伍迪艾倫所說：「我不生氣，但我以生腫瘤來替代生氣。」以流行心理學的觀點來看，壓抑的情緒會形成疾病，最極端的例子是：疾病就是想死的願望。

6. 諾斯替派（Gnostic）的觀點——疾病基本上是幻象。整個宇宙的示現就是一場夢、一層陰影，只有當人徹底從幻象中解脫才能不生病。人只有從夢中醒來，才能發現超越幻象的實相。神是唯一的實相，在神性中是沒有疾病的。這是一種極端的、有點離譜的神祕主義觀點。

7. 存在主義的觀點——疾病的本身是沒有任何意義的，但我可以選擇任何一種意義賦予它，而我對這些選擇必須負全責。人類是有限和難免一死的，最真實的反應是一邊賦予疾病個

人的意義，一邊接受疾病就是人的有限性的一部分。

8.身心靈整體治療觀——疾病是肉體、情緒、心智和精神上的產物，每一個環節都是息息相關的、不可忽視的。治療必須涉及所有的層面（然而在實際治療的過程中，這個觀點經常被詮釋成避開正統醫療，即使它們可能有點幫助）。

9.巫術的觀點——疾病是報應。「因為我心裡想要某個人死，所以我得這種病是罪有應得。」或者「我最好不要太過分，否則壞事會發生在我身上」，或者「我太幸運了，這樣一定會有壞事發生。」

10.佛家的觀點——疾病是這個世界不可避免的現象之一；詢問為什麼會得病，就像在問為什麼會有空氣是一樣的。生、老、病、死是這個世界的標記，這一切的現象都顯示了無常、苦與無我，只有解脫和涅槃才能徹底轉化疾病，因為那時整個現象界也得到了轉化。

11.科學的觀點——不論什麼疾病，都有它的原因，其中一些是被決定的，其他的只是一些意外罷了。不論怎樣，疾病是沒有任何意義的，得病只是機率或必然的現象。

不論男女，都在意義的大海中沉浮；崔雅與我即將滅頂。第一天返家的路上，我們的腦子裡出現的各種意義已經氾濫成災，崔雅差一點沒窒息。

我的右胸長了一堆癌細胞，這件事對我個人而言，到底有什麼象徵的意義？肯恩神色堅毅地開著車，我一直在思索這件事。我的體內有一堆細胞正快速生長，它們不知何時、不知如何停止。它們的生長需要奪取鄰近組織的營養，可能透過我的血液和淋巴擴散，如果我的免疫系統無

法阻止它們的活動，它們就會生長得更快。如果沒有檢查出來，它們一定會殺掉我。我心中是否隱藏著想死的念頭？我是不是對自己太嚴苛、過度自我批判了？還是我太友善，太壓抑自己的憤怒和批判，於是逐漸示現爲身體上的病痛？是不是此生我已擁有太多，我的家庭十分幸福快樂，我有理解能力，受高等教育，長相吸引人，現在又有了這麼一位理想得令人無法置信的丈夫？一個人能擁有的是否只能到某種程度？一旦超越是否會引發相反的命運？我是不是受到過去世的業報？我是不是需要從這個經驗中學習一些功課，才能在靈性演化上有進展？也許多年來我一直追尋的人生志業，就在我所罹患的癌症中？

我們一而再、再而三地回到得癌症有什麼意義這件事上。無論你走到哪裡，這個議題都會被提出，每個人都有他的理論，它永遠懸在半空，變成生活中無法逃避的主題。治療癌症這個疾病，每個月只需要幾天；治療癌症所帶來的心病，卻是一項全職——它充斥在我們的生活、工作和娛樂中。它侵襲我們的夢境，不許我們忘掉它；這些侵入崔雅體內的任性細胞，就像骷髏一般，一大清早便在喜宴上露齒微笑。

我終於開口問肯恩：「你認爲怎麼樣？」兩天前我才接受診斷，此刻我們正等著和醫生見面，「你想我爲什麼會得癌症，我知道心會影響身，但癌症帶來的恐懼，使我無法仔細分辨到底是哪個層面出了問題。除了環境和遺傳的因素，我偶爾想到情緒上的致癌理由，可是很難不責怪自己。我想我也許做錯了某些事，或者在思想和感覺上有些偏差。有時我甚至懷疑，當別人發現

我得了癌症之後，會不會編造一些理論。也許他們會認爲我過度壓抑情緒，或者太『酷』了一點，或是我太友善、太順從，或是我太自信、生命太圓滿了，因此我是罪有應得。我聽說有些女人覺得罹患癌症便是人生的失敗者，當我陷入那種情緒時，我很能了解她們的感覺。你的想法是什麼？」

「孩子，我也不知道自己的想法是什麼，妳何不列一張表，把妳認爲所有致癌的理由全都寫下來。」

於是我趁著等待蔬菜湯的時候，列出了以下的理由：

✣過度壓抑我的情緒，尤其是憤怒和哀傷。

✣幾年以前我曾經歷一段重大的人生轉機、壓力和低潮。一連兩個月，我幾乎每天都在哭。

✣太過於自我批判。

✣年輕的時候攝取了太多動物性油脂和咖啡。

✣時常擔心我人生的真正目的，急於找到自己的天職、我的使命。

✣小時候常覺得非常寂寞、無助、孤立、無法表達自己的感覺。

✣長久以來一直傾向自給自足、自制和過度獨立。

✣靈性修持，譬如內觀，一直都是我最根本的目標，但我沒有全力以赴。

✣沒有早一點遇見肯恩。

「你認爲如何？你還沒有告訴我。」

肯恩看了一下這張表。「啊！親愛的，我喜歡最後那一條。我認爲致癌的理由起碼有一打以

上。如同法蘭西絲所說：人類的生命分成肉體、情緒、心智、存在和心靈各個層面，我想任何一個層面出了問題，都可能導致疾病。肉體的因素有：食物、環境污染、輻射線、抽煙、遺傳基因等等。情緒的因素有：沮喪、僵化的自我控制、過度獨立。心智的因素有：時常自我批判、悲觀，尤其是沮喪，最容易影響免疫系統。存在的因素有：對死亡的過度恐懼，導致對人生的過度恐懼。心靈的因素有：沒有聆聽自己內在的聲音。

「也許這一切都會導致肉體的疾病，我的問題是，我不知道該給每個層面多少的比重？心智或心理上的致癌因素該佔百分之六十，還是百分之二？這才是真正的重點，妳明白嗎？目前從我得到的各種證據看來，我認為遺傳因素佔百分之三十，環境因素佔百分之五十五（飲酒、抽煙、動物油脂攝取過多、纖維攝取不夠、毒素過多、曝曬、電磁波和輻射線污染等等），其他的因素佔百分之十五，如情緒、心智、存在和心靈，這意味著百分之八十五是肉體的因素。」

我的湯終於來了。「基本上，這些東西對我都不怎麼重要，我只覺得，如果我該為得癌症負責，而不找出理由，我可能還會繼續在自己身上製造癌症。如果我重複再三，那為什麼還要接受治療？我甚至希望這整個事件是個意外，是因為住在有毒的掩埋場附近、由於遺傳因素，或是我在年輕時接受的X光治療所造成。如果我覺得沮喪，我就會擔心自己的白血球可能減少，生存意志可能降低。每當我想到可能死在醫院的病床上，我就很恐懼會『製造』這樣的事實，我無法不想我到底做了什麼錯事？我是不是不怎麼想活？我的意志力夠不夠堅強？我是不是把自己逼得太緊了？」我開始低泣，眼淚掉進了我的蔬菜湯。

肯恩把椅子挪過來，把我抱在懷裡。「這是好湯，妳知道嗎？」

「我不想讓你擔心。」我終於說出了真相。

「親愛的，只要妳還能哭，還能呼吸，我就不擔心。如果妳這兩樣事都停止了，那我可就擔心了。」

「我很害怕，我到底該做什麼改變？我需要改變嗎？我希望你能老實告訴我。」

「我不知道是什麼理由造成了癌症，也不認為有任何人知道。某些人聲稱癌症是因壓抑情緒、低自尊或心靈上的貧血造成的，他們根本不知道自己在說什麼。這些觀念沒有任何佐證；說這些話的人其實是想向妳推銷一些東西。

「既然沒有任何人知道致癌的因素是什麼，我不認為妳需要做什麼改變，妳何不趁著得癌症這個機會來改變妳一直想改變的事。壓抑情緒也許會、也許不會間接導致癌症，反正妳一直想停止壓抑這些情緒，那就利用得癌症這個理由來進行這件事。我知道任何建議都是廉價的，但妳為什麼不利用這個機會來改變那些妳列舉出來的事項？」

他的觀念讓我釋懷，於是我有了笑容。肯恩又加了一句：「不要因為妳認為它們導致了癌症才改變，這樣只會讓妳內疚。妳改變它們，只因為它們該被改變，妳不需要靠癌症來告訴妳什麼是需要修正的。現在讓我們重新開始，我會幫助妳，這應該是很有趣的事，真的。我是不是有點傻？我們可以稱之為『得癌症的樂趣』。」我們開始放聲大笑。

他的話令我覺得非常有道理，我有一種清楚和堅定的感覺。也許得癌症這件事根本就沒什麼「命定」的理由，雖然以前的人非常喜歡向這些詮釋靠攏。此外我對一般的醫學解說也不十分滿意，我覺得他們把一切都歸到物質的理由（食物、遺傳因素、環境污染等）。從某個層面來看，

這個解説還算妥當，不過對我而言是不夠的。我需要從這些經驗中找到意義和目的。我只好透過思想和行動來感染一些意義。

到目前爲止，我還沒有決定接受任何治療，我不想在接受治療後，就把這個病一勞永逸地鎖在櫃子裡。從現在起，癌症顯然會成爲我人生的一部分，我要在每個層面都盡可能利用這次機會。在哲學上，我可以利用這個機會專心觀察死亡，幫助我做死亡的準備，仔細研究我人生的目的和意義到底是什麼。在心靈上，我可以利用這個機會實踐我一向感興趣的內觀修練，不再企圖尋找更完美的方法。在心理上，我可以更愛護自己和善待別人，並且更自在地表達我的憤怒，更能與人親近。在食物上，我想吃新鮮和清洗乾淨的健康食品，開始運動。最重要的是，不論是不是能達成這些目標，都不再苛求自己。

「我不認爲你可以看到它，因爲只有我可以看得到。」

「它還在不在那裡？」想到它就令我不安。

「我什麼都沒看見，但我知道它還在那裡。」崔雅在説這句話時，就好像死神在你愛人的肩上是最自然的事。

「難道不能把它彈掉或是做些什麼嗎？」

「別傻了。」她説。

崔雅和我最後終於替這個病找到了意義，而且在健康和治療上發展出我們自己的理論。但眼前我們必須盡快治療這項疾病。

我們和彼得・李察茲的約會已經遲了。

4 平衡與否的問題

「那是歐洲興起的一種新的治療方法。我認為妳是很好的人選。」

彼得‧李察兹看起來有些沉痛。他顯然很喜歡崔雅；治療癌症病患真不是件容易的事。彼得把各種可能的治療略述了一番：切除整個腫瘤和所有的淋巴結；胸部不動手術只做放療，但淋巴結要切除；切除部分腫瘤（拿掉四分之一的胸部組織），拿掉一半的淋巴結，四至六週的放療；切除部分的腫瘤，拿掉全部的淋巴結。我們好像很平靜地在討論中世紀的酷刑。「夫人！我們這裡有八號尺寸的貞操帶。」

崔雅已經想好大略的治療計畫。雖然我們都很熱衷另類療法和整體醫學，但細察之下才發現，沒有一種另類療法，包括賽門頓觀想（*Simonton visualization*）、澤森食療、巴哈馬的伯頓療法在治療第四期的腫瘤上有任何成效，這些腫瘤是癌症中的納粹黨，小麥草汁和積極思考不會給它們很深的印象。如果想有任何存活的機會，必須用核子彈把它們炸光——這時白人的主流醫學就有用了。

崔雅經過仔細的考量，最後決定第一步採用主流醫學的治療方法，然後結合所有的另類療法加以輔助。當然，另類療法並不鼓勵採用主流醫學的方法，譬如放療或化療，因為它們會造成免

疫系統的永久傷害，而減低另類療法的療效。

這樣的看法部分屬實，但癌症的病情比大部分另類療者的想像要更細微。舉例來說，放療確實會減少白血球的數量，但這只是暫時的現象，況且免疫力的不足和長期的白血球減少並沒有直接的關係；也就是說，白血球的數量和免疫力的品質無關，譬如某些接受化療的人並沒有顯現更高機率的感冒、一般感染或續發性的癌症，雖然他們的白血球數量可能比較少。事實是，許多採用另類療法的病患死了，當然最方便的藉口就是「你應該早點來找我們的」。

歐洲的主流療法發現，切除部分的腫瘤，然後做放療，基本上和全部切除腫瘤的療效是一樣的。彼得、崔雅和我都認為切除部分的腫瘤是比較合理的方式。

一九八三年的十二月十五日，崔雅和我在舊金山兒童醫院的二〇三病房度過了我們的蜜月。

「你在做什麼？」

「我請他們拿一張行軍床來，我今天晚上要睡在這個房間裡。」

「他們不會答應你的。」

肯恩給了我一個你在開玩笑的表情，「孩子，如果妳是個病人，住院是件很可怕的事，在這裡妳可能感染其他地方無法感染到的細菌。如果細菌不讓妳生病，他們的食物也會讓妳生病。我非住在這裡不可，而且現在是我們的蜜月期。」

他拿了一張行軍床，一直陪在我的身邊，六呎四的身材大部分都懸在床外。手術前他送了我一束花，卡片寫著：「送給我靈魂的另一半」。

崔雅很快便恢復了活動，她本來俱足的勇氣再度浮現，泰然地度過了這段煎熬。

十二月十一日：彼得、肯恩和我都決定切除部分的腫瘤和部分的淋巴結，然後做放療。我感覺很好，還能開玩笑。在麥克斯餐廳吃午飯，和肯恩一起買聖誕禮物，很晚才回家，覺得相當疲倦，心中湧出對肯恩的愛，很想把這份愛和寬恕分享給我生命中的每一個人，尤其是我的家人。

十二月十四日：第一次接受針灸治療，午睡後整裝出發，到達旅館和爸媽吃晚餐，收到更多的結婚禮物。打電話叫凱蒂來。依偎在肯恩的懷裡。

十二月十五日：九點到達醫院，開刀遲了兩個小時。開完刀覺得很好，五點醒來，肯恩、爸媽和凱蒂都在。當天晚上打了嗎啡，有點飄飄然，類似冥想的感受。每個小時都被叫起來量體溫和量血壓，肯恩也得跟著起來，他必須告訴護士我還活著，因爲我的心跳一向很慢。

十二月十六日：整天都在睡覺。到下面的大廳和肯恩散步。李察茲醫生進來告訴我們一個非常好的消息——淋巴結沒有任何癌細胞。和蘇珊娜散步，當天晚上無法入睡，我要求打嗎啡和止痛劑。很高興肯恩堅持陪在我身邊。

十二月十七日：打電話給許多朋友。讀了很久的書。肯恩去買聖誕禮物，身體覺得很舒服。

十二月十八日：來了許多訪客，肯恩出差去了。閱讀《紫色姐妹花》（*The Color Purple*），身體仍然有些酸痛。

十二月十九日：出院，在麥克斯餐廳吃完飯，和肯恩買聖誕禮物。覺得很好，很有信心，有時我擔心自己太過於自信了。

手術後的衝擊是心理上的：崔雅開始利用這段時間從事她所謂的「人生志業」。到底她的人生志業是什麼？她給我的解釋是，她以前一直傾向於陽性的價值觀，也就是總要做點什麼，她無法什麼也不做地只是存在。陽性的價值觀就是製造一些東西，達成某些目的，通常比較有攻擊性和競爭性，也比較有階級意識；它們總是投射未來，依賴的是原則和判斷。基本上，這樣的價值觀總想把眼前的一切「變得更好」，然而陰性的價值觀卻是擁抱當下，它們接納一個人，是因為這個人的本身，而不是他做了什麼。它們強調的是關係、包容、接納、慈悲和關懷。

我認為這兩種價值觀同樣重要，但「存在」的價值觀通常與陰性連結，因此崔雅覺得自己過去太重視陽性的價值觀，她否定也壓抑了自己陰性的那一面。

對崔雅而言，這不是一閃即逝的好奇，我認為這是崔雅一生中最重要的心理議題。這個議題加上其他的東西，促使她把名字從「泰利」改成「崔雅」——她覺得泰利太男性化了。

許多生命的議題變得愈來愈清楚，我記得長久以來一直在問自己一個問題：「我人生的志業到底是什麼？」我認爲我一直太想要「做」些什麼，而沒有充分體會什麼是「存在」，我是老大，一直想做長子。小時候住在德州，真正的工作都是屬於男人的。我重視男人的價值，不想成爲一名家庭主婦，只要心中一出現女性的價值觀，我就會抗拒。我否定了我的陰性面、我的身體、我的性別和我滋養的能力，我認同的是我的腦袋、我的父親、我的邏輯和社會的價值觀。

我的癌症令我必須思考燃眉之急的問題——我的志業到底是什麼？答案分成了兩部分。

首先，我不想透過一名男人來找到自己；諷刺的是，我現在的工作居然是照顧肯恩，以各種

方式來支持他，學習做到這一點又不失去我的自主性。我必須一邊扮演這個角色，一邊消除心中的恐懼——我把家布置得很好，讓他有一個良好的工作環境（乾脆請一位女傭算了！），我覺得他的工作極爲重要，他對這個世界的貢獻是我望塵莫及的（不是自我否定而是肺腑之言），我全心全意地愛他，他絕對是我工作的重心。肯恩如果要求我扮演一名好妻子的角色，我反而不可能照做。就因爲他絲毫没有要求，甘心情願地照顧我、扮演好妻子的角色。

其次，我想做的事是癌症病患的諮商工作，這和我一直從事的集體治療有關。我愈來愈覺得這就是我應該做的事。我準備先寫一本與我的癌症有關的書，裡面包括各種治療的理論；訪問一些從事身心統合的治療師和其他的癌症病患，然後製作一捲錄影帶。

我認爲這是走出自我、服務他人的方式。這兩者和我終生追求的靈性修持有著密切的關係。

我覺得我的生命終於打開了。

我的心和腦之間、我的父親和母親之間、我的心智和身體之間，全都有了通路。

我的陰與陽，我的科學家與藝術家。

一半是長篇大論的作家，另一半是詩人。

一個是以父親爲榜樣、負責任的長子，另一個是喜歡探索、冒險的神祕家。

這絕非崔雅最終的天職，只是一個開端。她的內在有了轉化，是一種整合與平衡的感覺。我們把她的志業稱做她的守護神，也就是希臘神話所指的「內心的神」。這個內心的神據說

和個人的命運是同義的。崔雅還沒有找到她最終的命運、她內心的神和她的天賦。我是她的命運的一部分，不是她最主要的焦點，我只是一個催化劑，她真正的守護神其實是她更高的自己，不久她將在藝術而非工作中嶄露頭角。而我呢，我已經找到我的命運、我的守護神。我很早就知道我要做什麼、為什麼要做；我知道我為什麼要來這裡，也知道我該達成什麼任務。當我二十三歲寫第一本書的時侯，才寫了兩行我就找到了自己的目的和內心的神，從那一刻起，我沒有任何懷疑。但一個人的守護神有時是很怪異、恐怖的。如果你尊重它，它就是你的指導靈。那些內心有神的人，都會在自己的工作中找到天職；反之，如果你聽到守護神的召喚，卻沒有加以留意，它就會變成一個惡魔，神聖的能量和才華變成自我毀滅的活動。基督教的神祕主義者認為，地獄的火焰就是被否定的神之愛，或天使被貶成了魔鬼。

聽到肯恩和珍妮絲談論著他們如果不工作，就會覺得很怪，我聽了心裡有點著急。肯恩通常以飲酒或其他的方式來打發不工作的時間；珍妮絲說她工作是爲了避免自殺。對我而言，兩者的動機似乎截然不同——肯恩的心中有個守護神促使他工作；珍妮絲的心中則有個利用工作來逃避自己的惡魔。有時我認爲真正的問題是，我從不相信自己能做好任何事。我一直覺得別人都有很好的表現，也許到了五十歲我才能面對現實，才會認爲自己夠好了。有時我認爲我必須停止追尋我的守護神，我的心中必須有空間，才能開始展現和成長。

我需要學習，解讀我內心最深的含義，並且找到自己的守護神。我不想讓我對癌症的憤怒，減少我的神祕經驗或我對人生的神聖感；我想利用它來加强我對神祕經驗的理解與探索，即使憤

怒也可以是神或演化力的示現。我仍然想知道人是如何找到人生的意義和目的，我發現自己絕對需要工作，一份像芬霍恩和風中之星那類無目的的工作，我覺得肯恩與對治癌症是我非常重要的基礎，但是我需要找到和肯恩寫作相反的一份工作，如同史蒂芬的建築和凱西的舞蹈，我必須在我心中也找到一份自創的成就。

接下來我需要找到一種方式和我的心靈深處接觸，也就是自我成長的內在原則。學著去理解和追尋這份原則等於在聆聽和順從神的旨意，我們必須向內探索，也就是和一個人最深、最真實的部分接觸，然後認識它、滋養它，讓它變得更成熟，並且發展出一份貫徹到底的意志力，即使它和我們的理性思維相互矛盾，也要有勇氣貫徹到底。這就是我目前的任務……

崔雅和我後來歷經了一場惡夢。她的痛苦是她尚未找到心中的守護神，我的痛苦是我找到了守護神卻讓祂溜了。我的天使變成了惡魔，我差點沒被地獄裡某個折磨人的情境摧毀。

我們和家人一起度過聖誕，然後返回穆爾海灘。崔雅開始接受放療，坎崔爾醫師是一位可親而傑出的人。他的妻子也死於癌症；他有時給人直率與冷漠的印象。雖然是錯誤的，仍然會帶給人威脅感。除了給予崔雅第一流的放療之外，他還給了她一個機會鍛鍊自己對付醫生的磨功，後來她的磨功幾近完美。

他們絕不會鞭策你，你必須主動提出問題、窮追不捨，最重要的是不能覺得自己很蠢，尤其不要被他們那副忙得連回答問題的時間都沒有的模樣所挫。命在旦夕的是你，所以趕快提出你的

問題。

崔雅在她的病痛中逐漸學會自主的態度。她接受了五週半的放療，這是一種無痛的治療，主要的副作用是輕微的疲倦感及類似流行性感冒的症狀。崔雅開始履行她最應該做的事：「改變那些人生中必須改變的事。」

今天開始放療，我對這項治療中的紀律非常興奮，因爲它會幫助我在其他領域中的自律能力。我開始每天長途散步，我需要某個讓我專注的計畫和工作來度過這段時間——向外表現我的能量而不是把能量轉向內在，因此我開始撰寫我的癌症經驗。肯恩爲我做多種維他命的治療（他曾經受過生化訓練），他買了五十包以上的多種維他命，在書房的水槽裡把它們混在一起，邊發出科學怪人的聲音。煮飯的工作大部分由他負責，他同時也是我的營養師。他是一名很棒的廚師，副業就是讓我發笑。昨天我回家以後問他整天都做了什麼。「哦！天啊！今天過得太離譜了，車子撞了，菜也燒焦了，老婆也被我打了。哎！忘了打老婆了……」接著就在餐桌的四周追著我跑。除了冥想、運動、針灸、吃維他命、食療和寫書之外，我開始做觀想的練習。目前我正在看兩名整體醫療的大夫，並且更努力寫日記；寫日記是自我治療的一部分。

現在我覺得一切都在掌握中，我提出問題，並且負起責任。手術後只有兩天，痛苦便消失了。不完全依賴醫生，感覺自己也能自力救濟是非常重要的事。閱讀諾曼・科森（*Norman Cousins*）所寫的《愛的治療力量》（*The Healing Heart*），他說他從沒有沮喪過，因爲一直都在做一些可

以讓自己痊癒的事。聽起來很棒，但我還是會沮喪，部分原因是我不知道為什麼會得癌症，可是我知道我必須做的改變是什麼。因此我開始把注意力放在這件事上，我知道只要我一直聞、思、修，我的士氣就能維持高昂。如果我覺得自己是一名受害者，把所有責任都推給醫生和肯恩，我就會十分沮喪。我的功課就是要保持活下去的意志力。

和「做主」同樣重要的是學習放下、臣服、隨順因緣而不加以抗拒。放下與做主是互相對立的——這也是「存在」和「做」，陰陽生萬物的另一個版本。這裡並不是指「存在」勝過「做」，或陰對了陽錯了；整個重點是在找到平衡，也就是古代中國人所謂的陰陽之道——崔雅和癌症抗爭的過程中，最重要的議題就是找到平衡——存在與做、做主與放下、抵抗與開放、抗爭和臣服、意志力與接受力之間的平衡。我們可以一而再、再而三地討論這個平衡的問題，每一次都會產生不同的觀點。

我需要學習平衡活下去的意志力和對死亡的接納。我覺得我已經接受了死亡，我擔心的是我可能想死，可是又不真的想死，我只是不怕它而已。我不想離開，因此我必須抗爭到底！最近我和傑利・詹姆鮑斯基（*Jerry Jampolsky*）討論過。他根據《奇蹟的課程》寫了好幾本書，最著名的一本是《愛就是放下恐懼》（*Love is Letting Go of Fear*）。我需要學習放下，他真的幫我擺脫了舊有的模式，與其想改變自己或別人，不如試著去寬恕自己和別人。如果我無法寬恕某個人，那麼就祈求自己心中的聖靈或更高層次的自己去寬恕別人和自己。

寬恕自己意味著接納自己，也就是我必須放棄我的老朋友——自我譴責。當我在觀想那些阻礙我、讓我老是覺得不對勁的東西時，我會聯想到一隻弓起尾巴的蠍子，正準備螫自己的身體，這便是我的自責，我總是無情地貶低自己，感覺自己是不值得被愛的。在這些問題的背後，是一份自怨自艾的感覺，使我無法見到光明和奇蹟，這才是最大的問題。

我以前常把人們對我的稱讚寫下來，因爲我並不十分相信別人真有那種感覺。雖然知道自己是個好人，別人很喜歡接近我，也算聰明、漂亮，然而我就是不明白爲什麼會有人真的愛我。

崔雅並不是沒有成就，她從霍利約克學校畢業之後，教了一段時間的英文，進波士頓大學修碩士學位；她幫助創立了風中之星，在那裡當了三年的教育指導員；後來在加州整合學院取得心理諮商的碩士學位，接著在芬霍恩工作了三年；她是落磯山學會的一員，也是開端基金會的一員，她是美、蘇交換學生活動的協助者，此外還撰寫了癌症和有關疾病的書，據估計全球可能有一百萬的讀者。

因為崔雅在目前這個階段並不怎麼重視自己的存在面，所以她無法了解人們為什麼會這麼喜歡她、愛她、想接近她。其實人們被吸引的是她不凡的品質，而不是她做過什麼。有時她會因為我愛她而大吃一驚，她的反應也令我大吃一驚。我們在一起的頭一年，為了以下的問題討論不下十二次：「妳不知道我為什麼愛妳？妳是不是在開玩笑？妳是說真的嗎？我全心全意地愛妳，妳的心裡應該有數。我二十四小時都陪在妳身邊，我愛妳愛得發狂。妳認為妳還沒有找到妳最終的天職，我確信妳會找到的，目前妳完全忽略了自己的存在、能量和尊嚴。妳真是在開自己的玩

笑，因為妳清楚大家有多麼喜歡妳。我從沒看到任何人像妳一樣有這麼多的死黨。我們愛的是妳，而不是妳做了些什麼。」

那個訊息、緩慢但堅實地潛入我的心中，傑利也提出了這個觀點：「妳存在的本身就是值得被愛的，妳不需要再添加什麼了，如果妳無法找出被愛的理由，不妨想想下面這句話：妳是上帝的傑作，因爲上帝創造了妳，所以妳是值得被愛的。」問題是我可以感覺被愛，但是一想到過去和未來，我仍覺得自己應該做點什麼。和肯恩的關係依然是新鮮的，我完全依賴他，但心中的小女孩還是害怕有一天他會不見了。肯恩是不是要年復一年地陪在我身邊，才能填滿那個空洞。每當我問他是否會一直陪在我身邊，他總是回答：「孩子，我也不知道，二十年後再問我吧！」還有什麼比肯恩陪在我身邊，更能證明上帝是愛我的！

我一直不喜歡倚賴任何人，所有的事都要自己做，我怕他們會令我失望。昨晚我夢見地震來了，我和其他人正準備面對這個災難。就在最後的關頭，我突然懷疑我的準備是否充足，我問身邊的女士可否躲到她的庇護所去。我是不是凡事都想靠自己，但立刻又想求援？

我覺得傑利幫助我轉了一個方向——我其實不需要每樣事都靠自己，我可以只是存在，而不必整天都在做事。於是我坦然地接受放療，不再抗拒它，並且觀想自己又長出了新的組織。我早些時候對放療的抗拒，其實是不想放下。所以我要學的是放下和讓心中的神出現。

罹患癌症和接受放療的經驗，好像給了我一個活得更充實、更不需猶豫的機會。我覺得它也讓我更能善待自己——擺脫天蠍座的自我譴責。簡而言之：我活得更自在了。

這一場功課對我們而言非常清楚：存在與做事、接納自己與改善自己之間的平衡。存在意味著：放下和讓心中的神出現，接納，信賴，寬恕。做事意味著：負起改變自己的責任，並且全力以赴。以下是一句歷久不衰的祈禱文：請神賜我祥和，讓我欣然接納那些我無法改變的事。請神賜我勇氣，讓我改變那些我所能改變的事，並能明辨兩者的差別。

崔雅和我在阿斯彭（*Aspen*）度夏。崔雅在這裡來來回回住了十年，這兒就是她的家。離開芬霍恩之後，崔雅回到阿斯彭，與約翰・丹佛、湯馬斯・克萊姆、史蒂芬・康吉爾等人共創了風中之星之後，又加入落磯山學會，這個學會被視為全球最傑出的另類思考中心。

多麼美妙的夏季，崔雅有這麼多傑出的朋友，每個人都讓我感到投緣。崔雅放射出來的能量和誠直，如同一個仁慈的警報器，吸引了許多男男女女來到她的身邊。人們喜歡接近她，而她也永遠有求必應。

我還在寫書，書名是《意識的轉化》（*Transformations of Consciousness: Contemplative and Conventional Perspectives on Development*），由我和傑克・英格勒（*Jack Engler*）及丹尼爾・布朗（*Daniel P. Brown*）合寫。他們兩位是專門研究東西方心理學的哈佛教授。書的主題是，如果我們結合西方各門派的心理學與東方的靈修法門（包括西方的神祕主義），那麼我們對人類的成長和發展，對身、心、靈各個層面的認識，便能幫助我們很快地認出各種心理症，繼而找到正確的治療方法。紐約時報稱這本書為「到目前爲止最前衛、最練達的東西方心理學綜合體」。

崔雅和我最喜歡的活動仍是坐在沙發上彼此擁抱，感覺我們之間跳躍的能量。我們時常被這些能量提升到只有愛、沒有死亡、兩個靈魂連結成永恆的境界。

然而這樣的境界卻使我陷入兩難，我愈是愛崔雅，愈是恐懼她的死亡。它一直提醒著我佛法的核心教誨：萬事皆無常，沒有永恆不變的事，只有整體宇宙是永恆的；所有的局部都註定要死亡和毀壞。透過冥想或神祕的覺察，便能超越個人的牢籠，嘗到圓滿的滋味，但是當我在冥想時，還不能維持太長的時間；在神祕體驗上，我還是一個新手。雖然崔雅和我能透過擁抱，進入那份永恆感受，但不久連這個境界也逐漸褪色。好像我們的靈魂還沒有成熟到可以擁有這麼豐富的禮物。就在這個美妙的夏季，崔雅和我終於領悟癌症的真正惡夢是什麼。如果我早晨起來覺得有點頭痛或喉嚨痛，我可能聳聳肩就去忙別的了。但癌症病患如果有這些症狀，便意味著她可能有腦癌、骨癌或喉癌。即使一點點的痙攣或疼痛，都會讓人聯想到不祥的惡兆。經過幾週、幾個月或幾年之後，癌症帶給你身體的感覺，就像遭受中國人灌水的酷刑一般。在阿斯彭的夏末，這種細微的折磨，對我們所造成的影響已經愈積愈多，當然，崔雅的感覺尤其嚴重。

我覺得不舒服已經有一段時間了，有時到中午才能醒來。我很擔憂，這到底意味著什麼？是不是癌症又復發了？接著理性的一面又告訴自己：不要傻了，妳有點反應過度了，妳是不是患了憂鬱症？從加州回來驗血後再說吧！也許眼前沒什麼挑戰，所以有點沮喪。

但是我很早以前就告訴自己要追蹤這些感覺，即使大部分的時候我都在喊狼來了。我稱自己爲憂鬱症患者，主要是我不想漏掉真正的症狀。如果有事情發生，最好是早點察覺，因此我打了一通電話給阿斯彭的一位老醫生。我很擔心癌症會復發，我怕和肯恩相處的時間沒多久了，我也害怕以新的方式面對未知與死亡。眼淚是釋放壓力最好的方式，有點像把膿瘡戳破，讓它快一點

癒合。

到達醫生的診所，我的眼淚差一點流了出來，我一向都控制得很好，没想到真正需要它的時候，竟然無法自持。護士走後，我抓了一張面紙，心裡一邊掙扎，眼淚一邊流了下來。有什麼了不得，想哭就哭吧！但爲什麼我仍覺得哭是件羞恥的事。

醫生走了進來，他叫惠特・寇姆，我一直很信任他。他告訴我，我疲倦的主因是我所接受的麻醉、放療和花粉熱的過敏，引起了免疫系統的受損。他再度提醒我只能吃蔬菜、水果和全穀類，而且要把農藥徹底洗淨。不要喝加了氯的消毒水，不要吃肉，因爲我注射了荷爾蒙和抗生素，白色的魚偶爾可以吃。要開始做運動，同時要服用身體可以承受的維他命B、C來幫助過敏症。不要服用抗組織胺，除非真的需要，因爲它們只會把症狀掩飾住。小心不要服用含有酵母的維他命，尤其是維他命B，因爲過敏體質常會對酵母產生反應。要經常服用乳酸菌。

他又做了更多的建議，我哭了。我覺得在他的面前可以哭，因爲他能深入我所經歷或發生的事。當我走出診所時，心裡覺得好過許多。醫生的工作其實大部分都涉及了情緒和心理的治療。

没想到肯恩的新書也對我產生了療效。閱讀《來自伊甸園》，讓我更加了解人類爲什麼會壓抑死亡，或者否定必死的命運。肯恩追溯歷史上四個主要的發展期——擬古期、巫術期、神話期和理性期，並指出人類如何在每個階段利用不朽的象徵來逃避死亡。因此，人類壓抑最多的是死亡，而不是性，死亡是最終和最大的禁忌。看到人類竟然用這種多的方式來否定、壓抑和逃避死亡，我開始以更開放的心情來對待它。肯恩主要的觀點是，我們必須接納死亡，才能有靈性上的成長。自我必須死亡，神性才能覺醒，否定了死亡，就等於否定了神。

我記得發現自己罹患乳癌時，心中的想法是，既然要死了，就死吧！反正遲早要發生的。我對死亡的本身並不十分恐懼，但趨向死亡的過程卻是很恐怖的。我當時主要的感覺是，如果死亡是必然要發生的事，那就順其自然吧！

接著我的感覺又改變了。書讀得愈多，接觸的人愈多，便愈覺得接受死亡是很危險的態度。我開始害怕，如果我活下去的意志力不夠强大，可能會死得更早，我强迫自己必須活下去。

這個抉擇讓我做了許多快速的決定，同時卻又開始産生更多的擔憂。每當身體上有一點的疼痛時，我就會擔憂。也許癌症又復發了，最好該趕快打電話通知醫生。每天都這樣度過，真不是好玩的事。

閱讀《來自伊甸園》，掀開了我最後一層自欺的面紗。它幫助我認清，我們的文化已經演進到一個程度，我們對死亡的認知比以往更爲敏銳，因此也發展出更堅强、更微細的逃避死亡的方式。存在主義的哲學家曾經指出，逃避死亡導致了人生的鈍化。因爲生與死是手牽著手的，你否定了死，等於否定了生。如果我懼怕死亡，我會非常的擔憂，所以我愈是怕死，愈是恐懼人生，如此一來，我就無法全然活著。

我發現我逐漸被教導得愈來愈怕死，這便是爲什麼我開始擔憂身體的一些症狀。我没有認清決心要活下去的反面，就是對死亡的恐懼，執著於生，其實意味著放不下。

因此我試著不把每件事抓得那麼緊。就是這份執著讓我産生了非黑即白的態度：我要不就想活，要不就會死。然而比較放鬆的思考方式應該是：我既可以擁有活下去的欲望，又能在大限來臨時放下一切。

這份感覺很新鮮，我還沒有完全抓到其中的竅門。每當我感覺疲倦或眼睛酸痛時，我仍然有點擔憂，但是我比較能接受，也比較能順其自然了。

這份感覺有點像在走鋼索，但走的其實是剃刀。你必須一邊嘗試、努力、專注、保持紀律，一邊又能開放自己允許事情發生、放鬆和安住在當下。我知道大部分的時候，我都是失衡的，尤其當我覺察到自己在用力或怠惰時。我經常利用我的擔憂來提醒自己已經失衡了或過於執著。

這意味著崔雅已經對自己的嚴格治療程序比較放鬆了。她仍然在自己身上下功夫（她的自律令大部分的人感到驚訝，然而她覺得自己已經不像以前那麼緊抓和執著了）。

我們和那塞尼爾・布萊登及他的妻子戴維絲共進晚餐。那塞尼爾是肯恩的老朋友，我很喜歡這對夫妻。他問我有沒有做一些觀想，我告訴他在接受放療時觀想輻射線殺死了我的壞細胞，好細胞也很快被修復；這給我一種參與的感覺，或部分的掌控感。但後來我停止了，因爲我似乎得製造一個假想敵——觀想癌細胞被打敗了，才能繼續觀想，然而我找不到任何觀想癌細胞的理由，真正讓我覺得健康的是，想像胸部的細胞不斷地自動修復。有些時候我會想像免疫系統變得很活躍，但如果我很執著地做這些觀想，我只是在恐懼死亡罷了。那塞尼爾認爲塞門頓的方法會造成人們的自我譴責；肯恩的解釋似乎比較有理，他認爲百分之十至二十的人得病是因爲心理因素，有百分之四十的人痊癒，也是心理因素造成的。

那塞尼爾和肯恩如往常一樣辯論著，我不認爲任何一方會先停止。那塞尼爾說：「我覺得你

是對神祕主義最清楚的作家，然而你的整個立場是自我矛盾的。你說神祕主義是要和宇宙合一，如果我和宇宙合一了，我就失去了身爲人的動機，那不如轉個身死掉算了。每個人都是單獨的個體，不是無形整體的一部分。如果我真的與整體合一，那麼我連吃東西的理由都沒有了，更何況是做其他的事？」

肯恩說：「整體和局部並不是互不相融的，神祕主義者仍然會感覺痛苦、飢餓、歡笑、喜悅。成爲整體的一部分並不意味那個局部就消失了，反而是局部找到了基礎和意義。雖然是個體，但你覺得自己更是大家族中的一員，就像你和戴維絲的結合帶給你更多的價值和意義。神祕主義就是對自己的身分有了認同感，並找到了更大的意義和價值。這個經驗並不會讓你覺得掉了一肢胳臂。」

他們就這樣一直不停地辯論著。

在回家的途中，我一直告訴肯恩他做的哪些事是我所喜愛的。他說他可以舉出一打的事證明他有多麼愛我，但是他準備一年只告訴我一件。我求他至少每六個月要告訴我一件，後來我發現他這麼做只是爲了讓我有興致活得更久一點。他說他不知道如果我離開了他，他會怎麼樣，於是我想起以前他說過的，如果我死了，他會到中陰身來找我，不論發生任何事，他都會找到我。

那個夏天發生了一件事，嚴重地衝擊了我們的生活和未來的計畫——崔雅懷孕了！她以前從沒有懷孕過，她一直認為自己無法受孕。崔雅覺得興高采烈，我則十分震驚。崔雅的醫生們一致認為她應該做人工流產，因為懷孕時激增的女性荷爾蒙會讓癌細胞得到更多的滋養。

我對扮演父親這個角色感到有些衝突，在我們尚未決定做人工流產以前，我的反應並不十分熱絡，這令崔雅非常失望。我替自己找到的理由是，我大部分的朋友對扮演父親的角色都不覺興奮，直到孩子生下來放在他們的懷中才有所改變。男人聽到女人懷孕的消息，都會感到某種程度的驚慌失措，但是當你把小寶貝放在他們的懷中，他們就逐漸變成淌著口水、心滿意足的傻爸；然而做母親的似乎從受孕的那一刻起便開始容光煥發。崔雅覺得這些話都沒有說服力；她覺得我的態度是棄而不顧。自從相遇到現在，這是我頭一次令她深感失望。懷孕和人工流產、生與死……好像我們的功課還不夠似的。

雖然仍覺得矛盾，至少我能以遊戲的心情來面對：讓我們趕快把崔雅治好，開始過真正的家庭生活。

這個事件激起了我們的築巢本能，生活起了急遽的變化。在這之前，崔雅和我過得都像僧侶一般，奉行簡樸度日的原則，我更像一名禪宗的和尚。認識崔雅時，我只有一張書桌、一台打字機和四千本書；崔雅擁有的東西也不多。一旦決定過真正的家庭生活，這一切都有了戲劇性的變化，首先我們需要一個可以容納很多人的大房子……

親愛的瑪莎：

非常感謝妳送給我的那張地圖——這眞是非常具有原創性的結婚禮物。妳知道我曾經修過地理，還差兩個學分就可以拿到碩士學位，我很愛地圖，讀研究所時，我最喜歡的科目就是地圖製作！

我們目前的大消息是我們將搬到塔霍湖居住，原因是我突然懷孕了——我人生中的第一次，很諷刺的是，發覺懷孕的前一週我曾經問過大夫，在罹患癌症的情況下能不能懷孕。婦科大夫說我永遠都不該懷孕，我覺得非常的淒慘。肯恩雖然很棒，但我不認爲他了解這件事對我的意義。他顯得有些疏離、對立，即使後來對我表達了歉意，我還是哭了一整個星期。

後來我發現自己眞的懷孕了！好慘，因爲我們必須把它拿掉。那是非常痛苦的經驗，但卻是正確的決定。我現在一有些微的疼痛，就得找醫生檢查，我無法想像懷孕會對癌症造成什麼樣的影響。

但醫生們都同意，如果我兩年之內不再有癌症，就可以懷孕生子。肯恩對這件事有一點歧見，他應該是個很棒的父親。他開玩笑地說，因爲他的情緒年齡和小孩一樣，所以孩子們都很喜歡他，總而言之，這個事件激起了我們的築巢本能，讓我們找到塔霍湖一棟美麗的房子。

我們以前就想搬到塔霍湖去，我喜歡住在山裡，而且距離舊金山只有四小時遠。第一次開車上去的時候，曾經過南塔霍湖，那是一個新開發的小鎭，大概有十五年的歷史。裡面有一個小滑雪場、兩個高爾夫球場和兩個私人海灘。肯恩說：「慘了！我們未來的家竟然是個鄉村俱樂部，我需要它就等於我需要另一次的開悟經驗一樣。」他愛碧藍的湖水和旁邊的白沙灘。他和我都急於搬離舊金山，我們看了許多房子，最後到阿斯彭度夏的路上，找到了我們所要的房子。

我們非常地興奮，這房子的動線和景觀都很好，是我們看到最好的一棟。因爲還在建造中，所以我們可以指定想要的材料，如地毯、壁紙、油漆的顏色等等，我知道妳兩年以後才會回來，到時候一定要來看我們，也許那時候我們已經有小孩了！再一次謝謝妳送的地圖。

愛妳的泰利於穆爾海灘
一九八四年九月十六日

「妳到哪裡去？」我問她。

「我馬上就回來，我只是去泡杯茶，你該不是有點害怕吧？」

「我，哦！不，我好得很。」壁爐裡的火已經快熄了，崔雅雖然才走了幾分鐘，感覺上卻有幾小時之久，屋子裡很冷。

「崔雅？親愛的，崔雅？」

崔雅和我非常急於搬到塔霍湖，那裡給我們一份安全和救贖的感受。我們已經準備好要生小孩，我也想重新開始寫作；一切都充滿著希望。

一年來，我們首次覺得放鬆了。

5 內心的宇宙

爲何以往我那麼想出去旅行？
爲何我若不能立刻整裝上路，便覺得受限？
我在這具新的身體裡掙轉、抗拒、感覺受到監禁。
我懷疑這是不是另一種形式的「向外」尋求內心的神？
如果我能活得更自在、更徹底支持自己，
讓自己變成一個完整的生命，
也許那陌生的國度就會在我心中浮現。
奇特的景象、氣味和思想在我心中打轉，
它們把我拖往另一個祈求被經驗、被感受，
可以與人分享的陌生國度。
這一切以某種方式鑄造成形，
滿足了內心深處的渴求。
我的腹中有個非洲市集；

我的胸中有個香火瀰漫、以獼猴結彩的印度寺廟；
我的腦中有座白雪皚皚的喜馬拉雅山，後面襯托著一望無際的藍天；
我的心中充滿著牙買加和風中的凌波舞，
被牛奶咖啡洗過的羅浮宮和巴黎大學的神學院。
這個星球，我們的家，如同一塊小小的土地在我的心中。

崔雅於一九七五年

崔雅和我多年來都有靜坐的習慣，去年發生的事令我們覺得更需靜坐，在還沒搬到塔霍湖之前，崔雅參加了一次禪十，指導老師是她最喜歡的葛印卡（*Goenka*），他教的是原始佛法的內觀。

解釋冥想有很多種方式，譬如它到底是什麼？要做什麼？能造成什麼？有人說冥想是要引起放鬆的反應，又有人說冥想是要加強覺知，是讓自己集中焦點的方法，一種讓念頭停止、使身心放鬆的方式，是使中樞神經平靜下來的技巧，也是一種釋放壓力、加強自尊、減輕沮喪的途徑。

這些講法都屬實，冥想的效果已經得到臨床證明；然而我要強調的是，冥想的本身一向屬於心靈上的鍛練，不論基督教、佛教、印度教、回教或道家修行都發明了各種冥想的方法，使我們的心靈能向內探索，讓我們最後和神性認同——「天主的國就在我們的心中」——從一開始冥想就是通往天堂的大道。不論它有任何其他的益處，主要還是為了尋找內心的神。

我認為冥想是心靈而非宗教之事。心靈之事和真實的經驗有關，它不僅是信仰而已；神是萬

物的根基，而非擬人化的父權形象；它要我們覺醒自己的真我，而不是為了自己的小我祈禱。它要鍛鍊我們的覺察，而不是要我們遵循教會的道德教條，譬如不飲酒、不抽煙或不縱欲。它要我們每個人都找到心中的神性，而不是去發現這所教會或那間廟宇做了什麼事。穆罕默德、甘地是屬靈的，奧羅爾・羅勃茲（*Oral Roberts*）則是屬於宗教的。愛因斯坦、馬丁路德・金恩、史懷哲、愛默生、梭羅、德蕾莎修女、茱麗安（*Dame Julian*）、威廉・詹姆斯（*William James*）——這些人是屬靈的。比利・葛拉漢（*Billy Graham*）、總主教西安（*Sheen*）、羅勃・舒樂（*Robert Shuller*）、派特・羅勃森（*Pat Robertson*）、樞機主教奧康那（*Cardinal O'Connor*）——這些人是屬於宗教的。

冥想是屬靈的；祈禱是屬於宗教的。也就是說我祈求神給我一輛新車、幫助我升官等等，是一種宗教的行為，因為這麼做只是希望小小的自我能得到滿足。冥想卻要超越整個自我的活動；它並不想從神那兒得到真實或想像的東西，而是要獻出自我以通往更大的覺知。

冥想不屬於任何一個宗教派別，它是全人類心靈修練的一部分，可以使生活的每個層面都充滿覺知；換句話說，它就是長青哲學的一部分。

在崔雅和我搬去塔霍湖之前，我被安排接受一次訪問，題目便是「冥想」。因為要搬家，我無法和訪談者碰面，於是我要求他們把問題寫在紙上寄來給我。崔雅和我一樣熟悉這個題目，她詳讀那些問題之後，加上了自己的意見，假裝一無所知地充當起訪問者，同時也扮演了魔鬼的擁護者。

這次的訪問是要討論自我必須死亡，才能找到真我或神。崔雅的肉體可能面臨死亡這件事，

使這次的訪談有了更深刻的意義。訪問進行到某個階段，我難過得幾乎無法繼續下去。

崔雅可能面臨死亡這件事，變成我們最殊勝的心靈導師。肉體的死亡令心理上的死亡更為堅實有力。世界各地的神祕主義者不斷告訴我們：只有接受死亡，才能找到真正的生命。

崔雅：你何不先解釋一下「長青哲學」是什麼？

肯恩：長青哲學是世上最偉大的心靈導師、哲學家、思想家與科學家所抱持的世界觀，被形容為「長生」或「宇宙」，是因為它在全球各地的每個時代都出現過，印度、墨西哥、中國、日本、美索不達米亞平原、埃及、西藏、德國、希臘等地，我們都可以發現它的蹤跡。不論出現在何處，它的面貌都很相似。我們這些很難有共識的現代人，對這個現象可能無法置信。愛倫・瓦茲（*Alan Watts*）曾在這點上下過一個概論：「因爲我們幾乎完全無法覺察自己的心態有多麼怪異，所以我們不能看到某個簡單的事實，那就是這個世界有共通的哲學上的宇宙觀。不論今日或六千年前，不論西方的新墨西哥州或遠東的日本，都有許多人抱持同樣的洞見，教授同樣的根本教誨。」

這是相當值得注意的事，我認為基本上這是人類對宇宙共通真理的一項聖約。全體人類對於超凡入聖的經驗已經有了共識，這便是解釋長青哲學的方式之一。

崔雅：你說長青哲學基本上是各種不同文化的共識，但現代的論證認爲所有的知識都是由語言和文化鑄造的，既然文化和語言時常大異其趣，我們又怎能找到任何宇宙或集體的真相？並沒有所謂人類的情境，只有人類的歷史，世界各地的歷史是截然不同的，你對文化的相對

性有什麼看法？

肯恩：每個地方確實有不同的文化，探索它們的不同，是非常重要的努力。但文化的相對性並非完整的真相，除了明顯的文化差異，譬如飲食方式、語言結構或求偶習俗之外，人類存在的各種現象，有許多是集體的或環宇相通的，譬如人類的身體，不論在曼哈頓或莫三鼻克，不論今日或數千年前，大家都有兩百零八根骨頭、一個心臟、兩個腎臟等等。這些宇宙的共通特徵，我們稱為「深層結構」，不論在何處，它們都是相同的。但是從另一個角度來看，不同的文化時常以不同的方式利用這些深層結構，譬如中國人的纏足、烏班吉人（*Ubangi*）的闊嘴習俗、紋身彩繪、衣著的式樣、性等等，每一個民族都有不同的展現，這些我們稱之為「表層結構」，因為它們是屬於當地的，而非全球共通的。

從人類的頭腦，我們也可以看到相同的現象。每個文化都有不同的屬於頭腦的「表層結構」，但除此之外，還有共通的「深層結構」，也就是說人類都有能力組成意象、象徵、概念和準則。不同的文化有不同的意象和象徵，但組成這些頭腦結構和語言結構的能力以及這些結構的本身，卻是放諸四海皆準的。

全世界人的身體都能長出頭髮，全世界人的頭腦都能生出各種概念，全世界人的心靈也都能直覺到神性的存在。這些直覺和洞見形成了世上偉大的心靈或智慧傳統。這些偉大的傳統雖然在表層結構上有所不同，它們的深層結構卻十分相似，甚至是完全相同的。長青哲學想要研究的便是人類和神性相遇的深層結構。如果你能發現一個真理是印度教徒、基督徒、佛教徒、道家和蘇菲智者都苟同的，你可能就發現了某個非常重要的東西，這個東西

能告訴你宇宙的真相和最終的意義，它能碰觸到人類情境的核心。

崔雅：從表面看來，你很難發現佛教和基督教有什麼共通之處，因此長青哲學到底有什麼重點？各個宗教之間到底有什麼共通之處？

肯恩：至少有一打以上。我可以舉出七個最重要的重點：第一、神性是存在的；第二、神性就在我們心中；第三、我們大部分的人都沒有領悟內在的神性，因為我們都活在罪惡感、界分感和二元對立中——也就是說，我們都活在墮落或虛幻的情境中；第四、從這樣的情境中解脫是有路可循的；第五、如果我們循著這條路走到終點，結果就是再生、解脫或直接經驗內在的神性；第六、如此一來，罪惡和痛苦便止息了；第七、接著便開展出衆生一體的慈悲行動。

崔雅：你表達得非常詳盡，請一一加以解釋。

肯恩：神性是存在的，神是存在的，最終的實相是存在的，你可以稱之為梵（*Brahman*）、法身（*Dharmakaya*）、凱瑟（*Kether*）、道（*Tao*）、阿拉（*Allah*）、濕婆（*Shiva*）、耶和華、阿頓（*Aton*）——「祂有許多名稱，所指的卻是同一個境界。」

崔雅：但你怎麼知道神性是存在的？神祕主義者所說的存在，他們以什麼做爲立論的基礎？

肯恩：他們以直接的經驗做基礎，以真實的心靈體悟做基礎，而不僅是奠基在信仰、概念、理論或教條之上。就是這份體悟令神祕主義者有別於那些相信宗教教條的人。

崔雅：但是有人認爲神祕經驗並不是有效的知識，因爲它是不可說的，因此無法傳達。

肯恩：神祕經驗確實是不可說的，你無法以語言完整地說明。任何的經驗如觀賞落日、吃一塊蛋

糕、聆聽巴哈的音樂，你都必須體會，才能知道那是怎麼一回事，但我們不會因此下結論說夕陽、蛋糕、音樂不存在或無效。進一步來看，即使神祕經驗是不可說的，它仍然「可以」被傳達。譬如柔道可以經由老師傳授，但無法以言語表達，靈性修持也是一樣，可以經由心靈大師或老師的指導而有所體悟。

崔雅：然而某些神祕主義者的神祕經驗也不一定是真的——他們也許認爲他們與神合一了，但實際情況並非如此。沒有任何一種知識是絕對屬實的。

肯恩：我贊同神祕體驗不見得比其他的直接經驗更確實，然而這個論點不但沒有貶低神祕主義的說法，反而把它們提升到與其他經驗等同的地位。換句話說，如果你反對神祕體驗，你也必須反對以任何經驗為基礎的知識，包括實證科學在內。譬如我正在看月亮，但我可能是錯的；物理學家認為電子是存在的，他們也可能錯了；評論家認為哈姆雷特是由一位名叫莎士比亞的歷史人物所寫的，他們很可能搞錯了；那麼我們如何才能明白真相？我們必須從更多的經驗中加以檢查——這就是歷史上的神祕主義者一直在做的事。數千年來他們不斷檢查、推敲他們的體驗，他們所留下的記錄，令現代科學看起來像新手一般。我的重點是，前面的論點不但沒有動搖神祕主義的說法，反而使他們和其他領域的有識之士處於等同的地位。

崔雅：這是很公平的講法，但我常聽人說，神祕主義者很可能是精神分裂症的患者。對這樣的指責，你有什麼看法？

肯恩：我相信每個人都會贊同，某些神祕主義者確實有精神分裂的成分；而某些患精神分裂症的

人，也可能有過神祕的洞見。但這個領域裡的權威人士，沒有任何人認為神祕體驗就是精神分裂的幻覺。我知道有一小撮非權威人士是這麼認為的，要想說服他們，並非一蹴可及之事。因此我想說的是，神祕主義所採用的默觀訓練或祈禱，可能是非常強而有力的，但還不至於有力到在短短幾年便使健康的成年男女變成精神分裂症的患者。日本的白隱禪師（*Zen Master Hakuin*）傳了八十三名完全開悟的弟子，他們創立了日本的禪宗，並且注入新的生命力。八十三名精神分裂的患者，是連上廁所都有困難的，怎麼可能創立日本禪宗呢？

崔雅：（大笑）我要提出最後一個異議。與神性合一這個觀念，很可能只是一種退縮的防衛反應，為的是使自己不再恐懼生命會毀壞或受限。

肯恩：如果與神性合一只是概念或希望，那麼它通常是一種防衛的反應，一份個人「不朽的計畫」，藉此防止死亡和允諾生命的延續。我在《來自伊甸園》和《普世的神》這兩本書裡曾經解釋過，與神合一的體驗並不是一個概念或希望，而是直接的領悟。對這份直接的領悟，可以有三種看待的方式：你可以說它是精神分裂症的幻覺，也可以說它是一種誤會，或者**你承認它是對神性的直接經驗。**

崔雅：你的意思是，真正的神祕主義和教條式的宗教信仰剛好相反，它是非常合乎科學的，因為它完全依賴實證和試驗？

肯恩：一點也沒錯，神祕主義者要求你不可親信任何一件事，他們要你以自己的覺知進行一連串的實驗。你的心就是你的實驗室，而冥想就是你的實驗。等到自己嘗試了之後，再把結果

和別人的實驗相比。從這相印的知識中，你得到了某些心靈的律法，你可以稱之為「殊勝的真理」。其中的第一條便是：神性是存在的。

崔雅：現在我們再回到「長青哲學」或神祕主義的哲學，其中第二個重點是「神性就在我們心中」。

肯恩：神性就在我們心中，我們的心中有個宇宙。神祕主義者最驚人的訊息是：在你生命的核心，你就是神。嚴格說來，神不在內、也不在外——因為神性轉化了所有的二元對立。你只能一直不斷地向內觀看，直到內變成了外。《唱贊奧義書》（*Chandogya Upanishad*）有一句最著名的長青真理：「你生命之中有無法覺知的眞相，然而它確實存在。所有的生命都有它的眞我，你自己的生命之中就有這個微細的精髓。這個隱形的微細精髓，就是整個宇宙的神性。它就是眞相，它就是眞我，而你就是祂。」

「你就是祂」——*tat tvam asi*，這裡的「你」指的並不是那個孤立的自我或某位先生、某位女士。事實上，每個人的自我就是阻礙我們證悟神性的東西。「你就是祂」，這裡的「你」指的是你最深的或最高的部分，也就是《唱贊奧義書》所說的能轉化自我、使你直接體驗神性的微細的精髓。猶太教稱之為「魯阿」（*ruach*），祂是每個人內在的神性，而不是個人的自我「那非施」（*nefesh*）。基督教稱這份神性為「聖靈」（*pneuma*），而不是個人的靈魂或「精神」（*psyche*），後者充其量只會崇拜神。如同庫馬拉上師（*Coomaraswamy*）所說，區分一個人內在不朽的聖靈和他純屬個人的自我，就是長青哲學最主要的教義，也只有透過這樣的解釋，才能了解基督說過的一句很奇怪的話：「除非他怨恨自己

的靈魂，否則他不可能是一名眞正的基督徒。」只有轉化你那終將毀壞的靈魂或自我，才能發現不朽的神性。

崔雅：聖保羅說過：「我活著，但活著的並不是我，而是我心中的基督。」你的解釋是，聖保羅發現了他的真我，然後與基督合一了。這個真我取代了他的自我或較低層次的我。

肯恩：是的。你的「魯阿」或你的根基就是至高無上的真相，而不是你的「那非施」或小我。如果你認為你那小小的自我就是神，那麼你就麻煩了，你可能會飽受精神分裂的困擾。這顯然不是世上偉大的哲學家和智者們所說的神性。

崔雅：既然如此，爲什麼没有更多人發現神性就在我們心中？

肯恩：這是第三點所要討論的。如果我本來和神是一體的，為什麼我不能領悟這一點？一定有東西使我和神性分開了。為什麼我會墮落？我們的原罪是什麼？

崔雅：不是因爲吃了一個蘋果吧！

肯恩：（大笑）當然不是。不同的宗教傳統曾經給過許多不同的答案，但它們都有一個共識：我不知道我和神是一體的，因為我的覺知受到了我眼前正在進行的活動的障礙。眼前的這個活動，簡而言之，就是集中焦點在小小的自我身上。我們的覺知不是開放和放鬆的，而是封閉的、緊縮的和自我中心的。正因為我如此認同這個緊縮的自我，所以我無法發現我真正的身分，於是那個「自然人」便從此墮落了，活在與神性分離的原罪中。這個與世界隔離出來的我，把外在的一切當做是和我自己的生命相互對立的，這樣的生命顯然和宇宙及神性不是一體的；它似乎完全被孤立在肉體的牢牆中。

崔雅：這個情況是不是時常被稱爲二元對立？

肯恩：没錯，我把自己這個主體和外在的客體分開，接著又把世界化分成互相衝突的東西，譬如苦與樂、善與惡、真與假等等。根據長青哲學的説法，被緊縮的自我所操縱的覺知是無法察覺真相的；這裡的真相指的是至高無上的神性。換句話説，所謂的原罪指的就是這個分裂出來的緊縮的自我。原罪並不是指自我做了什麼事，而是指自我存在的本身。這個緊縮的孤立的自我，因為無法認出自己的神性，因此有一股非常尖鋭、欠缺的、分裂的和被剝奪的感覺。換句話説，分裂出來的自我打從一出生就感到痛苦和墮落。痛苦不是某件發生在小我身上的事，它是與生俱來的東西。「原罪」、「痛苦」和小我，指的都是那個緊縮或四分五裂的覺知。你無法把自我從痛苦中拯救出來，佛陀曾説過：「要想停止痛苦，必須停止自我的活動。」

崔雅：這麼説二元對立的世界就是墮落的世界，而原罪就是我們每個人心中那個緊縮的自我。你的意思是，不但東方的神祕主義者如此認爲，連西方的神祕主義者也把原罪和地獄歸咎於分裂出來的小我。

肯恩：没錯，歸咎於這個分裂出來的小我和它那毫無愛心的欲望、逃避及執著。東方的宗教，尤其是印度教和佛教，確實很強調自我的輪迴，但你在天主教、諾斯替教派、基督教的教友派、猶太教的卡巴拉教派（*Kabbalistic*）和回教的神祕主義典章裡，都可以看到相同的主題。我最喜歡十八世紀英國基督教神祕主義者威廉・樓（*William Law*）的説法：「整個眞理都包含在以下這短短的句子中：所有的罪惡、死亡、詛咒和地獄，就在這個自我的國度中。所有

的自戀、自尊和自我追尋的活動，分開了我們的靈魂和神，落入了永恆的死亡和地獄。」妳記不記得回教神祕主義者魯米（*Jalaluddin Rumi*）的名言：「如果你從未見過魔鬼，那麼看看你的自我，你就明白了。」蘇菲聖者阿比·哈葉耳（*Abi'l- Khayr*）也說過：「並沒有地獄而只有自我，沒有天堂而只有無我。」神學家澤曼尼卡（*Germanica*）解釋過基督教神祕主義者的主張：地獄裡並沒有火在燃燒，燃燒的只有自我意志。

崔雅：我明白了，因此轉化「小我」，就能發現「大我」。

肯恩：是的，這個「小我」或個人的靈魂，梵文稱做「阿汗姆卡拉」（*ahamkara*），意思是「結」或「緊縮」。這個二元對立或自我中心的緊縮的覺知，就是我們墮落的根由。現在我們進入了第四個長青哲學的重點：有一條道路可以扭轉這墮落和這殘忍的情況，並且打開幻覺的死結。

崔雅：把小我丟到水溝裡去。

肯恩：（大笑）沒錯，把小我丟到水溝去。把分裂出來的緊縮的自我滅絕或使它臣服。如果我們想發現神性，就必須放棄那個孤立的自我。然而這墮落可以在一瞬間被扭轉，只要我們了解它並沒有真正發生過——存在的只有神，分裂出來的自我只是一份幻覺。但對大部分的人而言，墮落必須逐步加以扭轉。

換句話說，長青哲學的第四個重點是：解脫道（*the Path*）是存在的——如果我們能正確遵循這條道路，它就能把我們從墮落導引到解脫，從輪迴導引到涅槃，從地獄導引到天堂。如同普拉提尼斯（*Plotinus*）所說：「從孤寂飛向空寂，就是從小我晉升到大我。」

崔雅：這條道路是不是冥想？

肯恩：我所謂的「解脫道」是由好幾條小路組成的。譬如印度教有五條主要的道路或「瑜伽」（*yoga*），瑜伽的意思就是「合一」，一種使靈魂和神性合一的方式。在英文裡這個字的同義詞是「軛」（*yoke*）。基督說：「我的軛很簡單。」他的意思是「我的瑜伽很簡單。」希泰語的*yugan*、拉丁文的*jugum*，希臘文的*zugon*等等都有相同的字根。

也許我可以稍微簡化一點地解說，這些道路不論是印度教的或屬於其他的智慧傳統，基本上都可以被劃分成兩條主要的途徑，拉姆達斯上師（*Swami Ramdas*）曾說過：「解脫道有兩種：一是把你的自我擴大到無限，二是把它減低到什麼都不存在的狀態。前者靠智慧，後者靠奉獻。智者說：我就是神──宇宙的眞理。獻身者說：哦！我什麼都不是，而神啊！你卻是一切。這兩種情況，自我感都可以消失。」

兩種途徑的修行者都能轉化小我或者讓小我死亡，如此便發現或使神性重生。現在我們已經到達了長青哲學的第五個重點，也就是重生、復活和解脫。你的小我必須死亡，大我才能復活。

不同的宗教傳統都描述過死亡與再生。基督教是以亞當和耶穌的形象做為隱喻的原形。神祕主義者稱亞當為「老人類」或「外在的人類」，他打開的是「地獄」之門。耶穌基督是「新人類」或「內在的人類」，祂開啟的是「天堂」之門。尤其是耶穌本身的死亡和復活，神祕主義者認為它象徵的是小我的死亡和從意識之流復活的嶄新、永恆的天命，也可以視為與基督等同的大我和祂的升天。聖奧古斯汀（*St. Augustine*）說過：「神變成了一個

人，如此世人才有可能變成神。」這個從人性到神性，從外在的人到內在的人，或從小我到大我的過程——基督教稱之為*metanoia*，意思是「悔改」和「轉化」——我們悔改自己的罪或小我，轉化成大我或基督，如此一來就像你所說的：「活著的不是我，而是心中的基督。」伊斯蘭教對死亡和復活也有相似的觀點。*tawbah*的意思是「悔改」，*galb*則意味著「轉化」。畢斯塔米（*al- Bistami*）有一句簡潔的結論：「忘掉自己，就是憶起神。」

在印度教和佛教中，死亡和復活一直被描述成個人靈魂的死亡和其真實本質的甦醒。印度教稱之為「梵」，佛教稱之為「空性」。重生或突破的那一刻就是解脫或解放。楞伽經把解脫的經驗形容成「徹底轉化了意識的核心」，「轉化」在這裡指的是消除製造分裂小我的習性，讓位給廣大開放而清明的覺知。禪宗稱這份轉化為*satori*或*kensho*。*Ken*是「真實的本性」，*sho*的意思是「直接看到」，直接看到自己的本性便是成佛。愛克哈特（*Meister Eckhart*）大師說：「在突破中，我發現神和我是相同的。」

崔雅：解脫是不是真實的死亡經驗，還是一個隱喻？

肯恩：不是隱喻，而是自我真的死了。這個經驗也許非常戲劇化，但有可能是非常簡單、毫不戲劇化的。白一點的解釋是，你突然醒過來，發現你的生命其實就是你所看到的一切東西。你和這個宇宙以及萬象真的是一體的，你並不是變成和神或萬象一體，你本來就處於那個狀態，只是沒有發現罷了。

伴隨這項發現的是一份非常紮實的感覺——你的小我真的死了。禪宗稱*satori*為「大死」，愛克哈特說得更直接：「小我的靈魂必須使自己死掉。」庫馬拉上師則如此解說：「我們必

須替自我的死亡鋪路，直到最後領悟，我們的大我沒有任何的東西可以認同，如此我們才能成爲眞正的自己。」愛克哈特又說：「只有那些徹底死掉的人，才能進入天主的國度。」

崔雅：小我的死亡，就是發現永恆。

肯恩：是的，此外我們必須認清永恆不是時間的永續，而是沒有時間感的某個點，也就是所謂永恆的或沒有時間感的當下。大我並不是活在具有時間感的永恆中，而是活在沒有時間感的當下。這當下是先於歷史、演變和連續性的。大我是當下純然的存在，而不是持續不斷永恆的生命，後者是一種很恐怖的觀念。

現在我已經討論到長青哲學的第六個重點，也就是解脫和最終的自由可以將痛苦止息。佛陀說祂只教了兩件事，那就是痛苦的原因和如何止息痛苦。痛苦的原因就是小我的執著和欲望，透過冥想可以轉化小我和欲望以及止息痛苦。痛苦是緊縮的小我與生俱來的，止息痛苦唯一的方法就是停止自我的活動。但這並不意味解脫了之後或靈修之後就永遠不會感到痛苦、恐懼或傷害。這些感覺還是會有，只是它們不再威脅到你的存在，因此也就不再製造問題了。你不再認同、誇大、加強它們或被它們威脅。相反的，因為那個四分五裂的自我已經不存在，而我們的大我就是一切萬有，因此不再有任何東西可以從外傷害到它，於是你的心中出現深刻的放鬆和舒展。這時我們會發現，不論痛苦有多麼強烈，基本上它並沒有影響我們真實的存在。痛苦來了又去了，而我們已經擁有「超越理解的祥和」。智者仍然會感受到痛苦，但它不再構成傷害。智者已經能充分覺察痛苦，因此充滿了慈悲，他們有強烈的意願去幫助那些把痛苦當真的人。

崔雅：我們已經談到了第七個重點，那就是解脫後的給予動機。

肯恩：是的，真正的解脫一定會產生慈悲、善巧的社會改革行動，並會幫助所有的人獲得最終的解脫。解脫後的改革行動是無私的服務，因為我們每個人都具有相同的大我、法身或基督的聖體，服務他人等於服務我們自己的大我。基督曾說：「愛你的鄰人，就像愛你自己。」我認為他的意思是：「愛你的鄰人，就像愛你的大我。」

崔雅：謝謝你。

訪問結束後，我一直在想，我對這個人的愛勝過對我自己的大我和小我。

「我以『時間』的姿態出現，我是那些已經準備好要毀滅的人的終結者。」

「什麼？我聽不到，剛才妳說什麼？」

「那些已經準備好要毀滅的人……」

「是誰啊？崔雅，是妳嗎？親愛的，是妳嗎？」

崔雅剛成年的時候，曾經有過一次深刻而強烈的神祕經驗，那可能是她一生中最具有影響力的事件。

「那是什麼時候發生的？」我們認識後的某個傍晚，我提出了這個問題。

「我記得我那年十三歲，一個人坐在壁爐前看著爐火。突然，我變成了煙火，跟著它飛向天空。我愈飛愈高，突然和整個虛空變成一體。」

「妳已經不再認同妳的小我和身體了嗎？」

「我完全消失了。我和周遭的一切變成一體，我完全不存在了。」

「妳那時是清醒的嗎？」

「完全清醒。」

「那個經驗非常真實，對不對？」

「完全真實。那種感覺就像回家了。好像我終於到了一個屬於我的地方。我知道那次的經驗有很多的名稱，你可以稱之為大我、神或道等等，但那時我還不懂這些，我只知道我回家了，非常地安全，我得救了。那不是一場夢；其他的一切都像一場夢，只有這個經驗是真實的。」

那次的神祕經驗變成崔雅一生中的指導原則，雖然她並不常談論它。那次的經驗使她終其一生都對靈修和冥想感興趣；她把名字改成崔雅，也是因為那次的經驗；它使崔雅有勇氣面對癌症。

從小我的心中就有個意象，好像我逐漸擴大到每個細胞都和宇宙合一了。它是我人生的指標，也是唯一能感動我、使我流淚的事。它促使我追循靈修的道路、發現與萬物合一的真相，爲了我自己和他人，我要完成我今生的修習。我想我對諮商和課業會這麼不耐煩，是因爲我真正感興趣的，其實是心中那些屬靈的問題。如果我把它導向外在的諮商活動，當然會失去興趣。

我需要聆聽內在的聲音、內在的引導。我需要加強它、滋養它、接觸它，有力地探索它……這樣它才能告知我人生的方向。一想到這件事，我的情緒就會高漲。這一直是我人生的主題。那份擴張的感覺必須放在首位，並且加以深化，日後它才會自然流出對人類各種議題的關懷。我最終渴望的就是絕對無我的境界……

這也是冥想的目標及目的。

「崔雅，親愛的，這一點也不好玩。妳能不能端了茶就回來？」火已經熄滅，空氣中有一股燒焦的味道。

「這實在太不好玩了，我要到外面來了。」

但是並沒有所謂的外面；我真的什麼也看不見，我唯一能知覺到的就是寒冷。

「妳可難倒我了。一會兒左肩有東西，一會兒又準備要毀滅。好極了，好極了。我們可不可以談一談？」

6 身心脫落

我盤起腿，採半蓮花座的姿勢靜靜地坐著，仔細地感覺氣息在身體裡流動。我聽見身後的海潮在喃喃低語，海水輕撫著沙灘，滲進沙粒，然後緩慢無力地退回大海，與自己的本體重新結合，接著再一次地向前推進，到達彼岸，這個從本體向外推出的動作是充滿著膽識與渴望的。進、出，退縮、相會，完成、冒險。我將空氣吸入體內，如同海水與沙粒的交會。兩個不同的元素混合在一起，相互施與生命。把氣吐回到大氣中，如同海水向前推進輕撫沙灘之前，先得退回到自我的深處一般。它們一起在晨曦中閃閃發光；它們的相會與分離不斷地發出喃喃低語，相會與分離充實了我的存在。

崔雅結束閉關，返回家中，看起來生氣勃勃。建築結構的問題延遲了塔霍湖房子的進度，因此我們仍然待在穆爾海灘的住處。崔雅從前門走了進來，看起來光華燦爛，幾乎有些透明，同時也顯得強壯、安全與穩定。她說，她仍然會想到未來復發的情景；但另一方面，她並不害怕，她

認為自己在對待復發的恐懼上，已經有了轉圜的餘地。

我在閉關時究竟做了些什麼？我每天必須花十到十一個小時，將注意力集中在我的呼吸上。如果念頭跑掉了，就要把它引回到呼吸上，注意那些生起的思想與情緒，一旦發現到它們，同樣要把注意力引到呼吸上，就這樣耐心地、堅持地、勤勉地練習我的覺察。

接著我必須將這份經過練習的覺察放到身體上，首先把焦點集中在鼻子附近，然後慢慢去留心身體不同部位的各種感覺。就這樣從上到下，從下往上地掃描自己的身體，注意各種盲點，注意痛苦的覺受，如果心飛走了，就把它引回來，這所有的過程都要以平衡、寧靜與祥和的心來進行覺察。由於注意力不是集中在某些外在的事物上，我的身體因而變成一個訓練注意力的實驗場。這是我第五次參加葛印卡的十日禪，因此在這項練習上，我已經相當熟悉了。

如果你將注意力集中在這些身體的感覺，有些歡愉、有些痛苦，那麼會發生什麼事呢？剛開始的幾天，我飽受眼疾與頭疼之苦，癌症復發的陰影不斷浮現，我怕離開肯恩，怕所有可能發生的事。體內每一個痛苦的感覺，無論是多麼細微，都會令我聯想到癌症的復發，每一個影像都夾帶著極大的恐懼。

這是一場艱苦的奮鬥，但是到了第五天，我開始能單純地注意這些感覺，不再評斷它們，我可以知覺到那些駭人的恐懼影像，而不再害怕它們，不再害怕恐懼的本身。我能夠敏銳地注意到我的覺察，注意到這份覺察的能力，也注意到心念總是會被外圍的事件或思想吸引。我發現這份集中的注意力像是一道我可以導引的光束，無論導引至何處，它都能清楚地讓我注意到那裡所發

生的一切。如果我的頭頂一直有感覺產生，如果我的眼睛有痛感，或是頭痛不斷出現，我都可以清楚地知覺它、注意它，而沒有任何的評斷、迴避或恐懼。

同時，我也能注意到存在於這份覺知後面那些在微光中不斷移動或改變的事。直到我把強光照向它們，才能清楚地意識到它們的存在。因此，我開始注意自己集中的知覺與擴散的知覺之間的關係。如果轉換自己的注意力，或是我的注意力自動轉換時，我會察覺這兩種知覺同時都在轉換。

我開始察覺到這份注意力可以決定自己的意識狀態。如果我能單純地看著自己的感覺，就會覺得平靜、均衡與鎮定。如果我批判或害怕自己的感覺，就會覺得焦慮與痛苦。

當我將注意力集中在這個軀體之內時，我開始察覺一些過去從未留心的事。我注意到自己的思維活動——一些想法、概念、句子、影像、無來由的妄念、喋喋不休的聲音，充斥在每一個空間。還有一些零星的瑣事也在我心中不斷生滅。我開始注意到一些習慣——將內心這些如夢似幻的故事說出來的習慣；此外，如果有任何不舒服，便立刻想調整；我還注意到自己的不安，不斷想安排一些計畫，還時常分心。此外，我也注意到自己情緒的波動——對身體的痛楚所產生的急躁，恐懼自己可能無法度過這十天，渴望某些特定的食物，希望內觀的修爲能更精進，對肯恩的愛、注意力渙散時的憤怒、對癌症的懼怕以及某種覺受所引起的愉悅感。

我想照指示逐漸學習，以愈來愈平衡、鎮靜、沒有渴望與嫌惡的態度，單純地看這一切內在的活動，以平靜的心注意自己的思維、習慣和情緒。我會在某個時刻突然做到，立刻又落入想要維持那個狀態的欲求中，我會開放地注意著眼部的痠痛，但是一想要去除它，緊張的感覺馬上出

現。我也注意到這些情緒會阻隔我的感覺、妨礙我的進展。既要努力，又不能執著於結果，那份感覺如同走在剃刀邊緣一般。

思維與情緒一旦安靜下來，注意力就變得非常敏銳，我愈來愈能大幅度地覺察到身體的感受。我以前無感的部位，現在則能感到細微的癢或能量的振動，接著就消失了。然後新的、出乎意料之外的東西出現，很快地又消失了。有時我的身體除了能量的振動之外，好像什麼都不存在了。這其中的誘惑是不斷地想要去思考這些現象，想要把發生的事概念化，內心一直在進行著自我對談，思索某個事件的意義是什麼，而不能單純地、赤裸地注意著它們。譬如某件事的改變、它的消失，或是注意力的渙散，都要隨時加以留意。每一個微細時刻出現的細節，都要耐心地、用心地體察。

剛開始的幾天似乎完全被現象纏縛。這份劇痛代表什麼？這個痛感意味什麼？肯恩總想把我從中搖醒——「這裡痛嗎？在這裡，腳趾頭嗎？妳的意思是，連妳的腳趾也得了癌症？」然而它實在很嚇人。我發現自己有好幾次與神進行內在的交流，不斷地討價還價：請讓我至少有十年的時間與肯恩在一起，如果能活到五十五歲那就更好了——五十五歲聽起來還太年輕了！

第二天，我赫然發現自己的手臂（淋巴結被割除之處）開始腫起來！該死！這又是什麼意思？不是說手術後就不會再腫了嗎？為什麼現在又腫了呢？我嚇壞了。想到也許我該早點死，這樣對肯恩比較好，他就不會那麼依賴我了。那一刻我注意到自己立刻失去了對呼吸的覺察。

我的心中有一個騙子。我好不容易把妄念拉回，重新專注在呼吸上，一旦注意到自己的勝利，危險便降臨了，騙子悄悄地溜了進來。「只是看看而已，」它說。「做得很好，一點小小的

測試是無傷大雅的。」它讓我嘗到甜頭以後，立刻提供我一些選擇，譬如地毯和桌子的顏色配不配，臥室可不可以再放一個衣櫃。「嗯！好看極了。」我的念頭就這樣飛了。「讓我再好好想一想。」我的注意力於是從窗戶溜了出去。

到了第三天，某些時刻開始出現穿透思維與情緒的寧靜。手臂仍然腫脹，但已無法驚嚇到我；我只是單純地注意著這份感覺。我喜歡這份平和與寧靜，但一想到我可能會離開肯恩，眼淚便止不住地流了一個晚上。

到了第五天，我發現自己已經能完全放下，不帶批判，沒有掙扎，只是單純地目睹一切事情的生滅，要來就來吧。我再一次發現那單純地看的自在，只要靜靜地坐著，沒有想要重複先前經驗的欲望，也沒有新的期望，只把心安住在眼前生起的真相上，而不設定「應該怎麼樣」的理想。我的冥想中開始出現一種韻律，一種與真相共處而不去對抗的態度。情緒與思維依舊健在，我注意到了，但不再陷入其中，也不被它們牽著鼻子走——我學會了向後退一步，默默地看著它們。

第七天，我發現自己的身體開始像一個完整的存有，手臂、大腿與軀幹並沒有相異之處，彼此之間沒有界分、沒有衝突。那些強烈、令人愉悅、至樂得令人心疼的能流又回來了，我和肯恩碰面的第一天晚上所感受到的就是這樣的能量。我似乎更容易覺知我的身體，這份感覺有時是突如其來的，有時又比較安靜。我的氣感能輕易地貫穿整個身體，感覺就像一個完整的個體，而不是由不同部位結合成的組合體。如果我以非常和緩、平靜的方式呼吸，或是我的呼吸自己調勻了，我就能感受身體上那些仍然有點緊的部位，我一次又一次地學習放鬆，我覺得身體的能流愈

來愈均勻了，它消除了那些執著、抗拒和分裂。

第九天，我注意到，無論癌症的影像在何時浮現，我都不再加以回應；它嚇不到我了。如果有任何恐懼出現，我也只是目睹它，這是一種平靜、自由和清楚的觀察。第十天一整天，我都維持在這樣的狀態。開始體會極爲明顯的、無選擇且毫不費力的覺察，我只是以均衡而平等的心目睹著一切。整個覺察的過程已經改變了；我的注意力既敏銳又輕鬆。我不主導，只是跟隨。葛印卡說：「**你無法製造感覺，你無法選擇感覺，你也無法發明感覺**（不知道*Häagen-Dazs*冰淇淋的製造商聽到這句話會有什麼感覺），**你只能目睹**。」你不能執著，只能隨波逐流，因爲事情終將改變，無常就是真理。非常安靜，非常祥和。我心想：在真實的世界要如何維持這樣的狀態？

十一月二十一日的早晨，崔雅在淋浴時注意到右胸下方有兩個腫塊。當我和她更仔細地檢視時，還看見兩到三個較小的腫塊。它們看起來就像是螞蟻叮過的小包，但一點都不癢。它們實在不怎麼像是癌症的腫瘤，可是崔雅和我都心知肚明。

那天下午，我們去見了彼得·李察茲。一樣苦惱的表情，一樣含糊不清的態度。「可能是蚊蟲叮咬的腫包，也可能是其他東西，我們最好還是將它們清除掉。」我們在第二天早上安排了一個緊急的手術，然後驅車返回穆爾海灘的家。

崔雅的平靜令人震驚，似乎只有一點點不安。我們簡短地談論了一下，然而崔雅並不想多談。「如果它是癌症，那就是癌症吧！」她脫口說出，但僅此而已。她真正想要談的是冥想與她的經驗。兩天前我剛完成《意識的轉化》這本書，崔雅迫不及待地要和我交換意見。

「我一直不斷地向外擴張。剛開始時，我只是目睹著自己的心與身體，單純地將注意力集中在思維和感覺上，但接下來我的心與身體似乎都不見了，而我和……不曉得，是神吧，或是宇宙，或是更高的自我合一了。那種感覺真是棒透了！」

「我真的不在乎我們怎麼稱呼祂——神也好，宇宙或是自性也罷。道元禪師（*Dogen Zenji*，日本一位很有名的禪師）便是在他的導師對他耳語『身心脫落！』這句話時開悟的。就像妳所說的，這正是他當時的感覺，對身心的認同突然脫落了。這種經驗曾經發生在我身上幾次，非常的真實，比較之下，自我反而是不真實的。」

「我同意。感覺上，這種擴張的狀態是更真實的、更鮮活的。它像是一種覺醒，而其他的事則像夢幻一般。所以，你也相信這些經驗是真實的？」她問。

當我聽見崔雅這麼說時，我知道她想扮演「教授」的角色，也曉得接下來的幾個小時，她將要一點一滴地挖掘我的思想。我知道她可能有了眉目，只是想看看我是否真的明白個中的道理。我知道我們倆現在寧願討論這些，也不願意去談那該死的腫瘤……

「我們其實和科學家的情況是一樣的。我們必須追求實證經驗，相信自己的經驗，因為那是我們唯一擁有的；否則就是惡性循環。基本上如果我不相信自己的經驗，那麼我一定也不相信自己這份不相信的能力，因為那也是一種經驗。因此，除了相信自己的經驗，相信宇宙不會欺騙我們之外，我們別無選擇。當然我們可能會犯錯，某些時候經驗也會被誤導，但仔細權衡之後，除了跟隨它們，我們沒有其他的選擇，尤其是神祕經驗——正如妳所說的，它們其實比其他的經驗更真實。」

我一直在思索黑格爾對康德的評論：你無法質疑知覺，因為你唯一擁有的工具便是知覺。如果你想不用知覺，黑格爾說，那就像游泳卻不弄溼身體一般的荒謬。我們全都浸溼在知覺與經驗之中，除了在某個深奧的層面上與它同行之外，我們別無選擇。

崔雅繼續說道：「我很喜歡西藏人說的一句話：心智是所有的空間。這也正是我的感覺。當然，這種感覺往往只能維持數秒鐘，然後，砰！又回到了舊有的泰利。」

「我也很喜歡那句話。妳正在練習的內觀，是要將心智集中於呼吸或其他的感覺上。然而西藏人有一種練習是，將『心智與所有的虛空融合』，或將『心智與天空融合』。這意味著，呼氣時，只要感覺自己的自我隨著氣一同呼出，然後溶解於天空之中；換句話說，便是進入整個宇宙。這個練習是非常具有威力的。」

「事實上，我已經開始這麼做了，」她說，「但幾乎是出於自發的。最近我的冥想有了真實的改變，一開始我非常用力地把注意力放在呼吸上，仔細地上下掃描我的身體。後來某些時刻我感受到知覺突然起了變化，那時我不再主導我的注意力，只是靜靜地坐著，不刻意覺知任何一樣東西。那份感覺比較接近基督教所說的『向神徹底臣服』。你的一切都奉獻出來，你的一切都赤裸展露；這樣的說法似乎更貼近、更有力一點。」

「我自己的經驗是，無論哪一種方法都有效果，但必須持之以恆。」我思考了一會兒，「妳知道嗎，妳剛才說的其實就是日本佛教所說的『自力』（*self－power*）與『他力』（*other－power*）的問題。所有的冥想都可分為這兩種類型，自力是禪、內觀與知識瑜伽的途徑，他們靠自己的專注與覺知去突破自我，進入更大的實存。他力則是倚靠上師或神的力量，或著以徹底臣服來轉化自

己。」

「你認為這兩者最後都會導致相同的結果嗎？」崔雅不太確定地問。

「我相信是的。就連拉馬納尊者（*Ramana Maharshi*，他被視為印度當代最偉大的智者）也說過，有兩種方法皆能通往解脫：一是探究「我是誰？」自我可以透過這樣的途徑被徹底解除；二是臣服於上師或神，讓神來瓦解自我，這也是一種途徑。兩者都能解除自我感，讓神性曝光。我個人喜歡做「我是誰？」的探究練習，這也是禪的著名公案。但我確信這兩種途徑都有效。」

崔雅和我一同走進廚房去倒茶，關於癌症的話題始終沒有被提出。

砰！砰

「是誰？」

砰！砰！

「是誰？」外面非常冷，非常寂靜。三條迴廊，一扇門。

砰！砰！

「到底是誰？該死，搞什麼啊，在玩砰砰遊戲啊？」外面黑得我無法自如地行動，與其停在原地，我還是朝著那扇門摸索著走去，然後氣憤地使勁把門拉開。

「我很好奇，為什麼這兩種途徑都會奏效？」崔雅說。「它們是如此地不同，練習內觀法門必須非常努力，至少一開始時。但是把自己交出來，似乎不需要什麼努力。」

「我不是法師，只能提供妳一些初學者的觀點。對我而言，這兩者有一個共通之處，事實上，所有的冥想方法都有這個共通之處——它們都是藉由強化目睹或看的能力，來打破自我。」

「但這和我的自我有何不同？我認為自我也有能力目睹或覺察。」崔雅擤了一下鼻子，喝了一口茶。

「這便是重點了。自我並非真實的主體，只是另一個客體。換句話說，妳可以意識到妳的自我，也能夠看見妳的自我，即使有部分的自我是無意識的，但在理論上，所有的部分都會成為知覺的客體。這個自我，換句話說，能夠被看見，也能夠被理解，因此它不是『觀者』（*seer*），不是『知者』（*knower*），也不是『目睹者』（*witness*）。這個自我只是一大堆心智的產物，譬如知識、象徵、意象與概念。我們認同了，然後透過這些東西來看世界，並且扭曲了世界。」

崔雅馬上抓住了要點。這些理念對我們來說已經相當熟悉；我們只是將它們說出來，加強理解。事實上我只是在迴避另一個話題罷了。

「換句話說，」她開口說道，「我們的頭腦認同了那些東西，於是把我們和外在的世界分開，自他對立、主客對立便因此而形成。我記得克里希那穆提（*Krishnamurti*）曾經說過：『在主體與客體的裂縫中，存在著人類一切的不幸與痛苦。』」

「而且最妙的一點是，自我甚至不是一個真實的主體，或是一個大我；它只是一連串有意識或無意識的產物。如果想打破這份錯誤的認同，就必須開始觀察心智的內容或裡面的東西，譬如

內觀或禪所用的方式。你徹底地看著，這個心智—自我的結構……」

「換句話說，」崔雅插了進來，「你以目睹或看取代了自我，你只是客觀地、完整地目睹心智裡所有的東西，譬如思想、感覺、意象、情緒等等，但不去認同，也不批判它們。」

「是的，到了某個時刻你乍見曙光：既然你能看到所有的思維與意象，它們就不可能是真實的「觀者」與「目睹著」。於是你的認同感開始從個人的自我轉向非個人的目睹或看，這才是真正的主體（*subject*）或真我（*self*）。」

「對，」崔雅說，「目睹，或看的本身就是真我或大我，它才能與神或神性合一。這就是為什麼即使我由個人的努力開始，試著去目睹我自己的心智與身體，最終我的自我感還是會向外擴大到與虛空合一。如果我從一開始就臣服於神、臣服於宇宙，最後我還是會達到相同的大我或更大的覺知狀態。嗯，有幾次我的確達到了那種狀態；但大部分我還是回到了舊有的泰利。」

「沒錯，我想這就是為什麼聖克雷蒙（*St. Clement*）會如此說：『認識自己的自性也就認識了神。』在我們每個人心中都只有一個見證，只有一個神性，透過不同的眼睛向外看，以不同的聲音說話，用不同的腿行走。然而神祕主義者卻指出，神（*God*）只有一個，自性（*Self*）只有一個，見證（*Witness*）也只有一個。」

「好，藉著目睹自我，觀察身體與心智的所有面向，我就不再認同這些客體，反而認同了真我，或真正的見證。而這個見證便是神性，便是梵（*Brahman*）。」

「根據長青哲學的說法，這是完全可以肯定的。」

崔雅開始燒另一壺茶。「你有沒有將這些理念與想法寫在《意識的轉化》裡？」

「寫了一些。主要集中在目睹者的發展，以及目睹者在喚醒自己真正的本性前所處的錯誤認同階段。我對於可能發生在這些階段中的神經官能症與心理病症著墨甚多，並針對每個階段提出一個最合適的治療方式。」我很以這本書為榮；它是我近四年來唯一的作品。

「這些理念與觀點我從前聽過嗎？聽起來似乎很新。」

「絕大多數是新的。讓我以〈讀者文摘〉的程度來說明一下。妳知道偉大的存有鏈（*Great Chain of Being*）吧？」

「當然，就是存在的各種不同的層次。」

「根據長青哲學，真實包含了好幾個不同的層次或面向，從極小的真實到極大的真實，這個偉大的存有鍊指的是從物質、身體、心智、靈魂到神性各個不同層次的晉升。物質、身體、心智、靈魂與靈性是五個不同的層次或面向。有些傳統則有七個層次，例如七個脈輪。有些傳統只有三個層次——身體、心智與靈性，有些傳統則有數十個以上的不同層次。妳知道的，在我自己的書裡，我喜歡採用二十四個層次。

「反正，比較簡單的說法就是物質、身體、心智、靈魂與靈性這五個層次。重點是，在人類的成長與發展中，自性或真我，是從認同物質的自我開始的，然後是身體的自我、心智的自我、靈魂的自我，最後才反過來喚醒自我真正的本性，也就是靈性（*spirit*）。其中的每一個階段都包含了前一個階段，再加上屬於自己獨特的面向，為的是形成更大的統合，直到最終與萬有合一為止。在這本書中，我想說明許多具有啟發性的心理學家，無論是東方或西方，從佛洛伊德、榮格、佛陀到普拉提尼斯，都描繪出這相同脈絡中的各種面向，而這個相同的發展脈絡就是奠基在

偉大的存有鏈之上的。」

「聽起來好像是把當代心理學的所有線路都接在長青哲學之上了。」

「沒錯，正是如此。我們把它們融合成一個綜合體，它真的有效，至少我是這麼認為的。」

我們開始大笑。火紅的落日映照在沙灘上，崔雅看起來非常自在、輕鬆，如往常一般，我們尋得一個身體的接觸點，一個可以使我們感覺踏實的交會點。我們兩人都平躺在地毯上，我的右腳微微地碰觸到她的左膝。

「那麼，」崔雅概述地說道，「偉大的存有鏈就是這樣一層一層地往上晉升。」

「可以這麼說。其實冥想就是幫助我們向上發展的方法之一。它幫助你超越心智，進入靈魂與靈性的層次。前三個層次的發展也是如此：當心中的見證不再認同較低的層次，才能認同下一個更大、更具包容性的較高層次，這個過程會不斷地持續，直到見證重新發現自我的真正本質，也就是靈性與自性。」

「我明白了，」崔雅說，她對這個主題十分有興趣，「這就是為什麼觀照的練習會產生功效的原因。透過觀察自心，或赤裸地目睹所有的心念活動，我逐漸能轉化自心而不再認同它，並且在偉大的存有鏈中向靈魂、然後是靈性的層次邁進。這基本上是從進化論延伸出來的觀點，類似德日進（*Teilhard de Chardin*）或奧羅賓多（*Aurobindo*）的理論。」

「我想是的。身體覺察到物質，心智覺察到身體，靈魂覺察到心智，而靈性則覺察到靈魂。每一個進階在知覺上都是一種增加與強化，以及較大較廣的發現與探索，直到證入至高無上的統合狀態與宇宙性的覺知為止，也就是進入了所謂的『宇宙意識』。這一切聽起來似乎非常枯燥與抽

象，但如同妳所體會的，實際的過程或實際的神祕狀態是極為單純而明澈的。」落日的餘暉映照在房子的屋頂與牆面上。

「想吃點什麼嗎？」我問，「我可以做些義大利麵。」

「再談最後一點。你剛才說，你將這些發展階段與各種不同的神經官能症或情緒方面的問題連結起來。在學校時老師們告訴我們，現今大部分的精神科醫師都將這些病症分為三個主要的類型：精神病，如精神分裂症；邊緣症，如自戀；以及一般的神經官能症。你的理論如何切入？或者，你贊同這樣的分類方式嗎？」

「哦，我同意這三個主要的分類，只是不夠深入，它們只涵蓋了五個層次中的前三個層次。如果是第一個層次出了問題，你會得到精神病；第二個層次是邊緣症；第三個層次則是神經官能症。這是相當簡化的分類。」

「我懂了。這樣的分類只涵蓋了三個主要的正統領域，但精神治療輕忽了較高層次的發展，否定了靈魂與靈性，而這正是你在《意識的轉化》中所要修正的地方，對嗎？」天色愈來愈暗，一輪滿月已經躍出海面，穆爾海灘被籠罩在朦朧的光暈中。

「沒錯，我所使用的靈魂（soul）一詞，指的是一種半成品的屋子，是介於個人的自我、心智與非個人或超個人的靈性之間的東西。當靈魂從你心中放光時，它便是見證或純粹地看；也就是說，靈魂是見證的家。一旦你突破了靈魂的層次，見證或看的本身就粉碎成所有被看的客體，或者你和自己能覺察到的客體合一了。這時你不再見雲，因為你就是雲了。這便是靈性或自性的境界。」

「那麼……」崔雅頓了一下，「這樣看來，靈魂的層面有好，也有壞。」

「妳心中的靈魂或見證的本身，是一個通往靈性層面的最高指標，也是通往靈性的最後障礙。唯有從見證或看的位階才能躍進靈性，但接下來，見證與看的本身必須瓦解，即使是妳的靈魂也必須被犧牲、解放與死亡，這樣最終的自性或靈性的明光才能破曉而出。因為靈魂是知覺最後的結，是限制宇宙靈性最微細難解的結，也是最後和最微細的自我感，但這個最後的結是必須被解開的。首先我們得超越物質的自我，也就是不再認同它了，接著要超越身體的自我，然後是心智的自我，最後才是靈魂。這最後的死亡，禪稱為「大死」（*the Great Death*）。每一個層次的死亡都是我們的踏腳石，每一個較低層次的死亡都是較高層次的再生，直到最終極的再生、自由或解脫為止。」

「等等，為什麼靈魂是最後的結呢？如果靈魂是見證的家，它為什麼是一個結呢？見證的本身並不認同任何一個客體，它只是單純而完整地知覺每一個客體罷了。」

「這就是重點了。沒錯，見證的本身並不認同自我或任何其他的客體，它只是完整地目睹一切的客體。但重點是：見證的本身仍然與所見的客體分離；換句話說，其中仍存在著非常細微的二元對立。見證是向前邁進的一大步，在冥想中，它也是必要且相當重要的，但不是終極的一步。當見證或靈魂被瓦解時，見證的本身就變成了它所見的每一樣東西。主客的二元對立因此而瓦解，剩下的只有非二元的本覺。那是一種非常單純明澈的狀態，像道元禪師在開悟時所說的：『當我聽見鐘聲響起時，突然間無「我」也無「鐘」了，剩下的只有鐘聲。』每一樣事情仍然不斷地生滅，但不再有一個人與它們分開或疏離了，只有不斷進行的經驗之流，完全的清澈、透明與開

闊。當下的我只是一些生滅的現象罷了。還記得道元的一段話嗎：『研究神祕主義便是研究自我；研究自我便是遺忘自我；遺忘自我便是與萬物合一，被萬物所解脫。』」

「我記得，那也是我很喜歡的一段話。神祕主義者有時會將這終極的狀態稱為合一的我或一心，但重點是，那個狀態中的我是與萬物合一的，因此並不是所謂的『自我』。」

「沒錯，真我就是真實的世界，沒有任何分隔，因此有些神祕主義者也會說沒有自我、沒有世界；這其實意味著沒有分離和自我，也沒有分離的世界。愛克哈特稱之為沒有困惑的混沌。」我曾經體會過那個世界，然而我現在所能感覺的只有充滿著困惑的混沌，最好的形容就是近乎瘋狂。

我站起來把燈打開。「吃點東西吧，親愛的。」

崔雅沉默不語，我們一直避開的話題充斥著整個空間。她轉過頭來直視著我。「我決定不讓自己或任何人再製造我對癌症的罪惡感或窘迫感。」她終於把話說白了。

「我知道，親愛的，我知道。」我坐了下來把她擁入懷中。崔雅開始靜靜地流淚。她不再流淚後，我們仍默默地坐著，一句話也沒說。我站起來，煮了一些義大利麵，坐在迴廊上吃晚飯，從樹林的縫隙，我們看見銀色的月光正在海面上嬉戲。

7 我的人生突然擰轉了

銅板匡郎地掉進公用電話裡。專業倫理的課剛結束；這是星期一的下午，一個十二月初陽光燦爛的冬日。我讓腦子空掉，小心地撥電話給李察兹大夫。腦子雖然一片空白，還是感覺心底有一個細微的聲音，「上帝啊，拜託。」身邊環繞的人羣將走廊擠得壅塞不堪，有些人剛下課要離開，有些人則趕著上五點四十五分的課。電話亭正好靠近人潮最多的區域；我反過身一邊接聽電話，佝僂著背，試著爲自己造出一個有點私密性的繭。

「嗨，我是泰利・吉蘭・威爾伯。請問，我能和李察兹醫師說話嗎？」

「哈囉，泰利，我是李察兹醫師。我們今天拿到檢查報告了，我很遺憾，是癌症。這是個很不尋常的復發現象，這些腫瘤竟然出現在放療的區域。但別擔心，我認爲這只是局部性的復發，我們治得了它的。妳什麼時候要過來？」

哦！我就知道。這些該死的小腫塊，它們太詭異，長的地方太令人起疑，除了癌症之外，不可能是別的，用不著別人確認。這五個小腫塊出現的位置就在插引流管的疤的下方，這條引流管從我的體內抽出了大量淡紅色的半透明液體，一年前我離開醫院，這條引流管還在我身上多留了一星期的時間，李察兹醫師拔除它時，曾帶給我極大的痛苦，至今仍歷歷在目。一定是它帶出了

一些癌細胞，殘留在我的皮下。癌症，又來了！第二回合，為什麼放射線殺不死這些細胞呢？

我和李察茲醫師約了明天見面。我步出大樓走到停車的位置，坐進車，前往諮商的約會地點。車子碰到紅燈停了下來，我轉頭看見一家雜貨店正在特賣水果，腦子裡不斷浮現的卻是「復發，復發，我的癌症復發了。」我感覺自己彷彿是在這個城市的上空俯看自己，看著自己正孤獨地駕著這輛紅色的小車。突然間我察覺自己又變成另外一個人了，我現在是一個癌症復發的病人，被推入了不同的團體，不同的族羣，不同的統計數據，以及一個橫陳在我與肯恩面前不同的未來。我的生命在一瞬間又被擰轉了。我的癌症復發了，我還有癌症，這一切尚未結束。

我把車停在一條斜坡路上，拉上手煞車。這是一個很不錯的地方，被藏隱在兩條主要的街道之間，我喜歡這些樹，喜歡這條街道奇特的彎度，還有這些粉彩的房子，以及門前的小花園。我的客户吉兒在這裡租了一間小公寓，看起來別有韻致，特別是門前的花園，漆上了可愛的橙紅色，拱形的近口處有一扇精製的鐵門，通往種有許多盆栽的庭院。說不上來是什麼令這幢房子如此特別，我總是被它深深吸引。

吉兒開了門，我很慶幸没有取消這次的諮商，驚訝地發現竟然可以很輕易地把自己的事拋在腦後。事實上我覺得這是一次很好的諮商，絲毫没有被剛才所聽到的消息攪擾。

復發，復發，我的癌症復發了，開車回家的路上，我右轉進入十九街，穿過隧道，沿著座落在一旁的軍營向前直駛。傍晚是我非常鍾愛的時間，也是我最喜歡慢跑的時段，因為這時空氣溫和，光線隨時在變化。沿著水面的天際泛著一抹暈紅，上方散發出來的水藍光帶隨著夜晚的到來逐漸轉變為深藍，舊金山的大樓和平房一一出現燈火。粉彩房子裡照射出來的燈光和黑暗的夜幕

彼此襯托著。

復發，我的癌症復發了。開車時，這個重複的聲音一直盤據在我的腦海。復發，我的癌症復發了。在我開車時，這句話幾乎變成了咒語，讓我進入半催眠狀態。複誦也是一種防禦，因爲我不想去深思其中的意涵。復發，今天以前這只是我在醫院期刊上見過、從醫師口中聽來的醫學名詞；今天以前它與我沒有絲毫的關係。現在它卻出現了，它已經是我生命的一部分，也是我未來生命的塑造者，是我必須要面對的問題。

這些該死的小腫塊。我是在感恩節的前一天發現它們的，距離我們的婚禮快一週年了。我們與專程從洛杉磯趕來的妹妹凱蒂一起過節。星期五早上八點，肯恩把我送進了急診室，凱蒂也在一旁幫忙，我一個人躺在那裡，心裡有一些念頭與恐懼。李察茲醫師來了，他是一個多麼令人喜歡的大夫啊！手術在幾分鐘內就結束了，很快地我和肯恩及凱蒂走在聯合大道上，一起購買聖誕節的禮物，我的胸側多了幾道新的縫線，星期一要去看結果。我們四周充滿著聖誕節歡愉的氣氛，這是一整年中最忙碌的購物期，興奮而令人期待，然而我滿腦子想的卻是我胸側的痛楚。

我心裡想著「第二回合」就要開始了。長久以來我一直以爲懸在頭上的那一把象徵惡兆的刀不會砍下來，如今它終於砍下來了。肯恩和我彼此安慰著。我禁不住哭了。我們打電話給我的父母、給肯恩的父母、給李察茲醫師、坎崔爾醫師以及安德森醫師。坎崔爾醫師也檢查過了，的確是出現在曾經做放療的範圍內，我似乎毀了他那從未有病人復發的輝煌記錄。沒人能理解爲什麼會有這種情況出現，我們打電話給國內其他的專家們，他們都同意這實在是個奇特的病例，發生的機率大約只有百分之五。我想像電話那端的統計專家正在騷頭苦思，一臉困惑。這種局部性的

復發，動手術有效嗎？或者這是一種將要轉移的跡象，那麼就得接受化療了？

沒有人能明確地指出它是如何發生的。

「會不會是……」我問李察茲醫師時，肯恩面色凝重地在一旁觀看，「當引流管被抽出時，末端附著了一些癌細胞卡在皮膚下被留在那裡？」

「對，」他說，「一定是這樣子，可能有一兩個癌細胞被留在那裡。」

「不止一兩個，」我提醒他，「至少有五個細胞，也許還有更多，因爲其中有一些已經被放射線殺死了。」看得出來他非常難過。

肯恩和我一起去見李察茲醫師。我的選擇？乳房切除手術（我是否該把它列在第一位？如果我一開始就動了這個手術，也許現在就不會發生這種事了）。腫瘤區域的再次切除，也就是引流與腫塊出現的區域；如果在這個組織附近發現了更多的癌細胞，那就必須擴展放療的範圍。但因爲我已接受過放療，很難預測這些組織對更多的放射線會產生什麼反應。將引流管穿過的附近組織全部切除，因爲無法得知是否還有更多的癌細胞存留在乳房內，以及是否需要對乳房做更多的放療。但同樣因爲我已經接受過放療，所以這項治療也有缺失。此外，因爲那些細胞沒有被放射線殺死，其他存留在乳房中的壞細胞，也有可能對放射線產生抗拒。

看樣子根本沒辦法知道是否有更多的癌細胞沿著引流管經過的路徑潛藏在乳房中；如果有，也可能會抗拒放射線；到頭來，我的乳房組織還是會因爲接受了更多的放療而遭受損害。乳房切除手術似乎是唯一的選擇了，我也不敢冒險讓更多的癌細胞遺留在體內。

崔雅和我仍然熱切研究（實踐）各種另類與整體療法，但問題和往常一樣，她體內新發現的這幾顆腫塊實在惡性重大。没有可信的證據顯示另類療法在第四級惡性腫瘤上的治癒率比自然減輕症狀要高，換句話說就是没有多大的機會可以治癒。我想如果崔雅得到的是第三級的腫瘤，或是第一、第二級，她會有更多的另類療法可以選擇，以輔助一些（不敢說全部）白人醫療的缺失或不足。但這些腫瘤又把她拉回唯一有效又惡毒的療法。「貞操帶的尺寸不合適嗎？別擔心，美麗的小姐，我們一定能找到特別適合妳的尺寸，妳只要在這裡耐心地等就對了。」

肯恩和我住進了兒童醫院，這天是一九八四年的十二月六日，我的手術被排在十二月七日——「珍珠港紀念日」，肯恩一個人喃喃自語：「崔雅第一次手術後的一年零一天。」我仍然清楚地記得，有五個半星期的時間，我必須每天來這裡報到，接受放療。之後每個月要來追蹤一次，甚至前幾天還來這裡切除新發現的腫塊。

我還記得自己去年掉了幾件衣服，他們在兩個月後找到。我將這件事視爲一種預兆。這一次我打算把帶來的衣服都丢了，就像我打算丢掉癌症一樣。每一件穿進這間醫院的東西，哪怕是鞋子、內衣或耳環，我都要丢掉。反正在這幾天裡，大部分的內衣都不再適合我穿了，李察茲醫師要切除我的右乳，哈維醫師也要爲我的左乳進行縮胸，該來的終於來了。我實在無法想像挺著一個34雙D尺寸的乳房要如何過日子，也無法想像自己的義乳需要多大的尺寸。我可以想像那份感覺有多麼不平衡，兩個34雙D的乳房已經夠麻煩了，剩下一個會是更大的問題。

我開口問肯恩對我失去一個乳房的想法，他認爲這對他來說也不是件舒服的事。「親愛的，

我當然會懷念妳失去的那個乳房，但沒什麼關係，我愛的是妳，不是妳身體的某個部位。沒有一件事會因此而改變的。」他說這話的時候態度是如此地誠摯，我覺得好過多了。

就像上次動手術時一樣，爸媽這次也從德州飛來探望我，我嘴巴上說沒這個必要，但事實上，我真的很高興他們能在這裡陪我，令我覺得比較有希望，對於事情的結果也比較樂觀。我真慶幸自己有一個大家庭，我喜歡和他們一起消磨時光，和每個人在一起。我很高興肯恩能擁有更多他真正喜歡的家人。

肯恩和我住進了病房，與其他的病房一樣，白色的牆，可調整的床，高懸在牆面的電視，掛在病床後方牆壁上的血壓器，另一邊有一個衣櫥（我打算將自己這身衣物全都留在那裡），白色的浴室；從窗户望出去，經過中庭，可以看到另一邊的病房。肯恩跟上回一樣要了張行軍床，準備時刻陪在我的身邊。

肯恩和我坐了下來，我們輕輕地握著手。他完全知道我在想什麼，擔憂什麼。如果我變得殘缺不全、疤痕累累、左右不均，我對他還有吸引力嗎？他必須辛苦地游走在憐憫與鼓舞我之間。同樣的雙重束縛——我既希望他能感受我失去一個乳房的痛苦，但如果真的如此，那又顯示他實在很遺憾，而且不希望我没有它！他向我再三保證，這一次則以幽默的方式閃過了這個問題。「我真的不介意，親愛的，我看這件事的方式是，每個男人在一生中都被配給了固定的乳房尺寸，可以任他摸索，過去一整年我有幸與妳雙D尺寸的乳房共處，我想我已經用盡我的配額了。」這句話讓處於緊張情況中的我們，忍不住歇斯底里地大笑起來。肯恩開始講笑話，從高尚的到粗俗的都有，足足講了十五分鐘。「妳難道不曉得嗎，我是屬於那種對臀部比較有興趣的男

人，只要他們還沒發明臀部切除術，一切都好辦。」我們笑得眼淚直流。這便是與癌症共處之道：笑得太激烈的時候就哭，哭得太辛苦的時候就笑。

我把帶來的衣物一一拿出，再把要留下的放在一起，然後換上醫院的白袍，心裡暗自期望自己也能留下癌症，邁向健康。我幾乎想做一套法式，唸些咒語，拿著十字架在病房裡驅邪！不管什麼方法，只要有用就行。不過後來我只將這套法式放在心裡，真誠地向神祈禱。

量了血壓，問了些問題，也回答了一些問題。麻醉科的醫師進來查房問安，順便向我解釋流程。我認爲應該和第一次大同小異，沒有疑問，也不憂慮。李察茲醫師也來了。手術的流程很簡單，因爲是一個簡單的乳房切除手術（和那種要將肌肉組織連根切除的乳房切除術相比，確實簡單多了）。從外科的角度來看，去年因爲摘除淋巴結，難度要比這次大多了，也需要較長的恢復期。我對李察茲醫師說：「我將復發的事告訴安德森大夫，他們也都認爲這是很不尋常的事，只有偶爾才會發生。」「沒錯，」李察茲醫師說：「但他們一定很慶幸這種事沒發生在他們自己的身上。」我很感謝他，即使他那麼難過，仍以非常誠實的態度對待我。我去量了體重，我一直不知道自己的乳房有多重——用這種方法得知，實在有點詭異！

哈維醫師來了，我們一直沒機會討論剩餘的乳房該如何塑形。他帶來一些他親自操刀的縮胸手術照片，我仔細流覽著，希望能找到一個適合自己的形狀。我希望他不要將乳頭向上移，那會減低它的敏感度，很顯然地，一般的縮胸手術都必須這麼做，但我不必，因爲我的乳房並沒有下垂得太厲害，不需要把乳腺切斷。這樣僅存的胸部還是可以正常地發揮功能，如果我打算生小孩，也還能哺育母乳。我已經瞭解全部的流程，切口會在哪裡，有哪些部位的組織要去除，剩餘

的組織將如何癒合成較小的乳房等等。哈維醫師爲我量了胸圍，並且在乳房上做了記號，他測量了乳頭上升的尺寸，此外，也測量了切口的位置與將要被切除的皮膚組織，同樣也做了記號。

哈維醫師剛離開，我的父母便來了。我向他們展示這些記號，並爲他們解釋相關的流程。同時察覺這是我父親第一次看見我的乳房，當然，無論是他或今晚見到我乳房的任何人，這都是他們的最後一次了！

肯恩爬上我的床，我們緊緊地依偎在一起，儘管有各種不同的人在我們的面前來來往往，他還是待在床上，但都没有人抱怨。「你在這些醫院裡殺人都没人會管的，你知道的嘛！」我說。肯恩做了個兇神惡煞的鬼臉——「那是因爲我是如此雄壯的動物。」他說。「那是因爲你對每個進來的人都笑臉相迎，又送花給每一位護士。」我指出了真相，我們都笑了，心中還是充滿了哀傷，爲了即將失去的乳房。

天亮了，還很早，我想我應該睡著了。這次我的恐懼少了許多，心中也平靜多了，這無疑是冥想的作用。在過去的一年中，癌症已經成爲我生命中的事實，一個忠誠不變的伴侶，我也注意到自己在度過這個難關的過程裡如何中止自己的疑慮、問題、恐懼以及對未來的預設。我故意戴上眼罩，只向前走，不往左右兩邊分神。調查與研究已經完成，也做了決定，現在不是質疑的時候，我該跨越障礙勇往直前，我察覺我是在關掉鬥士與質疑者的部分之後，才有能力辦到的。我覺得非常放鬆、有信心。肯恩握住我的手，爸媽也陪在我身邊。同去年一樣，手術延遲了。我想到所有外科手術必須做的各種準備工作，無論這家醫院，這個國家的醫院，還是世界每個角落的醫院都是如此，我也想到每家醫院裡的病人、護士、工作人員，各種儀器和其他複雜的醫療設

備，這一切都是爲了要和疾病抗爭。現在鎮定劑已經準備好了，他們開始把我推往手術室。

我不曉得為什麼，就是不想讓崔雅見到我掉眼淚，我並不是以哭為恥，而是，不知什麼理由，我就是不想在這個節骨眼上讓任何人看見我流淚，也許我是害怕，只要我一開始哭，就會徹底崩潰；也許，在這個需要堅強的時刻，不能讓自己懦弱。後來我發現一間空的病房，我關上門，坐了下來，開始痛哭流涕。我終於明白了：我哭，不是因為同情或可憐崔雅，而是因為太佩服她的勇氣了。她一直勇往直前，不讓這個磨難把她擊倒，是她在面對這個殘酷得毫無道理的磨難時所展現的勇氣，令我不禁潸然落淚。

醒來時，我已經被推回病房了。肯恩微笑地看著我，陽光從窗口照了進來，我可以清楚地看見舊金山丘陵上那些粉彩房子。肯恩握著我的手，我直覺地伸出另一隻手按在右胸上，是繃帶，繃帶之下什麼都沒有，我的胸部又像孩提時代一樣平坦了，我深深地提了口氣，完成了，不要再回顧了。突然我生起一股穿心的恐懼和疑慮，我該不該只切除腫瘤的一部分，設法保住乳房？是不是我的恐懼把我推入了一個不必要的情境中？這些問題無論是昨晚或今天早晨，我都不允許它們進入腦海中，可是現在我問自己，真的有這個必要嗎？我這麼做對嗎？不管怎樣，事情做了就算了。

我抬頭看著肯恩，我可以感覺自己的嘴唇在顫抖，眼眶開始湧出淚水。他彎下身子，小心翼翼地擁抱我，他必須很小心，因爲繃帶下面是幾個小時前才剛縫好的傷口。「親愛的，我很抱

歉，我真的很抱歉，」我們彼此都這麼說著。

那天下午凱蒂從洛杉磯趕來，整間病房裡擠滿了支持我的家人，這種感覺真好。我想這樣的時刻對他們來說一定也很難過，縱使想幫忙，也使不上勁。其實我只希望他們能待在我的身邊，這樣就足夠了。爸爸要其他的人先出去一下——他想跟我和肯恩單獨談談。我親愛的老爸非常嚴肅，總是很認真地看待每件事。我還記得母親在十五年前動手術時，他一個人焦慮地在醫院的迴廊上踱來踱去，憂愁寫在他的臉上，他的頭髮幾乎在我們的眼前一寸寸地變白。這回他轉向肯恩和我，情緒激動地說：「我知道這幾次的經歷對你們而言是極爲艱苦的，但有一件事仍然值得感恩的，那就是你們至少還擁有彼此，特別是現在，你們終於知道自己對彼此而言有多麼重要了。」當他轉身出門時，我可以清楚地看見眼淚在他的眼眶中打轉；我知道他不想讓我們看見他掉眼淚。肯恩深受感動，他走到門邊，看著我父親一個人在醫院的長廊上，低著頭、兩手緊握在身後，頭也不回地走了。他如此愛我的父親，不禁令我更加愛他。

我帶著盛怒，用力把門打開，裡面沒有人，「即使我問是誰，也不會有答案的，對不對？老天！」

我讓門開著，左手扶著牆，沿著迴廊走向主要的房間。那裡一共有五個房間；崔雅一定就在其中的一個房間裡。當我循原路往回走時，我留意到牆壁變得十分詭異，有一種充滿濕氣的感

覺。我不斷想著，這趟旅程眞的有必要嗎？

肯恩和我沿著醫院的長廊來回走著，早上下午各一次。我喜歡這種散步，尤其是走過那些有嬰兒的房間，看那些被毛毯包裹著，露著小臉蛋兒，握著小拳頭，雙眼緊閉的小可愛們。但我也爲他們感到憂心，這些早產的小嬰孩，有些甚至還待在保溫室裡，看起來是這麼地纖弱。雖然如此，只是這樣站著看他們，想像著他們的父母、他們的未來，就令我感到相當愉悅了。

後來我們發現有一位朋友也在這家醫院裡——道爾絲．墨菲，她因爲懷孕出血住進醫院。肯恩和我去探望她，她看起來非常高興而有信心，身體還連著一台監測她與寶寶心跳的機器。她打了安胎針；這種藥通常會令母親的心跳加速，但因爲她是一位馬拉松選手，藥物只讓她的心跳回升到正常的指數。她的先生麥可．墨菲也在。麥可是依薩冷學會（*Esalen Institute*）的創辦人，是肯恩的老友，也是我的好友，我們一起飲著香檳，與高采烈地談著小寶寶。

那天晚上，肯恩做了一個有關這個寶寶的夢，在夢境中，他似乎從頭到尾都不想出生。他夢見自己看見這個寶寶處在中陰身的次元，這是靈魂降生以前暫時住留的次元。他問寶寶：「小麥可，你怎麼不想被生出來呢？爲什麼那麼不情願？」小麥可回答，他喜歡待在中陰身，他想一直待在這裡。肯恩對他說：「那是不可能的，中陰身雖然很好，但不意味你可以一直待在那裡，如果真這麼做，它就不再那麼好了，因此最好的選擇便是到人間來。」肯恩又對他說，這裡有許多愛他的人正等著他的降臨呢。小麥可回答：「如果真的有這麼多人愛我，那我的泰迪熊在哪裡？」

第二天，我們再度拜訪他們，肯恩真的帶了一隻泰迪熊，脖子上繫著一條蘇格蘭格子布的領帶。「給小麥可・墨菲。」肯恩向前傾身，大聲地對道爾絲的肚子說，「喂！小麥可……你瞧，是個泰迪熊噢！」三週後小麥可出生了，身體非常健康，完全不需要保溫箱，而這隻泰迪熊也成了許許多多送給小麥可的泰迪熊中的先鋒。

在醫院裡待了三天後，崔雅和我回到了穆爾海灘。醫師們的意見相當一致：復發的癌細胞幾乎可以確定只存在乳房的組織中，並未擴及胸腔。這之間的差別非常重要：如果只是局部復發，癌細胞就會被限制在相同的組織中（乳房）。如果它侵入了胸腔，那便意味著癌細胞已經「學會了」如何侵犯不同類型的組織——那麼它就會變成轉移性的癌症。癌細胞一旦學會進入不同的組織，就會以極快的速度入侵肺部、骨頭與大腦。

如果崔雅的復發只是局部的，那麼她已經採取了必要的行動：切除剩下的局部組織。她不再需要追蹤治療，不必做放療或化療。如果復發的部位是胸腔，那就表示崔雅得了第四期的癌症，這算是最糟的診斷結果了（癌症的「期」取決於腫瘤的擴散程度與大小——從第一期小於一公分的尺寸一直到第四期，即腫瘤已經擴及全身。至於癌症的「級」，代表的是它的惡性，從第一級到第四級。崔雅最初的腫瘤屬於第二期第四級，胸腔復發則是第四期第四級）。如果真是這種情況，那麼極激進的化療便成了我們唯一的選擇。

李察茲與坎崔爾醫師都認爲癌細胞應該已經完全消除，因此都沒有建議化療。李察茲醫師

說，即使還有癌細胞殘留，他也不確定化療可以完全殲滅，它們可能傷害了我的胃壁、頭髮與血球，卻錯失了癌細胞。我告訴他，肯恩和我正計畫要到聖地牙哥的利文斯頓—惠勒診所，他們的專長是增強免疫系統。他覺得免疫療法很好，但沒什麼信心，他說，只啟動七個汽缸是無助於車子的行進的；它無法促使第八個汽缸開始運作。我的免疫系統中的第八個汽缸正逐漸喪失功效，因爲它已經有兩次無法辨識出這個特殊的癌症，因此加速另外七個汽缸的迴轉，可能會有其他方面的幫助，但對癌症而言是發揮不了作用的。他說雖然如此，免疫療法仍是無害的。我知道自己需要做點事，爲身體的復原盡點力，我不能只是坐著等待，我太瞭解自己了，等待只會讓我不斷地憂慮。在這個節骨眼上，西方醫學已經宣示我只能靠自己了。

幾天後我們回到兒童醫院拆繃帶。崔雅仍舊非常平靜，絲毫沒有自憐、虛榮或自我意識，這一點真是令人震驚。我記得當時心裡想著：「妳真的比我堅強多了。」

李察茲醫師取下了繃帶，拆掉了釘針（縫合傷口用的），我可以很清楚地看見傷口——癒合得很好，但仍然令人不舒服，因爲一低頭就可以看到肚子，而且縫線紅腫的兩端看起來很醜，我哭倒在肯恩的懷裡。但再哭也於事無補。珍妮絲打電話來：「妳失去一個乳房，我好像比妳還難過，妳實在太平靜了。」前天我才和肯恩說，失去一個乳房不是什麼大不了的事，但也許說得太早。或者兩者都對。最後我告訴肯恩，只要不經常去看，我想我會沒事的。

崔雅和我開始擴大、加強對另類與整體療法的找尋。這件事我們已持續一年了，直到最近才比較積極。這項基礎的「核心課程」其實相當的直接簡單：

(1)謹慎地控制飲食——幾乎是乳素食者的飲食，低油脂、高碳水化合物（醣），盡量多吃粗食；不服用任何種類的治療藥物。

(2)每日高劑量的維他命治療——著重於抗氧化劑A、E、C、B、B_5，B_6，礦物質鋅和硒，氨基酸巰基丙氨酸，與甲硫氨酸。

(3)冥想——每天早上都要做，下午也無妨。

(4)觀想與自我肯定——每天輪流進行。

(5)寫日記——日常生活的記錄，包括夢境。

(6)運動——慢跑或走路。

在這項核心課程中，我們還依不同的情況加入各種輔佐的治療。這段時間，我們非常小心地觀察波士頓希波克拉底斯協會、長壽療法以及利文斯頓——惠勒診所。在維吉尼亞州的利文斯頓——惠勒診所提供了一個總括性的療程，這個療程是根據利文斯頓・惠勒醫師的理念設計的，他主張有一種特別的病毒會潛藏在所有癌症的背後，因為這種病毒在大部分的腫瘤中都會發現。為了抵抗這種病毒，他們提供給你一種疫苗，這種疫苗必須配合嚴格的飲食控制。從一些可靠的證據很清楚地得知，其實這種病毒並非致癌的原兇，在腫瘤裡它充其量只是個清道夫或寄生物，不是致癌的主要原因。但是清除這些寄生物或清道夫並不會造成傷害，因此我願意支持崔雅的決定到這家診所去試試看。

再一次的，對崔雅和我來說，所有的事情似乎又變得明確起來，我們和醫師們都有足夠的理由相信癌症已經離我們遠去。塔霍湖的房子就快完工了，我們還是瘋狂地愛戀著彼此。

在德州過聖誕節，和去年一樣。我正從癌症的手術逐漸復原中。一年中的同一個時刻經歷兩次相同的情況，不禁令我產生了詭異的感覺。不過這個聖誕節好多了。肯恩和我結婚已經滿一週年，從現在開始不再是新婚了，這個癌症足足陪了我們一整年的時間；到現在爲止，我們對它已經十分瞭解了。我希望不要再有任何意外。就在聖誕節的前夕，我們去了一趟聖地牙哥的利文斯頓—惠勒診所。我們計畫明年的一月前來這裡接受免疫療法與飲食控制的治療。我們都很喜歡那裡。以下是我們的計畫：免疫療法，飲食控制，觀想與冥想。我感到相當興奮，肯恩稱之爲「與癌症同樂」。但我確實感覺這是面對未來積極的一步。我們很仔細地向家人解釋這項計畫，他們覺得我的選擇很好。

我真的感覺有一段讓人振奮的時光正在前面等著我們。去年應該算是存在主義的一年，今年則是超驗主義的一年。這種預測會不會太過大膽？去年我面對死亡，去年我生活在恐懼之中，去年我有著極大的焦慮，去年我處在一種被動的狀態。經過了這一切，我記得的卻只有新婚的快樂。如今新的一年就要開始了，手術雖然是兩週前的事，但我的感覺已經不一樣了。我覺得自己做決定的方式太嚴苛了。我洞悉到掌控欲才是我飽受折磨最主要的原因。因此我決定要放下，讓心中的神出現一些。自我的一年，是充滿恐懼、疑慮與面對死亡的一年，而在我前方的，將是學習臣服、真正接納的一年。它爲我帶來了一份祥和、好奇與想要探索的感覺。

明年將是全心治療與開放探索的一年，我不會再爲「對世界沒有貢獻」而懊惱。輔佐的計畫不再是來自恐懼或製造恐懼，而是來自信任，還會帶來一份探索、振奮與成長的感覺。可能是我愈來愈覺得生死不再是什麼大不了的議題，這兩者的界線開始模糊，我不再執著於生，有這種念頭時，我也不再怕自己喪失活下去的意志，我愈來愈能領會「重質不重量」這句話的真義。

我很高興這趟旅程有肯恩相伴，一月底我們會搬到塔霍湖的新居，我們將開始全新的生活。

我們從拉雷多回到穆爾海灘，崔雅開始和幾位醫師及專家們會談，她想知道自己是否全盤地瞭解了。隨著諮商次數的增加，逐漸浮現一個令人不安的警訊：崔雅的確有胸腔復發的現象，這意味著她罹患的是轉移性癌症，而且是所有徵象中最糟糕的：第四級第四期。

我的第一個反應是生氣，暴怒！他們怎麼能這麼說呢？如果被他們說中了怎麼辦？這種事怎麼會發生在我身上？該死！真該死！肯恩試著安撫我，但我不想被安撫，我要將怒氣狠狠地發洩出來。我憤怒是因爲原本我可以早一點武裝自己來抵禦它的，但現在卻輕易被打破防線；我憤怒是因爲我們被許多不同的意見所包圍，有些來自主張化療的醫師，有些來自許多主張另類療法的親友。我懷疑如果他們也得了同樣惡毒的癌症，是否還對自己所推薦的方法如此充滿信心。我痛恨這整個情況，尤其痛恨所有的未知！知道自己需要做化療，已經夠難受了，如果根本無法確定，在手術的過程中又有迷途的癌細胞被留在體內，你的感覺會是什麼？這到底是怎麼發生的？它的意義究竟是什麼？

崔雅一旦開始思考由腫瘤科醫師提出的新證據，整個局面便難以避免地陷入令人毛骨悚然的推論中。如果胸腔復發是事實，那麼不接受最激進的化療，崔雅在未來九個月中就會有百分之五十另一次復發的機率（而且可能會致命）。不是幾年，是幾個月！從完全不做化療，到接受少量的化療，到最激進、最具毒性的化療，這一連串的過程簡直比中世紀的酷刑還要痛苦。

腳步緩慢地向化療趨近。想起聖誕節時，我們還以爲自己已經掌握了一切——外科醫師與放射科醫師都說用不著做化療了，如果問腫瘤科醫師的意見，那就等於是在問賣保險的人你需不需要保險。因此我們只有倚賴利文斯頓的方法了。

我們回到舊金山，與兩位腫瘤科醫師約了時間。他們倆都建議要接受化療，一個建議採用CMF，另一個則建議使用CMF—P（這兩種化療都是時常被採用且相當溫和的，是病人比較容易忍受的）。我心中的危機意識愈來愈重了。去年我只有一個不好的指數——腫瘤分化不良（屬於第四級），然而大小中等，屬於第二期。至於其他方面——雌激素呈陽性反應，二十個乾淨的淋巴結都很好。

現在，這份平衡感完全被推翻，一年內復發的可能性突然增加，而且是在接受放療的區域復發，雌激素也變成了陰性反應，還有組織分化不良的程度已經到第四級。我逐漸相信不做化療是愚蠢的決定，尤其是CMF並不難適應，落髮量不多，一個月才注射兩次，一天只需服三次藥，這樣我不但能避免各種感染，還能維持正常生活，好好照顧自己。

我和肯恩所受的折磨開始展露頭角。我今天去散步時，他把事情的原委詳細地告訴我母親與

妹妹。我一回到家便開始向他發脾氣，他未經我的許可擅自說出這件事，我覺得受到了他的排擠。通常他對我發脾氣這件事是不在意的，可是這一回，他被我激怒了。他大聲地叱責我，說如果我認爲這個癌症的殘酷磨難只是一個人的事，那我就太瘋狂了，因爲他也必須一起受煎熬，而且深受影響。我覺得很罪惡，自己實在太小氣了，然而這似乎是我無法控制的。

我希望自己能更敏感一點，不要把他的支持與堅强視爲理所當然，我可以看得出來他已經快支持不住了，他其實也需要我的扶持。

在我們兩人身上的折磨仍舊持續著。崔雅和我瘋狂地打電話給全國各地及世界各國的專家們，從德州的布魯門欣（*Bloomenschein*）到義大利的鮑那當納（*Bonnadona*）。

天啊，這一切要到何時才停止？光是今天一天，肯恩和我就和五位醫師通過電話，其中包括在安德森醫院的布魯門欣大夫，他被公認是全國最傑出的乳房腫瘤專家。正如我們在舊金山的腫瘤醫師所言：「全世界没有人能打破他的記錄。」這表示布魯門欣醫師以化療治癒病人的比率比任何人都高。

我已經決定要採用CMF—P，很可能明天早上就要注射第一劑的化療藥劑。但是當布魯門欣醫師回電話時，我的世界又再一次被推翻了。他强力推薦阿德利亞黴素（這是最强的一種化療藥劑，有許多可怕的副作用），他說這種藥劑的效果要比CMF顯著得多。此外他還特別指出，我的情況無疑是胸腔復發，屬於第四期，而最近的研究顯示，胸腔復發後接受切除手術的婦女，如

果不採用化療，九個月內復發的比率將高達百分之五十，三年內的復發比率爲百分之七十，五年內的復發比率則是百分之九十五。他說，我現在有百分之九十五的機率是最細微的癌症。如果我的動作夠快，現在就是我的「機會之窗」。

好是好，可是這個阿德利亞黴素……它會讓我掉頭髮，一年中每三個星期就有四天要日以繼夜地隨身攜帶幫浦，眼睜睜地看著毒藥一點一滴地流進身體，我的白血球會被殺死，口腔會潰爛，甚至還可能危及心臟，這一切值得嗎？這種治療會不會比疾病的本身還糟？

但從另一個角度來看，如果九個月內有百分之五十的致命性的復發機率呢？

我們掛上電話之後，馬上又打給彼得·李察茲醫師，他仍然堅持這是局部性的復發，沒有必要做化療。

「幫幫我們的忙，彼得，拜託你打電話給布魯門欣大夫，把你的判斷告訴他。他把我們嚇到了，我想看看他是不是也會嚇到你。」

彼得打了電話給他，但這是一盤僵棋。「如果這是胸腔復發，那麼他的數據就是正確的，但我還是認為這是局部性的復發。」

崔雅和我茫然相對。

「我們到底在幹什麼？」她終於開口說話了。

「我也不曉得。」

「你告訴我該怎麼辦？」

我們倆突然爆笑了起來，因為「從來」沒有人能告訴崔雅她該怎麼辦。

「我甚至還不確定自己是不是能為妳提供意見。我們唯一的方法就是再和其他的內科大夫談談。似乎沒有人能確定到底是胸腔復發，還是局部復發？」我們累得癱在椅子上。

「我有一個最後的打算，」我說，「想不想試試看？」

「當然。」

「這個決定的關鍵是什麼？腫瘤細胞的組織，對不對？病理報告，就是這份病理報告判定了細胞惡化的情況，到現在我們還沒有和一個重要的人談過，妳猜那個人是誰？」

「病理學家拉吉歐斯醫師。」

「要我打還是妳自己打？」

崔雅遲疑了一會兒。「醫生們比較聽男人的話，你打。」

我拿起聽筒，撥了兒童醫院病理部的電話。據說邁克・拉吉歐斯醫師是一位享譽國際、非常傑出的病理學家，是癌症組織學領域中的革新者。他曾經在顯微鏡中仔細地看過從崔雅身上取下的組織，而這些醫師們也都是在看過他的報告後，才衍生出如此分歧的意見。現在是追本溯源的時候了。

「拉吉歐斯醫師，我是肯恩・威爾伯，泰利・吉蘭・威爾伯的先生。泰利和我現在必須做出非常重要的決定。我是否能擔誤你幾分鐘，和你談談？」

「我們通常都不和病人談論病情，我想你應該瞭解才對。」

「拉吉歐斯大夫，我們至少徵詢過十名醫師的意見，他們對於崔雅的復發是局部性的還是轉

移性的，有相當分歧的看法。我只想知道，依你看來，這些細胞到底有多大的侵略性？拜託你告訴我們。」

一陣沉寂。「好吧，威爾伯先生，我不希望嚇你，但既然你問起，我就實話實說了。在我的病理學生涯中，從未見過這麼可怕的癌細胞，我不是刻意誇大，只是在說實話，我個人從未見過這麼具侵略性的癌細胞。」

當拉吉歐斯醫師說這句話的時候，我的雙眼眨都沒眨一下。我的表情完全呆滯，沒有感覺，什麼都沒有，只是愣愣地杵在那裡。

「威爾伯先生？」

「告訴我，拉吉歐斯醫師，如果是你的妻子，你會建議她接受化療嗎？」

「我會建議她去做她所能忍受的最激進的化療。」

「其他的方法呢？」

又是一段冗長的沉默。雖然他可以花上一個小時快速背誦許多統計數據，但他只是簡略地說明：「儘管到處都有奇蹟發生，但我還是要說，其他的方法並不十分有效。」

「謝謝你，拉吉歐斯醫師。」我掛上了電話。

8 我是誰？

星期二我搭飛機前往休士頓。阿德利亞黴素（*adriamycin*）有百分之五十的機率可能對我的卵巢造成永久的傷害或導致停經。我非常惱怒，也許一輩子都不能有小孩了，爲什麼要發生在這個時候，爲什麼不在我四十六歲的時候才發生？那時肯恩和我已經結婚十年，或許也有了小孩，一切就容易應付多了。爲什麼是現在？爲什麼在我這麼年輕的時候發生？太不公平了，我甚至有自殺的念頭，我不想再被生命擺佈，去你的吧！我要走了。

但是那些罹患白血病或霍金氏症的年輕人，甚至沒有機會活得像我這麼久，沒有機會旅行、學習、探險、付出或找到人生的伴侶。一想到這裡，我就平靜下來了。這似乎是很正常的，想到情況比你更糟的人，會讓你更重視生命中積極的那一面，也會想去幫助那些比自己更不幸的人。

我們決定接受布魯門欣醫師的建議。注射化療藥劑最好的方法就是在我的胸腔植入一條導管，連接到隨身攜帶的幫浦上。未來的一年中，每個月有四天我都得帶著它到處跑。

我有點擔心這次的植入手術，肯恩在旁邊看著我一切就緒，親了我一下便離開了，一個人躺在冰冷的長廊裡，身上覆蓋者手術用的布單，眼睜睜地盯著天花板出神。大夫來了，看起來相當和善，也很有悲憫之心，我禁不住落下淚來。這幅景象到今天都很清楚。他向我解釋整個手術的

流程，我的眼淚不斷地從眼眶中流出，因爲這個決定已經使我沒有回轉的餘地。我必須接受化療，接受所有可能發生的後遺症，包括不能生小孩的事實。我無法告訴他我的感覺，禁不住放聲大哭，助理護士還是同一個人，李察玆醫師爲我切除腫塊、拿掉右胸，哈維大夫爲我做左胸整形手術時都是她在一旁協助。我很喜歡她，我們平靜地交談，緩和了我心中的哀傷，在第三手術室裡進行如此平靜的交談實在有點怪異，我的頭頂燈火通明，左邊有一個看起來像是X光的機器，稍後要用來檢查導管的配置，左手吊著點滴，左腿貼著接地導電片，前胸與後背都貼著心電圖的電磁片，好讓我的心跳在螢幕上顯示出來（一點私密性都沒有，連內在的感覺都隨著這忽起忽落的嗶嗶聲公諸於世）。我的恐懼不在於手術本身，而是這似乎是無法逆轉的一步。醫師一再向我保證，這條導管可以隨時抽出來，但是我想他應該懂我真正的意思。

當丹美羅止痛劑（*Demerol*）緩緩地發生效用時，我想起去年懷孕的那段日子。我十分確定自己是不可能受孕的。丹美羅突然給我一種夢幻想法：好像有個靈在我的體內極短暫地投了一次胎，它的出現似乎只是在肯定我有能力懷孕：「我愛妳，不管妳是誰。」接著，我開始擔心自己在年輕時曾經有過的想法，其實更像是一種感覺：我這輩子都不可能有小孩，也活不過五十歲。這個想法令我恐懼，因爲其他的預感已經實現，那就是在三十歲以前是結不成婚的。然而現在我感覺有一股力量在我心中慢慢壯大，我一定要懷肯恩的孩子，而且要活過五十歲。

安德森醫院非常卓越，令人印象深刻。走在這條冗長、讓人困惑的迴廊上，我想我必須加快速度，否則可能會錯過班機。我和崔雅終於找到了化療區，當時我發現一個怪異的現象：因為頂

著光頭，醫院裡的人都以為我是病人，光頭是化療造成的後果。對那些真正接受治療的病人而言，我具有一種奇特的鼓舞作用：他們看到我結實、健康、精力旺盛，而且面帶微笑走進大廳，從他們的表情我可以看出他們心裡在想：「哇，情況其實沒那麼糟嘛！」

肯恩和我與十來位吊著點滴的婦女枯等了三個小時，才被叫進診療室。在這些候診的病人中，我是唯一有人陪的，一個人單獨來這裡，不知會有多麼恐怖。護士準備將三種藥劑同時注入我的體內，第一種是FAC（阿德利亞黴素外加兩種化療的藥劑），接著是一種強力抑制嘔吐的藥劑，瑞格林（*Reglan*）之後是苯海拉明（*Benadryl*）。護士很鎮定地向我解釋，瑞格林有時會引發嚴重的焦慮感，苯海拉明就是要抑制這種症狀。我從未有過任何嚴重的焦慮感，應該會沒事。

FAC的進展順利，接下來是注射瑞格林。大約兩分鐘後，我突然無來由地起了自殺的念頭。肯恩在整個注射的過程中一直陪在旁邊，特別是最後的幾分鐘，他非常靠近地凝視著我，緊緊地握住我的手。當我告訴他自殺是多麼好的一件事時，他湊近我的耳邊低聲對我說：「泰利，親愛的，瑞格林已經產生嚴重的反應了，從妳的表情，我可以看出妳正在經驗很痛苦的組織胺反應。要穩住，至少得撐到打苯海拉明行。如果感覺真的很糟，就趕緊告訴我，我會要他們立刻爲妳注射苯海拉明。」幾分鐘後，我開始進入徹底驚恐的感覺，這是我從未有過的經驗，也是到目前爲止我能記得最糟的感覺。我整個人像是要衝出這副軀體似的，於是我趕緊要他們爲我注射苯海拉明，幾分鐘後，我開始安靜下來，但也只是稍微減輕一點。

崔雅和我住在安德森醫院對面的一間小旅館裡，所有日常用品的採購都由瑞德和蘇負責，瑞格林所引發的強烈組織胺反應，即使用大量的抗組織胺劑苯海拉明，也只能稍微和緩一些，因此她的驚恐感與自殺的念頭，一直持續到深夜。

「可以為我唸《事事本無礙》中的〈覺照練習〉那章嗎？」某天傍晚，她突然這麼對我說。這是我在幾年前所寫的書；覺照練習這一章講的是世上許多偉大的神祕主義者，所採用的超脫身心限制，體證覺性或目睹的各種方法。這是我從精神綜合學派的創始者羅貝多‧阿薩吉歐利（*Roberto Assagioli*）那兒擷取的觀點，是標準的自我探究的方法，也就是對「我是誰？」的探索，把這個方法發揚光大的應該算是拉馬納尊者。

「親愛的，當我唸的時候，盡可能去領會其中的意涵。」

我有一副身體，但我並非自己的軀體，我能看見、感覺到自己的軀體，然而這些可以被看見與感覺到的東西並不是眞正的觀者。我的身體可能疲憊或興奮，可能生病或健康，可能沉重或輕盈，也可能焦慮或平靜，但這與內在的眞我，也就是目睹或看全然無關。我有一副身體，但我並非自己的身體。

我有欲望，但我並非自己的欲望。我能知曉自己的欲望，然而那可以被知曉的並不是眞正的知者。欲望來來去去，不會影響到內在的我，我有欲望，但我並非自己的欲望。

我有情感，但我並非自己的情感。我能感覺與知覺自己的情感，然而那可以被感覺與知覺的並不是眞正的「感覺者」。情感流貫我，卻不會影響內在的我，也就是那看或目睹。我有情感，

但我並非自己的情感。

我有思維，但我並非自己的思維。我能看見與知曉自己的思維，然而那可以被知曉的並不是眞正的知者。思維的生滅，都不會影響內在的我。

接著，盡可能具體地自我肯定：我就是那僅存的純粹的覺知，是所有思維、情感、感覺與知覺的見證。

「這樣唸很有幫助，但是無法持續。這實在太可怕了，我覺得自己好像要跳出皮囊外，坐下來不舒服，站起來也不舒服，我一直在想，自殺是很合理的事。」

「尼采曾經說過，晚上唯一能使自己入睡的方法，就是決定第二天早上起來自殺。」我們倆大笑了起來，嘲弄著這痛苦又愚蠢的處境。

「多唸一些給我聽，我不知道還能做些什麼。」

「沒問題。」於是我坐在這個混帳的世界中最大的白人癌症中心對面旅館裡的舊沙發上，一直為我最親愛的崔雅唸書，從白晝唸到黑夜，她體內的毒藥如地毯式轟炸般，開始全面爆發了。我這一生中從未如此無助過，我只想除去她的痛苦；但我擁有的只是一些貧血的詞句罷了。我心裡不斷地想著阿德利亞黴素怎麼還沒有發生效用。

「好，我再多唸一些《事事本無礙》裡的話——」

「當我們體會超個人的目睹或看時，就會開始放掉個人的問題、憂慮與擔心。其實，我們並

不是要解決自己的問題與苦惱，我們唯一關切的是去『看』某個特定的苦惱，單純而沒有任何知見地看著，不去評斷、閃躲、強化、持續或抗拒它們。當感覺或知覺生起時，我們注視著它，對於這種感覺的瞋意生起時，我們也注意著它，如果恨這份瞋意的反應生起，我們仍舊注意著它，什麼也不做，如果有任何造作生起，我們還是注意著它。存在這所有苦惱中的是『無標準的覺察』，我們必須理解這些苦惱沒有一樣是我們的眞我，也就是目睹或看的本身。只要我們執著於這些苦惱，就會產生微細地想要操控它們的欲望，而我們爲解決苦惱所採取的每一個行動，只會強化我們『就是』苦惱的幻覺。所以原本想要避開苦惱，反而加深了苦惱，或使苦惱永遠存在。

「我們不與苦惱相抗，只是以一種疏離而完整的純然覺察來面對它。許多神祕主義者與智者都喜歡把這種覺察的狀態比成一面鏡子。我們只是單純地反映那些生起的感覺或思維，而不去固著或推開它們，就像一面鏡子完整、毫不偏頗地反映那些存在於它面前的事物。如同莊子所言：『至人用心若鏡，不將不迎，應而不藏。』」

「這樣唸有幫助嗎？」

「有一點。這些內容我都知道，冥想也好幾年了，但是把它們運用到目前的情況卻十分困難！」

「哦，親愛的，妳現在正產生非常嚴重的藥物反應——就像有人把數百磅的腎上腺素注射到妳的體內，妳好像已經從頭頂出竅了。我非常訝異妳可以表現得這麼好，真的。」

「再為我多唸一些。」我無法擁抱崔雅，因為她一直沒辦法讓身子坐直。

「再推廣下去，如果你能確實明白你並非自己的憂慮時，那些煩惱與憂慮就不再威脅你了。即使憂慮依然存在，它也不再淹沒你，因爲你已經完全與它無關了。你不再懼怕它、反抗它或逃避它。更徹底地說，你完全接納焦慮，並且允許它自由活動。你沒有因它的存在或消失而獲得或損失什麼，你只是單純地旁觀它從你的眼前經過，就像仰望天際，看著雲朵從眼前飄過一樣。

「因此，任何攪擾你的情感、知覺、思維、記憶或經驗，都只是在阻礙你認識眞我，認識那目睹和看的本身，而對治這些攪擾的最終解脫方法就是不認同它們。你要很徹底地把它們放下，明白它們並不是你——因爲你可以看見它們，所以它們不是眞正的觀者，正因爲它們不是你的眞我，所以你沒有任何理由去認同它們、抓住它們，或允許自己受它們的捆綁。客觀目睹這些狀態就是超越它們。

「如果你持續不斷地進行這項練習，你的領悟就會加速，你對『自我』的認識也會開始改變。你會感受到一份深刻的自由、光明與解放，即使周圍正颳著憂慮與苦難的旋風，這個『旋風的中心』仍能保持一份淸醒的寧靜。發現這個目睹的中心，就像縱身跳進波濤洶湧的大海，潛入那沉靜而安寧的海底一般，剛開始時，你也許只能潛入幾尺深，如果你持續下去，就可以潛入靈魂的深處，放鬆地躺在底端，以警醒而疏離的態度看著上面的波動。」

「崔雅？」

「我好多了，真的，這對我很有幫助，它讓我想起了自己的練習，也讓我想起了葛印卡，以及和他在一起十天的閉關。我真希望自己現在就能參加！《事事本無礙》這本書裡是不是有一段提

到目睹或覺性是如何的不朽？」

「没錯，親愛的。」我突然意識到自己已經筋疲力竭，然而考驗才剛開始。我一邊唸一邊聽著自己以現代觀點詮釋的古老智慧。眼前崔雅和我都急需聽到這些話語。

「或許，我們可以用這樣的方式來瞭解這些神祕主義者的根本洞見——人人都具備了相同的自我和見證。也許你像大部分人一樣覺得你和昨日的自己是同一個人，和一年前的你是同一個人。你覺得自己和過去的你完全是同一個人。換句話說，在你的記憶裡，你從没有一刻不是你。然而可以肯定的是，你的身體已經和一年前不同，今日的覺受也和過去不一樣了，你今天記得的東西和十年前也截然不同了。你的心智、身體和感覺都已經隨著時間改變。但有某個東西是不變的，你也知道這個東西一直没有改變，自始至終它給你的感覺都是一樣的。這是什麼？

「一年前的此刻，你所關心的事、問題、當下的經驗以及思想是完全不同的。這一切都消失了，但你心中有一樣東西留下來了。讓我們進一步來看，如果你搬到一個完全不同的國家，你會有新的朋友、新的環境、新的經驗與新的思想，雖然如此，你仍舊保有基本的內在真我感。但更進一步說，如果你遺忘了人生中的最前十年、十五年或二十年的話，情況又如何呢？你仍然感覺有一個相同的自我，是不是？就算你只是暫時遺忘了過去發生在你身上的『每一件』事，只是感覺有一個純粹的內在真我，那麼到底有没有『任何』東西改變了？

「簡單地說，你內在有某種東西——那份深刻的內在真我感——它不是記憶、思維、心智、身體、經驗、環境、感覺、衝突、知覺或情緒。這所有的一切都會改變，這些改變並不會對內在的真我產生實質的影響。這個真我就是超個人的見證或者目睹，它不會隨著時間的流逝而消失。

「那麼，想領悟每一個有意識的生命都有相同的內在真我是非常困難的嗎？這個超驗的真我是萬象一體的嗎？我們已經說過，如果你没有一個不同的身體，你仍然有一個不變的真我，其他的人在當下的感覺都是相同的。那我們是否可以這麼說，有個獨一無二的真我呈現出各種不同的觀點、記憶、感覺和知覺？

「不僅是當下，更是在每個時刻，包括過去和未來。因為你可以很清楚地感覺到（即使你的記憶、心智與身體都發生了改變），你與二十年前的自己其實是同一個人（不是相同的自我或身體，而是相同的真我），那麼，你難道無法同時感覺到兩百年前那個相同的真我嗎？如果真我不屬於記憶，那它又會造成什麼差別呢？物理學家薛丁格曾經說過，『這些被視爲是自己的知識、感覺與選擇，並不是在不久前的某個時刻從虛無跳進存在中的；相反的，這些知識、感覺與選擇基本上都是恆常不變地存在於所有人、甚至是一切有知覺的衆生身上。你的存在幾乎和岩石一樣古老，數千年以來，男人就必須努力從事生產，女人必須忍受生育兒女的痛苦，或許一百年前某個人也處在這樣的情況中，和你一樣，他在冰河旁懷著敬畏之心望著暮色的消沉，和你一樣，他也是母親生的，由父母生養的，和你一樣，他也感覺到痛苦與短暫的歡愉，他會是其他人嗎？他難道不就是你自己嗎？』

「我們或許會說他不可能是我，因為我無法記憶當時所發生的事。這個說法犯了一個以記憶來確認真我的嚴重錯誤，我們必須明瞭的是真我並非記憶，而是記憶的見證或目睹。你可能無法記憶上個月所發生的事，但你仍然有真我感。如果你無法記憶上個世紀所發生的事，那又如何？你仍舊擁有那份超驗的真我感，這個真我在整個宇宙中是獨一無二的，它與每一個新生兒的我是相同的。我們覺得它不同是因為我們把它誤認為個人的記憶、心智和身體。

「然而，那個內在的真我究竟是什麼？它不隨著你的身體而生，也不隨著死亡而逝，它不認識時間，也沒有苦惱，它沒有顏色、形狀、組織、大小，然而它卻能看見出現在你眼前的世界。它能看見太陽、雲朵、星辰與月亮，它自己卻不能被看見。它能聽見鳥叫、蟲鳴和瀑布的高唱，自己卻不能被聽見。它能抓住落葉、古老的岩石、扭結的枝樹，但它自己卻不能被抓住。

「你不要想看見自己超驗的自我，那是徒勞無功的。你的眼睛可以看見它自己嗎？你需要做的是盡量擺脱自己對記憶、心智、身體、情感與思維的錯誤認同。這擺脱不能經由超人式的努力或理論而達到。你只需要瞭解一件事，那就是：你所看見的任何東西都無法成為看見的本身，你所知道的有關自己的每一件事都不是自我。這個內在的真我無法被覺知、界定或以任何方式使其成為一個客體。更進一步説，在你與真實的自我接觸時，你並不能看見任何東西，你只能單純地感受到一種內在的自由、解脱與開放，它沒有限制、壓迫，也沒有客體的存在。佛家稱之為『空無』。真實的自我不是一個東西，而是體認到一份透明的開放感，或不再認同任何的客體或事件，束縛其實就是目睹者對可見事物的錯誤認同，只要把這種錯誤的認同逆轉過來，便可以輕易地獲得自由。

「這是一種簡單而困難的練習，然而它的結果卻能構築今生的解脱，因為超驗的自我無論在何處都被視為神聖者的光輝。原則上你超驗的自我與神同一個本質，神只是透過你的眼睛去看，透過你的耳朵去聽，透過你的唇舌去説。否則聖克雷蒙（*St. Clement*）怎麼會説出『認識自己就是認識神』這句話呢？

「無論美洲印地安族、道教、印度教、伊斯蘭教、佛教或基督教的聖者、智者與神祕主義

者，都有類似的銘言：『你靈魂的底層就是人類共通的靈魂，它是神聖的、超驗的，它能把你從束縛引領到解脫，從夢境引領到覺醒，從時間引領到永恆，從死亡引領到不朽。』」

「這真是美極了，親愛的，你知道的，這對我目前的情況實在是意義重大，」她說，「它們已經不再是一堆文字了。」

「我知道，親愛的，我知道。」

我繼續為她唸著，從拉馬納尊者到福爾摩斯再到星期天版的漫畫。崔雅來來回回地走著，雙手環抱著自己的身體，彷彿讓自己別跳出去似的。

「泰利？」

崔雅突然衝進了浴室，噁心劑已經失效。在接下來的九個小時裡，崔雅每三十分鐘就要嘔吐一次。她想一個人靜靜地獨處；我整個人已經癱在沙發上。

我扶著濕黏的牆一路向前摸索，突然被一口大皮箱絆了一下。我在皮箱中找到一隻筆形小手電筒，藉著它的微光，我發現一條通往第一個房間的路。這是我們用來招待客人的房間。

「崔雅？」

我用手中這只小手電筒的微光照著房間裡的每個角落，突然我被眼前的景象震懾住了：這個房間裡並沒有我預想的床鋪和桌椅，反而是各種奇特的岩石、鐘乳石、石筍、閃爍發亮的水晶，

以及各種呈幾何狀的礦石，有些懸吊在半空中，有些則回繞著整個房間，看起來非常美妙誘人，房間的左側有一個清澈的小池塘，屋裡只有從鐘乳石上嘀嘀嗒嗒地滴落水池的水聲。我呆坐了半晌，被眼前的這番美景深深地迷住了。

當我湊近去看時，才發現眼前這幅景象朝著四面八方延伸了數英哩，甚至數百英哩。遠遠地，我可以看見一座一座的山脈，陽光燦爛地照在白雪皚皚的山峯。愈是趨近細看，景象向外擴展得愈遠。

我心想，這不是我的房子。

做化療第一晚的某個時刻，我一邊噁心、嘔吐與擔憂，同時卻經歷了一個轉捩點——即使化療才剛剛開始，我卻覺得已經結束了，我竟然不擔憂了，這就是我道途的一部分，完全地接納，不再抗爭，只是單純地看著它的來去。也許化療正是我超越憂慮的途徑，就像斬掉一隻困擾我已久的憂慮之龍。也許是肯恩的誦唸，也許是我的冥想，也許只是好運，我覺得自己更有能力面對每一件事了，我也感覺有某個嶄新、重要的東西開始出現，雖然不曉得是什麼，但我能強烈地感受到它的存在。

爲了預期中的脱髮，我把頭髮剪短了。和媽媽、肯恩一起逛街買頭巾，以及「可以和禿頭匹配的衣服」，肯恩這麼説。爸媽走後，我禁不住哭了，看到他們離去很傷感，他們對我的關懷令我感動。

回到穆爾海灘，崔雅對於那個轉捩點仍有相當強烈的感受，她已經完全接納化療了，並把它視為道途中的一段旅程。

在蘇珊娜餐廳——真高興能有一天的時間和芬霍恩的老友們相聚，他們的出現讓我肯定癌症的恐懼已經被拋諸腦後，我曾經恐懼、批判過芬霍恩式的靈修生活，現在竟然可以接受了。所有的批判都不存在了，我覺得自己已經重返正道，感覺非常輕快、有活力。我真的不在意掉頭髮，因爲一股美好的感覺正在出現。

我更能肯定自己的守護神或天職——支持肯恩與癌症病患。在蘇珊娜餐廳見到了安姬，我們兩人都很想爲癌症病人盡一己之力。通過最近的考驗，我對這項工作重新生起一股動力。

崔雅實際上要接受五個階段的化療，拿著布魯門欣醫師所設計的治療方案，我們回到了舊金山，由當地的腫瘤科醫師接手。治療方案非常的簡明：第一天崔雅和我先到醫生的診所、醫院或其他安排好的地方去打針。FAC中的「F」與「C」化療藥劑是經由點滴注入體內的（大約得花上一個小時），此外，還要搭配不同的抗嘔心劑，然後再將攜帶型幫浦掛在崔雅的導管上（這項程序我已經在安德森醫院中學會了）。幫浦的設計非常靈巧，基本上它是一只貴得離譜的氣球，將阿德利亞黴素在二十四小時內自動注入體內，並且稀釋它的副作用。每一回合的化療過程中，我們都有三個類似的幫浦替換使用。返家時，我們帶著這些注滿橙色毒液的幫浦回家，接下來的兩天，每隔二十四小時，我必須卸下空的幫浦，裝上新的。三天後，這一回合的治療就告一段

落，在下一回合的治療開始之前，我們可以稍做喘息，至於下一回合什麼時候開始，得視崔雅的白血球指數而定。

除了手術之外，西方醫學抗癌的方法，如化療與放療只基於一個原則：癌細胞的成長速度極快，它們分裂的速度比人體的正常細胞要快上許多。如果在細胞分裂時注入某些藥劑，那麼你所殺死的正常細胞會比癌細胞少得多。這就是放療與化療的作用。人體內有某些正常細胞成長速度遠比頭髮、胃壁、口腔等要快，當然它們也會很快地被殺死，這就是為什麼會有脫髮與反胃的現象。因為癌細胞的成長速度幾乎是正常細胞的兩倍，所以如果化療成功地發揮作用，腫瘤就會全死，病人則是半死不活。

三天一劑的阿德利亞黴素治療持續進行了十天，崔雅的白血球指數開始降低，這表示體內的正常細胞被殺死了。因為白血球是人體免疫系統中的主要成分，在接下來的兩個星期，崔雅必須極小心地避免任何感染，不但要遠離人羣，還要確實做好牙齒保健之類的工作。大約經過三至四個星期之後，她的白血球指數會慢慢回升，身體會自動再生，接著就可以準備下一回合的治療。

阿德利亞黴素是目前最具毒性的化療藥劑，因可怕的副作用而惡名昭彰，我要強調的是，大部分化療藥劑的副作用與它相比都差距甚遠，因此不難想像有多麼難以忍受了。但如果使用得當，它的副作用還是可以被降到最低。崔雅在接受第一次治療時，我們完全沒有被告知病患對瑞格林可能產生的過敏反應，只得調整抗噁心劑。最初嘗試康本贊（*Compazine*），但效果不彰，採用含有大麻成分的藥劑，肝膽造影（ＴＨＣ）才呈現穩定的狀況。這種抗噁心劑的效果很好，事實上，第一個晚上之後，接下來的治療期間，崔雅未再吐過。

崔雅逐漸理出了自己的生活規律。接受治療的那一天，注射第一次藥劑前的一個小時，她通常會先做肝膽造影，有時也服用1~2毫克的鎮定劑，治療前她會先做一點冥想練習，不是內觀便是自我探索（「我是誰？」），接受放療的過程中，她會做一些觀想，把化療想像成一個打擊惡棍的好人（她有時會將化療想像成洛克人）。在家時，她會在床上吞一顆阿他忘（*Ativan*，一種強力鎮定劑），然後聽點音樂，讀點書，迷迷糊糊地入睡。化療的第二天與第三天，她同樣得先做肝膽造影，每天晚上都得服阿他忘才能安穩入睡。第四天，她的感覺通常會比較好轉，我們也可以回復「正規」的生活作息。後來我們居然還能利用治療的空檔到洛杉磯住幾天，另一次是到夏威夷補度遲來的蜜月。

就肉體而言，崔雅的化療效果算是相當不錯，該做的事都做了，但是我們忽略了這個考驗對我們的情緒、心理與靈性上的摧殘。

隨著時間的流逝，這場磨難也愈來愈強，崔雅的陰影面開始浮現且強化，我也陷入了深沉的沮喪中，同時，我們仍然孜孜不倦地保持高昂的精神，我們的未來仍然光明。

「如果我變成光頭，你還愛我嗎？」

「不，當然不。」

「你看，這裡已經愈來愈稀薄了，這裡也是。乾脆剪掉算了，既然你不開除我，我就辭職，把它們剪掉吧！」

我拿來了一把大剪刀，在崔雅的頭頂上揮舞，為她剪出一個前衛新潮的龐克頭，看起來就像是被刈草機推過似的。

洗澡時，我伸手一抓就是一把頭髮，再抓又是一把。我真的一點都不介意。我把肯恩叫來，兩個人站在鏡子面前看著光禿禿的兩個腦袋。哇！多麼特別的景象啊！「我的天啊！」肯恩說，「我們兩個看起來就像是超級市場中的瓜果區。答應我一件事：我們絕對不去打保齡球。」

看看我的身體，沒有頭髮，沒有任何毛髮，沒有左側的乳房，活像一隻被拔光毛的雞！我有一個身體，但我並不是自己的身體！真該爲這句話好好感謝上帝。

然而，我還是喜歡爲光頭的女人尋找正面的模範，譬如亞馬遜的婦女，就是失去一個乳房的女人的良好模範，她們通常會切除一邊的乳房，好方便拉弓射箭，此外還有「星際迷航」與埃及的女祭司。

每個人都滿喜歡我的光頭，他們都說很漂亮，但我心裡非常清楚，有些人之所以這麼說，其實是想讓我好過一些。肯恩說我真的很美麗，看他說話的方式，我知道他是真心的，有一小羣朋友不斷地逼問肯恩，他們想知道肯恩是否仍覺得我有吸引力。肯恩說他覺得自己受到羞辱，「他們只是不敢問而已，如果他們真想知道，我會說：妳是我這輩子見過最性感的女人，即使我不這麼認爲，還是會這麼說的。」他通常都以反諷的笑話來規避這個題目，有時這些笑話實在很離譜，顯得更加可笑。

有一天傍晚和克萊兒、喬治談天，喬治不斷逼問肯恩類似的問題，肯恩回答說：「我非得換一個新的模型不可。先是右邊的龐然大物掉了，現在連頭套也沒了。這副身體的再售價值幾乎等於零。」事後他對我說，「妳知道嗎？這就是他們的想法，好像身體少了一些東西，靈魂也就跟著糟殃了。我當然很懷念妳過去的身體，但重點是，如果我真的愛妳，妳的身體無論變成什麼模

樣，我都照樣愛。但是，如果我不愛妳，妳的身體不論是什麼樣子，我還是不愛。他們完全本末倒置了。」

我們打算邀請琳達（我最好的朋友，也是位傑出的攝影師）到塔霍湖，爲我們兩人拍幾張光頭照片。肯恩還有個非常詭異的想法，他想戴上我的義乳，請琳達爲我們拍一張上半身的裸照。我們都是光頭，也都只有一個乳房。「我們是雙性陰陽人！」他說。

我還不確定自己如果没戴上假髮或頭巾，是否有足夠的勇氣到外面去，這一段時間幾乎每個人都以爲肯恩才是真正的病人，返家之後也是。我記得上一次肯恩和我一起去醫師的診所，有一位非常好的老先生爲我們停車，我們都很喜歡他。那一次肯恩遲到了，只好自己開車去診所。那位老先生走過去很關心地看著肯恩說：「真可憐，這次只有你一個人來嗎？」肯恩不知道該說什麼，因爲實在太難解釋了，只好回答：「那個婆娘太差勁了！」

崔雅開始出現因化療引起的身體問題，我們決定利用治療的空檔到洛杉磯和崔雅的妹妹凱蒂度個短假。

我的生理期停止了，必須開始服用雌激素。我的口腔也出現疼痛異常的潰爛現象，此外也經常腸絞痛和便血，我體內所有快速生長的組織都出了毛病，有時候連味覺也失去了。我驚訝地發現人類居然能忍受如此大的痛苦。發生什麼就是什麼了。

在洛杉磯與凱蒂同住，崔西也來了，感覺真好。肯恩很喜歡我的兩個妹妹，甚至可以稱得上

小小的迷戀。克莉絲坦（一位來自芬霍恩的朋友）和我一同去拜訪幸福社區，這是由哈洛德·班傑明（*Harold Benjamin*）所主持的癌症病患支援機構。我特別喜歡聽那些光頭女人的故事、感佩她們的精神，以及病人們坦率地述說他們的病情。如果有人把成果說得太神奇或企圖說服別人加入，協助者就會加以導正。譬如有一位女士想要燃起一位罹患骨癌的病人活下去的欲望。一開始，在場的人非常急切地想說服他：有一部分的他是不想活下去的。這樣的理論聽起來好像他想死是不對的，他必須有活下去的決心。不久就有人加以修正了：「我也想死，現在仍然有這個念頭。」「我已經打理好一切，如果情況真的惡劣到難以收拾，我會去尋死，沒關係，這只是生命過程的一部分罷了。」

這是一次很棒的旅行，但是情感上的嫌隙……很糟糕的，已經開始出現。

那天晚上回到凱蒂的住處，一位好友來電，提及有位罹患癌症的女士想和肯恩談話。我相當憤怒，因爲她不想找我談，肯恩也沒建議她來找我談。我對他發火，他也發了一頓大脾氣，這是他第一次勃然大怒。他抓住我的衣領，大聲地對我吼叫，他說他做每件事之前都得擔憂會不會影響到我。一年來，他總是極力壓抑自己的興趣來幫助我，如果他連一通電話都不准接，那真是太過分了。他覺得自己無處尋得慰藉，這句話打擊到我，我希望他有任何問題或煩惱都可以隨時來找我。其實我應該可以明白他爲何如此激動，因爲他實在需要有人聽一聽他到底累積了多少東西。我聽是聽了，但還是在替自己辯駁，這麼做更證明他是對的，這方面我的確犯了大錯，因爲

我没有完全理解他說的話。他仍然怒氣勃勃。

凱蒂、克莉絲坦與肯恩談論著癌細胞，以及它在我心中的意象。肯恩說他雖然很想把它們看成脆弱、狼狽的，很不幸，它們似乎非常强壯。我說我不想聽見有人這麼說，我還是要把它們看成脆弱、狼狽的，但肯恩卻義正辭嚴地指出，這是兩碼子事，他雖然很想把它們看成脆弱、狼狽的，事實上，根據不同的報告顯示，它們是非常强壯的，這兩件事不能混爲一談。我說我不想聽，他說，他有權利表達自己的意見。這點我同意，但對這些癌細胞的想法對我來說是很重要的，我不想聽見有人說它們是非常强壯的。「既然不想聽，那就別問，」他回了一句，「妳要我告訴妳真實的看法，還是要我說謊？」他問。說謊，我說。「好，我會的。」接著，他說了一句極爲嘲諷的話：「我要植入一些頭髮，這樣我就可以再把它們拔出來。」這段談話到此結束。我知道他爲什麼會說這些話，因爲他連一通電話都不能接，也無法坦然表達自己的意見，他隨時都得憂心某句話對「我和我的癌症」會造成什麼影響。「妳根本不知道一個愛妳的人要和妳的疾病共處，是一件多麼困難的事。」他說。「妳其實可以這麼說：『天哪，肯恩，千萬別說我的癌細胞非常强壯，那會讓我擔憂死了。』然而妳只是不斷地下命令——別這麼做，因爲我說你不能。如果妳提出要求的話，我很樂意爲妳做任何事，但我厭倦了一直接受命令。」

這真的很困難，也是我和肯恩在溝通上第一次没有交集。我需要更多的支持，但我逐漸看出肯恩其實也需要支持。

在過去的一年半中，崔雅先是動了一次手術，接著是連續六個星期的放療，然後又復發，切

除乳房，現在正處於化療的過程中，這一切都暗示著提早死亡的可能性。為了能二十四小時隨侍在崔雅的身邊，我停止寫作，放棄了三個編輯工作，逐漸將自己的生活完全轉向協助她抗癌。我最近也停止了冥想的練習（這真是一大錯誤！）因為實在太疲倦了。我們已經搬出穆爾海灘的房子，而塔霍湖的房子在崔雅馬不停蹄地接受化療時，還在繼續動工中，似乎蓋房子與做化療是毫不衝突、可以分別進行的事。

後來我們才明白，這只是過程中比較容易的部分。搬進塔霍湖的房子，最可怕的磨難與考驗才開始。

9 自戀還是自我緊縮？

早上七點……這是北塔霍湖畔一個明朗而美妙的清晨。我們的房子就座落在北美最優美的湖旁的半山腰上。從屋裡每一扇朝南的窗户望出去，都可以清楚地看見這座湖，它的周圍是白得驚人的沙灘，背景是蒼鬱的山脈，山頂終年覆蓋著白雪。深藍的湖水是那麼地深沉、令人感動。我懷疑湖底是否不斷地釋放著某種巨大的能量：因為這座湖看起來不僅一片碧藍，更像是發電廠的開關打開了似的。

崔雅睡得很沉。我從櫥櫃中拿了一瓶伏特加，小心翼翼地在杯中斟滿四盎司，然後一飲而盡，這足以讓我撐到中午。中午，我通常會喝三罐啤酒，整個下午幾乎也在啤酒中度過，也許五罐，也許十罐。晚餐及飯後則是白蘭地陪伴著我。我從不喝醉，連頭昏都沒有。我沒有忽略過崔雅的治療問題，也從未逃避過自己該負的責任。如果你遇見我，絕不會懷疑我喝過酒，我會表現得非常機敏、面帶微笑，而且生氣蓬勃。我每天如此，整整持續了四個月。然後我可能走進南塔霍湖公園街的安迪體育用品店，買一把槍把所有惱人的事一轟而盡。就像他們所說的，我再也受不了了。

崔雅結束最後一次的化療到現在已經兩個月了，雖然化療對身體是一種嚴酷的懲罰與考驗，

但崔雅憑著極大的勇氣與毅力，熬過了這段最艱困的時間。她得到一張健康保證收據，可是，這並不意味什麼（如果你因其他的疾病而死，才能宣布你的癌症已經痊癒）。我們終於可以期盼生活穩定下來，如果崔雅的生理期恢復，我們或許還能生個孩子。生命的地平線再度清朗、誘人。

然而有些東西改變了。我們兩人因為筋疲力竭開始產生摩擦。就像共同背負著一個巨大的重擔一起攀登陡坡，我們一直小心地背著它往上攀，好不容易到達目的地，卻完全累垮了。雖然我們之間的緊張累積得很慢，尤其是過去七個月的放療期，但話還沒說完，爭執就爆發。彷佛穿了一件廉價的西裝，頭一天還好好的，第二天就裂了一條縫。事情發生得如此突然，令我們完全手足無措。

對這段期間的生活我不想著墨太多，也不想粉飾太平。簡而言之，對我們倆而言，這段日子就是活脫的地獄。

斜坡村是一個位於塔霍湖東北角，人口大約七千人的小鎮，塔霍湖這個名字是源自當地的印地安語，意思是「高地之水」（塔霍湖是西半球海拔第二高的湖泊，含水量比密西根湖還多，根據那些可笑的導遊手冊的說法，如果湖水淹沒了加州，洪水大概可以高達十四英吋）。一九八五年，一種怪異的疾病襲捲這個村莊，超過兩百名以上的居民受到感染，它像是一種輕微的多發性硬化症，主要症狀是：熱度不高但長期發燒、偶發性的肌肉功能失常、夜間盜汗、潰爛、淋巴腺腫大、全身癱軟無力。在這兩百多位的病患中，有三十名以上被迫住進醫院，因為他們虛脫得幾乎站不起來。電腦斷層掃描顯示這種疾病會在腦中造成許多細小組織的傷害，看起來像是多發性

硬化症。這種病最特別的地方是，它似乎不是人與人相互傳染的：先生罹病不會傳染給妻子，罹病的母親也不會傳染給孩子。没有人知道這種怪病是如何傳遞的；最後的結論是，這種病可能是由某種環境毒素所引起。無論如何，這場怪病之風在這個村莊中整整颳了一年——從一九八五年以後，這個地區就没有新的病例出現了。它似乎是由烏飯樹的毒素所引起的過勞症。

剛開始時，亞特蘭大的疾病控制中心一直對外否認這件事，但是保羅・契尼醫師（一位傑出的內科醫師，還擁有物理學的博士學位）知道得很詳盡，他手中握有許多關於這個怪病的資料，也收集了許多不容質疑的研究證據，於是亞特蘭大衛生當局不得不改變原先的說詞。

崔雅和我在一九八五年搬進斜坡村，我是那兩百位幸運人士中的一名。

在那些身染怪病的患者中，有三分之一的人持續了六個月的症狀；另外三分之一大約持續了兩、三年的時間；剩餘的三分之一的病症一直持續到今天（其中有許多人仍然在醫院接受治療）。我屬於中間的三分之一，整整被這個怪病糾纏了兩三年之久。我自己的主要症狀包括：肌肉抽筋、幾乎是全身性的痙攣、持續地發燒、淋巴腺腫大、夜間盜汗以及癱軟無力。我照樣能起床、刷牙，但爬樓梯的時候必須停下來休息。

我得了這種怪病，卻對它一無所知，這實在是非常辛苦的事。我變得愈來愈疲倦、沮喪與苦惱。再加上崔雅的情況，這份沮喪感更加惡化。這份沮喪感部分是真實的，部分是神經過敏，部分則源自這個怪病——只有在焦慮來襲時才會被打斷。對自己的情況的絕望感，會使我從沮喪中跳出來，進入驚慌失措的狀態。我覺得自己完全失控，不曉得為什麼會被那些殘酷命運的亂箭擊中，幾個月以來我不時想要自殺。

我的核心問題其實很簡單，為了隨時隨地幫助崔雅，過去一整年，我完全壓抑了自己的興趣、工作、需求以及自己的生活。我是自願這麼做的，如果再有相同的情況發生，我將以截然不同的方式去做，讓自己事先有更多的支持系統，同時更清楚身為全職支援者所必須的犧牲。

在崔雅生病的過程中，我學習到許多功課。我之所以願意深入自己與崔雅的這段煎熬期，最主要的原因是，因為我的經歷，或許可以讓許多人避免重蹈我的覆轍。事實上我以如此艱難的方式所學得的功課，在某種程度上也慢慢變成了「癌症支援者」的發言人。我寫的第一篇有關支援者的報償與危險的文章刊登以後，獲得了廣大的回響，出版商與我都相當驚訝。我收到來自世界各地數百封最沉痛的信件，這些人都有相同的經歷，卻沒人能讓他們一吐苦水。我希望能透過較溫和的途徑逐漸成為這方面的專家。

我還在繼續掙扎，我對崔雅的病和我自己的困境的憂慮也在緩慢增加中，真實的沮喪感也在日異惡化。這一年半來，我無法不間斷地寫作，在此之前，寫作可以說是我的命脈、我的守護神、我的命運、我的功業。過去十年來，我幾乎每年完成一本書；就像其他男人一樣，我以自己的工作與寫作來肯定自我，當寫作突然停擺時，我就像一個沒有保護網的空中飛人，墜地時傷得很重。

然而最嚴重的還是我停止了冥想的練習，我過去擁有的覺照力也消失了。我不能輕易地回到「暴風的中心」，有的只是狂風暴雨。這使我在度過這些關卡時非常難受。我喪失了純粹與開放的覺知，也就是接近見證與靈魂的能力，剩下的只有自我緊縮與自戀。我已經失去了自己的靈魂與守護神，剩下的只有自我，那個在任何情況下都恐懼不已的思維。

我認為自己最簡單、也是最嚴重的問題是：我為自己應盡的義務而責怪崔雅。我是自願放棄自己的興趣來幫助她的，但是，當我開始懷念我的寫作、編輯工作和冥想練習時，我開始責怪崔雅，因為她的癌症而責怪她，因為她毀了我的生活而責怪她，因為她使我喪失自己的靈魂而責怪她。這正是存在主義者所謂的「背信」（*bad faith*）——沒有為你自己的選擇扛起應負的責任。

我愈「沮喪」，對崔雅的打擊愈大，特別是她歷經諸多磨難之後。日夜伴隨在她身旁一年半以後，我突然消失了，將自己包裹起來，不想再聽她傾訴。我覺得自己需要一點支持，而她不習慣或無法給予我這樣的支持。當我開始因為自己的沮喪而莫名其妙責怪崔雅時，她理所當然有所反彈，無論是出自罪惡感還是憤怒。同時，生理期的過早終止以及因化療而引起的情緒不穩，再加上崔雅對這些狀況的「神經過敏」反應，在在使得整個局面每下愈況，而我也對這些現象產生了各種反應。我們最後都深陷由罪惡感和責難捲成的漩渦中，於是崔雅進入了絕望，我走進了安迪體育用品店。

今天是星期六。兩天前我開始寫一些東西，在屋子斷電前，我剛好寫了三段。當時我正在抒發自己的悲情，那些東西並不值得記錄，但我現在覺得好多了，肯恩和我一起共度了一個美好的夜晚，在市中心消磨半天。當我上床睡覺時，我有一種被神眷顧、事情終會好轉的感覺。我的自我肯定療法從「我對神的愛在我體內的每個細胞中產生了治療的作用」，轉變成「我感覺到神的愛在我體內的每個細胞中產生了治療的作用」。這是一個細緻又顯著的差異。正如我先前說過的，透過肯恩對我的愛，我知道神是愛我的。如果肯恩與我能真正連結，我就能與神連結，如果

我們失去了連結，我與萬事萬物的關係就被切斷了。

我們再度的連結發生在某個悲慘的日子。早上起來，肯恩所做的第一件事就是斥責我沒有整理衣櫃，稍後我也以新電腦出了問題反擊回去，然後他就掉頭走了，幾乎失蹤了一整天，我悶悶不樂地坐在門前的迴廊上呆望著湖水，試著擺脫毫無價值的感覺，那天傍晚我們進行了一段長談，但沒有什麼斬獲，他說一切都像是舊戲重演。

最近我覺得自己一直在和壞情緒對抗，很像是更年期的症狀。其實我已經停經了。我的情緒難道是因爲喪失雌激素而引起的？可能性很大。一個星期前我開始服用避孕丸，它對我的潮熱產生了一些幫助。肯恩喝了點酒，人變得溫柔多了——今晚一切都很美好。

今天我在整理浴室的壁櫥時，清出了一些經期用的棉條，我懷疑自己是否還用得上？

今天是星期三，所有的事情仍然非常不穩定。我們剛從舊金山回來，房子看起來還好，只不過工人們把廚房的色調弄得一團糟。反正總是有問題。稍後我們去散步。肯恩顯得鬱鬱寡歡，他對生活的不滿表現在和我說話的語氣上，我什麼忙也幫不上，只能默默地承受。有時候看見他這副模樣，我會覺得他雖然愛我，卻不喜歡我。事後他會向我道歉——以非常甜蜜的聲音對我說他並不是那個意思。我想和他談一談，但總是無法深入。在這種時刻如果沒有第三者在場，我們通常無法將局面處理得很好。「親愛的，我們之間這種情況已經反覆出現好幾次了，我不曉得自己爲什麼會變得這麼沮喪，只要我們一談到這些事，妳就會覺得內咎、變得惱怒，而我也會跟著生氣，這是一點幫助也沒有的。我希望能找個人來幫我們協調一下，在還沒找到適當的人選以前，暫時穩住這個局面好嗎？」這對我來說相當困難，因爲我希望問題可以在當下解決，我希望整個

氣氛是明朗的，這樣我們之間的那份愛才會沒有阻礙。他說我們陷得太深了。

令我真正驚訝的是，我們是如此的相愛，我們的連結也是如此的牢固，但仍得經過如此艱難的考驗。我不禁開始質疑，好像我們所有可能產生的壓力都要在這一世解決。有一天傍晚我們一起看一份壓力測量表。喪偶的壓力指數最高，可以到一百點，壓力指數最高五項中的三項（結婚、搬家、重病）我們都有。肯恩認爲自己還有第四高指數的壓力——失業（雖然他是自願的）。即使是度假，在壓力指數上也高居第十五。肯恩說，我們已經有這麼多沉重的壓力了，如果再去度個假，那不是要人命嗎！

每次一談到這些問題，我總是感覺他敢怒不敢言。他覺得自己不但被擊垮，還受到監視，動彈不得。換句話說，他因爲我而完全無法工作。我不知道該怎麼辦，不管做什麼似乎都沒有幫助。此外，我們的行爲特徵也開始顯現，以前它們是互補的，現在只有摩擦的分了。我是一個小心謹慎、做事井然有序的環保主義者，受到威脅時，我會有緊縮的傾向；肯恩則是一個外向大方、不拘小節的宏論家，日常瑣事會令他煩躁不安。

第二個星期我們又回到舊金山和法蘭西絲、羅傑共度週末。當天晚上，懷特與茱蒂斯·斯卡區（《奇蹟的課程》發行人）前來慶祝《奇》書的平裝本在美英兩地上市。第二天早上，羅傑向法蘭西絲求婚了！婚禮在茱蒂斯與懷特的家舉行，蜜月則是在我們塔霍湖的家度過。肯恩將成爲羅傑的伴郎，而我是法蘭西絲的伴娘。

儘管有法蘭西絲與羅傑的協助，我們的問題仍沒有絲毫改善。回到塔霍湖，我們一起陷入肯恩的情緒中。他似乎無法自拔，一個人靜靜地躺在電視機前好幾個小時，動也不動。我可憐的愛

人，我真的不知道如何幫助他，似乎做什麼都没用。我的感覺糟透了。

今天是星期五。多麼奇妙的人生！從徹底的絕望攀升到感覺很棒的一天。肯恩爲了公事要離開兩天，我幾乎要崩潰了。他走後我開始責難自己的態度惡劣，過於想掌控他。他主要的抱怨就是我太想控制他，獨佔他的時間。這是真的，我實在太愛他了，我希望每分每秒都能和他在一起。或許有人會説，我爲了不讓他分心，才會得癌症，這樣的理論也許部分屬實，但是應該還有其他的方法可以抓住他的注意力！我的確有點嫉妒他的工作，但我並不希望他的工作就此停擺，這也是我目前最感痛苦的事，因爲他的守護神已經消失了。

他離開後，我真的快瘋了。屋子顯得格外的冰冷與孤寂。我抱著電話向凱蒂哭訴了一個小時。

然而和他在電話上談過以後一切似乎又好轉了。他回來以後，我們更善待彼此，習性反應也減少了。我們留意著彼此的模式，遇到阻礙時則繞道而行。

弗朗斯瓦與漢娜前來度週末，凱依・林恩也加入陣容（他們三人都是來自芬霍恩的老友）——這真是難以言喻的美好時光！尤其是星期天，我們開車上玫瑰山的公路，享受美景，在瀑布邊野餐，接著又循著湖邊的步道健行，後來又到我所吃過最好吃的餐廳共進晚餐，最後去凱悦跳舞。我唯一能説服肯恩加入我們的理由是，「這種健行可以讓你得到最大的運動效果，而且完全不借助機器。通常需要走上好幾英哩，才能看到這樣的景致。」「好啦，好啦，我去就是了。」弗朗斯瓦問肯恩：「你難道不喜歡運動嗎？」肯恩回答説：「我喜歡運動，但只能承擔同類療法微粒藥丸的量。」

崔雅和我都警覺到，我們兩人無論在個人方面或是配偶的連結上都開始分崩離析。在個人方面，我們還算正常的神經症一一浮現；這些神經症遲早得被注意到，如果不處在這種壓力鍋的情況中，它們可能會一直潛藏在底端。

在配偶的連結上，相同的問題仍在進行。一般的配偶在三年、五年，甚至十年也不必面對的問題，我們全都被迫去面對了。無論在個人或雙方的連結上，我們兩人先得崩潰，才能統合得更堅實。這場考驗雖然痛苦，從一開始我們就感覺最終一切都會轉化得更好，如果我們能倖存的話。因為那些在烈火中被燃盡的並不是我們對彼此的愛，而是存在我們心中的「垃圾」。

崔西是我最大的支持者。昨天晚餐時，她問我是否仍繼續寫日記，並鼓勵我繼續寫下去，因爲，她說，這會是一本暢銷書！某些時候我也有過類似的幻想……因爲我從未發現一本可以涵蓋所有我想知道的內容的書。她還問我做完化療後是否覺得好過多了。我說：「六個月以後再問我吧！」我覺得自己仍處在化療的過程中，除非我的生理期可以連續三次按時出現，血液也回歸正常值，整個療程才算真正結束。没有人確實地告訴我頭髮會在什麼時候長出來，我猜想或許在最後一次治療結束，二十五天循環週期過了以後。這樣看來至少還得等上一個多星期。啊！耐心！

另外一個讓我覺得化療尚未結束的原因是生理期還没有恢復。這聽起來有幾分偵探小說的意味……它到哪去了呢？上個星期是我第一次在做愛時覺得陰道乾澀，我的生理期也因爲化療整整遲了三個半星期。這實在是痛苦又令人沮喪的事，真希望男性醫師們對這種情況也能有點概念。上個月我的狀況一直很慘，大部分的時候我都是以淚洗面，深陷沮喪的情緒中。這段沮喪期似乎

是從我正式進行史蒂芬・勒文的自我寬恕冥想，赫然發現自己居然沒有這方面能力時開始的。那真是非常可怕的一天，幾乎讓我哭乾了眼淚，後來我走進城裡閒晃，將自己哭散了的魂魄重新喚回。第二個星期，肯恩到舊金山辦事，我又度過非常可怕的一晚，幾乎整個晚上都不停地流淚，覺得自己實在恐怖得教人難以忍受。接下來的那個星期，我去見婦產科醫師，又哭了整整一天。第二天傍晚，我繼續對法蘭西絲與羅傑哭訴，我認爲自己必須爲肯恩生活中的煩擾、悲苦與無力工作負責。情況不僅沒有好轉，反倒愈來愈嚴重了。當我得知琳達不一定能來看我時，心裡很不舒服，我多麼希望被人關心，希望她能因爲愛我而排除萬難來看我。我對她說如果她不來的話，我還是可以找到其他人來替我打氣的。這對我而言是很困難的，我必須承認自己需要幫助，必須拿掉「我能處理一切」的高傲面具。去機場接琳達的路上我又哭了，她的來訪固然令我感動，但我的悲傷情緒絲毫沒有減低。幾天後，我送走琳達，參加週末的芬霍恩聚會，又哭了一整天，早上和法蘭西絲，下午和我的心理治療師坎特，接下來是針灸治療師霍爾——這就是我所有的支持系統。我問坎特醫師這種狀況是否會發生在其他病人身上——他們在接受治療的過程中表現得非常好，熬過了掉髮、嘔吐、虛弱以及焦慮等各種折磨，當一切都度過之後，他們卻崩潰了。他說他爲癌症病人做心理治療的二十五年裡，這種情況一再出現。對於肯恩而言也是如此，他扛了我兩年，現在終於可以把我放下，他卻崩潰了。

我注意到有許多痛苦、悲傷、恐懼與憤怒的情緒是我無法獨力解決的，特別是每三個星期就得做一次放療，又要打理屋子的種種瑣事。理智上我知道它們是好的，實際上卻完全無法感覺。

我的心理有一部分是在害怕，現在的崩潰會否定過去幾個月做放療與處理房子時的良好表

現。我向肯恩提及這件事，他說：「那也正是我的感覺，老實說，我真的以自己現在的德性為恥。」多年以來別人都認為我相當堅強、穩定，他們從不認為我會恐懼、悲傷與憤怒，後來這些情緒全都浮現了。我仍然覺得自己必須否認它們的存在，因為別人會把我看扁了。其實光是這種想法就已經令我元氣大傷。一旦有許多小丑聯合起來為我粉飾太平時（〈一千個小丑〉*A Thousand Clowns*這部電影中指出，每個人的心中都有許多的「次人格」或「小丑」），我會害怕表現出這些「負面」的感覺，現在偶爾還有個小丑搖旗吶喊地應應景。當然這名小丑還是會影響到我，但是我比較能警覺到它的其他夥伴了。一些新來的小丑不時會鼓勵你崩潰一下。我將藉此重新整頓，然後重生。

同一段時間，我們倆卻愈來愈沮喪，愈來愈仳離，也愈來愈被這艱苦的情境和自己的神經症所擊潰。這似乎是無法避免的，像是一定要置之死地而後生。唯一的問題是，該怎麼死呢？

第二天一整天我都陷在沮喪中——真正的沮喪，不像過去偶爾會有的憂愁或低落的情緒。這是一種新的情緒，有點嚇人。我一點都不想講話，反正肯恩也不會回答任何問題，他的反應遲緩、整個人無精打彩，所有的努力都無法使他振作起來。我不記得自己有過這樣的感覺，沉默得嚇人，連做決定的力氣都沒了。如果肯恩問我一些事，我也只是以單字回答。

情況很簡單，就是我不再快樂了。我不再感到自己充沛的活力，我感覺的只有這些事件對我造成的摧殘。我累了，這疲累遠比身體的困倦還要磨人。在罹患癌症的第一年裡，我還能感覺快

樂的情緒，這個改變很顯然是在化療期間產生的。從身體來看，化療其實没那麼糟，我對肯恩說，我覺得最壞的部分是情感、心理與靈性上的毒害。我覺得自己被擊垮，甚至完全失去了控制。

未度過重要的難關前，我如何期望肯恩與我可以安穩地生活幾年呢？想到這裡不禁悲從中來。

大約在五天前我做了兩個夢。也許就在那天晚上我開始排卵。在第一個夢境中，他們必須把我僅存的乳房切除更多，我非常憤怒，因爲它看起來已經夠小了（很有趣，我從未夢見自己失去的那個乳房又長回來了，事實上，我甚至没有做過有關它的夢）。在第二個夢境中，我坐在腫瘤科醫師的辦公室，詢問他我是不是永遠都會缺乏雌激素、出現陰道乾澀的現象。他說没錯，然後我就開始對他尖叫，不斷地驚聲尖叫。爲了他没有在一開始就警告我而大發雷霆，那些該死的醫師們似乎認爲這些事是無關緊要的。他們是在治療身體，而不是人。我徹底的、完全的、無法抑止地爆出怒火，一直不停地尖叫、尖叫、尖叫。

守護神啊，守護神啊！没有了它，我就像失去了方向、失去了道途、失去了幸運。有人說，女人提供男人的是穩定的基礎，男人提供女人的則是清楚的方向。我並不想陷入性別之爭，但是照目前的情況來看，這句話似乎有幾分道理。過去崔雅給了我穩定的基礎；如今我的雙腳還是固著在地面，卻怎麼也飛不起來了。以前我能提供崔雅明確的方向，現在我只能讓她陷入毫無目標的沮喪之中。

星期六我的心情因爲天氣好轉而興奮——一個陽光燦爛的大晴天，我向肯恩提議一起出門，到我們最愛的那家餐廳去吃午餐。在餐廳裡，他的情緒仍然非常沮喪，但從某方面來說又有些不同。我問他是否有什麼地方不對勁兒？「有關寫作的事，我一直在想，那股寫作的欲望應該回來才對，我知道妳也很不好受，實在非常抱歉。可是我怎麼也想不透，我並沒有所謂的作家障礙，想寫作的時候寫不出來，我只是不想寫。我一直專注地尋找內心的靈魂，但不管怎麼找就是不見它的蹤影，這是最令我恐懼的事。」

肯恩的情況似乎愈來愈糟。這天晚上家裡有客人，有人問及他寫作的事，肯恩的表現雖然有些吃力，但還算不錯。提出這個問題的人我們並不熟，不過他是肯恩的忠實讀者，讀過他寫的每一本書。肯恩努力穩住自己的情緒，很有禮貌地向他解釋自己已經有很長的時間沒有作品了，他認爲自己的寫作期已經結束，雖然他一直努力想要激起寫作的欲望，但沒有用，所以他知道這一切都結束了。這位男士在聽完他的解釋後顯得相當憤怒——這麼優秀的肯恩・威爾伯怎麼可以不寫作呢？好像肯恩欠他似的。他說：「没想到這位被視爲自佛洛伊德以來最具潛力、最偉大的意識哲學家，也有江郎才盡的一天啊！」在場的每個人都目不轉睛地盯著肯恩，他靜靜坐了一會兒，目不轉睛地看著那位男士，現場寂靜得連針掉地上都聽得見。後來他終於開口說：「我有過的樂子已經超過一個人該有的了。」

我的沮喪感對崔雅所造成的主要影響是，為了應付我的問題，或者應該說少了我的協助，她用來對抗自己問題的力量和穩定度也所剩無幾。復發的恐懼揮之不去，此外，她也恐懼自己處理

得不如以前好，恐懼以前有我的幫助，現在卻沒有。

星期一晚上我覺得非常痛。清晨四點我從劇痛中醒來，這個特別明顯的疼痛已持續一個星期，不能再輕忽了。我認爲這是一種復發的徵兆——轉移到骨頭，還會是什麼呢？我試著推想其他的可能性……但不能。情況愈來愈糟。我想到死亡。我也許真的快死了。

哦，我的天啊，怎麼可以呢？我只有三十八歲——這太不公平了，不能這麼早死！至少要給我一個補償肯恩的機會。自從和我在一起後他就必須面對我的癌症，我想治療他所遭受的蹂躪。他已經筋疲力竭，一想到我們可能又得面對另一回合的磨難，就讓人難以忍受。

哦，神啊，我也許會死在這屋子裡。我甚至連再度失去自己頭髮的念頭都無法忍受。這麼快，實在太快了！距離我最後一次的化療是四個半月，我的頭髮已經長了兩個月，才剛開始不必戴那些可惡的帽子。我希望這一切能盡快結束，這樣我才能幫助肯恩再站起來，也才能繼續進行癌症支援中心的工作。神哪，我希望這只是一個不實的訊號，除了癌症以外，什麼都可以，至少讓我再度被擊倒之前，可以多喘幾口氣。

我變得愈尖酸刻薄，崔雅就愈自保、迷妄、苛求，甚至惱人。我們兩人都被眼前發生的事嚇壞了；我們也明白自己或多或少都在助長這團混亂；但都沒有力量遏止它。

幾天後，崔雅爆發了。我們倆都是。

昨天晚上肯恩提議要我多出去走走，找一些自己有興趣的事做，以便和他的問題保持距離。事實上他對我說「救救妳自己吧」，這種狀況對他而言已經持續太久了，看不出有什麼好轉的跡象，他也無法預料未來的吉凶。那天晚上我非常難過，哭了一會兒，肯恩竟沒有察覺。一夜輾轉難眠，想哭的衝動一直在體內翻攪著。最後我終於起身下床到樓上扭開電視，這樣我的哭聲才不會被聽見。我感覺糟透了，好像我毀了肯恩的生活，現在他居然要我救救自己，要我一個人跳進救生艇裡離開他。我覺得自己所做的每件事都在傷害他，我的個性與特質也帶給他極大的痛苦，這就是他在去年一整年中飽受磨難的主要原因。我感覺我們正在面臨恐怖的分手的可能性。

我覺得既困惑又無助，好像我搞砸了每一件事——徹底地毀了我最親愛的肯恩的生活。我不想再加重他的負擔，卻又不信任自己，彷彿自己所做的每件事終究會傷害到他，因爲我似乎太陽剛、太固執、太愛操控、太愚鈍、也太自我了。也許我需要一個比較單純、比較不敏感、也比較不聰明的男人，這樣他才不會受到我的傷害。也許他需要的是一個更溫柔、更有女人味、也更敏銳的女人。天啊，光是這種想法就令我痛不欲生了。

似乎我做的每件事都會帶給他極大的痛苦。當我想要表達自己的關切之意時，卻覺得應該表現出積極與肯定的態度，我連掉眼淚這件事都不再信任自己，只能暗中飲泣。我是不是一直想得到他的注意？我是不是過於自怨自艾，因而忽略了他的需求？他無法付出時，我是否該支持他，而不是一味地貼在他身上、不停地向他索求？過去我總是習慣與肯恩分享所有的事，現在我只是不斷地以自己的要求、抱怨與固執折磨他。我一直想讓他免於這些折磨，但除了肯恩之外，我再也找不到任何人可以吐露真言。我很害怕自己會毀了這段婚姻。

今天晚上在《奇蹟的課程》中讀到一段向神求援的內容，正是我現在的寫照，我已經對抗不了了，我把一切都搞砸了，求您幫助我，爲我指引一條道路，不要再讓肯恩受到傷害。我想起肯恩過去的模樣，想起他爽朗的笑容、他的聰明慧黠、他迷人的魅力、對生命的熱愛，以及對工作的熱情——親愛的神啊，求您幫助他。

我無法知道他隨侍在我身邊的日子有多麼難熬，這麼久以來，我們從未好好探討過。他背負我這麼長的一段時間，而我卻對他所受的苦一無所知。

我們倆所受的苦真是難以忍受，心靈上的極度痛苦似乎毫無止境，像是要把你整個人吸進去，讓你墜入痛苦的黑洞，你無處可逃，也無法喘息。

愛得愈多，傷痛就愈劇烈。我們的愛是無窮盡的，所受的痛苦也是無窮盡的。從痛苦生出的則是增恨、憤怒、荼毒與責難。

我忍不住怨恨他的改變。他說他無法再給我任何滋養，他已經筋疲力竭了。我的感覺則是，他之所以不想是因爲他在生我的氣。有好幾次我都很清楚地感覺自己無法得到他的諒解，或許是因爲連我也無法諒解自己的緣故。但我確實在生他的氣，我氣他讓自己落入這般田地，我氣他滿嘴的尖酸刻薄！我也氣他讓自己變得非常難以相處，同時又擔心他會離我而去，每當這種念頭生起時，我覺得自己應該要先離開他，回復單身，獨自一人到鄉間生活。

昨天夜裡我們兩人都難以成眠，我向他提及自己常有要離開他的念頭，我似乎無法改變自己

來取悅他，他對我說他也常有離開我的念頭，或許會到波士頓去吧。這個時候他突然起身下床，然後說：「妳可以留下泰恩（我們的狗）。」當他再度回到床上時，我對他說：「我不要泰恩，我要你。」他坐了起來，眼睜睜地看著我，眼眶裡都是淚水，我也忍不住哭了，但我們都沒有任何動作。這段感情似乎無法再持續了，我想寬恕他，或許現在辦不到，因爲我實在太憤怒了。我也知道他並沒有原諒我，我甚至不覺得他喜歡我。

第二天，我開車前往安迪體育用品店。對我來說，生命中的每一樣東西都開始發酸發臭，沒有任何值得回味的經驗，沒有東西是我所渴望的，除了逃離之外。我實在很難描述處在那種時刻，內心有多麼陰暗。

如同我前面所說的，我們的神經症正在逐漸浮現、誇大與加強。以我的情形來說，我一旦被恐懼征服，我的機智就會淪為嘲諷、尖酸，可是我並非天生就如此刻薄，我只是害怕極了。就像王爾德（*Wilde*）所說的：「他並沒有敵人，只是被朋友厭惡到極點罷了。」

崔雅一旦被恐懼侵襲，她原先的毅力就會淪為僵化、頑固、果斷與掌控的欲望。這就是目前的情況。由於我從不公然、直接地對崔雅表示自己的憤怒，只好不斷地以譏諷來削弱她的勢力。她的頑固使她獨裁地掌控了我們生活中大部分的決定。我覺得我的生活已經完全無法自主，因為崔雅總是握有金牌：「我有癌症。」

我們的情況使朋友們分成兩派，她的朋友覺得我是不可理喻的壞傢伙，而我也試圖說服自己的朋友，崔雅是個難以相處的人。其實兩方面的說詞都是正確的。崔雅和她兩位最要好的朋友參

加為期三天的閉關回來。閉關時，她因為想要好好的休息半小時，將這兩位朋友支出房間，他們把我拉到一邊悄悄地對我說：「她好霸道，你怎麼有辦法和她生活在一起？光是三天就已經夠我們受了。」同樣的，在好幾次與家人或朋友共聚的夜晚中，他們也會把崔雅拉到一旁耳語：「妳怎麼有辦法忍受他？他簡直就像一條盤起身子的響尾蛇。他是不是對每個人都心懷恨意啊？」

尖酸刻薄加上冥頑不化，後果就是兩人一起毀滅。我們並不恨對方，我們真正痛恨的是那神經過敏的小丑，他們似乎被鎖在某種死亡的漩渦中，當中的一個人情況愈糟，另一個的反應就愈激烈。

要突破這個陰鬱循環的唯一方法就是，直接切入神經過敏的成因：直接面對潛藏在底端的憤怒。但是，你怎能對一個得癌症的人發怒？又怎能對一個朝夕守在你身邊、與你同甘共苦了兩年的人發怒？

當我走進安迪體育用品店時，所有的問題都在我的腦子裡。我看著眼前各式各樣的槍枝足足有半小時之久。哪一種比較好？手槍還是獵槍？海明威式的手槍應該不錯。我在店裡磨蹭得愈久，愈感到騷亂、不安與憤怒。最後我終於明白了，我真的很想幹掉一個人——我自己。

回到家，我獨自一人坐在起居室的書桌前，做些必要的工作，崔雅帶著報紙，重重地拖著步履走了過來。我應該先說明一點，這棟房子裡還有許多房間，然而在她最感懼怕與專斷時，這些房間都得依她的意思來設定它們的功能。我很快地答應了（必須對癌症病人好一點）。於是這個起居室的小角落，是唯一屬於我的空間，也是我生命中唯一能由我掌控的小天地。由於沒有門，當我工作的時候，很自然會對侵入這個領域的人產生警戒。

「可以請妳走開嗎？報紙的聲音搞得我快瘋了。」
「我喜歡在這裡看報。這是我最喜歡的地方，我想待在這裡看報。」
「這是我的辦公室，妳自己有三個房間，隨便找一間去看吧。」
「不要！」
「不要？不要？這是妳該說的話嗎？妳聽好，我在工作時，那個沒有受過三年級以上的教育，看報的時候不能閉嘴的人是不准待在這個房間的。」
「我討厭你說這種尖酸刻薄話，我不管，我偏要在這裡看報。」
我氣憤地起身，走到她面前。「出去。」
「不要。」
我們開始對吼，聲音愈來愈大，最後變成面紅耳赤的爆怒。
「給我出去，妳這個可惡的婊子。」
「要出去，你自己出去！」
我動手打她，一掌接一掌，並且不斷地對她大吼大叫：「出去，該死的東西，給我出去！」我不停地打她，她不停地尖叫，「住手！不要再打我了！」
最後我們兩人都累得癱在沙發上。過去我從未動手打過女人，這點我們都很清楚。
「好，我走，」我開口說：「我要回舊金山去，我痛恨這個地方，我痛恨我們對彼此所做的事。要跟不跟隨妳便。」

「天啊，這眞是太美了！無以倫比的美！」我喃喃自語著。憑著手中這支筆型小手電筒的微光，慢慢地找到走向第二個房間的路，當我站在門邊向裡頭探望時，我整個人完全被眼前的景象迷住了。伊甸園，這是第一個竄進我腦中的念頭。這就是伊甸園了。

向左望去，本來應該有一張大桌子，眼前卻是一片濃密的叢林，翠綠、氤氳的樹影覆蓋著整個空間，動物在霧靄間漫步。這一片綠意盎然的叢林中央，聳立著一棵參天巨木，最頂端的枝葉幾乎要探入雲層，偶爾從枝葉的空隙灑下點點陽光，令人感到非常的靜謐、祥和、動人……

「請走這邊。」

「什麼？請再說一次。」

「請走這邊。」

「你是誰？別碰我！你到底是誰？」

「請走這條路，我想你是迷路了。」

「我沒有迷路，是崔雅迷路了。聽著，你有沒有看見一個女人，金髮，非常的美麗……」

「如果你沒迷路，你現在在哪裡？」

「嗯，我想我應該是在自己的屋子裡，可是……」

「請走這條路。」

回顧起來，崔雅和我都覺得那起意外是一個決定性的關鍵，並不是打人有什麼值得驕傲的，而是這件事突顯了我們兩人的絕望。在崔雅那方面，她的專斷傾向開始減低，不是因為她怕我又動手打她，而是她瞭解到那種想掌握一切的欲望，其實是源自於恐懼。在我這方面，我學會了如何向一名有可能死亡的病人表示自己的需求和保有自己的空間。

他抗爭只爲了保有一個屬於自己的空間，不再輕易讓步，這讓我覺得神清氣爽，因爲我不必耗費過多的精力去猜測如何讓他快樂，即使猜錯也不再有沉重的罪惡感。過去我需要他無條件地支持我，他照做了！現在我需要他在我身後推我一把，特別是當我冥頑不靈的時候。如果某件事對他來說很重要，他就必須一直推我，直到我完全放下爲止。

從那件事發生以後，一切開始好轉。我們仍然有許多事要做，如接受夫妻雙方的心理治療，這可能得花一段時間，才能讓混亂的局面回歸正常，這意味著我們必須重拾那份一直沒有熄滅的對彼此的愛。

10 自療的時候到了

「喂，請問是威爾伯先生嗎？」我們在磨坊谷地望著窗外著名的紅杉林。

「是的。」

「我叫愛迪絲·桑戴爾（*Edith Zundel*），來自西德的波昂。我的先生魯夫和我正在寫一本書，我們打算訪問十二位世界各地的前衛心理學家。我非常希望能和你談一談。」

「我很欣賞你們的計畫，愛迪絲，但我是不接受訪問的。謝謝妳，祝妳好運。」

「我最近都會待在法蘭西絲與羅傑夫婦的家中，我從很遠的地方來，真的很希望能和你談一談，不會耽誤太久的。」

三隻松鼠在兩棵巨大的紅杉之間來回地跳躍，我一直盯著牠們瞧，想搞清楚牠們究竟是在玩耍、交配，還是在談情說愛？

「愛迪絲，我在很早以前就決定不接受採訪或做任何形式的公開演講與授課。除了我對這類事容易緊張外，另一個原因是，人們總喜歡把我當成大師、上師或老師看待，但我不是。在印度，他們會對學者和上師做個明確的區分，所謂的學者（美國人所指的哲人或博學之士）只是一個單純做學問的人，也可能是學問與實修同時進行的人，譬如研究瑜伽的學者，真的在練瑜伽，

只是尚未大徹大悟。上師則是已經悟道解脫的老師。我充其量只能算個學者，還不夠格當上師，論實修，我和其他人一樣都是初學者，因此我過去十五年來只接受過四次採訪，有時也回答一些書面的問題，但僅止於此。」

「這我可以理解，威爾伯先生，但是把東西方心理學綜合起來研究，卻是你獨門的絕活，所以我並不想把你視為上師，而是以學者的身分和你對談。你的作品在德國有相當大的影響力，不僅影響到外緣地帶，甚至在主流學術界都掀起了很大的旋風。你的十本著作全都譯成了德文。」

三隻松鼠倏忽地消失在濃密的樹林中。

「沒錯，我的書在德國和日本都是暢銷書，」我想測試她有沒有幽默感，「妳知道的，兩個熱愛和平的國家。」

愛迪絲大笑了一會兒，然後說：「至少我們還懂得欣賞天才。」

「應該說是發瘋的天才。我的妻子和我正面對一段不怎麼好過的日子。」

我不知道有沒有所謂的松鼠的召喚，松鼠啊！松鼠！

「法蘭西絲與羅傑向我提過泰利的事，我真的很遺憾。」

不曉得為什麼，愛迪絲給我非常親切的感覺，即使在電話上，也可以清楚地感覺到。我當時不知道她會在我們日後的生活裡扮演著非常關鍵的角色。

「好吧，愛迪絲，妳今天下午過來，我們見面再談。」

崔雅和我搬回了灣區，住在磨坊谷的一個小鎮裡，我們重新回到朋友、醫師與支援系統中。塔霍湖的那段日子是場大災難，我們倆仍在康復中，然而那個重要的轉折算是度過了，特別是崔

雅，她又重拾驚人的平靜與定力。她持續做冥想的練習，我們也去找西摩爾做夫妻雙方的心理諮商，這其實是早就該做的事。

我們開始在家裡做一項簡單的練習，那就是接納與寬恕。《奇蹟的課程》一書是這樣寫的：

有什麼是你想要而寬恕不能給的？想要和平嗎？寬恕能給，想要幸福快樂、寧靜的心、確切的目標、轉化這個世界的一種價值與美嗎？想要一直擁有關懷、安全與被呵護的溫暖嗎？想要一份不被攪擾的寧靜、不被傷害的溫柔、一份深刻的自在、永遠不被擾亂的安寧嗎？

這所有的一切，寬恕都能給你，給更多的人。

寬恕能提供每一樣我想要的東西。

今天我接受了這項眞理。

今天我得到了上帝的禮物。

我一直非常喜歡這段有關寬恕的教誨，靠著它而憶起自己的真我，這算是比較獨特的方法，在其他的智慧傳統中是很少見的；它們強調的大部分是覺察和獻身。然而，寬恕背後的理論是很簡單的：自我（*ego*），也就是分離出來的自我感，不只是一種認知的結構，也是情感的結構。換句話說，它不僅由認知來維持，也必須靠情感來支持。根據這本書的教誨，自我最原始的情緒是由恐懼助長的恨。如同奧義書所說：「有客體的存在，就有恐懼。」

換句話說，無論何時，當我們把完整無缺的覺知分成主、客或自、他時，自我就會開始感到

恐懼，因為那些外在的客體都會傷害它。這份恐懼接著會助長恨。如果我們堅持只認同這個小我，那麼其他的客體就會折磨、羞辱、傷害它。接著，自我就會藉由羞辱感的累積來維持自己的存在；換言之，創傷構成了自我的存在，它主動收集種種的傷害與羞辱，即使憎恨它們也無法停歇下來，因為沒有這些傷害，自我就什麼都不是了。

自我對於這份恨的第一個策略就是要別人認錯。「你傷害我了，向我道歉。」有時這麼做的確會令自我暫時好過一些，然而這對根除最原始的病因一點用都沒有。即使別人真的道歉了，自我還是會對他們心懷恨意。「我就知道這件事是你幹的；看吧，你已經親口承認了！」因此自我最根本的心態就是：從不原諒，也從不忘懷。

自我從來不想寬恕，因為寬恕會動搖它的存在，寬恕別人對我的羞辱（無論是真實的或想像的）就是在淡化自他之間的界線，溶解主客之間的分野。因寬恕而生起的覺知會幫助我們放下自我以及外來的羞辱，轉而變成目睹或自性，只有它能平等地看待主體與客體。根據《奇蹟的課程》的說法，寬恕是放下自己、憶起自性的方法。

我發現這項練習非常管用，特別是在我沒有精力打坐的時候。我的自我飽受傷害，我累積了那麼多的羞辱（不管是真實的還是想像的），單憑寬恕就能紓解自我緊縮的痛苦。我愈是受「傷害」就變得愈緊縮，這會讓「別人」的存在更痛苦，也讓傷害更加嚴重。如果我覺得自己無法原諒別人的「無情」（我自己的自我緊縮傾向所造成的痛苦），就會採用該書中所提到的另一種自我肯定：「神的靈在我心中，所以我寬恕。」

對崔雅來說，她開始有了深沉的心理轉變，這份轉變化解了她生命中最主要、最艱難的課

題，一年後，當她將自己的名字由泰利改為崔雅時這份轉變開花結果了，對她而言，這件事最大的意義就在：從「做」轉成了「存在」。

萬歲！我的生理期終於恢復，也許可以懷肯恩的孩子了！事情的確在好轉中，我的精力已漸漸恢復，整個人輕鬆多了，好像小鹿在草原上奔跳一般。這種精力充沛、充滿著喜悅的心情愈來愈常出現，就像過去一樣，我也覺得自己比從前更平靜，不再對生活中的情境有太多激烈的反應。我的人生似乎步上了坦途。

肯恩去年在斜坡鎮的確受到某種病毒的感染，這是貝爾克・南普醫師（就是發現我長腫瘤的那位醫師）做血液檢驗時證實的。肯恩還是懷疑，因此又找了兩位醫師做檢驗，結果仍然相同。從此肯恩不再把他的筋疲力竭詮釋爲沮喪，才過了一夜，他的外觀便整個改變了，你可以想像嗎？雖然還有一些焦慮（他在這場磨難中真的傷得不輕），但是明顯的沮喪感已經隨著這個診斷消失。他仍有病毒在身（很顯然它是不會傳染的），但是已經學會如何處理它、與它共處，所以他的精力也在逐漸恢復中。天啊，真不曉得他是怎麼熬過來的，身體感染了怪病毒卻一無所知！他告訴我當時他差一點就自殺，這實在嚇壞我了。唯一能支持我、讓我無懼於癌症的原因就是我不想離開肯恩，如果他當時真的那麼做了，我不知道自己會怎麼辦？也許跟著他一起了斷生命。

另一個轉變是，我發現自己那要命的完美主義漸漸消失。它是爲我帶來許多麻煩的小丑，也是天蠍式的自我苛責中的重要角色。我一直努力對治自己的問題——譬如蓋塔霍湖的房子，我總想在每個細節上做到「盡善盡美」。現在我比較願意接納事物的真相，過去我所遭遇的痛苦其實

是由自己剛強的性格造成的，總想把所有的事做得恰到好處。然而就算做到了又如何？光是物質生活的問題已經夠多了，更別提心理或精神層面。如果能將事情處理得還不錯，那就夠了，完美只會帶來更多的問題。人一旦求完美，就會將自己所有的時間都耗費在繁瑣的細節上（這是我諸多的癖好之一），因而失去了更寬廣的視野，也無法察覺真正的意義。因此我不再渴求完美，只把重點放在如何完成事情以及寬恕和接納的議題上。

此外我也覺得自己比較謙卑了。我愈來愈能看清楚自己所面臨的生命情況，包括友誼與婚姻問題、人際問題、自己的恐懼與疑慮、金錢問題、如何對世界有所貢獻、無法確知自己的召喚是什麼、從我們所經歷的一切痛苦去發現其中的意義……還有去體察這所有的問題和其他人面臨的幾乎完全一樣。過去的我總覺得自己是住在山中白屋的小女孩，世界的規範和我没什麼關係，因爲我是如此與衆不同。然而透過我所經歷的這一切，才發現自己並沒有什麼不同之處。我的問題和無數個世紀以來的人類企圖解決的問題是一樣的。從這份認識之中生出一種新的謙卑感，一種接納事物真相的新層次，好像凡事都能如實地呈現。這是一種與其他人連結得更强烈的感覺，彷彿我們都是整體的一部分，各自透過己身的奮鬥與經歷而成長。這份自己不再與衆不同的感覺，意味著自己不再與他人疏離或孤立。

我的生命似乎已經專注到只爲當下而活，對於眼前所做的一切也比較放鬆了，即使那成就取向的次人格還不能完全滿意。我只是順其自然地去做，讓急躁的情緒脱落，只砍眼前的柴，只從鄰近的小溪取水。我開始給自己充裕的治療時間，逐漸發展出一個寧靜而開放的內心空間，然後靜觀其變。

對我來說，散步與健行一直很重要，它們讓我重拾氣力、挑戰體能，讓我重新注意到夕陽的美景，微風拂過枝頭的沙沙聲響，水珠上閃閃發亮的陽光……。

最近我幾乎每天都在戶外挖地鬆土，把埋在土壤中的每一種石塊挖出，種上萵苣、花椰菜、豌豆、菠菜、紅蘿蔔、黃瓜和蕃茄。每一種植物的種籽都不同，有些極爲細小，很難相信這麼小的種籽竟然有這麼多的基因訊息。還有些形狀十分怪異，很難讓人相信是植物的種籽。種植的工作分成幾個星期進行，其中有一些種得太遲，可能會誤了收成，然而我一點也不在乎產量（這句話真是我說的嗎？我這個標準的出產人！）看著芽從土壤裡冒出來，逐漸成形的嫩葉宣示了自己的名分，每一個都是獨一無二的個體。豌豆蜷曲的藤蔓沿著網子向上攀爬——這是我最喜歡觀賞的植物。雖然雙層鬆土的工作換來一身的腰痠背痛，但是看著植物成長茁壯，反而有一種治療的效果。透過園藝工作，我感覺自己重新與生命連結了。照料這些植物遠比被人照顧要好得多。「施」的確比「受」要好。我準備開始照顧肯恩，不再需索無度地要他關懷。

我還記得自己過去是多麼努力地想製造生命的目的，我渴求、不停地尋找，腦海中浮現的意念都是伸手、抓取、渴望。然而這些並沒有帶給我平靜、智慧與快樂。我相信這就是我的功課。雖然目前的道途比較偏向於佛家，但是我並不期望大徹大悟，也不打算加入所謂的滿月團體——那些致力於即身成佛的修道人。我知道這樣的承諾對我是危險的，不是過於急切，就是路徑不對。我要學的是全神貫注於當下，砍柴就是砍柴，挑水就是挑水，不想要快速達到什麼。不抓取更多，不渴望更多，只是活著，允許事情自然地發生。

我發現自己可以很有規律地打坐，好一陣子以來這是第一次做到。我想這是因爲我在方式上

有所改變的緣故。我不再暗想是否有奇特的經驗，譬如會不會見到光或感受到能流等等，在打坐時不再想要有「進展」，也不再希望有任何事發生，其實這麼說還不完全符實，這份渴望偶爾還是會出現，但我會去留意它們，放下它們，然後回到眼前專注的焦點。如果我懷疑爲什麼要打坐（這種質疑經常會出現），我會告訴自己，打坐是爲了當下的自己，爲了把這段安靜的鍛練時間供養給宇宙。與其說是一種尋求，不如說是自我肯定。

有天晚上和凱依·林恩一起聊天。凱依說她有時非常妒嫉別人，不曉得該如何解決。我猜她可能想起約翰（他幾年前被一名搶犯殺害），又看到我和肯恩相處的情況，而引發她的羨妒之情。她提到最近有一個異性朋友來找她，她發現自己有想要形成關係的強烈欲望，即使他一直表白他並不想要穩定的關係。

「這相當困擾我，我覺得很不快樂，試著想停止妒嫉之心，偏偏辦不到。有什麼建議嗎？」

「啊，好一個古老的渴望與嫌惡，」我說。「它當然會令妳不快樂，就像佛家所說的，這是所有苦難的起因。我認爲最有效的建議是，單純地看著它、觀察它，並完整地經驗它。以現在爲例，妳覺知到自己有這份感覺，因此感到不舒服，很好，這表示妳注意到它，觀察到它了。」

「已經好多了，」她說。「我不知道爲什麼得經歷那麼多次才學會。我現在已經釋懷了。」

「我的理論是妳不必努力停止或改變那些妳不喜歡的行爲或思想。其實努力的本身就是障礙，重要的是清楚地看到它，完整地觀察它，每一次當它生起的時候看著它，它就不會再令妳感到意外。我認爲我們的內在都有一股神祕的進化力，它想要我們發揮全部的潛能，讓我們朝著神性演進。一旦察覺到自己的問題、不足或困境，這股神祕的進化力就會幫我們修正不足處。轉變

和意志力無關，意志力可以幫助我們培養覺知，但想要有內在真正的轉變，意志力反而是阻礙。這份轉變帶領我們走向一個超越理解、超越意志的方向，也就是讓我們更隨緣、更開放。」

「有點像恩寵的味道，」她說。「我懂妳的意思。」

「没錯，正是如此，就像恩寵一樣。我以前從未如此想過。」

我想起了幾天前在《奇蹟的課程》中讀到的一段話，最後的兩行是這麼寫的：

因爲恩寵所以我活著。因爲恩寵所以我被解放。
因爲恩寵所以我給予。因爲恩寵所以我解脫。

這兩行字過去從未對我產生任何意義，因爲其中充滿了太多父權形象的神所賜予的恩惠，只有靠著神的恩惠，罪惡的子民才能獲得寬恕。現在它們對我比較有意義了。我可以將恩寵視爲那股治療、帶領我們朝正確方向前進，並且修正錯誤的神祕力量。

崔雅和我正試著讓這股神祕的力量修正我們的錯誤，治療過去兩年所受的傷。我們發現治療正在生命的每個層次發生，包括肉體、情緒、心智和靈性。我們開始明白，原來肉體的治療是身心靈健康中最不重要或最不具意義的，因為真正的健康指的是靈魂的復原。在治療方面，崔雅和我循著偉大的存有鏈進行地毯式的搜尋。我們獲得許多人的協助，譬如法蘭西絲和羅傑。

西摩爾也是其一。他是一名受過正式訓練的心理分析師，很早就察覺佛洛伊德模式的重要與

限制。於是他在自己的方法中加進了冥想做為補充。他主要採用的是原始佛教的內觀法門與《奇蹟的課程》中的教誨。西摩爾和我相識快十年了，有一回他打電話到林肯鎮和我討論如何將東、西方的途徑融入心理治療。西摩爾一直很被我的作品和我整理出來的意識層次圖所吸引。當時有許多人正試圖以榮格的理論做為東西結合的基礎。我很早就發現，雖然榮格在這個領域有相當重要的貢獻，但也犯了許多錯誤，如果想要有一個比較穩固的起點（不是終點），佛洛伊德反而是比較好的選擇。這與西摩爾的觀察不謀而合，我們也因此結為好友。

不論是個人或夫妻雙方的心理治療，真正重大的突破並不難；難的是如何將這些突破一再地運用於日常生活中，直到舊習氣完全去除，讓新的、比較柔軟的狀態出現為止。西摩爾幫我們認清說話的內容其實沒有那麼重要，重要的是表達的方式和態度。

我們正在學習注意自己說話的方式，而不僅僅是說話的內容。我們都覺得自己所說的話是最合理、最正確的，卻又往往以不友善、憤怒、自衛或充滿挑釁的方式來說出這些「真相」，於是我們無法理解對方爲何一直對我們的批評而非真相產生反應。我最大的收穫就是，看到我們的防衛模式使彼此陷在負面、下墜的渦漩中。肯恩近來老是覺得焦慮，這令他的朋友（包括我）非常驚訝，因爲他從來没有緊張過。爲了控制這份焦慮，他表現出來的反而是憤怒與嘲諷。我只看到他的憤怒，這當然會引發我從孩提以來最深的恐懼——被排拒與不被關愛。當我感到不被關愛時就會退縮、故做冷漠、隱藏起來，就像小時候常會負氣躲進自己的房間看書一樣。可是我的退縮也讓肯恩覺得不被關愛，他因而變得更焦慮、更譏諷。在惡性循環之下，我充滿强迫與控制的那

一面便接管了全部的人格，於是我不斷地命令、激怒肯恩……我現在終於明白肯恩爲什麼會堅持，如果没有他人的「介入」，他拒絕和我談論我們之間的問題，因爲我們只會不斷地打擊對方。當我們在西摩爾的診療室中陷入這種下墜的渦漩時，我們三人幾乎馬上看出這個惡性循環中的第一個癥結，立即加以斬斷。不過最難的部分還是在踏出診療室的大門後，如何在生活中領會其中的訣竅。

經過了四、五個月，崔雅和我在西摩爾的協助下，終於將整個局面慢慢扭轉過來。一九八六年的初夏，我們到達了一個重要的分水嶺。

我很清楚自己現在的感覺。好多了，真的。肯恩和我似乎合力扭轉了一些困境。我們不再爭吵，就像回到過去一般，學會了溫柔相待。這確實需要一些覺知和努力，才能在當下發現彼此的反應，認清隱藏在底端的恐懼，其中充滿著想要傷害對方的欲望，我們努力著，西摩爾也在這方面幫助我們，終於事情有了改變。

舉個例子。有一回當我們一起淋浴時，肯恩問我是否認爲我們搬進這間新房子是個正確的決定。我想是的，我說，這裡有比較大的空間可以容納他的書，其他的空間對他的藏書來説都嫌太小了。他的回答卻是他現在已經不太在乎這些書了，唯一的希望是盡快回復修行方面的鍛鍊。他的回答讓我覺得有點受傷，因爲他一直爲了無法專心寫作而責怪我，現在居然説自己不在乎這些書了。整個早上我都覺得憤怒、受傷；但感謝西摩爾，至少我没有將這件事歸咎到肯恩的身上。

我什麼話也沒說，即使腦子裡冒出的第一個念頭是憤怒與受傷。

隨後又有一個念頭冒了出來：等一等，這整件事到底是如何開始的？妳在護衛自己，對不對？爲什麼？哦，原來妳覺得肯恩在責怪妳，妳覺得自己應該要爲肯恩無法專心寫作責負。妳並沒有錯，他的話聽起來確實像在責怪妳。但他爲什麼要這樣呢？哦，也許他不想爲自己負責，也許將責任歸咎到妳身上比較容易一些。但藏在背後的又是什麼？也許他真的害怕這確實是他自己的錯，也許他不願意爲自己的不寫作負起責任。但爲什麼問題會在這個時候冒出來？啊，因爲這裡擁有更多的空間可以容納他的書。他是不是在害怕，一旦搬進這幢新房子，人們就會開始對他有所期待，期待他繼續寫書。沒錯，我想就是這麼回事了。他害怕自己無法滿足這些期望，便藉著打擊妳來抵制這些期望，抵制自己對於失敗的恐懼。

當第二個念頭出現時，我看到衝突背後的恐懼，於是第一個念頭的自以爲是就減低了。面對肯恩的「攻擊」時，我不再生起自衛的欲望，反而想幫助他度過這個轉化期，也不再對他有任何期望。我問自己如果可以重回那一幕景象，我會怎麼處理？我想像自己不再退縮於淋浴間的一角，我會對他說：「親愛的，如果你願意重新練習打坐，那真是太棒了。不論發生什麼都很好，我們能搬到一幢可以治療我倆的新房子真的是很棒的事。」

當天稍晚，我和肯恩一起檢視這個重新改寫的腳本，我的態度溫和，沒有任何責難。他給了我一顆金星做爲鼓勵。

這份感覺就像是一次真正的勝利，而且，其他方面的改變也逐漸有進展。我的恐懼與不舒服的反應以及自我防衛之間，有了一些空間。以剛才所舉的例子，我就能在不當的反應出現之前及

時退一步，並解開那個可能會導引出更多衝突的結。當我和西摩爾做最後一次的個別諮商會談時，也覺得自己更有空間了。無論是對別人或對自己，我都能更溫柔、更有慈悲心了。

除了這些改變，個人方面也有一些關鍵問題被提出來討論。西摩爾給了我一些掌握焦慮的方法，崔雅也開始面對她的原型問題：存在與做，隨緣與掌控，信賴與護衛。

我覺得對自己更有慈悲心、也更加信任了。當我面對自己的批判性時，這個改變最爲明顯。最後一次與西摩爾處理個人問題的諮商中，我注意到當焦點從夫妻之間的關係轉移到我身上時，一股不安的情緒開始生起。我想把自己藏在關係的議題之後，不想讓焦點集中在我身上。我說出了這份感覺，說出我的恐懼。我現在可以比較認清與覺知自己的恐懼，不再那麼困窘了。幾年前我發現，每當別人想要幫助我看到自己的真相時，我總是回答：「我已經很清楚了。」我無法對協助者說：「謝謝，這真的很有幫助。」我發現自己很難承認別人給我的協助，這樣一來，好像他們可以因此認清我的真相，甚於我對自己的了解，一種任由他們擺佈的感覺立即湧上。如果再挖得深一點，我其實是怕他們因看到我的真相而批判我，凌駕我之上。我不相信他們會因看到我的真相而產生同情，我認爲人們只會不斷地批判我。

因爲我一直在批判自己，天蠍座的自我批判。我要把它放下，我現在就把它放下了。我還有一段路要走，但內心已經有了很大的轉變。我覺得釋懷了，這樣的過程在我的心裡已經進展了很長的一段時間。有些東西真的改變了，釋放了，也被打開了。我覺得自己開始能信任、隨緣、不

强求，也更能讓肯恩的愛駐進我的心中。這很有趣，因爲我寫下的第一句有關他的話是「我相信他勝於我相信這整個宇宙」。這是真的。他的愛與信任一直在那裡，即使是情況最糟的時刻。西摩爾說在我們能信任自己以前，必須先學會信任某個人。

西摩爾也協助我去理解自己强迫的作風，他說我因爲過於重視繁瑣的細節，時間因此被切割了。因爲我根本没有時間，但這正是有强迫性傾向的人控制事情的方式；換句話說，他們想要親自完成每一件事，他們不相信別人也做得來。强迫性的神經症最大的特徵就是不信任，即使是最小的細節也要親自掌控。没錯，信任確實是我最大的功課。

崔雅和我企圖涵蓋治療的所有層面，包括肉體、情緒、心智與靈性。在肉體方面，我學會的是當內在的病毒發作時，我要保存自己的能量、匯集自己的資源。崔雅持續地做運動、慢跑、健行，而我們也在改善飲食，以預防癌症的食譜為標準（素食、低脂、高纖，以及高複合性的碳水化合物）。我已經扮演廚師的角色很長一段時間了，剛開始是必須靠我做，後來是因為我真的做得很不錯。目前我們是以普瑞提根（*Pritikin*）的食療為基準，我得花很大的心思把食物做得好吃，還必須攝取高單位的維他命。在情緒與心智的層面，我們透過心理治療來消化許多尚未解決的問題，學習改寫人生腳本。在靈性層面，我們學習寬恕與接納，並以各種方法重建目睹的能力，以及回到風暴中心，才能在人生永無止境的風暴中保持寧靜、穩定。

我到現在還無法恢復打坐。崔雅的基本途徑是內觀法門（*Vipassana*），所有形式的佛教都以它為核心和基礎，她也很喜歡基督教的神祕主義，她已經依照《奇蹟的課程》練習了兩年的時間。

雖然我贊同東西方各門派的神祕主義，但是我發現其中最深奧有力的還是佛教，我自己十五年來一直採用禪的途徑——佛法的精髓。此外我也受到藏密的吸引，我認為這是世界上最圓融、完整的靈修體系。另外還有三位來自某個傳統，卻能超越派別，無法被歸類的老師，分別是克里希那穆提、拉馬納尊者，以及解脱的約翰（*Da Free John*）。

可是崔雅和我始終無法找到一位讓我們倆都甘心追隨的導師。我很喜歡葛印卡，但總覺得內觀法門的涵蓋面太窄、太局限了。崔雅喜歡創巴仁波切和解脱的約翰，但又覺得他們的途徑太野太瘋了。最後我們終於找到一位「共同」的導師——卡盧仁波切（*Kalu Rinpoche*），他是達到最高成就的藏密法師。崔雅後來就是在卡盧灌頂法會的當晚，做了一個非常驚人的夢，指示她一定要改名為崔雅。這段時間我們一直不停地尋找、參訪、拜見各種不同類別的老師，其中包括：比特・葛里芬斯神父（*Father Bede Griffiths*）、古文・千野禪師（*Kobun Chino Roshi*）、泰錫度仁波切（*Tai Situpa*）、蔣貢・康楚仁波切（*Jamgon Kontrul*）、創巴仁波切（*Trungpa Rinpoche*）、解脱的約翰、片瞳禪師（*Katagiri Roshi*）、皮爾・維拉雅・汗（*Pir Vilayat Khan*），以及湯馬斯・基廷神父（*Father Thomas Keating*）……

星期六，我們去了一趟「綠峽谷」（屬於舊金山禪修中心），我們已經好久沒有參訪這個地方了。抵達時發現停車場擠滿了車，一定是有重要的人物來演講。結果講者是片瞳禪師，他是肯恩以前接觸過的一位禪師。我們站在座無虛席的禪堂入口處。我很喜歡片瞳，雖然無法明白他所説的每一句話，但即使這麼遠的距離，我都可以很清楚地看見，當他微笑時，他臉上的每個細胞

都在笑。那真可以說是禪的微笑：要笑，就全心全意地笑！他當然是剃光頭的，形狀非常有趣而奇特。我從沒有見過這樣的頭型。我最近對人們頭髮底下的頭型深感興趣。

後來在問答的時段裡，有一位聽衆拋出一個問題，他的回答讓我留下深刻印象。「如果佛陀今天造訪美國，你認爲他所强調的教誨會是什麼？」「我想，應該是怎麼做一個健全的人吧。」片瞳說，「不是怎麼做美國人或日本人，而是怎麼做一個健全的人，一個真正的人類。這才是最重要的。」

當時令我感到驚訝的是，對於深受其他文化的心靈導師吸引的美國人來說，這是多麼適切的回答。我也有過質疑，特別是最近見到那麼多來自西藏的心靈導師。我以前贊同我們應該重視自己的文化，重振自己的傳統，而不是無知地一味抬高異國宗教。此刻我對這股潮流卻覺得很妥當，因爲重點是在怎麼做一個健全的人。與一位操著令人擔心的英語、帶著濃厚日本腔的人學習心靈方面的鍛鍊，這樣的經驗與文化的差異其實無關，重要的是我們都想成爲一個更健全、更完整的人，也許還能更神聖一些。

那天晚上，肯恩、我、片瞳以及大衛·哈德維克一起在林迪斯芳中心共進晚餐。肯恩和片瞳談起十年前在林肯鎮的一次禪七，肯恩當時因爲片瞳說了一句：「觀照是自我最後的一站。」竟然有了一次開悟經驗。肯恩補充道：「一次小小的經驗。」他們談到這段時一直大笑。我心想那一定是某個禪宗的笑話吧。

片瞳絲毫沒有架子，不愧爲鈴木禪師（*Suznki Roshi*）的接棒人。我覺得在禪中心和他學習禪修是很有趣的事。我已經不再追求靈修上的完美主義，能遇到一位自己衷心傾慕的老師固然是很

美妙的事，但這是可遇不可求的。誰知道，也許他就坐在我的前面，我只是有眼不識泰山罷了。

第二天晚上，我們與解脫的約翰的追隨者共進晚餐。肯恩曾經爲解脫的約翰寫過序，並極力推崇他的新作《黎明之馬聖約》（*The Dawn Horse Testament*）。很棒的一羣人。我往往從資深的學生來觀察他們的老師，這些人真的不能再好了。我們一起觀賞一卷有關解脫的約翰的錄影帶，我發現自己對他的喜愛超過了預期，只是獻身這條途徑令我裹足不前，即使只是「獻身」二字我都無法消受。在錄影帶中他指出，信徒首先要閱讀他的教誨（他出了相當多的書），如果瞭解了教誨的內涵覺得受到感召，再與他建立更進一步的關係。聽起來好像一旦變成他的信徒，相信了他的教誨，就完全被他掌控了；我不得不承認我抗拒這樣的說法。這也許是我需要對治的神經過敏，但也必須等我準備好了才能做到。

後來閱讀《黎明之馬聖約》，我發現他理出兩條非常清楚的道途，其中一條是信徒或獻身者的途徑，另一條則是探究者的途徑，這其實就是肯恩所說的他力與自力之分。我很喜歡他在書中所闡述的理念，特別是對關係的解析，他指出自我只是關係的緊縮與逃避。我確實發現自我就是企圖逃避關係的各種反應。我發現自己常覺得受到排拒，然後就會防護自己以抵禦外來的羞辱與傷害，進入所謂的「自我的儀式」（*egoic ritual*），也就是退縮、逃避與自我防衛。我想到他的教誨中所强調的：不要把當時的情況誇大，要停止抗拒，停止各種的心理反應，停止懲罰對方。在這種時刻，我不能收回我的愛，不能孤立自己，反倒要讓自己去經驗那份傷害，他說：「**練習安住在愛的傷痛中。**」你不可能不受傷，受傷時你要覺察，你要繼續去愛，不要退縮。他說：「**如果你能安住在那份傷痛中，你會知道自己仍然需要愛，知道自己想要給予愛。**」

「請走這條路。」

我怎麼也無法辨認清楚身邊的這個形體。這個東西正輕輕地拉著我的手肘。如果可以看清楚它是什麼東西，也許就能有所反擊。於是我將手中的筆型手電筒慢慢地照向那個形體，但是光一照到它就消失了，光一進入這個形體中就不見了。但它一定是有形狀的，因爲它比周遭的一切都要來得暗一些，突然間我想通了，這個形體並不是黑暗的本身，它是光明與黑暗的終結，它看起來似乎存在，但事實上並不在那裡。

「聽著，我不曉得你是誰，但這是我的房子，如果你能離開，我會很感激你的。」我開始有點神經質地笑了起來。「否則我就打電話報警。」我大笑了起來。報警？

「請走這條路。」

我決定回到屋裡去，我想愛迪絲大概再一個小時左右就到了，我該準備一些午餐，反正松鼠也不見了。崔雅正在塔霍湖整理剩下的東西，好搬到磨坊谷的新房子去。

總而言之，事情的進展頗為順利，至少在快速改善中。我同意崔雅對西摩爾所說的，有一個彎已經轉過來了，其實應該說是很多彎都轉過來了。

我做了三明治，倒了杯可樂，坐回前廊。太陽逐漸攀上茂密的紅杉林，它們實在太高大了，

太陽幾乎得到中午才露臉。我非常期待陽光照到臉上的那一刻，它提醒我事情總有新的開始。

我想到崔雅，想到她的美、她的誠實、她無染的心靈，她對生命的那份巨大的愛以及她驚人的毅力。她真是集「真善美」於一身。天啊，我愛這個女人！我怎麼能將自己的磨難歸咎於她？我怎麼能給她帶來如此大的痛苦？遇見她是我生命中最好的一件事！從見到她的第一眼開始我就知道，以後無論做什麼、去到何處、遭受何種的痛苦，我都會伴隨在她的身邊、幫助她、扶持她。我居然忘了生命中最深刻的決定，還諉過於她！難怪我會覺得連靈魂都不見了，都是我一手造成的。

我已經原諒了崔雅，也以極緩慢的速度原諒自己。

我想到了崔雅的勇氣。她完全拒絕被這一場磨難擊倒。生命打擊她，她站了起來；生命再打擊她，她還是站了起來。去年發生的那些事件使她的韌性大為增加。我認為崔雅的人生第一個階段的力量是來自戰鬥意志，第二個階段的力量則來自臣服。以前她總是準備迎戰、肩負起一切，現在的她則開放自己，讓一切穿過，這股力量的背後有一個最重要的東西：絕不妥協的誠實。即使處在最糟的情況，我也從未聽過她說謊。電話鈴響了，我決定讓錄音機錄下對方的留言：

「喂！泰利嗎？這是貝爾克大夫的診所，請妳來一趟好嗎？」

「喂！我是肯恩，發生了什麼事？」

「大夫想要和崔雅談談檢驗的結果。」

11 心理治療與靈修

「嗨！愛迪絲，請進，可不可以給我幾分鐘？剛才接到一通怪電話，我馬上就來。」我走進浴室，洗了一把臉，照了一下鏡子，我記不得當時心裡在想些什麼，在醫生的辦公室等候，想必又是另一場惡夢，我只好封閉我的知覺。我在自己的靈魂上罩了一層自制的面具，這樣我才能以學者的立場接受採訪。我和愛迪絲見面，臉上帶著石膏般的笑容。

愛迪絲到底有什麼特質？她的年紀大約五十出頭，明亮、開朗的臉龐有時幾乎是透明的，然而她也是非常堅定、有自信的。不消幾分鐘就能讓人感覺她很誠懇，你覺得她會心甘情願為你做任何事。她大部分的時候都在笑，但不勉強，她應該是既堅強又敏感、會在苦中作樂的人。

我的心仍然封鎖著，不去設想未來可能發生的事。我驚訝地發現，這是我十五年來頭一次接受公開訪問。因為拒絕採訪，我的周圍逐漸形成詭異的光圈。這原本只是一個很簡單的決定，沒想到卻助長了強烈的臆測。人們最常問道：威爾伯這個人到底有沒有存在過？愛迪絲投在《時代周刊》的那篇訪問稿，劈頭便寫著：

我聽說肯恩・威爾伯是一名不接受採訪的隱士，這使我對他更加好奇。到目前爲止，我對他的認識都是從閱讀中得來的。他的書顯示他具有百科全書的知識，他的頭腦似乎能處理各種不同的典範，他的寫作風格充滿強有力的圖象、不尋常的組合力和罕見的清晰思維。

我寫了一封信給他，沒有收到回音，於是我飛往日本參加一個由國際超個人心理學會所舉辦的會議；根據議程表，威爾伯是其中一名講者。春季的日本非常優美，日本的文化和宗教傳統令人難以忘懷，然而肯恩・威爾伯還是沒有出現。即使沒有出現，人們仍然投射了許多希望在他身上。隱居確實是個不錯的公關策略——如果你的名字是肯恩・威爾伯的話。

我詢問有誰認識他，學會的會長西塞爾・伯尼回答說：「我們是朋友，他很可親，一點也不矯情。」

「三十七歲就寫了十本書，他是怎麼辦到的？」

「他非常努力，又是個天才。」西塞爾給了我一個簡潔的答案。

透過幾名朋友還有他在德國的出版社，我再度說服他接受採訪。後來我到了舊金山，他仍然沒給我答覆。突然他來了一通電話：「好吧，妳到我家來吧！」他的客廳放了一套戶外用的桌椅，從半敞的門縫中，可以看到地上擺了一張床墊。肯恩・威爾伯光著腳，襯衫的扣子沒扣，這是一個溫暖的夏日。他替我倒了一杯果汁，面帶笑容地對我說：「我確實是存在的。」

「愛迪絲，我確實是存在的吧！」我笑著對她說，這整件事對我而言是極為可笑的——我想到蓋瑞・杜魯道（*Garry Trudeau*）的名言：「我一直想培養一種不需要現身的生活方式。」

「愛迪絲，我能為妳做什麼嗎？」

「你為什麼拒絕接受我的訪問？」

我告訴她我所有的理由——最主要的是，訪問太分神了，我真正想做的事只有寫作。愛迪絲非常專注地聆聽，臉上帶著微笑，我可以感覺到她的熱情。她待人接物的方式帶有一份母性，聲音裡有一種仁慈。不知道為什麼，這些特質反而令我更難忘懷內心那些不時浮現的憂愁。

我們談了好幾個小時，內容涵蓋許多，愛迪絲自在又機智地與我進行討論。當她談到這次訪問的主題時，她按下錄音機。

愛迪絲：羅夫和我以及我們的讀者，都對心理治療與宗教的交集感到興趣。

肯　恩：妳所謂的宗教是什麼？基本教義派（*Fundamentalism*）？神祕主義（*Mysticism*）？通俗宗教（*Exoteric*）還是祕密宗教（*Esoteric*）？

愛迪絲：嗯，這是一個很好的起頭。在《普世的神》這本書裡，你為宗教這個名詞下了十一個不同的定義，或者應該說「宗教」的字根有十一種不同的用法。

肯　恩：嗯，我的觀點是，在我們沒有為宗教這個字下好定義之前，便無法討論科學和宗教、心理治療和宗教，或者哲學和宗教的議題。我認為現在至少要區辨好什麼是通俗宗教，什麼是祕密宗教。通俗宗教或物化的宗教，應該被列為神話式的宗教，這種宗教形式非常具象，可以按字面加以理解，譬如，這類宗教相信摩西真的分開了紅海，基督真的是一名處女受到聖靈感孕而生的，世界是上帝在六天之內創造出來的，甘露真的從天而降。

全世界的通俗宗教都有這類的信仰，印度教認為大地是需要支柱的，因此它坐在一隻大象上，大象也需要支柱，因此它坐在烏龜上，烏龜也需要支柱，因此它坐在蛇之上，那麼最後一個問題便是：「蛇又坐在誰的身上呢？」答案是：「讓我們換個話題吧！」據說老子生下來的時候已經九百歲了，克里希那曾經和四千名牧牛的少女做愛，而梵天是從宇宙的大蛋中蹦出來的，這就是通俗宗教。它有一連串的信仰結構，企圖以神話來解釋世界的神祕現象，而不依據實際的體驗或佐證來加以詮釋。

愛迪絲：這麼說，通俗宗教基本上是一種信仰而不是實證。

肯　恩：沒錯，如果你信仰這些神話，你就得救了，如果你不相信，你就下地獄，而且是不容分說的，這便是所謂基本教義派的宗教。對這類的宗教我沒什麼意見，反正通俗宗教和祕密宗教或實證宗教是毫無關係的，當然我比較感興趣的是後者。

愛迪絲：祕密宗教的「祕密」二字是什麼意思？

肯　恩：它的意思是指內在的或深藏不露的。祕密宗教或神祕主義並不意味它是祕而不宣的，而是直接的體驗和個人的覺察。祕密宗教要求你不要盲信或順從任何教條；反之，它要你以自己的知覺做自己的實驗。如同所有傑出的科學，它是以直接的經驗做基礎，絕不是盲信或希望。此外它必須被公開檢驗或被一羣親自做過實驗的人認可才行；這項實驗就是冥想。

愛迪絲：但冥想是純屬個人的經驗。

肯　恩：不是的，冥想和數學一樣都不再是個人的經驗了。譬如沒有任何感官或外在證據可以證

明負一的二次方等於一，這個真理是被某個內在邏輯所證實的。你在外境無法找到「負一」這個東西，只能在自己的心裡找到它，但這不意味它不是真相，你也不能說它是無法被公開證實的內在知識。它被一羣訓練有素的數學家證實為一項真理，這羣數學家懂得如何在內心進行這項邏輯的實驗，因此真或不真便由他們來決定。同樣的，冥想的知識也是一種內在知識，但這個內在知識可以被一羣訓練有素的冥想高手加以公開證實，因為這些人深諳內觀的邏輯。我們不可能隨便找一些人來決定畢氏定理，而是讓那些訓練有素的數學家來表決這項真理。同樣的，我們在冥想上也有一些發現，譬如：如果你很仔細地觀察自我的內在真相，你會發現內心與外境根本是一體的——但這必須是由你或任何一個關心這件事的人去親自體驗的真理。經過六千多年的實驗，我們已經可以充分證實某些結論，立下某些靈修上的定理，這些靈修上的定理就是長青哲學的精髓。

愛迪絲：但你爲什麼要稱之爲「祕密」宗教？

肯　恩：因為如果不親自做這項實驗，你就不知道它是怎麼回事，所以你没有權利表決。同樣的，如果你不懂數學，你就不准表決畢式定理。當然你可以有意見，但神祕主義對意見是不感興趣的，它需要的是真正的認識。祕密宗教或神祕主義對那些不肯親自體證的人而言就是祕而不顯的。

愛迪絲：然而各種宗教之間的差別仍然很大。

肯　恩：世俗宗教確實有很多類別，但世界上的祕密宗教都是相同的。神祕主義或祕密主義以廣義來說就是科學，你不可能把化學分成德國的化學或美國的化學，也不可能說這是印度

的神祕科學或回教的神祕科學；全世界的祕密宗教對神性的本質都有基本上的共識，學者們稱之為超越世界祕密宗教的一體性。當然它們表面的結構有很大的差別，但深層的結構卻是相同的，它們反映出人類心靈的一致性和在現象上揭露的定律。

愛迪絲：下面這個問題很重要：我想你一定不像喬瑟夫・坎伯（*Joseph Campell*）一樣，相信神話式的宗教具備了有效的靈性知識。

肯　恩：妳可以隨心所欲地詮釋通俗宗教，如同坎伯那樣，妳有自由把神話詮釋成蘊藏真理的寓言。舉例而言，妳可以把基督聖靈受孕這件事，詮釋成基督來自「大我」，這是我所相信的；然而神話的信奉者並不這麼相信。他們認為瑪麗亞真的是以處女之身受孕的。神話的信奉者不會把他們的神話當成寓言看待，他們會按照字面的意思加以理解。喬瑟夫・坎伯冒瀆了神話信念的本質，雖然他一直企圖搶救它們；這樣的學術態度是無法被接受的。他雖然對那羣神話的信奉者說：「我知道你真正的意思是什麼。」然而那並不是他們真正的意思。依我看，他開始研究的方式就錯了。這類的神話在六至十二歲的兒童身上經常可以見到；皮亞傑（*Piaget*）稱之為具象運思的心智。世上所有偉大神話的基礎，大概都可以從今日的七歲小孩自發的作品中擷取，這是坎伯自己招認的，但下一個階段的意識結構，也就是所謂的理性階段一旦出現，神話就被這個孩子放棄了。他不再相信他們，除非他所處的社會鼓勵這樣的信念。大體而言，理性和具有反思能力的心智只會把神話當做神話來看。這些曾經有用且必要的信念，現在已經不被承認了，譬如，一個有理性能力的人聽到聖靈受孕的事，可能只會咧嘴暗笑。一個女人懷孕了，她會對

自己的丈夫說：「我懷孕了，但是別擔心，我並沒有和別的男人睡覺，因為孩子的爹不是從我們這個星球來的。」

愛迪絲：（大笑）但是有很多神話的追隨者，仍會以隱喻的方式來詮釋他們的神話。

肯　恩：沒錯，這些人應該被稱為神祕主義者。神祕主義者會賦予神話一些奧義。這些奧義是透過靈魂內在的體驗和觀察而被發現的，它不是從外在的信念系統或神話得來的。換言之，這些人根本不是神話的信奉者，他們是深思的現象學家、深思的神祕主義者和深思的科學家。因此懷海德（*Alfred North Whitehead*）指出，神祕主義永遠站在科學的這一邊來對抗教會，因為神祕主義和科學都依賴直接的證據。牛頓是一名科學家，也是一位傑出的神祕主義者，這兩者是完全不衝突的。反之，你不可能既是偉大的科學家，又是偉大的神話信奉者。

神祕主義會贊同其他的宗教，他們的宗教精髓和別的神祕主義宗教是相同的，「他們給了祂許多名稱，其實所指的都是同一個。」然而神話的信奉者，譬如一名基督教基本教義派的新教徒，他絕不可能承認佛法也會讓人得到徹底的救贖。神話的信奉者堅持他們的信仰才是唯一的道路，因為他們把信仰奠基在表象的神話上，無法領悟那些象徵所隱含的一致性；但是神祕主義者知道。

愛迪絲：我明白了，這麼說你也不贊成榮格所主張的：神話蘊涵了人類的原型（*archetype*），因此具有神祕的或超越的重要性？

此刻我只有一個念頭：這回一定又是癌症，還會是什麼呢？醫生會解釋的，醫生……還不如去跳湖算了。該死！該死！該死！我所需要的否定和壓抑跑到哪裡去了？

愛迪絲要討論的不就是否定和壓抑嗎？我們今天探討的主題是心理治療和靈修的關係。我們的做法是深入討論我所發展出來的概括性的範型；它們連結了這兩種有關人類情境的研究途徑。

對我和崔雅而言，我們所關心的並不是其中的學問，我們深深投入了自我的治療，協助我們的有西摩爾和其他的朋友；此外我們都有長期打坐的經驗。心理治療和靈修有什麼關係？這是崔雅、我和我們的朋友時常討論的話題。我想我答應接受愛迪絲的採訪，其中一個理由便是，這個議題是我目前的人生重心，它既是理論也是實修的經驗。

當愛迪絲的問題再度浮現在我的腦海時，我發現我們的討論已經面臨一個不可輕忽的障礙——卡爾·古斯塔夫·榮格。

我知道這個問題一定會被提出來，但是榮格巨大的身形徹底掌控了宗教心理學的領域；坎伯不過是他的追隨者之一。如同大多數人一樣，我也曾熱烈信奉過榮格的主要理念和他在這個領域所付出的開創力。但是多年以後，我認為榮格犯下一些嚴重的錯誤，這些錯誤後來變成超個人心理學領域最大的障礙；更糟的是，這些錯誤被廣泛地宣揚，顯然沒有任何人提出質疑。有關心理治療與宗教的討論根本不可能開始，除非有人提出這個艱難而敏感的話題。首先提出的問題是，我是否贊同榮格的主張——神話是一種原型，因此是神祕的？

肯　恩：榮格發現現代男女都可以在他們的主動想像和自由聯想中，自發地創造出神話宗教的重

要主題，於是他推演出一些最基本的神話形式，稱之為原型；這些原型含藏在所有人類的潛意識中。接著他又做了一項聲明：「神祕主義就是一種原型經驗。」

我的看法是，這個觀點中有幾個嚴重的錯誤：第一，人類的心智，即使是現代人的心智，都可以自發地創造和神祕宗教類似的神祕象徵。我曾經說過，心智發展的前形式階段，尤其是具象運思的本質，確實和神話的製造相似。現代男女在童年時都曾經過這樣的發展階段，因此所有的人很容易進入神話的思維結構，尤其是在睡夢中，心理的原始層面比較容易浮現時。

但這個現象絲毫沒有神祕色彩，根據榮格的觀點，原型基本上是缺乏內容的神話「形式」；然而神祕主義卻是「無形」的覺察，它們根本沒有任何關聯。

第二，榮格所用的「原型」這個字，基本上是從柏拉圖、奧古斯丁這兩位神祕主義者那裡擷取而來的觀念，然而榮格用這個字的方式和前兩位神祕主義者以及全世界的神祕主義者截然不同。譬如商卡拉（*Shankara*）、柏拉圖、奧古斯丁、愛克哈特、葛拉・多傑（*Garab Dorje*）等等，這些神祕主義者都主張世界從無形的神性示現時，原型是無中生有的萬象中第一種微細的形式，是其他所有示現的模式的基礎，希臘又稱之為原始模型（*arche typon*）。這種微細的、超個人的形式可能屬於肉體的、生物的、心智的或其他層面。在大部分的神祕主義象徵中，這些原型總脫離不了光體、明點、音聲啟示、五光十色的形狀、彩虹光、音聲和能量的振動。換句話說，物質世界便是由這些東西凝結而成。

然而榮格所指的原型卻是人類集體經驗中某些基本的神話結構，譬如智慧老人、妖精、自我、人格面具、母神、阿尼瑪（*Anima*）、阿尼姆斯（*Animus*）等等……這些都是屬於存在而非超越的；它們只是人類日常生活很普遍的經驗面。我同意那些神話形式是人類心靈的集體遺產，我也完全同意榮格所說的：我們必須和這些原型和解。

譬如說我有戀母情結，那麼我必須明白，這份強烈的情緒不僅來自我個人的母親，同時也和我的集體潛意識中的母神形象有關，也就是說，我們的內心早就潛存了母神的形象，如同早就具備了語言、認知和各種本能的基本形態。如果內心的母神形象被活化了，那麼我不僅要處理自己母親的形象，還要處理人類數千年的經驗中與母親有關的問題。因此母神的形象對我的影響便遠遠超過了我自己的母親；和母神形象和解、意識到它的存在並加以區分、研究世界的神話，這些都是很好的對治那個神話形象的方式。在這一點上我完全贊同榮格的說法，然而這些神話的形象和神祕主義以及超驗性的覺察一點關係都沒有，讓我言簡意賅地說明一下。我認為榮格最大的錯誤就是混淆了集體和超個人的經驗。我的心智中遺傳了某些集體的形象，並不意味這些形象就是神祕或超個人的。譬如我們都遺傳了十個腳趾頭，我經驗我的腳指頭，並不意味那就是一份神祕體驗。榮格的「原型」和靈性的、超驗的、神祕的、超個人的覺察沒有關係；反之，它們是人類集體意識中基本的、日常的、屬於存在面的遭遇——生活、死亡、生產、母親、父親、陰影、自我等等，它們一點都不神祕。說是集體的，沒錯！說是超個人的，錯了！集體意識可以劃分成集體個人意識和集體超個人意識，榮格並沒有做如此清楚的劃

分。依我看來，這導致他誤解了人類心靈發展的整個過程。因此我雖然贊同榮格所說，我們必須和個人及集體潛意識中的神話形象和解，但這兩者都和真正的神祕主義無關。我認為首先要找到超越形象的明光，然後再找到超越明光的空無。

愛迪絲：但是心中如果出現原型經驗，已經非常令人震撼了。

肯　恩：沒錯，它們是集體的，因此力量遠遠超出個人；它們的背後有數百萬年的演化力量。但集體經驗絕不是超個人經驗，真正超個人原型的力量直接來自超時間的神性；榮格所指的原型力量則來自於俗世歷史中最古老的形象。

即使是榮格本人也發現，我們必須脫離原型，並且擺脫它們的力量，這個過程他稱之為「個體化」（*individuation*）。在這一點上我也完全贊同他的觀點，我們必須和榮格所指的原型分家。

但是我們還要進一步邁向真正的原型，也就是超個人的原型，如此才能將我們的身分徹底轉向超個人的形式。榮格的原型中只有「大我」是真正超個人的，但即使在這一點上，我認為他的探討都嫌不足，因為他沒有提出大我的非二元對立性。

愛迪絲：你講得非常清楚，我們應該回到原先的主題，我想問的是……

愛迪絲的興致似乎具有傳染性，她的微笑不斷浮現，似乎永遠不嫌累。她的興致幫助我暫時忘卻心底深處那份令人備感威脅的擔憂。我又倒了一些果汁給她。

愛迪絲：我想問的是：祕密宗教和心理治療之間到底有什麼關係？換句話說，冥想和心理治療之間到底有什麼關係？它們都聲稱自己可以改變意識，治療人們的靈魂。在《意識的轉化》這本書中，你曾經很小心地討論過這個主題，也許你現在可以概略說明一下。

肯　恩：好的，我想最簡單的方式就是解釋一下裡面的圖表。這本書中的主要觀點其實很簡單：人類的成長和發展必須通過一連串的階段和次第，從發展最低的和最不能統合的到發展最高的和最能統合的。這裡起碼有幾十種不同的次第和種類，我選出了其中最重要的九種，它們都被列在「意識基本結構」的那一欄中。

每一個階段的自我發展，有時可以很好，有時也可以很糟。如果一切都很順利，那麼自我就能正常發展，並晉升到下一個階段，但如果某個階段的發展一直很糟，各種病症就會衍生出來。至於是什麼類型的神經官能症，必須看問題發生在哪個階段和次第了。換句話說，每一個發展的階段或次第，自我都會面臨一些難題；自我如何克服這些難題，可以決定它的結果是更健康還是更混亂。在發展的每一個階段中，自我首先會認同它所處的階段，接著它必須通過那個階段的考驗，不管是學習上廁所或學習語言。但是為了進入下一個階段的發展，自我必須擺脫前一個階段或不再認同它，這樣才有空間晉升到更高的階段。換句話說，它必須能區分高低，認同那個更高的階段，然後整合這兩者。

這個區分和整合的工作，就是所謂的演化點（*fulcrum*）——指的是一個主要的轉捩點或發展中重要的一步。因此在第二欄中就標明了對應演化點。我們一共有九個主要的演化

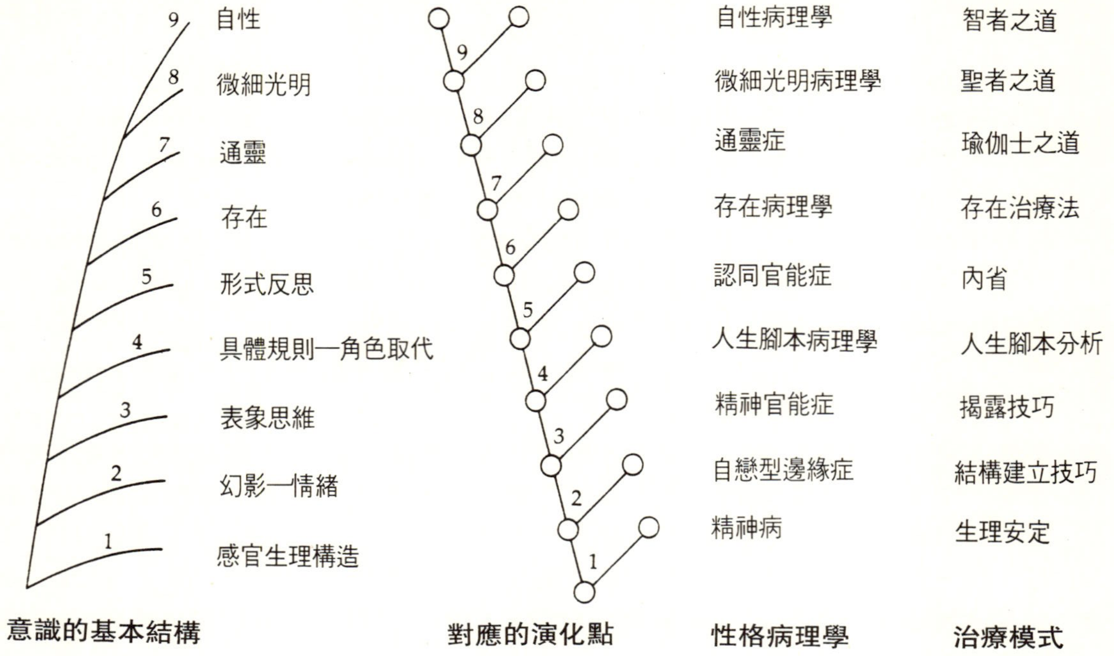

結構、演化點、病理學與治療的相互關係

點或轉捩點，對應於意識發展的九個主要的次第或階段。如果某個演化點一直出問題，你就會有屬於那個階段的病症。這九個主要的病症都列在第三欄的「人格演化的階段性病症」，其中有精神病、神經官能症、存在危機等等。

多年來對治這些病症不同的方法一直在發展，我把這些治療方法列在第四欄的「治療形式」中，每一個特殊的問題都有最好的或比較妥當的治療方法，我把它們都列舉出來。我想這就是心理治療和冥想發生關係的地方。

愛迪絲：這麼小的一張圖，擠滿了這麼大量的資訊，我們何不仔細地逐一討論。讓我們先來解釋一下意識的基本結構是什麼。

肯　恩：意識的基本結構就是覺知的積木，譬如感覺、意象、衝動、概念等等，我把這些基本的結構分成九層，它們是從長青哲學的「偉大存有鏈」：物質、肉體、心智、靈魂和靈性發展出來的分類法。這九層從上到下分別是：

第一層，感官生理構造：其中包括肉體的物質成分加上感覺和認知，這就是皮亞傑所稱的知覺動作的本能階段；奧羅賓多所謂的生理—知覺階段；吠檀多（*Vedanta*）哲學所說的肉身。

第二層幻影—情緒階段：這是情緒和性欲發展的階段。這個階段開始知覺到衝動、欲力、生命力、生物能和氣，再加上首次出現的心智形態，也就是意象——阿瑞提（*Arieti*）稱之為「幻影階段」（*phantasmic level*），大約七個月大的嬰兒開始出現這些意象。

第三層是表象思維，也就是皮亞傑所稱的前運思維：其中包括了各種象徵。兩歲到四歲出現各種象徵，四歲到七歲出現各種概念。

愛迪絲：意象、象徵和概念之間有什麼區別？

肯　恩：譬如說，我們對一棵樹所產生的意象，看起來和真的樹多少有點相像，象徵雖然可以代表一個東西，可是看起來不一定像那個東西。這其實是更艱難的工作，譬如「費多」這個字代表了你的狗，但它看起來並不像你的狗，所以你不容易記在腦子裡。因此文字是在意象之後產生的。概念代表的則是事物的種類。「狗」這個概念指的是所有的狗，不僅是「費多」。象徵沒有內在意涵，概念則是有內在意涵的，但象徵和概念加起來就是我們所指的前運思維或表象思維。

愛迪絲：接下來就是具體規則──角色取代的階段。

肯　恩：七至十一歲的年齡開始發展具體規則的心智能力，也就是皮亞傑所稱的具體運思的階段，佛家稱之為心意識的活動。心智在感官經驗上具體地運作，我稱之為具體規則──角色取代，也就是第四層，因為這是第一個出現由規則來掌握思維的意識狀態，譬如數學的乘法或除法。此外，這也是第一個以別人的角度或以不同的觀點來思考的階段。這是一個非常重要的階段，皮亞傑稱之為具象運思階段，因為它是以非常具體的語文來進行複雜的思維。在這個階段的心智會認為神話都是很具體和真實的。

第五層我稱之為形式反思階段，這個階段的心智不但可以思考，還可以反觀自己的思想。他有高度的內省力，有能力做假設性的推論，或者嘗試做各種提議。皮亞傑稱之為

形式運思，出現在青春期。自我意識和狂放的理想主義都是被形式運思助長的。奧羅賓多稱之為「推理的心」（*reasoning mind*），吠檀多哲學稱之為心意身。

第六層是存在或統觀—邏輯的階段。這個階段的邏輯是統合的、含納的、網羅的和連結的，奧羅賓多稱之為「高等心智」，佛家稱之為末那識。它是非常具有統合力的意識結構，能把身心統合到一個更高的秩序，我稱之為「人馬座」（*centaur*）——象徵著身心的統合。

第七層稱為通靈階段，但這不意味通靈的能力，雖然這個階段很可能會出現這些能力。基本上指的是超個人的靈性或內觀的能力開始發展，奧羅賓多稱之為「明心」（*illumined mind*）。

第八層稱為微細光明階段。在這個階段會出現光明、神聖或神的形象，藏密稱為本尊，印度教稱為觀想本尊（不要和集體意識中第三和第四階段的神話形象混淆了）。這個階段會出現個人化的神、真正超個人的原型和更高的自我形象。奧羅賓多稱之為「智慧心」（*intuitive mind*），吠檀多哲學稱之為意識身，佛家稱之為阿賴耶識。

第九層是自性、神性或無相的本體，奧羅賓多稱之為「超越的心」（*overmind*），吠檀多哲學稱為大樂身。

最後，供我們繪出這圖表的紙張，就代表了絕對境界或絕對神性。它不是這九層中的任何一層，而是所有意識層的背景，奧羅賓多稱這個背景為「至上的心」（*supermind*），佛家稱之為清淨識，吠檀多哲學稱之為*turiya*。

愛迪絲：因此意識的第一層是物質的，第二層是生理的，第三、四、五層是心智的。

肯　恩：是的，第六層是身心的統合，也就是我所稱的人馬座，第七、八層是靈魂的層次，第九層才是絕對的神性。這雖然只是一個物質、身、心、靈和神性的圖表，卻能結合西方的心理研究。

愛迪絲：所以意識成長的九個階段中，自我都要面對各種不同的功課。

肯　恩：是的，嬰兒從第一階段開始發展，這個階段基本上是屬於物質或生理的；第二個階段是屬於情緒的，但仍非常粗糙、未開化，他的心智沒有象徵、概念和原則的能力，最主要的是，他根本無法區分自己和照顧他的人，還有外在的物質世界。因此這個階段的知覺是無二元對立性的、海洋狀的或原形質的。

愛迪絲：有許多理論家主張，這個海洋狀的或無區分的狀態，就是一種神祕境界。因爲這裡的主體、客體是合一的，而神祕主義最後要達到的也就是這種合一的狀態，你贊不贊同這樣的說法？

松鼠又回來了。它帶著無知的狂喜在巨大的紅樹林中跳進跳出。我心想，你能不能把靈魂賣給一隻松鼠而不是魔鬼?!

愛迪絲提出有關嬰兒融合期的議題，是超個人心理學界辯論得最熱烈的題目。許多理論家追隨榮格的理念，認為神祕主義講的是主客合一的境界，那麼嬰兒無分別的融合狀態，應該就是一種神祕的合一境界了。早期我也是榮格的追隨者，曾經贊同過這樣的理論，也寫過好幾篇論文加

以討論。然而現在這個理論連同榮格的許多理論，我都已經無法苟同，甚至覺得厭煩，因為他竟然把神祕境界歸類為退化的狀態。誠如榮格派的人所說，這對我來說簡直是我的「痛楚」。

肯　恩：只因嬰兒無法區分主體與客體，理論家們便認為那個狀態就是神祕的合一境界。真相不是如此，嬰兒根本無法轉化主體與客體，只是不能區分這兩者罷了，然而神祕主義者卻能充分覺察主體與客體的差別，此外他們還覺察到那個更大的背景。進一步說，神祕的合一境界是存在所有層面的統合，包括肉體的、生物的、心智的和靈性的。然而嬰兒融合狀態所認同的只有肉體或知覺動作的本能，如同皮亞傑所說：「這個階段的自我只是爲了物質的理由而存在。」這樣的境界既不神祕，也不是與整體合一的。

愛迪絲：但嬰兒的融合狀態也是主客合一的。

肯　恩：那不是合一，而是尚未分裂。合一是將兩個分開的東西往更高的地方整合，嬰兒的融合狀態中，根本沒有兩個分開的東西，而是一種混沌的狀態。你不可能統合一個未分裂的狀態。即使我們假定嬰兒的融合狀態是主客合一的境界，我們仍然得考慮到，這裡所指的主體只是一個具有知覺動作本能的主體，它和外在的世界尚未產生區分。這個主體還沒有整合所有的層面和所有更高的世界結合。換句話說，它甚至連神祕合一境界的原型都搆不上；它和神祕境界剛好相反。嬰兒的融合狀態是我們從高等層次和高等世界分裂出來的最疏離的階段。

順便提一下，這也是為什麼基督教的神祕主義認為你生下來就帶著原罪或與神分離了；這並不是說你生下來之後做了什麼錯事才有罪，而是你與生俱來就有了。你只能透過成長和演化，從物質、心智到靈性，才能解決這個原罪，嬰兒物化的融合狀態是成長的最低點，而不是終極的神祕境界。

愛迪絲：這一點好像和你所謂的「前個人、超個人的觀念混淆」有關。

肯　恩：是的，早期的發展稱為前個人階段，在這個階段裡，個人的自我感還沒有出現。中期的發展稱為個人或自我的階段，最高的階段則屬於超個人的或超自我的。

我的重點是，人們似乎混淆了前個人（*pre*）和超個人（*trans*）的階段，它們表面上看起來很像，若把嬰兒前個人的融合狀態與超個人的神祕狀態劃上等號，就會有兩種不同的反應，你可能會把嬰兒融合狀態提升到它並不俱足的神祕境界，或者全盤否定真正的神祕主義，聲稱那只是退化到嬰兒自戀期和海洋式的非二元狀態。榮格和他的浪漫主義運動，便是屬於第一種類型。他們把前自我、前理性的狀態，提升到自我和超理性的榮光中，因此他們是「提升派」。佛洛伊德和他的追隨者剛好相反，他們把所有的超理性、超自我的神祕境界貶低為前理性及前自我的嬰兒狀態，因此他們是「貶低派」。這兩個陣營對了一半也錯了一半；他們都無法區分「前個人」和「超個人」。真正的神祕主義確實是存在的，這個境界和嬰兒期一點關係都沒有。把兩者混淆在一起，就等於混淆了前學齡和研究院的階段；這樣的態度真是近乎瘋狂，他們把事情完全弄混了。

松鼠們已經玩瘋了。愛迪絲一直面帶微笑，溫和地提出各種問題。我不知道我對於「神祕主義就是退化狀態」的憤怒有沒有表現在臉上。

愛迪絲：現在讓我們回到最初的主題，嬰兒基本上是處於感官認知的階段，我們可以假定這個狀態不是神祕的境界。如果這個階段的發展出了問題，我們該怎麼辦？

肯　恩：因為這個階段非常原始，任何阻礙都會造成嚴重的後果。如果一個嬰兒無法區分他自己和外在的環境，那麼他的自我界限就會向外擴散、滲透，他將無法區分他自己的身體和外面的一張椅子。這是一種內外模糊、夢醒不分的狀態，這個狀態當然是非二元的，也是精神病的明顯徵兆，它會嚴重影響第一個階段的存在，發展出嚴重的病症。如果在嬰兒期受到這樣的阻礙，就會導致自閉症和共生的心理病症；假設這樣的情況持續到成年，便會助長抑鬱性的精神病和成年人的精神分裂症。不幸的是，這個階段所形成的病症只能用藥物和監護的方式來對治。我稱之為「生理—鎮定的治療形式」（*physiological/pacification*）。

愛迪絲：第二個階段又會出現什麼？

肯　恩：從一到三歲會進入情緒—幻想的階段。自我必須區分自己和外在的物質世界，並認同自己的生物性的有感生命體，然後以知覺來統合外在的物質世界。換句話說，自我必須打破沒有疆界的存在感，不再認同物質的自我和物質的世界，並建立一個更高的存在感，也就是認知到身體是獨立於這個世界的存有。這是第二個演化點，瑪格麗特・馬勒

（Margaret Mahler）稱之為「分離—個人化」（separation–individuation）的演化階段，肉身的自我必須和母親以及外在世界分離，並且建立自我感。

愛迪絲：如果這個階段發生了問題會怎麼樣？

肯　恩：那麼自我的界限感就會模糊、混淆。外在世界似乎會造成自我情緒上的水災，自我會變得非常不穩定，這就是所謂的「邊緣症」（borderline）。用「邊緣」二字是因為它剛好介於前一個階段的精神病和下個階段的神經官能症之間，和這個有關的是比較原始的自戀型人格異常，因為自我無法全然區分自己和外在世界，因此把外在世界當成自己的牡蠣殼，其他人只是自己的延伸罷了。它是完全自我中心的，因為它認為外境和自己是同一個東西。

愛迪絲：這樣的病要用什麼方法治療？

肯　恩：這樣的病在以前是無法治療的，因為太原始了，但近年來馬勒、寇哈特（Kohut）、肯伯格（Kernberg）以及其他的研究者發展出一系列的治療方法，他們稱之為「結構建立技法」（structure–building techniques），成效十分顯著。因為邊緣型的人格異常主要問題在於自我的界限感不確定，結構建立技法就是要幫他們樹立清楚的界限感。他們會幫助病人區分自己和別人，他們可能會向病人解說，那些發生在別人身上的事，並不一定會發生在自己身上。譬如不贊同你的母親，不代表你會死。

我們必須注意，對治這些邊緣症的心理治療，並不會企圖去挖掘無意識裡的東西，因為那是屬於下一個階段的方法。以邊緣症的情況來看，問題不是出在情緒或驅力所產生的

壓力，真正的問題是沒有建立堅實的自我界限感。因為沒有壓抑，所以沒有無意識裡的動力，也就沒有什麼東西可以挖掘。事實上，「結構建立技法」就是把病人提升到下一個會造成壓抑的層次。在目前的這個層次，自我還沒有強壯到有能力壓抑任何東西。

愛迪絲：這麼說自我壓抑是發生在第三個階段囉？

肯　恩：沒錯！第三個階段也就是表象思維的階段。這個階段是在兩歲左右出現的，一直到七歲左右為止。這個階段會出現各種象徵、概念和語言，因此孩子會把自己的存在感從以肉體為基礎轉向心智的、充滿自我感的狀態。他不再是被感覺和各種衝動掌控的肉身，他或她開始有名字、身分感以及透過時間發展出的希望和期望。語言是一種具有時間感的工具；透過語言，孩子可以回想昨日、夢想未來。於是他們開始懂得後悔過去、產生罪惡感、擔憂未來和焦慮。

如果這個階段出現的焦慮過於強大，自我就會壓抑那些造成焦慮的念頭或情緒，這些被壓抑的念頭和情緒，尤其是性欲、攻擊性和權力欲，便構成了無意識中被壓抑的動力，我沿用榮格的名詞，稱之為「陰影」。如果陰影變得過於沉重，就會爆發成一連串痛苦的病症，我們稱之為精神神經病，或簡稱神經官能症。

第三個階段出現的是心智、自我感、語言能力，並學習區分自己和肉身。但如果「區分」（*differentiation*）得太嚴重，其結果就是「解離」（*dissociation*）和壓抑。自我無法轉化肉體，便排除肉體，與之疏離。這意味著肉體的欲望被壓抑成了陰影，於是形成神經質的衝突。

愛迪絲：這麼說，治療神經官能症意味著和陰影部分接觸以及重新加以整合。

肯　恩：沒錯，這些治療的方法被稱為「揭露技法」（*uncovering techniques*），因為它們企圖揭開陰影的部分，使問題浮現出來，然後整合。要達到這一點，必須把那些被壓抑的障礙加以放鬆、提升，這些障礙是被語言製造出來，被焦慮和罪惡感所支撐的。舉例而言，我們可能鼓勵病人說出心中浮現的任何一句話，不管技法是什麼，目的是要和陰影面建立友誼，並重新承認它的存在。

愛迪絲：下一個階段呢？

肯　恩：接下來的第四層是具體規則——角色取代的心智階段，出現在七到十一歲之間，這個階段的意識有相當大的轉變。如果你把一個處在第三階段的孩子找來，拿一個一面是綠色一面是紅色的球給他看，你把紅的面朝向他，綠色的面朝向自己，然後問他你看到什麼顏色，他一定說紅色。換句話說，他或她無法以你的角度來看事情。到了第四階段，因為出現具象運思的能力，這個孩子可以很正確地說出綠色，因為他或她已經能以別人的角度來看事情了。此外，這個階段的孩子開始有能力依據規則來運用思維，譬如分類、多元性思考、分層思考等等。

換句話說，各種角色和規則一直盤據著這個孩子的心智，他或她的行為是由人生腳本和語言準則所掌控的，我們可以從一個孩子的道德感中看到這種現象。從第一到第三個階段，孩子的道德感被稱為前保守階段，因為它不是奠基在心智和社會的準則上，而是以肉體的賞罰、苦樂做為標準，也就是自戀的或自我中心的，但是當具體規則——角色取代

的心智能力出現時，孩子的道德感就從前保守階段轉向保守的形式——他從自我中心轉向以社會為中心的狀態。

這是非常重要的階段，因為這個保守的或具體規則——角色取代的心智還沒有任何的內省力，它們的學習是為了具體的目的，它們以不容質疑的態度來接受這些原則——研究者稱之為隨俗的階段。因為它們缺乏內省力，無法獨立判斷，只能毫無伸縮性地追隨世俗的準則與角色。

這些準則和角色雖然對這個階段是有利的，但其中有一些也許是錯誤的、矛盾的。有一些我們從父母、社會那裡擷取而來的人生腳本根本是神話，既不是真相，甚至會造成誤導。然而處在這個階段的孩子無法評斷，他們把每件事都當真，如果這些錯誤的信念延續到成年，就會有人生腳本的病症。你可能會說自己不夠好、爛透了、上帝會因為你的壞念頭而懲罰你、你是不值得愛的、你是一個罪人等等。這時的治療方法稱為認知療法，治療者試圖把這些神話連根拔起，讓他們曝光在證據和推理中，我們又稱之為重寫人生腳本。這是非常有效的治療，尤其是對治沮喪和低自尊的問題。

愛迪絲：我想你講得很清楚了，那麼第五個階段呢？

肯　恩：十一歲到十五歲之間會出現形式運思的能力，另一個不可思議的轉化在這裡發生了。藉著形式運思的能力，個人可以反思社會的規範，判斷它們值不值得相信，這助長了寇伯格（*Kohlberge*）和吉力根（*Gilligan*）所稱的後保守階段的道德觀。他不再受限於世俗社會的標準或任何一個部落、團體、社會，他會依照宇宙的法則來判斷自己的行為——我不

再為我的小團體，而是為了更多的人來判斷是非。這是很合理的，因為更高的發展永遠意味著更高或更寬廣的整合，也就是以自我為中心、以社會為中心進展到以世界為中心——我會再加上以神性為中心。

在這個階段，人們開始發展強大而持續的反觀力，「我是誰」首次變成最熾熱的議題。前個階段隨俗的準則和角色不再能保護這個人，因此他們必須替自己再製造一個身分。如果這個階段出了問題，這個人就會出現艾瑞克遜所說的「統合危機」（*identity crisis*）。這時只有一種治療方法，就是增加內省力。治療者這時變成哲學家，他可能以蘇格拉底式的對話來治療病人……

愛迪絲：他會幫他們仔細探索出他們是誰，他們想變成什麼樣的人。

肯　恩：沒錯，這個階段的追尋並不神祕，你並不是在找尋一個超個人的大我，而是在找一個更妥當的小我，就像《麥田捕手》一樣。

愛迪絲：這是不是屬於存在的階段？

肯　恩：約翰・布羅頓（*John Broughton*）、珍・洛文傑（*Jane Loevinger*）和另外幾位研究者指出，如果心靈成長一直持續，人們可能發展出高度整合的人格，也就是洛文傑所說的「身和心共同經驗到一個整合的自我」。這個身心的整合，我稱之為「人馬座」。人馬座階段出現的問題是存在的問題，譬如人的有限性、必毀性、誠直性、真實性、人生的意義。這並不是說其他的階段就不會出現這樣的問題，而是在這個階段他們主控了一切，解決這些問題的治療方法稱為「存在人本治療法」，它屬於第三勢力的人本心理學派（第一勢

力是精神分析學派，第二勢力是行為學派）。

愛迪絲：現在我們要進入更高的發展階段，讓我們先從通靈階段談起。

肯　恩：當你繼續往超個人的層次演化時，也就是從第七層到第九層，你的存在感會持續擴張。先是超越孤立的身心感進入更廣闊的超驗和超個人的層次，最後進入存在最廣大的巔峯狀態——那是一份至高無上的統合感，你的覺知和宇宙合一了——這裡指的不只是外在物質宇宙，而是內心多次元的超凡聖境。

通靈階段是超個人境界的起點，你可能會乍見宇宙意識，或發展出通靈的能力，或是敏銳、洞悉的直覺。最主要的，你的知覺不再受到身心的局限，你開始直覺地知道，自己的覺察是超越這個有機體的。你開始有能力目睹身心的結果，因為你對它已不再完全認同，而且不再受它們的限制，因此能發展出某種程度的定力。此外你開始有覺照或純粹看的能力，這份能力可以幫助你進入第九層的意識，直接與神性認同。

愛迪絲：你把這個階段的方法稱爲瑜伽士的途徑。

肯　恩：是的。我採用解脫的約翰的說法，把偉大的神祕傳統區分為三個等級——瑜伽士、聖人和智者，他們分別進入的是通靈、微細光明和自性的意識層次。瑜伽士控制身心的能量，為的是超越身心的束縛，包括一些無意識的活動都要嚴格控制，並且把注意力轉向超個人的範圍。

愛迪絲：我想接下來就該進入微細的光明階段了。

肯　恩：是的，當注意力不再注意外在世界或身心的內在世界時，意識便開始轉化主客的二元對

立，二元對立的幻想世界開始呈現出真相——它只不過是神性的示現罷了。於是外在世界和內在世界都開始超凡入聖，也就是說意識的本身變得光明、神聖和莊嚴，它似乎能直接和神性接觸、合一。

這就是聖人之道。你有沒有發現東、西方的聖人頭頂都有光環，它象徵著直覺和內在的明光。在通靈的階段你與神性交流，但在微細光明的階段，你不只是交流，而是與神性合一了。

愛迪絲：那麼第九層的自性階段呢？

肯　恩：這時，意識的轉化過程完成了，純粹的看或覺照，開始融入它的源頭。與神性合一變成融入神的源頭或那個無形的背景。蘇菲智者稱之為「至高無上的統合」，你領悟了你的存在是情態中的情態，本質上的本質，存在中的存在。因為神性就是萬物構成的條件，所以它與萬物是並行不悖的，它就是砍柴、挑水，因為這個理由，到達這個境界的人都很平常，没什麼特別之處，這便是智者之道。這些智者因為太智慧了，所以無法注意到他們，他們已經融入現世，一切照常運作。禪宗的「牧牛圖」描述的便是解脱道的十個次第，最後一張圖畫的是一個普通人進入市場買東西，圖上說：「他們空手進入了市場。」如此而已。

愛迪絲：眞令人神往。那麼這三個較高的次第有沒有什麼病症呢？

肯　恩：有的，這是一個很複雜的主題，我不多講，我想講的是每一個階段都會執著於當時的經驗，因此形成那個階段的病症，當然，每個階段都有對治的方法，在《意識的轉化》這本

書中，我已經把它們都列舉出來了。

愛迪絲：這意味著你已經回答了我提出的有關心理治療和冥想的問題。你所畫出的意識層次圖其實已經一一加以說明了。

肯　恩：是的，可以這麼說。讓我再補充幾點，冥想不像心理分析，不是一種揭露的技法，它主要的目的不是在消除被壓抑的障礙讓陰影的部分浮現。它也可能這麼做，我等一下會加以解釋。重點是它通常不這麼做，因為它主要的目的是要擴大心智——自我的活動，發展超自我或超個人的覺察，然後逐漸引導你去發現神性、自性或純粹的看。

換句話說，冥想和心理治療針對的是十分不同的心靈層面。譬如禪並不是為了消除神經官能症而設計的，你可能發展出非常強的覺照力，但這些神經官能症仍然健在。透過禪，你學會覺照自己的心病，它能幫助你和這些心病自在地相處，但它不能幫助你把這些心病連根拔除。如果你的骨頭斷了，禪無法修補它；如果你的情緒瓦解了，禪也不能從根本上加以修復；它本來就不是這樣的設計。我可以告訴你一些我個人的苦澀經驗，禪確實讓我有能力和我的心病生活在一起，但它並不能幫我去除它們。

愛迪絲：可是在冥想的過程中，有時被壓抑的東西也會爆發出來。

肯　恩：一點也不錯。這樣的情況很可能發生；但重點是它也可能不發生。我的觀點是這樣的：舉例而言，以自性層面為目標的冥想，譬如禪、內觀或參話頭（「我是誰？」或「我在逃避關係嗎？」之類的問題）。假設你現在開始進行禪的冥想，如果你有嚴重的神經官能症，是第三個演化點上因嚴重壓抑的憤怒而形成的沮喪。如果你只是覺照你的心念活

動而不認同它們、不被它們束縛或嚴重地影響，那麼自我的騙局就會瓦解。自我會開始放鬆，當它完全放鬆時，就會突然「脫落」——你會突然超越自我變成純粹的看，或者你會突然瞥見自我的真相。為了達到這樣的狀態，自我的每一個部分並不需要完全放鬆，只要你對自我的執著能放掉一段時間，覺照力就會穿透過來。你只需要暫時放下對自我的執著，讓覺照力自然出現。但被壓抑的障礙可能是你放鬆的一部分；如果是這樣，你可能會覺得沮喪，像憤怒之類的陰影也會戲劇性地爆發出來。這是在禪修時經常發生的事，有時則完全不會發生；因為那些被壓抑的障礙可能被避開了，大部分沒有得到解決。你放鬆對自我的執著，使得自我暫時脫落，但還不足以放鬆自我的全部，譬如那些被壓抑的障礙。因為壓抑的障礙時常被避開，因此禪的作用不應該只被詮釋成一種揭露的技法。

反之，你可以盡量使用揭露的技巧，但是你不會因此得到徹底的解脫。相信我，佛洛伊德不是佛陀；佛陀也不是佛洛伊德。

愛迪絲：（大笑）我明白了。所以你的建議是人們應該合併使用心理治療和冥想，讓它們各自發揮所長？

肯　恩：一點也不錯。它們都是針對不同意識層面的有效療法。這並不表示它們沒有共通之處，譬如心理分析療法必須發展某種程度的覺照力，因為自我聯想的先決條件便是保持平均鳥瞰的注意力。除了兩者的相似處之外，這兩種方法是完全不同的，所追求的也是截然不同層次的覺察。冥想可以幫助心理治療建立覺照的能力，協助修復某些心理問題；心

理治療則能幫助冥想釋放被壓抑的陰影和較低層面的纏結，除此之外，它們的目標、方法和動力完全不一樣。

愛迪絲：最後一個問題。

愛迪絲提出的問題我完全沒聽到，我正在看那些消失於樹林深處的松鼠。為什麼我自己的覺照力完全不見了？十五年的禪修訓練中，我有好幾次的「見性」，而且是我的老師親自認證的。這些領悟怎麼都離我遠去？去年的松鼠跑到哪裡去了？

這不正是剛才我告訴愛迪絲的，冥想並不一定能治療陰影的部分。我太習慣利用冥想來迴避應該解決的情緒問題，我一直都在利用坐禪來迴避這些心病，現在我正處在重新糾正的過程中。

愛迪絲：你曾經說過意識的每一個層次都有它獨特的世界觀，能不能簡短說明一下？

肯　恩：如果你只能認知到某個意識的層面，那麼你會有什麼樣的世界觀？這九個層次的世界觀從下而上分別是原始的、巫術的、神話的、神話──理性的、理性的、存在的、通靈的、微細光明的和自性的，我會簡略解釋一下。

如果你只有第一層的意識結構，這個世界看起來就是混沌一片，它是原始的、神祕的、混沌的、主客未分的。我用「原始」二字是因為它未開化的本質。

第二個階段會出現意象和早期的象徵能力──自我開始和外在世界分離，但仍然緊緊相連。那是一種半混沌的狀態，因此它認為光憑想像或希望就能神奇地影響外在世界，最

好的例子就是巫毒教的巫術。譬如我按照你的樣子做個小人，把針扎在小人身上，就以為可以傷害你了，這是因為我還不能完全區分這個人和這個人的形象。這樣的世界觀稱為巫術的世界觀。

到第三個階段時，自我的主體和其他的客體完全分開了。這時巫術的信仰開始消失，取代的是神話式的信仰，也就是說，我雖然不再能支配這個世界，但神可以，我只要知道怎麼取悅神就行了。如果我想讓願望達成，就必須向神祈禱，神會代表我來扭轉乾坤，這便是神話式的世界觀。

當第四個階段出現時，自我開始有具象運思或利用儀式的能力。我發現我的祈禱並不是永遠有效的，為了取悅衆神，我試著去支配大自然，大自然的衆神可以幫我扭轉乾坤。除了祈禱，我又加上複雜的儀式，一切只為迎神入甕。在歷史上，這個階段最主要的儀式便是殺人祭祀，全世界各地主要的文明中都有這樣的祭祀活動。聽起來令人毛骨悚然，但背後的思維遠比簡單的神話複雜，因此它應該屬於神話——理性的階段。

第五個階段開始出現形式運思的能力。我開始發現能滿足自我奇想的擬人化的神並不是真的。你既不能證明它的存在，它也不可靠。如果我想從大自然得到一些東西，我不會再祈禱、再利用宗教儀式、再犧牲人命來祭祀，我會直接進入大自然。我開始以假設——演繹的推理活動（也就是科學）直接追求我需要的東西。這是一個很大的進步，但也有衰退的一面，因為這麼一來世界就像是一個毫無意義、無價值的物質組合。這便是理性的世界觀，通常被稱為科學的物質主義。

第六個階段開始出現統觀——邏輯的能力。我看到天地之間，還有我的邏輯推理無法想像的東西，於是透過身心的統合，世界再度迷人，這便是人本存在主義的世界觀。第七個階段開始出現通靈的能力。我體悟到天地之間有太多東西是我以前夢想不到的，我感覺現象背後有一個神的存在，於是我跟它開始產生交流——這不是神話式的信仰，而是一種內在的經驗，此乃通靈的世界觀。當自我進入微細光明的階段時，我直接體認這個神，或者發現自己與神合一了。但我仍然覺得靈魂和神是兩個分開的實存。這便是微細光明的世界觀——靈魂和超個人的神之間仍然有微細的分別。接下來進入自性階段時，這個分別就被打破了，你開始體悟至高無上的統合。這便是自性階段的世界觀——「你即是祂」。純粹無二的覺性既然是萬物的根基，一切反而變得平常了。

愛迪絲：現在我終於明白你的書裡一直主張的，現代興起的理性運動花了這麼多時間唾棄宗教，然而理性運動的本身就是屬靈的。

肯　恩：沒錯，我似乎是研究宗教的社會學者中唯一這麼主張的人。依我看來，這些學者們因為沒有一個非常詳細的意識層次圖，自然會哀嘆現代理性或科學精神的興起。現代的理性運動與科學——第五階段——確實轉化了或揭穿了原始的、巫術的、神話的世界觀，大部分的學者因此認為科學謀殺了「所有」的宗教。他們似乎不太了解神話式的宗教，所以他們熱切希望回到科學未興之前的神話年代，他們認為那個前理性年代的宗教才是「真正」的宗教。然而神祕主義卻是超理性的，它藏在我們集體的未來而非集體的過去中。如同奧羅賓多與德日進的領悟，神祕主義是一種進化而不是退化。依我看來，科學

剝掉了我們幼稚和不成熟的神靈觀，也剝除了我們前理性的世界觀，這樣更高層的超理性洞見才得以發展——也就是脫掉了巫術的、神話的外衣，通靈的、微細光明的境界才能出現。從這個角度來看，科學和理性運動是人類心靈邁向成熟的過程中非常健康、進化且非常必要的一步。因此理性運動是從神靈邁向心靈的運動。

這也就是為什麼這麼多偉大的科學家都是偉大的神祕主義者。這兩者的結合是非常自然的。外在世界的科學結合內在世界的科學，就是東、西方真正的會合。

愛迪絲：這眞是一個完美的結尾。

我和愛迪絲道別，有點希望她能見到崔雅，又覺得我可能永遠再也見不到她了。我萬萬沒想到，當我們真正需要朋友的時候，她竟然又出現在我們的人生中。

夢眞的很奇怪，我一邊想著，一邊漫步在通往第三個房間的長廊上。「走向第三個房間」，這是一個小說的好題目。夢似乎是眞的，沒錯，夢似乎是眞的。接著我想到二〇一〇年（Blade runner）這部電影的一句話：「醒來！該是死的時候了。」

如果是這樣，我要不要醒來？

「你總該有個名字吧？」

崔雅第二天才返家，我和貝爾克醫生約在當天下午碰面。「泰利，我想妳得了糖尿病。我們還會做更多的檢查，但尿液檢驗的結果已經很清楚了。」

貝爾克醫生告訴我和肯恩，尿液顯示我有糖尿病的跡象，我突然想到〈遠離非洲〉這部電影裡的一句話。當女主角發現自己得了梅毒時，她很平靜地說：「我沒料到接下來會發生這樣的事。」我的感覺也一樣。在最恐怖的惡夢中，我怎麼也沒料到這件事會發生在我身上。

12 一種不同的聲音

糖尿病——美國成年人的第三號殺手。大部分的人不會對它投以太多注意；因為心臟病與癌症總是佔據了報紙的頭條。除了身為第三號殺手之外，糖尿病還會導致視盲與截肢，對我們兩人而言，那意味著另一次激烈的生活型態的改變，特別是崔雅，注射胰島素、嚴厲而痛苦的飲食管制、不斷地測驗血糖，只要有一點過高的跡象，就必須馬上做胰島素的治療。顯然我們還需要學習衝過另一波的浪潮。我禁不住想到《聖經》裡的約伯，他那句屬於長青哲學的大問：「為什麼是我？」答案似乎是：「為什麼不？」

這下可好了，除了其他問題之外，我又得了糖尿病，我真不敢相信這是事實。我覺得自己要崩潰了，徹底崩潰了，面對這個我不瞭解的疾病，所有的沮喪、憤怒、震驚和恐懼，全都隨著鹹澀的淚水奪眶而出。我想起幾天前發生的一起意外，當時剛過完新年，肯恩、我與一些朋友在塔霍湖度完週末（我們正準備順路到市場去），我感覺非常口渴。當我們回到家中時，我向肯恩提起這件事，他從書桌上抬起頭來對我說：「那可能是糖尿病的徵狀。」我回了一句，「喔！那可有趣了！」然後他繼續工作，我們再也沒想到這件事。

沒有肯恩我不曉得該怎麼辦？如果我在面對這個新的震撼時，他剛好因爲工作不在我身邊，我該如何是好？他抱住我，安慰我，他似乎汲取了我身上大部分的痛苦。在他的攙扶下，我哭著離開診療室。現在又有另一個疾病必須去學習、去對付，這個疾病正在威脅著我的生命。我非常難過，對這整件事憤怒極了。

我幾乎記不得貝爾克醫師與護士告訴我的話，我只是呆坐著一味哭泣。我們必須觀察我的糖尿病是否會對佑爾康（*glyburide*）產生反應。這是一種歐洲發展出來的口服劑，如果無效，就必須做胰島素治療。每天早晨我必須做血糖測試，星期六與星期天也不例外，如此才能判定我需要服用多少劑量的口服劑。護士又將這些必須注意的事項複述一回；我希望肯恩聽得比我仔細。在沮喪與被擊垮的同時，我感到一股難以遏止的反叛與盛怒；這件事聽起來像是我一輩子也甩不掉的夢魘。

護士給了我一份改變飲食的遵守清單，往後的日子裡，我將會與它極爲親密。在熱量一千兩百卡路里的食譜中，牛奶、澱粉類、水果、肉類與脂肪全被換掉了。不過感謝上帝，我還可以隨心所欲地吃一些蘿蔔、中國包心菜、黃瓜與醃黃瓜。

拿著食物清單，第一站便是去超市。我仍然怏怏不樂，但是在超市裡，我暫時讓自己迷失在那些眩惑人的食物商標中。糖，到處都有糖，它躲在麵包裡，藏在花生醬中，隱匿在沙拉醬、熟食、調製好的食物中，義大利麵醬與罐頭蔬菜中也有，到處都是！肯恩和我徘徊在走道間，彼此叫囂著令人厭惡的發現——「第七條走道，連嬰兒食品裡也有糖！」偶爾乍見我能吃的東西，肯恩竟然大聲嚷嚷：「第四條走道有罐裝的土，不含糖。」當我們走到收銀台時，手推車裡裝滿了

許多新的東西，像是健怡汽水、量尺、新的量杯、量匙等。這些替代性的食物都得靠量器來拿捏份量，這點我必須學習。

每天，在吃早餐以前，我得先開車到檢驗所驗血糖，星期六和星期天則到海軍綜合醫院。在那裡取得另一張識別證，納入我的珍藏。醫院裡的人員都是抽血專家，但是當針插入血管的一剎那，疼痛還是難免。然而，週末以外，平常去診所的日子裡，每一次我都滿心企盼那位仁慈的銀髮女士來爲我抽血，因爲她技術神奇，不像護士會弄痛人，甚至得扎兩針才抽得出血。這對我而言是格外重要的一件事，因爲我前不久才動過胸部與淋巴手術，所以抽血採樣都集中在左手，愈來愈像個有毒癮的傢伙的手臂。

此外，每天早上我還得吃五毫克的佑爾康，它是一種治療糖尿病的「第二代」口服劑。傍晚大約五點左右，再服第二劑。也許我該戴隻錶，提醒自己別誤了吃藥的時間。

不僅如此，每天我都得檢視那張貼在冰箱上的食療清單。我心想：我能不能以牛奶交換花生醬？或是以一點澱粉換取蔬菜？再不然，就算在晚餐時多吃點魚也行？但我只能用量杯量麥片粥，量牛奶，外加兩湯匙的葡萄乾，四分之一杯的農家鮮乳酪。午餐則是一盒沙拉調配食用醋，一點點花生醬（大約兩湯匙），香蕉三明治（二分之一小號的）和二分之一杯的青菜。至於晚餐也得仔細斟酌，三盎斯的魚，一整杯的全麥粉，二分之一杯的青菜。就這麼一點東西，肯恩也盡可能地在烹調上變花樣。晚上的宵夜則是半杯牛奶加上兩片餅乾。

我每天都必須做四次的尿液檢測——清晨醒來時、午餐前、晚餐前以及晚上吃消夜前。每天四次，我眼睜睜地看著這支該死的小棒子在我面前變成棕色。原本清澈的液體開始轉成綠色，接

訴自己，我得了糖尿病，我得了糖尿病，我得了糖尿病。
著周邊泛出棕色，然後愈變愈深。一次又一次地看著測試棒在我眼前變成棕色，我終於肯定地告

幾個星期下來，佑爾康與嚴格的食療所引起的反應相當緩慢（然而崔雅服用的藥物已經是最大劑量了），這意味著她仍需持續做胰島素治療，也許要好幾個月，或者好幾年，總之是無法避免的。

胰島素治療，其實就是注射胰島素。我仍然牢記兒時探訪祖父的情景。我們姊弟都很喜歡造訪祖父那幢充滿神奇的房子。房子的前面有白色的圓柱，寬大的迴廊玄關，茵綠的草坪以及一些可以攀爬躲藏的大樹。我很清楚地記得他爲自己注射的情形：露出蒼白的皮膚，再把它擠成一堆，我們全都瞪大了雙眼，震驚地看著他把針頭扎進自己的皮膚。然後爬上他那張美麗的木床，和他擠在一塊兒，再推著他到我們自己的房間。我們愛爺爺，每個人都愛他，他是一個身材高大、虎背熊腰，精神奕奕、充實度日的人。每當他來看我們的時候，總會在口袋或大衣裡藏一些糖果和小禮物，或是我們最愛的漫畫書。我們喜歡爬在他的身上，四處搜尋藏在他衣袋裡的寶物，高高興興地坐在他的大腿上享用。即便是現在，我還是很懷念他，我希望他能在我的身邊，和我一塊兒生活，也很希望肯恩能認識他。

祖父也有糖尿病，事實上他死於胰臟癌，然而他當時已經八十三歲，一生活得充實且多彩多姿。現在我終於明白他爲什麼那麼小心地調理食物。譬如新做的無鹽奶油，從雞舍直接取得的新

鮮雞蛋以及粗糠穀物和豆類。在我的記憶中，祖父是我所認識的人當中最注重食物調理的，直到現在我才明白真正的原因。伯父漢克也是一位糖尿病患者，成年人罹患糖尿病與遺傳有相當大的關連，和青少年患者不同。孩童們罹患糖尿病多半不是來自親屬的遺傳；根據推測可能是由某種濾過性病毒感染的，但真正的原因爲何、如何治癒糖尿病，至今還無人知曉。

胰島素。該死、該死、該死。我真希望自己的血糖很容易就下降了，最好是藉由食療、運動就能獲得改善。我現在整個人有點麻木，我不想讓得糖尿病的念頭駐進來，它令我恐懼，令我憤怒不已。

一位友人前來向我道賀，因爲他認爲我的病情控制得不錯，這使我覺得非常詭異。我確實在盡力控制，但仍然感覺憤怒、不信任。我用糟糕又苦澀的態度開它玩笑，我抱怨自己必須緊守食療的原則。我雖然很確定那對我有益，心裡也很感激，但我絲毫不覺得有趣。這當中唯一能讓我接受的，是對於存在的真實認知。我是真實存在的，我的憤怒是真實的，我信任自己的憤怒，它令我覺得健康而迫切。我並不打算强裝笑臉，除非我能真的從憤怒中走出來，才可能打從內心深處表露出愉悅的情緒。我不曉得接下來會發生什麼事，但我確知的是，我現在仍需處在憤怒中，讓它演化。

幾天前我和一位友人談到，隨著年齡的增長，人愈來愈需要培養日常生活的小樂趣。糖尿病確實讓我更加察覺吃東西的樂趣，因爲那是我僅有的了。你一定無法想像多吃兩匙的花生醬居然能帶來品嚐山珍海味的滿足感，特別是你也許一輩子都無法再吃到它的時候！我打開冰箱，瀏覽著每一樣食物，心中開始盤算，以這一盎斯、兩盎斯的分量，我要花多久時間才能吃完它們。我

買了一種蛋糕狀的無糖健康食品款待自己，結果在一點一滴蠶食的情況下，整整花了一個星期才吃完它。

我的展望就是換上較好的心情。我想糖尿病所產生的結果使我的生活必須消磨在較低的層次。我希望至少家人和朋友會因爲我所遭遇的事，更加注意、珍惜自己的健康。

我認為崔雅的糖尿病極可能是化療引起的。成人罹患糖尿病，遺傳可能只是潛藏的因素，心理壓力才是真正的病因。對崔雅而言，化療正是這個致病的外在壓力。

當糖尿病開始對這位毫無疑懼的受害者敲起喪鐘時，許多令人不悅的事相繼發生。因為胰臟無法產生足夠的胰島素，身體不能利用血液中的葡萄糖，糖分於是累積在血液裡，形成一種密度較大如蜂蜜狀的物質。這些糖分有些會滲透到尿液中——羅馬人通常以蜜蜂來測試，如果尿液附近有成羣的蜜蜂盤旋圍繞，那就表示這個人罹患了糖尿病。血液因糖分增多變得較為「濃稠」，於是從附近的組織中吸收水分，病患因此處在長期口渴的狀態，不停地喝水，而且頻尿。血液的密度變大，也會造成毛細管的瓦解，這意味著身體中許多毛細管分布的區域，如四肢、腎臟、眼睛的視網膜等等，都會慢慢毀壞，這也是糖尿病會造成視盲、腎臟病以及截肢的原因。同樣的理由，大腦也會開始脱水，繼而造成情緒的擺盪，精神無法集中，還有沮喪消沉等各種情況。隨之而來的人為停經、化療反應，以及我們必須共同面對的種種難關，在在都是導致崔雅沮喪和陰沉的原因。

崔雅的視力已經開始衰退，我們不知原因為何。她整天都得戴著眼鏡。

「爲什麼這裡這麼暗？」即使是走一小段黑路，也令人覺得永無止境，而且我已經迷失了。我們必須走到第三個房間去，我不記得這條走道有這麼長。

「拜託，這裡爲什麼那麼暗？」走道的牆面突然有一個開口，我想那大概是一扇門吧。我們倆都站在那裡，這個形體和我。

「你看到了什麼？」陌生的聲音從空無中飄出來，那似乎便是它的來源。

「我看著你的時候，什麼都沒看到。」

「在裡面。」

我望向屋內。這是不是手寫的筆跡，象形文字，象徵符碼，或是什麼其他的東西？

「很迷人，眞的，但我現在必須走了，我在找某個人，我相信你明白的。」

「你看見了什麼？」

在其他的房間裡，它似乎隨著我眼界所及的每一個方向無限延伸。我愈是靠近地看著房間裡的某一點，它就擴展得愈遠。如果我凝神注視距離我兩尺外的某一點，它便開始向外延伸至數英哩，數百英哩，甚至數千英哩遠。懸浮在這個擴展的宇宙中的，是一些象徵記號，也許有數百萬個，其中有些是我認得的，但絕大多數是我不清楚的。它們並不是寫在任何東西上的，而是單純地懸浮在那裡。每一個都有透光的邊，彷彿某個瘋狂的神在奇幻的魔菇上畫下了它們。對於這些

象徵記號，我有一種極爲奇特的感覺，我覺得它們都是眞實存在的，而且正默默地注視著我。

當崔雅的血糖漸漸被控制住以後，她的情緒也獲得相當大的改善，沮喪與憂鬱幾乎都消退了。不過最重要的是她內心產生的變化，不僅影響她個人的生活，也影響了她的靈性、她的志業、她的召喚、她的守護神。我欽佩、驚嘆，甚至嫉妒地看著眼前所發生的一切。她要耽溺在痛苦、自憐與厭倦中實在太容易了；反之，她卻變得更加開朗、更有愛心、更寬容，也更慈悲，顯然應驗了尼采的那句話：「沒有摧毀我的，反倒令我更加強壯。」我不曉得崔雅到底從癌症與糖尿病中學會了什麼「功課」，但對我來說，這個功課就是崔雅本身。

我有糖尿病。我是個糖尿病患者。該怎麼說好呢？第一種說法聽起來像是我得了從外入侵我體內的疾病，彷彿是被那個病逮著似的。而另一種說法聽起來則像源自我體內的一種東西。正如肯恩所言，我這副身體現在的轉售價值幾乎是零。以前我總想死後將全部的器官捐贈出來，現在一定不會有人要了。但至少我還能全屍入土，或者我的骨灰將被撒在康嫩德拉姆山。

肯恩真是太好了，陪我去看醫生，說笑話振奮我的士氣，每天早晨帶我去驗血，替我理清繁瑣的食物清單，並且包辦所有的烹飪工作。不過最棒的還是我自己的感覺，特別是回家後聽見醫生告訴我血糖指數已經降至115，幾近正常值（剛開始的時候是322）。我覺得不對勁已經很久了，最明顯的症狀便是視力的衰退。難怪我不想運動、無法集中精神、我情緒會有起伏。現在我擁有非常旺盛的精力，對事物有更樂觀的看法，也比較好相處了。可憐的肯恩，當我其實正在走下坡

時，他必須耐著性子忍受我。能重拾生命的能量、精神與振奮感，真是一件很棒的事。

改變有一部分來自我對工作、我的職業與我的召喚的新感覺，長久以來的議題一直困擾著我。許多影響造成了這份內在的改變，包括和西摩爾一起進行心理分析、我自己的冥想、放棄我的完美主義、學習把心貫注於當下，而不再漫不經心。儘管如此，我仍然想做些事，仍然想有所貢獻，但我要我所做的都充滿著當下的生命力。此外，我對自己的女性特質也有了不同的感覺，它開展了一些新的可能性，這些可能性是我以前所非難的。我現在愈來愈明瞭自己繼承了多少父親的價值觀，如生產、貢獻之類的事，我也領悟到這些價值觀不盡然適合我，我覺得女性主義的新方向應該不再是模仿男人，或企圖證明我們也能做他們所能做的事，譬如評估、下定義、生產、使女性所做的無形之事變爲有形。女性所做的通常是無組織性或目的性的工作。她們喜歡替各種聚會、家庭或社區創造氣氛和布置場地，讓那些有形的工作因此而興盛。

有一天我們進行了一場有關女性靈修的討論，以下是一些比較具體的看法：

- 有關女性靈修的探討仍是空白的。許多修女所寫的文章都遺失了。女人對於靈性追尋的心得著墨不多。女人在大部分的宗教組織中是沒有重要地位的。
- 女性的靈修與男性迥然不同，目標導向的色彩較低，這也許能改變我們對於解脫的觀念，使我們更具含納性與包容性；也就是比較無組織性、無目的性。
- 女人的靈修活動很難被認出或界定。它的階段爲何？步驟爲何？訓練爲何？在訓練專注與靜心上，編織或刺繡是否和冥想的效果一樣？
- 男女兩極的靈修發展形成了一個連續體，男性的發展已經被界定，女性還沒有，其中存在

著許多差異。這難道是兩條無法相交的平行線？

✣長久以來我們一直在討論吉力根（*Carol Gilligan*）與她所著的《一種不同的聲音》（*In a Different Voice*）。她是寇伯格（*Lawrence Kohlberg*）的學生，也是第一位將人類道德發展分爲三大階段的道德理論家——前保守階段，在此階段中，人們認爲他所欲求的便是正確的；保守階段，此階段的人通常基於社會的需求來做決定；後保守階段，此階段的道德決定奠基於道德理性的宇宙準則。這些階段在許多跨文化的測試中都已獲得證實，然而女性的得分似乎一直比男性低。吉力根發現，女人也同樣經過這三個階段，然而她們所採用的推理卻與男性大不相同。男性的決策通常奠基在規則、法律，評斷和權利之上，女性比較重視感覺、連繫與關係。我們不妨這麼看，女性在測試中的指數並非較低，只是不同於男性罷了。

我最喜歡吉力根所舉的一個例子：一對小男孩和小女孩在一起玩遊戲，男孩想要玩「海盜」的遊戲，而女孩想玩「家家酒」。於是這個小女孩說：「好吧！那你就當那個住在隔壁的海盜好了。」這便是一種連繫與關係。

另一個有趣的例子是：當一羣小男孩在玩棒球的時候，有一個男孩因爲被三振而哭了起來，一位小女孩便說：「再給他一次機會嘛！」男孩們卻回答她：「不行，規則就是規則，他出局了。」吉力根對此的觀點是：男孩會越過情感維護規則，女孩會越過規則維護情感。對真實世界而言，兩者都非常重要，卻是大不同的，我們需要尊重這份歧異，並且從中學習。

✣肯恩結合了許多寇伯格與吉力根的主張成爲他的模型，但他說，他實在不明白這爲什麼會影響女性的靈修，因爲有關這方面的研究幾乎沒有任何記錄。「這整個領域是空白的，我

們需要很多的協助。」

✣那些已經獲得解脫的女性——她們是因為追隨男性的靈修傳統而有所領悟，還是走出了自己的路？她們是如何發現那條路的？過程中有什麼衝突與自我懷疑？她們真能找到自己的一片天地嗎？

✣芬霍恩就是一個相當女性與母性的道場。每個人在那裡都能找到自己的路，你不必墨守一些嚴苛或既定的模式。在這個相互扶持的社區與大家庭中，這個途徑有什麼問題？其步調太緩慢，還是比較有機？是否容易走向歧途？事實上，它的活動與成就之所以不明顯，是因為缺乏外在的獎勵、文憑，以及靈修的進階和次第。

✣女神向下落實，男神向上晉升，兩者都是必須的，也都相當重要。然而對女神的研究實在太少。但也有例外，如：奧羅賓多、譚崔（*Tantra*）、解脫的約翰。

✣我談起自己正從父親陽剛的價值觀中走出來，進入女人的能量中，一旦我做到了，我也可以成為肯恩的老師。後來我發現不需要擺脫那些發展得很好的男性能力，只要再加上女性特質就夠了。我的心中出現了兩者兼具、愈來愈擴大的一個圓形意象。

在進行這些討論的過程中，我頓悟了一件事，如果我仍想替自己的病痛下定義，也許問題就出在女性特質上。我以前曾經思考過這個問題，但只停留在女人迎合男人的世界有多麼困難的層次上。這回我有了新的感覺，我想也許是我結合了太多男性的價值觀，所以走錯了方向。我沒有誠實面對自己身為女人所擁有的才華與興趣，因此找不到適當的位置。不過與其將自己視為失敗者，倒不如承認自己需要時間找尋，才能有今天的領悟。

我似乎可以接納自己了。我可以從事一項無目的性的工作，投入於那些能感動和激勵我的各種計畫中，學習營造一個可以讓事情發生的環境，結合羣衆，形成網路，溝通，傳達理念，敞開自我，並且不強迫自己進入一個形式的、結構的、有專業頭銜的職位。

這是一種多麼釋放又自由的感覺，只要活著就好，存在就好！至於能做什麼，已經不重要了。這也是允許自己放下男性沙文主義與超量工作的價值觀。我只想爲女性靈修盡力，爲神的女性面工作，讓自己安定下來，再看看事情會如何演變。

第一件有進展的事便是「癌症支援團體」（*Cancer Support Community*——*CSC*），那是一個免費為癌症病患提供支持、服務與教育的團體，他們每週服務的對象超過三百五十人，其中還包括病人的家屬與支持他們的友人。

我們第一次遇見維琪・威爾斯是在崔雅剛進行乳房切除手術後不久，當時我正步出崔雅的病房，走在醫院的迴廊上，突然有一位非常顯眼的女子和我擦肩而過。她身材高大，輪廓極美，黑髮，大紅的口紅，一身豔紅的洋裝，趿著黑色的高跟鞋，看起來像法國的時裝模特兒，我有點困惑，後來才知道，維琪曾經和她的好友安娜在法國待了幾年，後者是法國導演高達（*Jean-Luc Godard*）的太太。

維琪不只有張漂亮的臉孔。回到美國後，她曾經在少數民族的貧民窟中擔任過私人探員，做過酒精與毒癮患者的諮商人員，此外，她也是一名替貧民罪犯爭取公平司法權的活躍份子，這些工作她一做便是十年以上，直到她發現自己罹患了乳癌。在經歷一連串乳房切除手術、化療以及

幾次重建手術以後，她終於明白了一件事：癌症病患與他們的家屬、親友所獲得的支持與服務竟是如此貧乏。

於是維琪開始在好幾個組織裡擔任義工，例如「邁向痊癒」這個組織。然而她發現，即使這些組織的服務也是非常不妥的。她心中開始有個模糊的構思，她想成立一個真正合乎理想的中心，就在這個時候，她遇見了崔雅。

她們花了好幾個小時，好幾個星期，好幾個月，事實上是整整兩年的時間腦力激盪，籌畫成立一個理想中的癌症病患支援中心。她們與許多醫生、護士、病人與支持者晤談會面。珊儂・麥廣恩一開始便加入了她們，她也是一位癌症患者，曾經協助哈洛德成立幸福社區，那是第一個免費為癌症病患與家屬提供支持與服務的先鋒團體。

一九八五年十月，維琪、珊儂、崔雅和我一同探訪幸福社區。我們最大的問題是，到底應該在舊金山成立幸福社區的分部，還是成立一個全新獨立的組織。雖然我們對哈洛德本人與他所做的一切留下非常深刻的印象，但是維琪和崔雅都認為，或許不同的途徑也會有幫助，而且這和「存在與做事」這個議題有著直接的關係。和一位在桑撒利多開業的醫師諾米・雷曼討論過後，事情終於有了一點頭緒。

我們和諾米相談甚歡，我幾乎忘了時間。諾米說，她覺得和我、維琪志趣相投，然而接到有關幸福社區的資料時，卻覺得不妥，某些想法和我們不太一致。

我告訴她，她的顧慮我們早已察覺，我們所強調的重點和哈洛德的團體不太一樣，比較傾向

於女性，較少強調對抗癌症或如何從癌症中復原。我們注重的是治療過程中生命的整體品質。我們並不想讓患者覺得，如果癌症仍存在，他在任何一方面都會有損失，而且是個失敗者，因爲這麼一來便陷入了哈洛德團體的窠臼之中。維琪將我們的資料送給那些住在史蒂芬・勒文隱修所（一間癌症復發或轉移病患的隱修中心）的朋友，他們普遍的看法是：「我不確定我會喜歡這種調調兒。」「如果我的癌症沒好，也能去那裡嗎？」「如果我接受了自己的癌症，也不想再對抗它，我還適合住在那裡嗎？」諾米說，她從哈洛德團體所獲得的資料都强調疾病是不好的東西，應該努力對抗它，如果你沒有打贏這場仗便是輸家。對她而言——她自幼就患有「庫恩氏病」（譯註），疾病已經是她必須學習共處的東西了。

身爲一名癌症病患，我發現癌症雖然經常被視爲難纏的慢性病，但其他人（那些既不是醫生也不是患者的人）總想聽你說出自己已經痊癒的話。他們並不想聽你用醫生的口氣小心翼翼地訴說自己的身體已經沒有癌細胞的跡象，測驗結果也相當正常，不過癌症是永遠無法確定的，我們只能期望它不要復發。不，他們根本就不想聽這些話，他們唯一想聽的是你很好，完全沒問題，而他們可以繼續過自己的日子，無需再擔心你，因爲不再有食人魔躲在樹叢後。這也許就是哈洛德給人的印象，也是他們與我們在態度上的不同。於是我們決定不與哈洛德的團體結合，當然，我們衷心期望他一切都好。

與諾米的交談啟動了一些我當時並不清楚的想法。這些想法和她展現的模樣有關——她看起來如此美麗、活躍與健康，但你知道她其實身染惡疾。星期一晚上舉行的乳癌婦女聚會中有位女性也啟發了我的想法。我曾猶豫是否該將自己委身於這份爲癌症病人服務的工作，部分的恐懼來

自我必須面對所有的病人未來各種的可能性，另一部分的恐懼則單純來自那些將橫陳在我面前、出現在我腦海中的癌症事實。

幾天後我終於明白了，這股恐懼之所以會產生，是因爲我讓這個疾病及它可能對人造成的悲慘後果，如烏雲般遮蔽了眼前那些活生生的人。在最後一晚的聚會上，我突然明白了這一點。這些人才是最重要的，才是該擺在第一位。我們在聚會中所談論的經常不是癌症，那只是附帶的話題。這些人深深投入自己的生活、痛苦、勝利、愛與子女中，癌症只是其中的一件事而已。我突然明白我猶豫的原因是，我以爲自己將面對一羣癌症病患，而不是偶爾才提起癌症的人。我想這促使我逐漸脫離癌症，一步一步地回歸自己的生活中。我喜歡和這些即使得了癌症、仍勇於生活的人共修。最重要的就是學習與癌症共存，即使你試圖改善它。同時學習將癌症病患視爲一羣人，而不是一些你必須爲他們做點什麼的弱勢病人。

這種改變第一次戲劇性地出現，是在一個初夏的深夜。當時我們正在塔霍湖的家中，崔雅一直無法入睡。突然間，所有的片斷開始串連，她被自己的發現嚇了一跳。根據崔雅的說法，這比她迫切追尋的守護神還令她震撼，它雖然羽翼未豐，但已經大聲宣告自己的出現——以另一種聲音，那種被她長久壓抑的聲音。

剛到塔霍湖沒多久，有一天晚上輾轉難眠，我清楚地看見銀白色的月光灑在窗外的湖面上，微風輕拂過圍繞在房舍四周的松樹，隨著搖擺的樹影發出沙沙的聲響，向遠處眺望，可以見到

「荒蕪野地」黑暗的山影。「荒蕪野地」，如此蒼涼的名字，如此幽美的景致。

玻璃的影像，殷紅，暈白，湛藍，浮現在我的腦海中。我感到興奮極了，絲毫沒有睡意，是不是喝了茶的緣故？或許是吧。可是奇怪的事發生了，玻璃，光線，形體，形影，流動的線條，把一些東西組合在一起，看著從空中浮現的影像，看著美在這個具體的世界中成形。多麼令人興奮啊！我靜靜地躺著，感覺能量在我的體內流竄。這就是它嗎？這就是我要做的事嗎？至少是相當重要的一部分吧？這是不是我曾經失去的碎片？我身上的一個碎片？

我想我已經找到了自己遺失多年的部分。一個用雙手工作的女人，藝術家，工匠，製造者。既非行動者也非博學者，而是一個製造者，美好事物的製造者，製造的過程與完成的產品都能帶來喜樂。

第二天我覺得自己彷彿經歷了一次聖體顯現。那好像是一個洞察自我以及未來的重要時刻。我記得以往最令我投入與興奮的，往往是做手工藝的時刻。譬如繪一張結構豐富的藍圖，在艾歐納島上畫活潑的鋼筆素描，在芬霍恩做手工蠟燭和盛水的燭台，從空無中創造美妙的模型，在札記中磨練文字的技巧。這些才是我忘卻時間、全然投入、渾然忘我、徹底專注的禪定時刻。

第二天我感覺自己重新發現了非常重要的一部分。我似乎從强調心智活動的男性文化中走出了自己的路。學校强調的都是知識、事實、內容、思考與分析。我發現那些事自己已經相當擅長了。那是一種超越他人、贏取讚賞與注意力的方式。除此之外還有什麼呢？我已經走過那條平坦、標記清晰的路。

只是我一直覺得不妥。我爲什麼不繼續拿博士學位到某處教書呢？我曾經這麼想過，可是內

在有股力量驅策我離開那條坦途。我的能力足以勝任，內心卻不嚮往。雖然如此，我還是會批判自己，認爲自己太軟弱，只會虛度光陰，沒有專心在事業上。

現在我才明白爲何坦途不適合我。因爲我的本質是製造者，而非博學者或行動者。這或許是我在芬霍恩過得如此快活的原因。在那裡，我幾乎將所有時間都花在蠟燭與陶藝工作室中。打從孩提時代，我就熱愛做東西，但在一般人的價值觀裡，那是膚淺、不正經、不重要、沒有益處、甚至沒什麼貢獻的事，充其量只能當做一種興趣罷了。我接受了一般人的價值觀，但也阻礙了自己生命中的喜樂、活力與能量。

在我內心擾動的是我未來要做的事的新標準。我聽到心中一直在說，妳可以做自己真正想做的事，而不是那些妳必須做的事。

那麼，究竟有哪些事是我想做的？這麼說吧，是那些我偶然發現的事，它們正從我心中沸湧而出。我從未刻意計畫或透過思維來發現它們。現在連寫出來都令我緊張。其中一件事就是我在芬霍恩常做的手拉坯，這是一個讓人興奮、充滿魅力的工作。我可以想像自己以不同的方式來看這個世界，腦子裡不停地構思一些形狀、設計與樣式，不管這些靈感是來自藝術或大自然。此外，我也可以想像自己參觀各種藝術和手工藝展覽，專注地欣賞，並構思著新的創作途徑。我覺得非常刺激、朝氣蓬勃，我一直都很喜歡動手做東西、塑造一些物品，我覺得這可以幫助我走出思維的活動，和真實的世界做更多的連結。

另一件我將從事的工作是彩繪玻璃的製作，這件事我想了許多年了，只是一直沒去做，大概是因爲和其他的事比較之下，顯得有點微不足道。但寫到這裡，我感覺心裡有一個藝術家使勁地

想出來！我要尋求一種屬於自己的繪圖線條——當然，它們也是自然湧出的靈感，從塗鴉開始，逐漸演變成完整的畫面。先觀察一些彩繪玻璃的基本模型，再回想過去我曾使用過的針尖設計，我順著最自然的感覺去做，沒有任何人教導，或提供意見。

還有一件事便是寫作，磨鍊文字的技巧。這也是早先我愛做的事，但因爲恐懼，而被深深壓抑了，因爲它會揭露我心靈深處的真相，我怕自己會被批評成膚淺、孩子氣、乏味等等。然而我還是決定要寫這本書，即使永遠無法出版也在所不惜。我要重回文字的愉悅中，享受它們的美妙、力量與令人驚喜的能力。我很清楚地記得中學時曾寫過一篇深夜獨坐床緣閱讀的心情報告。我詳細地描述自己的感受，溫暖暈黃的光線，受燈光吸引而來的飛蟲，雙腿觸及床單的感覺，深夜的靜謐，翻動紙張的感覺與其美妙的聲響。我依稀記得自己喜愛的段落，特別是勞倫斯・杜瑞爾（*Lawrence Durrell*）的作品。我常常抄錄其中的幾個段落，或者隻字片語，反覆咀嚼個中的意涵，感覺就像在吃糖一樣。

此外，我很喜歡和一羣人一起工作，就像在芬霍恩時。我並不想回學校繼續研究理論，我真正感興趣的是以實際的方式去幫助人。癌症支援團體正是我想做的。

這所有的事情，我對它們的熱愛，都在很自然的狀況下產生，從來沒有刻意計畫過。它們以前都跑到哪裡去了？是怎麼走失的？我不確定。但不管過去發生了什麼事，它們似乎又回來了。最單純的快樂來自於存在與製造，而非理解和工作。這種感覺就像是回家一樣！這像不像肯恩發現自己的守護神時的感覺？我的感覺並非靈光乍現，它和心智無關，更不像他的豐功偉業那麼顯赫。但這就是我認爲自己要做的事，更寧靜、更無目的、更陰柔一些。它隱身於背景中，它和身

體及大地有更多的連結，對我而言，又顯得更真實。

「這便是昨天晚上所發生的事？」

她娓娓道完她的故事，我可以感受她的興奮，因為那是如此的真實。然而有趣的是，每個遇見崔雅的人，都因為她的睿智而留下深刻的印象；她顯然是我所見過的人當中，最聰慧敏銳的。崔雅一旦專注於某個議題，那個議題就可憐了。此刻她竟然發現這方面的能力無法滿足自己。她說她可能聽信了錯誤的聲音。

和這個內在的改變直接相關的是，我們是否創造了自己的病痛？整個新時代思想強調的就是人類以自己的想法創造了自己的病痛，病痛是人們需要學習的大功課（這與單純地從疾病中學習是互相對立的看法）。這整個議題隨著崔雅罹患糖尿病再度爆發出來，她曾經被許多想要幫她瞭解自己為何得糖尿病的好心人打擊。從理論上來看，這個觀點是非常不平衡、偏頗而危險的（原因我會在下一章說明），崔雅加上了另一層看法：這整個途徑太過陽剛，太具操控性、攻擊性，也太冒瀆了。崔雅很快便因為她對疾病採取的更慈悲的看法，而成為全國知名的發言人。因為全美話題的帶動者——「歐普拉秀」要求她上節目與鮑尼・席格（*Bernie Siegel*）對談。

關於疾病是否因我而起的這個話題再度降臨我身上。那些將其理論化的人，或是將自己理論化的人，通常都以譴責的態度來看待這個有關責任的議題。「我到底做了什麼要遭受這種後果？」「爲什麼是我？」「我做錯了什麼，這種事情爲什麼會發生在我的身上？」「無怪乎我會

得癌症，我活該應得的。」

我有時也把這種「邏輯」强加在自己的身上，朋友們如此對待過我，十八年前當我母親罹患癌症時，我也以相同的方式對待過她。我猜想她同樣覺得被冒瀆了。雖然我承認我所做過的事，或某些特定的習慣、某些與世界產生關聯的方式以及應付壓力的態度，形成了我的癌症和糖尿病，但我不認爲這是全部的原因。面對一個令人恐懼的疾病，我和其他人的反應一樣，也想找出理由，因恐懼未知而產生防衛的反應，是自然、可以理解的事。

然而我還是要提出一些解釋，我相信疾病是由許多原因造成的——遺傳、基因、飲食、環境、生活型態與人格因素等等。若硬要說其中的一項，譬如人格因素是唯一的病因，那就忽略了真正的事實：我們也許可以控制事情發生時自己所產生的反應，但我們無法控制每一件發生在我們身上的事。誤以爲可以控制每一件發生在自己身上的事的這個幻覺是非常具有破壞力與攻擊性的。

此一觀點也會衍生罪惡感。假設某些人得了癌症，又認爲是自己造成的，那麼罪惡感和許多不好的感覺便會由此而生。接著罪惡感的本身又變成問題，阻礙了對治疾病、朝向更健康、更良好的生活品質邁進。此乃該議題如此敏感的原因，有關責任的議題必須小心地處理，不要將自己潛意識的動機歸咎別人。對我來說，如果人們給予我的建言只停留在理論的層次，會讓我覺得被冒瀆、甚至無助。我們都知道別人加諸我們身上的不平指責多麼令人挫折，尤其是這些指責只爲了證明他們是對的，而我們是錯的。這真是最殘酷的心理學了。

大部分病人對治疾病的心理壓力已經夠大了，如果還得負起致病的責任，勢必會承受更大的

壓力。這些人的需求應該被尊重，限度也應該被考量。我並不是不相信在適當的時機應該有建設性的對抗，我反對的是當人們把那個理論加在我身上的時候，連問都沒問一下我對自己和這個疾病的看法是什麼。我不喜歡有人這麼對我說：「某某人說，癌症是因爲憎恨的情緒所引起的。」特別是他的語氣已經認定這就是我得癌症的原因了。我也不喜歡聽見「糖尿病是因爲缺乏愛所引起的」的話，誰知道呢？我比較不介意人們對我說：「某某人說，癌症是因憎恨的情緒所引起的；妳認爲呢？對妳來說是真的嗎？」

我相信我們可以利用生命中的危機來治療自己。我知道有些時候我會出現憎恨的情緒，但我無法確定它在我得癌症的過程中扮演了什麼角色。我相信如果能利用這個危機來察覺這個可能性，並且醫治自己的憎恨，學習寬恕、發展慈悲心，將是非常有益的。

總結以上我所說的——

我得了癌症。因爲這個疾病我必須遭受的打擊、手術與治療，已經讓我覺得夠糟了。我對自己得癌症已經有很深的罪惡感，我不斷地自問，我究竟做了什麼才遭致這一切。這樣的自責對我來說是相當不仁慈的，所以請幫幫我，我不需要你們再給我更多的不仁慈了。我需要的是你們的瞭解，溫柔地幫助我應付這個難題。我不需要你們在我身後的種種臆測與妄然的斷言，我需要你們詢問我，而不是一味地告訴我。我希望你們能夠試著體會這種感受，稍微站在我的立場設想一下，對我仁慈一些，這樣我才能仁慈地對待自己。

三月，崔雅和我一同前往波士頓的傑瑟林診所，那是一間以治療糖尿病聞名的醫院，我們希

望我們所面臨的新疾病，可以在那裡獲得較好的控制。此外，我們也打算順道去香巴拉出版社探望一下山姆。

山姆！多麼可愛的人啊！多麼傑出的實業家，那麼開放、有愛心。我喜歡他與肯恩彼此開玩笑的方式。在香巴拉出版社的辦公室裡，他們看了一些有關肯恩的最新書評。這些書似乎造成相當大的震撼，不僅是美國本土。山姆說，肯恩在日本已經被視爲一派宗師，但是被歸爲「新時代」，這一點令肯恩十分不滿。在德國，他則是一位真正的主流人物，學院派熱衷研究的重要現象。我們開玩笑說威爾伯學派，不久就會變成威爾伯草莓派。每個人都說肯恩變了，變得比較易感、可親，不再那麼疏離和自大。

我們與香巴拉出版社的總編輯艾茉莉（*Emily Hilburn Sell*）共進午餐。我很喜歡她，也信任她的判斷力。我告訴她我正在寫一本有關癌症、心理治療與靈修的書，我問她是否願意幫我編輯。「我非常樂意。」她說。這句話讓我更下定決心要將這個計畫貫徹到底。

稍晚，我們站在傑瑟林糖尿病診所的兒童部門前。牆上的布告欄貼滿新聞、剪報、公告、海報以及小孩們的塗鴉畫作。其中一個醒目的標題寫著「對一個十歲大的孩子而言，生命是一個保持平衡的動作」，內文寫的是一羣十歲大的糖尿病患者的故事。旁邊有一張海報寫著：「你知道有誰想要一個患有糖尿病的小孩嗎？」海報上有一張小小的臉龐凝視著我。布告欄上還有另一張關於四歲糖尿病患者的剪報，一張訴求如何協助孩童們克服對醫院恐懼的海報。看著這些，一時間淚水不由自主地湧出。這些孩子與他們所遭受的一切令我感傷，他們還這麼年輕啊！牆上有許

多色彩鮮明的蠟筆塗鴉作品，畫的都是布林克醫師，但其中有一張特別打動我的心，上面寫著：「把布林克醫師和糖尿病放在一起就像……」圖上畫的是一杯汽水、一根剝開的香蕉，還有一些巧克力碎片餅乾——畫中這些食物都是孩子們的最愛，現在卻再也沾不得了。他選擇這些被全然禁止的食物，做爲他所要表達的重點。

第二天，我們在「三位一體教堂」（*Triuity Church*）度過復活節，這是一間興建於一八三四年的教堂，蓋得極美，羅馬式的拱門建築，裡面綴飾著金色葉片、深綠的暖色調，以及赤褐的陶磚。復活節的星期天，教堂裡擠滿了人，前方的桌上布滿了天竺葵，是準備送給來參加禮拜的每個小孩。這幅景象令我有點驚訝，突然想起這本來就是一個基督教國家，我幾乎忘記這回事了。這裡的每個人都穿著特地爲復活節準備的華服，當我們走進教堂時，發現今天早上在人行道上的禮拜是需要穿西裝打領帶的。波士頓的華服在今天傾巢而出。

我們簇擁在這些華服與復活節的禮帽中，好不容易找到視野很好的位置。我們從一位號手的後方向下俯視一個個灰的、棕的、金的、禿的、戴帽子的、沒戴帽子的腦袋。教堂四周的金箔，高高矗立的拱門以及聖壇上莊嚴的十字架，使我們的靈性爲之提升，提醒著我們都是屬於上帝的兒女。

我喜歡這次禮拜所講的道，簡短、有內容。牧師提到了我們在人世間的苦難，以及那些曾經被苦難試煉的人所堅守的古老信念，他問道：「我們難道不能放棄古早的迷信嗎？那些受苦者理當受到苦難的折磨嗎？每天晚上，全世界有三分之二的人是在吃不飽、穿不暖、無庇佑之所的情況下就寢的。」他將耶穌所受的苦難與人類的處境結合在一起，我從未聽過有人以單純的人性、

而非神聖使命的角度來詮釋耶穌所受的苦難。這位牧師也提到我們對意義的需求，並且爲我們祈禱，使我們能夠在平凡與超凡中覓得個中的意義。上帝一定知道那些話是在對我說，因爲我一直對意義有著强烈的渴望。

就在我聆聽講道時，奇妙的改變發生了。突然間，「意義」這兩個字給我的感覺和過去迥然不同，不再覺得不愉快、不滿足、甚至慌張不安。我想我對自己可能比以前慈悲一些，對生命和人性也更溫柔了。而智慧邁進的部分，我和肯恩曾經討論過，但是當我與其他人談到這些內在的變化時，他們無法完全相信那是真的；我是在誇耀嗎？還是在期望它是真的？也許我所斷言的事實，到頭來都不是真的？但是我知道自己並不是在僞飾，因爲每當我寫到或談到那些過去曾經困擾我、至今仍未消退的問題時，我心中的抱怨、稜角和苦澀已經不再强而有力，我並不想拿我的進步去說服任何人，因爲我仍然壞脾氣、愛抱怨與自憐，只是當我提起這些問題時，感受不再那麼强烈，甚至有點乏味，這時我知道自己真的有進展了。

接著我們來到古南方教堂——每一個家族都有高牆圍繞、屬於自己的包廂。强調的是人、神之間的祕密經驗，因此與三位一體教堂的感覺非常不同，在那裡我們可以目睹整個聖會的經過。一位牧師詢問我們是否需要他的幫助，他帶我們去參觀一個包廂。當麻薩諸塞州被英國人統治時，這個包廂是屬於當時的州長，伊麗莎白女皇造訪此地時，也曾坐過那個位子。

之後我們到紀念花園逛了逛，這座花園同樣被高聳的磚牆包圍，上面還懸掛著許多匾額，紀念保羅·李維、喬治·華盛頓，以及曾經被人目睹在一七九八年從鐘塔上飛下來的人士。肯恩開玩笑地說：「他們應該把匾額釘在地上有油的那個點才對。」環顧四周，磚牆在春天的陽光中散

發著光芒，有些地方滿滿地攀爬了厚實的蔓藤，盤根錯節地糾纏在一起。我覺得非常幸福，至少當下我是這麼想的。

六月二日，我們回到了舊金山——一個紅旗飄揚的日子。醫生們決定停掉崔雅的利尿劑，哈利路亞！這表示她的循環系統功能已經獲得了改善。我們興奮得有些精神恍惚。停掉利尿劑後，我們到城裡大肆慶祝了一番，去他的飲食控制！崔雅活著，精力充沛，神采奕奕地活著。許久以來，這是我第一次可以喘口氣，真正地喘口氣了。

兩個星期以後，崔雅在自己的胸部又發現了一個腫瘤。後來腫瘤被切除了，是惡性的。

譯註：庫恩氏病（*Crohn's disease*）是一種局部性的迴腸炎，一種原因不明的慢性肉芽腫性消化道炎疾病，病變可擴及自口腔到肛門的全部消化道，但以迴腸與右半結腸爲易發部位，呈圓或縱行潰瘍，裂口，並可能形成腸瘻與腸腔狹窄。以腹痛、腹瀉、血便、梗阻等消化道症狀及發熱，關節炎、營養不良等全身症狀爲臨床表現。多見於歐美人。

崔雅和父親瑞德，攝於1967年，於聖安東尼奧。

崔雅和肯恩，攝於接受治療期間，於磨坊谷。

HEAD

13 艾斯崔雅

崔雅發現那個腫瘤的早晨，我正躺在床上，依偎在她的身邊。「親愛的，你看，就在這裡。」一顆小小的如石頭般堅硬的腫塊，就在她右手臂的內側。她非常鎮定地說：「你知道的，這很可能又是癌。」

「我也這麼想。」

還會是什麼呢？更糟的是，在這個節骨眼上復發是格外嚴重的，這表示它已經開始轉移到其他部位了，骨頭、腦部或肺葉，這種機率是相當高的。我們兩人都非常清楚。

然而在未來數天、數週、數月內仍持續令我驚訝的是崔雅的反應：既不驚慌、恐懼、憤怒，也沒有因此而落淚，一次也沒有。眼淚對崔雅來說，是一個洩漏心底祕密的跡象；只要有什麼不對勁，她的淚水就會毫不隱瞞地透露一切，但這一次崔雅似乎過於平靜、放鬆與開朗，沒有批判，沒有逃避，沒有抱怨，也沒有嫌惡，如果有，也只是些微的起伏。她的定力似乎已經到了無法動彈的境界。如果不是親眼目睹一個人可以在長時間內都如此鎮定不移，我也不相信這是事實。

崔雅說她內在的改變在許多方面漸漸攀上了頂點，從做事到存在，從認知到製造，從不安到

信任，從陽剛到陰柔，其中最難的便是從掌控到接受。這一切似乎非常簡單，直接與具體的方式完整地融合了。

三年來崔雅的確改變了，她能公開地表達對這次復發的感激，因為沒有任何東西能讓她證實這份內在的改變有多麼奧妙。她覺得老舊的自我（泰利）已死，而全新的自我（崔雅）正在誕生。

我現在的感覺如何？基本上很好。今晚上了一堂很棒的蘇菲課程，我很喜歡這種修鍊的方法，希望能一直持續下去。肯恩和我打算明天沿著海岸兜風，在任何一個可以發現自我的地方停下過夜。

當天下午我和彼得・李察茲談過以後，再次確定我的癌症又復發了。他們稱之爲治療失敗，這話聽起來如此不吉利。我自己的感覺倒還好，有個聲音悄悄地對我說：「妳應該憂慮的，爲什麼妳表現得如此鎮靜，這是不對的，難道妳不知道令人恐懼的事正等在妳的面前嗎？」但這個聲音並沒有太大的威力。我想它就是我頭一回得知自己罹患癌症時所產生的那份恐懼。

我讀過許多可怕的癌症病例與殘酷的療程，「西方十大致命死因」中所敘述的駭人景象，曾經帶給我許多惡夢。然而此時它們卻變得相當慘淡，不再像過去那般令人膽戰心驚了。

當我第一次發現這個腫塊時，除了倒抽一口氣之外，並沒有特別害怕，雖然內心很清楚它所代表的意義。我沒有驚慌失措，沒有流淚，也沒有強忍淚水。所有的感覺只是：哦，又來了？如此而已。

肯恩真是太好了。他對我說我們將一起度過這一切。我非常平靜，如果這是生命中無法逃避的惡運，我就坦然接受。這是一份奇妙與祥和的感受，我的飲食很好，運動很規律，我覺得精力旺盛，再度對生命燃起熱情。

在今晚的冥想中，我覺得自己不再逃避關係，也不再抗拒人生。我想開放自己面對生命的每一個向度，我要冒險，全然地信賴。我不想再利用敏銳的心思替自己的護衛和逃避找藉口，我要憑直覺行事，只要心中覺得事情是對的，我就會照做。如果覺得不對勁，即使再合理，我也會盡量避免。我要暢飲生命，充分地體驗一切，不再只是淺嚐，然後抗拒。我要擁抱一切，含納一切。我要享受做女人的樂趣。

我立刻聯想到，如果不想再做男人，就得停止稱呼自己為泰利。我要變成崔雅，崔雅・威爾伯。當天晚上我做了一個令人驚嘆、興奮的夢；夢醒之後我唯一記住的只有：「哈囉！我的名字叫崔雅！」

第二天早晨，泰利要求我叫她「崔雅」，我照辦了。崔雅，崔雅，崔雅。我和她的朋友開始擔心，也許崔雅在某種程度上是在否定自己，因為她太平靜、太喜樂、太開朗，也太坦率了。但不久我就發現自己低估了她，因為她真的改變了，非常真實而深刻地改變了。

過去六個月寫作使用的磁片已經滿了，我開始用全新的空白磁片，所寫的內容，剛好是有關自己的改變。

這份感覺像一個新的開始，一種重生。我真的改變了，這份改變是深刻而奧妙的。我們對於那些還沒有發生，或認爲不會發生的事，似乎是沒有恐懼的。然而除非那些令你恐懼的人事真的降臨了，否則你很難知道自己怕或不怕。

目前我没有什麼恐懼。當然，有一部分的我仍會害怕，畢竟，我只是個凡人，心裡還有幾個恐懼的小丑，但它們不再是主角，只是舞台上的撿場，而它們也似乎樂在其中。

没有經歷這場復發，我永遠也不知道自己的內在可以有如此明顯的改變。當我對癌症的復發表示感激時，我是真的發自內心的，因爲有些奇妙的事發生了，過去我所背負的恐懼、重擔，現在都已離我遠去，雖然我不知道它們是在何時、以何種方式離去的。

對於未來，對於這次復發可能導致的無情、甚至死亡的結果，我都不再那麼懼怕了。當我望向那條獨特的幽巷時，那裡還是有嚇人的劊子手躲在角落裡，但這份內在的改變給了我信心，即使必須通過那條幽巷，我的腳步也會是輕盈的。**「做命運的見證者，而非它的犧牲者。」**這是肯恩最喜歡的一句話。我全神貫注地留意著，懷著祥和的喜悅，沉著地穿過這條幽巷。我第一次聽到罹患癌症，便一直背在身上的那個象徵恐懼與震驚的巨石，現在已經不見了。如果我在沿路禁不起誘惑而拾起卵石，現在也可以把它們放回原處。

我的感覺如何？有一股奇特的興奮感，就像這是一個絕佳的機會，可以產生完美的動力去探索其他的癌症治療方法，就好像在研究院上實驗的治療課程一般。我也開始探索一些另類療法，從代謝治療、低熱量、粗食、加强免疫系統、靈療到中國的草藥，我一直在觀察我的生命，到底我錯失了哪些曾經享受過的事物，現在我必須努力將這些事物再一次注入我的生命。我要追尋我

在手工藝上的守護神，我要繼續靜坐冥想。我不再害怕被譴責或感覺罪惡，我也不再凡事中規中矩、或護衛自己。我只是單純地對生命感興趣，難以遏止地感興趣。我可以如同孩提時的體悟一般，擴大自己和宇宙相融。

醫生們所能提供給崔雅的治療，只有增加放療的次數，但這個提議馬上被崔雅拒絕了，理由很簡單，因為復發初期檢查出來的五個腫瘤，已經顯示她的癌症是抗拒放療的，這使得崔雅有更自由的空間去探索所有的另類療法。換成從前的泰利，她或許還會聽從醫生的指示——他們一定得提供一些療法，即使已經束手無策，還是得想出辦法來，可是現在的她可不買他們的帳了。

在瘋狂的癌症治療過程中，我們開始踏上到目前為止最有趣的旅程。這次是到洛杉磯，首先拜訪一位專門加強免疫系統的傑出內科大夫，接著到戴馬爾（*Del Mar*），與一位荒唐、狂野、可愛，有時又挺有效的古怪靈療師克莉斯・哈比（*Chris Habib*）共度一個星期。

克莉斯所做的一切是否具有確實的療效，我還不敢說，然而她的確做了非常不可思議的事：她替嶄新的崔雅注入一股無法逆轉的幽默感，因而將泰利徹底轉化成崔雅。

接下來的幾天中，我們就像遊牧民族般四處遷徙。有一晚住在假日旅館的五樓，窗子打不開，空調又故障，但傢俱蠻豪華的。另一個晚上住在使節旅館，它只有一層樓，還算舒適，旁邊有一間相當受歡迎的咖啡廳，總是坐滿出遊的美國家庭，吃著標準的美國食物、派和蛋糕。還有一個晚上則是住在經濟汽車旅館，地毯不怎麼乾淨，可以清楚地聽見三樓的人（就在你的頭頂

上）閒聊與整理行李的聲音，浴室裡還貼了一張告示，上面寫著如果毛巾遺失了你得賠錢。那天晚上我們在一間叫「五尺」的餐廳享受了一頓很棒的晚餐，是一間由中國人經營的歐洲餐廳。為什麼要取那樣的店名？沒人曉得。肯恩的猜測是：大概餐廳裡服務生的平均身高都在五尺上下！

戴馬爾真是一個可愛的地方，陽光和海水將它晒洗得非常潔白，令人覺得極為放鬆（人們在這樣的地方如何能工作？）於是我們決定在此度一天假，在海灘旁的一間旅館內盡情揮霍。這趟原本以汽車旅館為考量的旅程，突然變成了海灘探險、安靜享受美食和在潮聲中入眠的高級享受。我們吃過晚餐，逛完街，買了一些蔬菜和鮮魚。寬廣的沙灘上有一條河注入海洋，海邊有人在起火，火舌猛烈地竄上夜空，幾個身影在金色火光邊走動著，我想像自己聞到了烤熱狗和軟糖的香味，他們是正在慶祝的夫婦或情侶，微弱的火光與浩瀚的夜空形成了明顯的對比。

這天下午我去看了一位靈療師。療程結束時，我開了一張三百七十五元的支票，我覺得那是我的癌症療程中最值得花的一筆錢，只是我不敢把這件事告訴我的主流醫生們。妳竟然會選擇靈療，而不再做放療？多麼顛覆啊！然而這個決定帶給我的感覺是完全健康與肯定的，最重要的還是在另類療法的過程中維持清楚的覺察。每個人都同意信念在治療中佔有重要的地位，我已經不再相信放療與化療對我的疾病會有什麼幫助了。

我決定嘗試一些不同的方法，單純地看著所發生的一切，不帶任何價值判斷。

下午三點，我走進了「整體健康中心」（*Holistic Health Center*）。一位容貌英俊的年輕人來帶路，他告訴我他是喬治．羅爾斯醫師，這個中心的主任，我們穿過候診室，進入克莉斯的診療室，一位年紀稍長的男士躺在沙發上，克莉斯正在為他進行治療。她的兒子也在診療室裡，還有

另一位男子在旁邊。喬治坐了下來，很自然地與我們交談。那位年紀稍長的男士比爾，罹患了無法開刀的腦瘤，他先前還發現過兩個腫瘤，但在克莉斯的治療之下明顯地萎縮了，可是後來又冒出了目前的腫瘤。上個星期他是被人用輪床從醫院推來的，現在已經可以下床走動了。克莉斯無視當事人的存在，與我們討論他的病情，後來他的弟弟也加入。克莉斯以左手托住他的後腦，右手按在他的身側。她說她可以感覺有一個地方涼涼的，比爾也感受到了。克莉斯溫柔地說：「你應該先說出來的，難道每一次都要我自己去猜嗎？」

接著輪到我躺在那張沙發上。喬治和肯恩寒暄了幾句便先行離去。當克莉斯的右手按住我的前胸時，我覺得有一股涼意；她說如果我感到任何涼意，一定要十分確定地告訴她。然後她的手緩緩移動，我覺得胸部內側的肋骨區域，有一股陰涼的感覺不停地冒出來。接著她的手在我的腹部停留了幾分鐘，胰臟的部位突然出現某種奇特的感覺。她忽然開口對我說：「哦，我忘了告訴妳，我也有糖尿病。」她繼續在那個部位治療了大約二十分鐘之久，再逐漸將她的左手移到我胸骨正中央，右手則一直停留在那個令我感到涼意的肋骨部位。她提到癌症是由病毒引起的，即使醫生說它們已經不見了，它們仍有可能藏在某處。她說目前要做的便是阻止這些病毒移往別的地方。她把一隻手放在我胸骨的下方，另一隻手則繼續在肋骨與胰臟間移動，其中有個地方令我感到涼意，另一個地方則不會。當她的手逐漸移至我的左側時，我仍然可以清楚地感受到胰臟部位的涼意，我想起我的祖父也是死於胰臟癌。

她把左手放在我的右側，右手放在癌細胞復發的地方。我說我並沒有感覺任何的涼意，過了一會兒，她的右手移到義乳的上方，我建議將它取下，克莉斯說沒有必要，因為她的能量可以輕

易地穿透它。這所有的過程，都在她的兒子與那位男士的旁觀下進行。

克莉斯在二十三歲時便察覺自己得了癌症，先是胸部出現一個腫瘤，接著不到三年的時間，癌細胞擴散到全身。她對我說那是她治療工作的開始。她在義大利與一位生化學家研習了好一陣子，有一次因爲替一位患有白血病的小孩治療而遭到逮捕。「妳能想像嗎？」她說，「如果這是一項罪行的話……。」這位生化學家是一位特異療法的信奉者，他說他第一眼見到克莉斯的時候，就知道她有能力靈療。

她的夢想是去第三世界的國家，傳授這種治療方法。她到第三世界的國家，因爲這種形式的療法在美國是不允許的。雖然有些人天生比其他人具有這方面的稟賦，但根據她的說法，靈療還是非常有邏輯的，而且很容易教授。她說，疾病存在的層次有十種，癌症屬於第五個層次，糖尿病屬於第四個層次。要治療，必須先在正確的層次上喚起震動，這種震動能適合某一類型的癌症，然後學習在你的大腦中運用適切的情緒壓力。以現在爲例，她說，她正在對我施以十三個單位的壓力，而我所能接受的壓力是介於十至二十五個單位。

第二天我們又回到克莉斯診療室。肯恩一直待在室外，這樣他所抱持的懷疑心態才不致影響我的療效。

我發現自己愈來愈喜歡她，她究竟有什麼樣的魔力？今天她告訴我，她的癌症曾經復發了七次（三次危及心臟），其中兩次還被宣判爲末期。她先生（她十五歲就結婚了）在她滿三十歲的某天突然說要和她分手，爲了那位一個月前雇用的女祕書。沒有預兆，沒有其他的解釋，事情就這麼發生了，當時他們育有三名子女和兩名收養的小孩。她說，在那一整個月中，癌細胞幾乎布

滿全身，癌症復發是因爲她的心碎了，整個人都被掏空了；她一直沒有關心自己的需求。她的繼父在她八歲大的時候便棄家不顧，身爲長女的她，必須照顧家中的每一個人，包括體弱多病的母親（她已經罹患了十九年的心臟病），以及小她一歲的智障妹妹。有一天，她那位木匠繼父居然開腸剖肚地走進屋裡；他被電動的圓形鋸割傷，他要她母親打電話叫救護車，可是母親當場昏了過去，克莉斯只好自己去叫救護車，還要協助她父親躺下，處理他身上的傷口。她說在她完全被治癒以前，她必須先學習照顧自己。

接著，她開始談起我體內四處遊走的病毒，她告訴我如何追蹤它們，以確保這些病毒不會藏匿我體內的任何一個角落。當她開始運功時，有病毒存在的地方就會產生寒意。她可以從這份寒意來確定病毒所在的位置。這份寒意也能殺死那些病毒，因爲病毒不喜歡寒冷。當她爲我進行治療時，雙手不停地在我身體的各部位移動；有時她會問我某處是否有寒冷的感覺，或是否有氣在體內流動。有時她會主動說出她對我的某個部位有特殊的感覺，問我是否有同感。通常那種寒冷感比一般的涼意要再冷一些，但不會令人打顫。「很好，」她說，「沒有那份強冷的感覺對妳來說是件好事，否則就麻煩了。」我問她，對那些因手術或放療而喪失感覺的人來說，這種療法是否難以達到效果。她說不會，因爲她可以感覺得到。然而就治療的本身來說，如果一個人可以很清楚地感覺到，還是相當重要的，這樣他們便可以瞭解發生的事。當她把手放在有寒冷感的部位時，她會對我說：「我們不允許這個病毒藏在身體的角落裡，對不對？」

後來她在我身上放了兩顆石頭，一顆是奇怪的螢石水晶，放在我的腹部，另一顆是非常美麗平滑的金屬石，放在我的心臟部位。我無法明確地說出這兩顆石頭給了我什麼感覺，但是整個治

療過程中，可以很清楚地感覺我的體內有許多能量在流動，特別是在腿和腳的部位。

這一天的治療過程中，只有我們兩人單獨相處，她和我談了許多這種療法在美國推行的難處。譬如某位稽查員才剛來過，他看了一下克莉斯的診療室，什麼儀器也沒瞧見。他想要確認她只做徒手運功的治療，她向稽查員再三保證這一點。很顯然的，她一直被監視著。

她對我說，某回有幾個人帶來一位患白血病的小女孩，他們嘗試了各種方法，遍訪所有的名醫，克莉斯是他們最後的希望了。當他們將小女孩帶進診療室時，順道帶了滿滿一袋的維他命、草藥與各種特別的食物。克莉斯忍不住大笑起來，將這些人趕出去，她建議到麥當勞替那位小女孩買一個大漢堡。聽見克莉斯這麼說，小女孩的臉馬上露出愉快的笑容，但其他人都嚇呆了，雖然如此，他們還是照做了。那位小女孩在克莉斯爲她做過四次療程後完全康復。她喜歡和孩子們相處，因爲他們單純、輕鬆，不像大人總是背著許多丟不掉的包袱。

她說十八歲大的兒子今天早上給她上了一課。「媽，」他說，「妳應該穿得更專業一點，而且口齒要再清晰一些，要言簡意賅。」克莉斯覺得她必須照自己的方式工作，譬如偶爾說個黃色笑話來紓解一下氣氛。她說：「我會試著讓病人放鬆，人們因爲背負太多的重擔而過分認真，笑話是很有幫助的。我的身邊不斷充斥著疾病、苦難與死亡，因此我不再把生命看得過於嚴肅，這種態度對病人是有益的，我的家庭作業是，每天帶一則不同的笑話進來。」

她爲什麼如此討人喜歡？我對她所做與所想要教授的一切都相當有信心，她不是個貪婪的人，這點是非常肯定的。我喜歡待在她的身邊，我期盼回到這裡來，她有一股旺盛的、豐富的、充滿母性特質的能量。我希望她能照顧好自己；因爲我常聽見她說這幾年她是如何在照顧別人，

爲別人付出，然而她的內心是空虛的，她不知道該如何善待自己、爲自己付出。

克莉斯長得相當漂亮，有一種歷盡風霜的感覺。如果妳相信她曾經得了七次癌症，那麼她看起來飽經風霜就是很自然的事了。崔雅要我忠於自己，保持質疑的態度，但我們之間的氣氛卻變得很糟，這是過去相當罕見的情況，我們不斷地向周遭的朋友吐苦水。當天晚上，這種緊張氣氛終於爆發了，在溫柔的海浪聲中，我們展開了一場尖銳的討論。

「聽著，」火苗由我開始點燃，「對一般的信心療法或這類的徒手運功我並不懷疑。我也相信這些現象有時是非常真實的。」

崔雅插嘴了：「你和我一樣清楚它背後的理論，人體內有一股奇妙的能量，俗稱氣，針灸術或拙火瑜伽想要引發的也是這股能量。我確信那些所謂的靈療者，可以有意地在他們自己的體內和其他人的身上運用那些能量。」

「我也相信，我也相信。」事實上，我為愛迪絲所繪製的圖形中，這股能量歸類為第二個層次，也就是情感—生物能層次，這個層次在身、心、靈的連結上扮演了重要的角色。我相信無論是透過瑜伽、運動、針灸或徒手運功來支配這些能量，都是治療身體疾病重要的因素，因為較高的層次會影響較低的層次，也就是所謂的「上能影響下的因果律」。

「那麼你為什麼會懷疑克莉斯呢？我可以從你充滿譏諷的語氣中聽出來你並不贊同她。」

「不，不全然如此。依照我的經驗來看，治療者或靈療師通常不十分瞭解自己所做的事或他們是如何辦到的，卻歪打正著地產生了功效，於是他們開始對自己所做的一切捏造故事或理論。

我並不懷疑他們的功力，而是質疑他們編造的理論和故事。有時這些故事聽起來相當有趣，而他們也經常以半生不熟的物理學論調來支持自己的說法，對這類的事，我實在不能不反應。」

那天傍晚，我走進診療室去看克莉斯的治療工作。誠如我所說的：我並不懷疑有某種真實的東西正在運行，她真的在運功，但要相信她所說的每一個字卻很難。我這輩子從未聽過這麼多荒誕不經的故事，然而無可諱言的，這正是她的魅力所在。如同崔雅，我也覺得她非常可愛，你會很想待在她的身邊，聽她說這些神奇的故事。後來我發現，這正是她的治療工作中非常關鍵的部分，但這不意味我必須相信她說的一切。柏拉圖曾經說過，要成為一名好醫生，其中三分之一的條件必須具備所謂的「魅力」，從這個角度來看，克莉斯絕對是一位好醫生。

然而崔雅卻把我對克莉斯的故事的質疑，當成我對她的療效的懷疑，這兩者她都不想接受。「我現在不需要聽這些。」她不斷地說著。我仍然在學習如何成為一位好的支持者。我在這件事上學到的功課是：如果你真的對某一種療法有所懷疑，應該在當事者決定接受這種療法之前提出來。但當事人如果已經決定要接受，你就要收斂懷疑，百分之百地支持他，因為那時你的懷疑會變得殘酷、不公、且具有傷害性。

反正，克莉斯的魅力對崔雅產生了非常驚人的效果。這份「魅力」在白人醫師的正統醫療中是找不到的，如果有的話，也會被那個消過毒的字眼「安慰劑」給沖淡了。然而你是希望被「真實」的醫療治癒，還是被「魅力」的醫療治癒？你真的在乎嗎？

過去崔雅頗信任我的幽默感，但有時也會認為我的幽默感不恰當。克莉斯卻讓我發現自己的幽默感有點貧血。她沒有什麼是不能開玩笑的，也沒有任何設限，而這正是我和崔雅從瘋狂的克

莉斯・哈比身上所學到的，放輕鬆！一切不過是個笑話罷了。

沿著海灘跑步，那條返回旅館的路徑完全籠罩在昏黃的暮色中，我想著自己有多渴望改變，甚至改變得更多一點。我要以輕鬆的態度來看待事情，我要多笑、多玩，別老想危機，我要把身上的壓力除去，也要除去附加在他人身上的壓力。「我要輕鬆地掌握生命」——這是我的新座右銘。

第四次的治療。「許多人都不願意學習自我治療，」克莉斯說：「他們總希望把這件事交給別人。有時候我也必須成爲他們愛的對象。我曾經治療過一位男士，他是一位可以令每個女人墜入情網的英俊男子，他經營了五家公司，在卡維第有個老婆，但他竟然替十七個女人付了十七次墮胎費。他來找我的時候才二十二歲，得了癌症。他很快地愛上了我，不停地回來找我，對我說他有多麼愛我。『你並不愛我，』我對他說，『你愛的只是這股能量。你其實也有這股可以醫治自己的能量，爲什麼不替自己找些水晶來，我會教你怎麼做，這樣你就不必天天往這裡跑了。』於是他去買了一個水晶，發現自己可以處理那些發寒的部位。昨天是我在八個月後第一次見到他，他告訴我，只要他一覺得有什麼不對勁，就立刻使用水晶來治療。現在他的寒冷感減少了許多，他覺得自己可以運用它了。」

就在這時，肯恩走了進來。自從談開後，我們的關係與療程的進展就順利多了。這一次輪到他躺上診療枱。他真的很喜歡克莉斯，也認爲她是個相當不錯的提神劑。克莉斯的雙手開始在他的身上移動，但沒有感覺任何寒冷的部位。他自己也沒有什麼感覺。接著，她開始在肯恩的頭部

運功。這實在非常奇怪，她說，每個人大腦的左右兩側各有十條經絡，絕大多數的人只有二到三條是通的，最多不過四條。她說自己左右兩側的十條經絡全都是通的，但這是因爲她曾接受許多偉大的治療師運過功才有如此的成果。根據她的說法，像她這樣十條經絡全部通暢的人，大約兩千年才會出現一個，在她之前只有佛陀一人而已。但她說，肯恩腦部有一側的十條經絡是全部通的，另一側也通了七條。她從未見過這種人。既然他腦部的經絡通了這麼多條，她認爲自己有辦法把剩下的三條也打通。理論上是沒問題的，只是這種人兩千年才出現一個，這個房間裡竟然有兩個人擁有如此的稟賦；肯恩開始歇斯底里地狂笑起來，他一點都不相信這種事；至於我，也不曉得該高興還是憤怒！

克莉斯問我是否願意學習自我治療，我的回答當然是十分肯定的，於是她開始教我練習，而肯恩對此也頗感興趣。「想像妳正在量自己靈體的重量。想像妳正站在一個量表上，指針的刻度從一到十。現在這個從一到十的量表與先前所說的大腦的十條經絡是不同的。現在看看指針停在哪裡？」

首先閃入我腦海的似乎是思維而非畫面。我試著將心智集中在那個畫面上，我看見指針在4.5到5的刻度中擺盪。「好，」她說。「5代表著妳正處在平衡的狀態，現在開始將指針往5的地方撥去，試著在那裡停一會兒。接著再把指針往10的刻度撥去，妳一邊做一邊注意心中所發生的一切。」我專注地想像著這樣的移動，感覺內在遭到阻礙，我必須將指針推過頭才行。「妳感覺心中發生了什麼？內在的能量是否也跟著移向一側？」沒錯。接著她要我把能量移到刻度1，仔細看看會發生什麼事。我的注意力開始朝大腦的左側移動。「從現在開始，我要妳練習盡量把指

針定在5的刻度上，如果妳可以將指針定在那裡三十五分鐘，妳就上軌道了。以後只要時常檢查一下指針是否落在5的刻度上便可；如果偏了，就把它移回來。」

在療程剩下的時間裡，我不停地檢查著，指針始終定在5，偶爾會偏往4.5。很好，她對我說：「我已經感覺不到妳身體裡有任何寒意，病毒消失了，妳已經好了。」

她拿了一個很美麗的水晶給我，告訴我，只要我覺得身體有什麼不對勁，就把水晶放在那個部位上，直到寒意消失爲止，她還說：「注意肯恩，他現在已經能做我所能做的一切，如果妳還需要幫助，他可以幫妳。」

「你真的辦得到嗎？」我們倆步出整體健康中心的大門，崔雅立刻問我：「還有，你那個時候為什麼笑個不停？」

「親愛的，我没有辦法，因為我不是佛陀，這是妳我都很清楚的事，我希望自己可以像她一樣運功，但我就是辦不到。」

「當她在對你運功的時候，你感覺到什麼嗎？」

「我只感覺有能量在移動，最詭異的是，在她開口問我之前，我的確聞到一股氣味。就像我跟妳說的，我認為這些具有天賦的治療師確實有特異功能，我只是不相信他們的詮釋罷了。」

但不管事實如何，克莉斯真的給了我們很多能量，我們都感到生氣盎然、敏銳、快樂。那些不可思議的故事讓我和崔雅以較輕鬆的心情來看待每一件事：在克莉斯的身邊，事實是没有什麼意義的，是真是假，是誇張是實際都不重要。我認為這是克莉想要我們認清的唯一觀點。

「你明白了什麼？」這聲音非常堅定地問道。

我決定不再反抗它了，因爲似乎沒有任何意義。我試著從眼前成千上萬的字、符號和句子中，挑出少數我可以理解的，開始大聲地朗誦。這些字句和符號彷彿看著我，而我也看著它們。

「反觀自己，我們所熟知的世界是建構在可以反觀自己的秩序之上的，這是我們無法逃避的事實。爲了做到這一點，必須先將自身分割成兩半，一個是能觀的，另一個是被觀的。在這個殘缺不全的狀態中，不管它看到什麼，都只是部分的自己。只要我們把自己當成一個客體來看，毫無疑問地我們都會脫離自己，成爲一個虛假的自我。在這情況下，它永遠有一部分是在逃避自己的。」

「繼續唸。」那個聲音說。我發現有另一段文字在眼前浮現。

「每一件來自永恆的事都發生在天堂與人間，神的生命與所有時間的功業，其實都是神性要瞭解自我、發現自我、成爲自我、進而連結自我所做的努力；它是疏遠的、分離的，但唯有如此才能發現自我、回歸自我。」

「又來了。」

「它並不強調統治者凱撒、殘酷的道德家或是無法動搖的行動者，它只是寄住在世上最溫柔的元素中，藉著愛緩慢而安靜地運作著；它在與俗世無關的當下王國中找到了目的。如此一來堅

持的渴望就被合理化了，這份對存在（生存）的熱切渴望，被永不褪色的當下行動所更新。它就這樣不斷消逝而復生。」

「你明白這裡面的意思了嗎？」從虛無中傳來的聲音如此問道。

回到灣區的漫長歸途中，崔雅大聲地對我唸著精神分析師費德瑞克・李文森（*Frederick Levenson*）所寫的《癌症的病因與預防》（*The Causes and Prevention of Cancer*）中的一段，這是少數她覺得可以適切反映出癌症心理的書。

「他的理論是，那些很難與人產生連結的成年人，比較容易罹患絕症。他們通常都會有過度個人主義的傾向、過分自制、從不求助他人、凡事總想靠自己來達成，因此所有的壓力都會累積在自己身上，又因為無法向他人求助、或允許自己依賴他人而獲得紓解。這股囤積的壓力無處可去，若再具有癌症的遺傳基因，壓力便很自然地轉化為癌爆發出來。」

「妳覺得這種說法非常適用妳嗎？」我問。

「十分肯定。我這輩子最喜歡說的一些話就是：『哦不，謝謝，我可以處理的。』『我可以自己來。』『哦，不麻煩了，我可以的。』求助對我來說是一件非常困難的事。」

「也許這是因為妳是長女，又是個過於堅強的女人。」

「我知道隱藏在背後的因素是什麼，恐懼、害怕成為依賴者；如果求助，我怕會被人拒絕；如果我表現出自己的需要，又怕被駁回，也怕自己變成需索無度的人。我還記得自己在童年有多麼安靜、乖巧、不煩人、不會抱怨。我從沒有太多的要求，在學校裡也不會向同學透露自己的問

題，我只是靜靜地待在房間裡唸我的書，獨自一人，非常沉靜，非常自制。真丟臉，因為我害怕被批評，無時無刻地想像來自各方的負面批評。當我與妹妹、弟弟玩耍時，也經常感覺孤獨。這就是李文森的理論，」她繼續說著。「你聽：『處於前癌症期的人，由於缺乏情緒上的能趨疲，無法與他人融合，自身的苦惱也無法驅散，只有在照顧別人時才能體驗到親密感，因爲這是安全的。然而被愛和被照顧，卻會導致他情緒上的不適感，這是很容易察覺的。』」

「那就是我。你是第一個能夠真正與我融合的人，你還記不記得我在列出自己致癌因素的清單時，有一條寫的是『因為沒有早一點遇見肯恩』？看來李文森也同意這一點。他指出『自己動手做』就是致癌的因素，我這一生都是如此，這是我很深的業，一個我向來就有的問題。」

「把它丟到陰溝裡好嗎？妳現在已經是崔雅，不是泰利了。這個彎已經轉過去了，不是嗎？現在讓我們來談一談融合的問題，對我而言這意味著我們要好好地擁抱一番，這一點我是絕對可以勝任的。」

「我想，我只是在自怨為什麼我們不早點開始。」

「在這輛車裡不准有自怨存在。」

「好吧。那麼你呢？你主要的問題什麼？我的問題是試著去接受愛，不要太過自信或自以為能處理一切，並且接受身邊可以有許多人陪著我、愛我。你的問題又是什麼？」

「我犯了和妳相反的錯誤，我認為每個人都應該愛我，當我發現有人並非如此時，就會開始緊張。因此，在我小的時候，我不斷地企圖平衡自己。我當班長、代表畢業生致辭，甚至在足球隊裡也要當隊長。我瘋狂地希望被人接納，想要讓身邊的每個人都愛我。

「其實我和妳的問題一樣是恐懼——害怕被拒絕。但妳是自我封閉而太過內向，我則是太開朗而過分外向。所有的一切都導源於焦慮、企圖去取悅別人、表現自己，典型的焦慮神經官能症。」

「這就是你所謂的F_3症病狀。」

「第三號支撐點病狀（*Fulcrum Three Pathology*），没錯。我這一生絕大多數的時間都處在焦慮的狀態，這就是我和羅傑、法蘭西絲、西摩爾一起處理的課題，它非常難以駕馭，或者該說我本身就是一個很難駕馭的傢伙。然而我不認為那是我最主要的問題，因為我一向還能處理，但是如果我不能誠實面對自己的內在聲音或我的守護神，那麻煩就大了。」

「你不寫作就是在棄絕它嗎？」

「不，應該說我不寫作，又將不寫作的原因歸咎他人時，便是在棄絕它了。那是一個謊言，來自你的靈魂，而非你的肉體。F_3的焦慮只是某種較低的身體能量，那些不讓它升起的侵略性情緒。守護神則是你不讓它下降的更微細的能量。這股能量一旦受到阻礙，就會引發無法自持的焦慮，這股焦慮會使我徹底瓦解。因此，如果我能誠實面對我的守護神，就能處理F_3的焦慮；反之，我就會有F_7或F_8的病症，一種靈魂的病症，這兩者加起來足以使我毀滅。這就是在塔霍湖發生的事。天啊，我真的非常抱歉，那時我總是將一切罪過推到妳身上。」

這是我首次以如此自由而開放的態度坦承我曾經諉過於她，雖然彼此心裡都很清楚，但能夠將如此困難的問題釐清真好，特別是我們去戴馬爾時相處得並不好。自從見過西摩爾以後，我們已經停止爭吵了（我們兩人都認為西摩爾挽救了我們的婚姻）。然而戰火又因為我對她最近所選

擇的治療方式抱持懷疑而被重新燃起，一開始我們都以為這只是一個困難的爭吵回合，其實剛好相反，它是婚姻攻訐中最低、最困難的狀態，但也是一個好的狀態。從那時候起，我們就不再爭吵了，至少能暫緩一下。也許從克莉斯的身上我們學到：一切不過是個笑話罷了。

回到舊金山，我們聽說卡盧仁波切將在博爾德舉行時輪金剛法會，山姆打算去參加，並鼓勵我們一同前往。幾個月後，我們與一千六百個來自各地的人一起坐在科羅拉多大學的禮堂中，參加持續四天的佛教最高法會。當時我們並不清楚，但這場法會確實是「崔雅」最後的催生劑。一個月後，在她四十歲的生日當天做了正式的宣告。這一切的因緣是那麼地適切，只看了卡盧一眼，我們就知道我們已經找到老師了。

嗨，朋友們，十一月十六日是我的四十歲生日，就在這一天我改名叫崔雅。從今以後我不再是你們所熟悉的泰利・吉蘭或泰利・吉蘭・威爾伯，而是崔雅・威爾伯或崔雅・吉蘭・威爾伯。

七年前，當我還住在芬霍恩時，我做了一個非常清楚、在某程度上相當重要的夢。我夢到自己的名字應該叫艾斯崔雅（*Estrella*），也就是西班牙文的「星星」之意。當我醒來想起這個夢時，我覺得這個名字應該被改成崔雅（許多人都不曉得西班牙文中的「*ll*」應該發成「Y」的音）。然而我並沒有眞的去做，因爲我向來對那些突然改名的人存疑，當時，改名字對我來說是一件非常窘的事；我自己的批判阻礙了我「追隨自己的夢」。

或許是時候未到，或許我需要七年的時間與這個名字合一。毫無疑問，這些年是我生命中最戲劇性、也最具挑戰性的歲月，特別是後三年。我先是認識了肯恩，四個月後與他結婚，婚後的

第十天發現自己得了乳癌，開刀、放療；八個月後復發，再度開刀；六個月的化療，頭髮掉光；八個月後發現自己罹患糖尿病，今年的六月癌症又復發了。

面對最近一次的復發，我的反應連自己都嚇了一跳。前兩回合與癌症奮戰，最顯著的反應就是恐懼，這一次卻非常平靜。當然，恐懼還是有，經過了這段時間，我對癌症當然不會掉以輕心，但我平靜的程度與實事求是的態度，令我發現自己和這個疾病的關係已經全然改變。如果沒有這次的復發，我永遠也無法徹底認識這份內在的改變。

在我得知切片檢查結果後的某個晚上，我在日記裡寫下有關這次復發的事。我隨興記錄了這件事對我的意義以及我的感受。我發現自己寫了一些我在陰陽特質中找到的平衡感，也表白我終於可以不再做父親眼中的長子。我發現自己寫的是：「崔雅……我的名字現在應該改爲崔雅了。泰利這個名字十分的陽剛、獨立、不苟言笑、不裝腔作勢，而且非常地率眞，是我一直想達到的境界，但崔雅是一個更溫柔，更具女性特質、更仁慈、更敏銳細緻，而且有一點神祕的名字——也是我目前想要成爲的那種人。更像我自己。」

但我仍然覺得改名字很無聊，沒錯，這正是泰利可能抱持的態度：一點意義都沒有。然而崔雅，崔雅會理解、會鼓勵並支持這樣的改變。去年夏天，我又做了兩個更鮮明的夢，其中一個是有關癌症復發的，這兩個夢提醒我：「別再瞎兜圈子，是改名字的時候了，妳的名字叫崔雅。」

上個月我和肯恩參加了由卡盧仁波切所主持的時輪金剛法會，星期六的晚上，每個人都必須睡在由苦兮（*kuahi*）草編成的蓆子上（據說佛陀在證悟時就是坐在這種草蓆上），還要記住自己的夢，這些夢被認爲是特別重要的。那天晚上我夢見肯恩和我正在找一個住的地方，那是一種

要「回家」的感覺。在海邊的一幢屋子裡，我看見地上有一支很大的黑色自來水筆，我將它拾了起來，我想試試看好不好寫，便取下草帽，很清楚地寫了「崔雅」這個名字。

因此我決定在四十歲生日的這一天改換自己的名字；不僅如此，生日這天，還是個月圓之日，非常有女神的意味！

除了改名之外，我還做了一些自己眞正想做的事，譬如彩繪玻璃以及一些我迫不及待想拾回或夢想已久的事。這都是一些嶄新的事，並非來自過去或任何人的鼓勵。這回我是眞正擺脫了過去，開始做我感興趣的事。

我不再苛求、批評人，不再以「保守」或「成功」之類的標準來衡量。我有一位從事編織的朋友，她先生是一位政治上的激進份子，我不再認爲她所做的事與她先生相較是多麼微不足道了。我變得更加寬容，並開始對人們不同的生活方式感到興趣，評斷人的話也不再脫口而出。我開始把生命視爲一場遊戲，不再肩負沉重的使命感。生活變得更有趣，更輕鬆自在。

我以前的那份女舍監心態，那份喜歡檢視他人生活的傾向漸漸消退。我不再以自己的方式去看待別人，不再想控制那麼多，不再假設人們的生活應該怎麼樣才是「正確」的，因此我對於憤怒的反應開始緩慢下來。我只是單純地看著自己和別人，不再有絲毫的批判。

此外，我更加信任自己，對自己也更仁慈了，我相信有種智慧在引導我的生命，而我的生命不一定要和其他人的生命一樣美好，甚至成功。

這些改變像滾雪球般愈滾愈大，終於在我的生日這一天整合了。從許多方面來看，我眞的重生了。擺脫過去的我，迎向一個眞正屬於我的未來，沒有過去的牽絆，朝向一個眞正屬於自己的

方向前進。
祝福所有改了名字的人，我現在的名字是崔雅·吉蘭·威爾伯。

愛你們的崔雅

一九八六年十一月二十五日

14 什麼才是真正的幫助？

卡盧仁波切是一位徹底超凡的導師，他被視為當今西藏最偉大的法師之一。年輕的時候，卡盧便決定全心追求解脫道，因此放棄了俗世的生活，在各大山脈的洞窟中冥想。他整整花了十三年的時間離羣自修，不久這位超凡聖者的聲名開始在西藏傳開。當時被視為「教系」的大寶法王（*Karmapa*）把他找了出來，驗證他的領悟，並宣布卡盧在冥想上的成就等同於密勒日巴（*Milarepa*）。他要求卡盧將佛法帶到西方世界，卡盧不得已只好放棄獨居生活，開始在西方各地成立冥想中心。直到一九八九年辭世為止，他已經在世界各處成立了超過三百個以上的冥想中心，是歷史中將最多西方人帶進佛法的大師。

在時輪金剛灌頂法會期間，也就是崔雅做了那個「崔雅」夢的同一個晚上，我夢見卡盧給了我一本含藏了宇宙所有祕密的書。時輪金剛法會結束後不久，我和崔雅又參加了在洛杉磯外大熊山所舉行的，同樣由卡盧主持為期十天的智慧傳授閉關。

我曾經說過，我並不認為佛教是最佳或唯一的途徑，也不認定自己是佛教徒；因為我與吠檀

多哲學、基督教神祕主義以及其他的宗教都有密切的關聯。但如果一個人真想修行，就必須選定一條路，而我的路一直都是佛教的解脫道。所以我以卻斯特頓（*Chesterton*）的諷語來做為總結：「所有的宗教都是相同的，特別是佛教。」

我的確認為佛教是涵蓋最完整的宗教。它有許多特定的方法，可以幫助人往更高的層次進展，通靈、微細光明、自性、絕對境界。它在修行上有很清楚的次第，可以一步步引導你通過這些階段，除非你自己的成長與轉化能力不足才會受限。

智慧傳授閉關要介紹的便是這些階段與修行的方法。這次的閉關對崔雅而言格外重要，因為它徹底改變了崔雅日後冥想的方式。

藏傳佛教將解脫道分為三大階段（每一個大階段中包括了好幾個次階段），那就是：小乘（*Hinayana*）、大乘（*Mahayana*）以及金剛乘（*Vajrayana*）。

小乘是根本的練習，是所有佛教派別共有的基礎與核心訓練。此一階段的重心便是默觀練習或內觀法門，這種方式的冥想，崔雅持續了大約十年之久。在練習默觀時，你只要維持舒服的坐姿（蓮花或半蓮花坐，盤腿或不盤腿均可），赤裸地注意著內心與外境所發生的任何事，不去評斷它、指責它、追蹤它、避開它或欲求它，只要單純地、毫不遺漏地注視著一切，然後任其來去。這個練習的主要目的是要明瞭分裂出來的自我並不是一個實存，只是一連串無常而短暫的覺受罷了。如果一個人明白了自我竟然是這麼的「空無」（*empty*），就會停止認同它、護衛它、擔憂它，如此一來，我們就解脫了長久以來的痛苦和不快樂。正如為無為（*Wei Wu Wei*）所言：

你爲什麼不快樂？
因爲你所想或所做的事，
百分之九十九點九都是爲了自己，
然而那個自我卻是不存在的。

智慧傳授閉關的頭幾天，我們全神貫注地做這種基本的練習，參與的人都長期做過這項練習，後來卡盧又額外加以指導。

雖然這次練習非常殊勝，但仍嫌不足，因為純然覺察或注視的本身，仍然有微細的二元對立性，解釋這一點有很多種方式，其中最簡單的是：小乘最主要的目的在於自我的解脫，而忽略了別人的解脫，這似乎顯示了仍有自我存在的跡象。

因此小乘強調的是個人的解脫，而大乘強調的是衆生的解脫。大乘修行最重要的就是培養慈悲心。這並不是一種理論，而是要透過實修讓你的心中真的發展出慈悲心。

在這些修行中，最重要的便是*tonglen*，意思是「自他交換」（編註：又稱「施受法」）。一個人一旦在默觀上奠定了堅固的基礎，接下來便要步向自他交換的練習。這種練習極具威力與變化的效果，在西藏一直屬於祕密修行，直到近年來才被公開。這個練習開始深入崔雅的心中。方法如下：

在冥想時觀想一個你所愛的人正在經歷許多苦難，如病痛、損失、沮喪、痛苦、焦慮、恐懼等等。當你吸氣時，想像這個人的痛苦如同濃煙般的烏雲進入你的鼻孔，然後深入你的內心。讓

那份苦難在你的心中停留一會兒，安靜地體會一下；接著在呼氣時，呼出你所有的祥和、自由、健康、良善與美德給那個人。想像這些好的品質如同治療和解脫的光明進入那個人的身體，那個人因此感受到徹底的解脫、釋放與快樂。以此方式連續呼吸幾次。再想像那個人所居住的城鎮。吸氣時吸入這個城鎮所遭受的所有苦難，呼氣時把你的健康與快樂吐給其中的每一個居民。接著把觀想的對象擴大到整個州、整個國家、整個星球、整個宇宙。你將每個地方所有生命的苦難全都吸入，再將你的健康、快樂與良善反吐給他們。

當人們第一次接觸這種練習時，反應通常十分強烈。我的感覺就是如此。將這些烏漆麻黑的東西吸入體內？開什麼玩笑?!如果我因此生病了怎麼辦？這是多麼瘋狂又危險的事！當卡盧第一次教我們自他交換的練習時，上百名的與會者之中，有一位女士突然站了起來，問了一個令在場的人都深有同感的問題：「如果我觀想的對象是個患有重病的人，而他的病氣上了我的身怎麼辦？」

卡盧毫不遲疑地回答：「妳應該這麼想，哦，太好了！這個觀想發生功效了。」

這就是整個重點所在。我們這羣號稱「無我」的佛教徒，馬上露出了自我的馬腳。我們來這裡修行只是為了個人的解脫和減輕自己的痛苦，要我們承受別人的苦，即使只是想像也免談。

自他交換的練習正是為了斬斷自我關切、自我助長和自我防衛。自他交換能深刻地去除主、客的二元對立，讓我們逐漸認清我們最恐懼的是：讓自己受傷。這個練習不只要我們對別人的苦難產生慈悲心，更要心甘情願地吸入別人的痛苦，把好的品質吐給他們。這才是真正的大乘慈悲解脫之道。這一點和基督的作為是相同的：承受世人的罪，並因此轉化了他們（以及自己）。

這個觀點其實很簡單：自、他是很容易交換的，因為這兩者是相等的，對真我而言並沒有什麼不同。相反地，如果自、他無法交換，我們便會封鎖真我的知覺，也就是純然非二元的知覺。如果我們不願意承受他人的苦難，就會被自己的苦難封鎖。誠如威廉・布雷克（*William Blake*）所說：「當最後的審判來臨時，如果我發現自己並沒有毀滅，我就會被自己的自我緊緊地擄攫。」

如果一個人長期練習自他交換，奇怪的事會開始發生。首先沒有人因此真的得病。儘管我們當中有許多人以恐懼為藉口而拒絕做這項練習，但我發現沒有任何人因為練習它而生病；反之，你發覺自己不再逃避痛苦，不管這痛苦是你的還是他人的。除了不再逃避痛苦之外，你還發現因為你願意將痛苦吸入自己體內再釋放出來，而有能力轉化它。你的心中產生真正的改變是因為你不再企圖保護自己了。接著你會放鬆自我和他人之間的緊張，你領悟到那個在受苦或享受成功滋味的，根本是同一個大我。如果宇宙裡只有一個共通的我在享受成功，何需羡慕別人呢？自他交換的正面價值是：我為他人的美德感到快樂，在非二元的覺察中，他們和我是無別的。一種偉大的「平等意識」因而發展，它一方面去除了驕傲與自尊，另一方面也斬斷了恐懼與嫉妒。

建立了大乘的慈悲心，在某種程度上領悟了自他交換的本質，接下來所要學習的便是金剛乘的解脱道。金剛乘奠基於一個不妥協的原則之上：存在於宇宙的只有共通的佛性。如果一名行者繼續不斷地去除自己的二元對立，就會逐漸發現高低、聖凡都是完全佛性的展現。整個宇宙都是那空無、明澈、無礙、自發的覺性所示現的遊戲三昧。當然我們發展覺知並不是為了遊戲，因為存在的只有覺性罷了。金剛乘的修行就是覺知、能量與光明的遊戲三昧，它反映了長青哲學的智慧：宇宙就是神性的遊戲，而所有的衆生都是神聖的。

金剛乘有三部主要的密續。第一部是「外密」。你觀想本尊在你的前方或頭頂，向你灑下治療的能量或光明，並賜與你祝福和智慧。這就是我所謂的第七個層次——通靈層次，人們在這個層次開始與神建立起內心的交流。

第二部是「內密」。你觀想自己就是本尊，並且不斷地誦持本尊的咒語。這就是我所謂的第八個層次，微細光明層次，人們在這個層次與神合而為一。第三部是「祕密」，這時你和本尊都融入純粹的空性中，也就是我所謂的自性階段。這個階段的行者無需再觀想、持咒或專注禪定，你只需要領悟自己本來便俱足佛性，而且從來就是解脫的。既然衆生早已俱足佛性，就沒有「成佛」這件事了。存在於十方的只有佛性或神性，你只需安住在心的本然中。所有生起的現象，都是你本覺的點綴罷了。所有示現的或未示現的，也就是無論空或有，都在你不二的覺性中展現著遊戲三昧。

閉關時替卡盧仁波切擔任翻譯的是肯恩·邁克李歐（*Ken Mcleod*）。他是追隨卡盧許久的優秀學生，後來與我和崔雅結為好友。順道一提的是，肯恩譯了一本有關自他交換練習的西藏經典——《偉大的覺醒之道》（*The Great Path of Awakening*，香巴拉出版社出版），如果你對這方面的練習有興趣的話，我大力推薦這本書。

後來崔雅在卡盧的引導與肯恩的協助下，不但練習默觀，也做自他交換和本尊瑜伽的觀想（觀想她自己就是觀世音，一位充滿慈悲心的菩薩）。我也做了同樣的練習。她開始以我在塔霍湖那年遭受的痛苦與磨難來進行自他交換的練習；我也以她所受的苦來做相同的練習，然後我們逐漸將其擴展到所有的衆生。未來的幾年，這都是我們最主要的觀想練習。

自他交換比其他任何練習更加深了崔雅的慈悲心。她說因為衆生都在受苦，她覺得自己與衆生深深相連。自他交換的練習救贖了她罹患癌症的苦難。一旦熟稔了自他交換的練習，每當你感到痛苦、焦慮或沮喪，吸氣時很自然便想到：「讓我把所有的苦難吸進來。」呼氣時再把它釋放出去，結果是你支持了自己的痛苦，你進入了其中。面對苦難時，你不再退縮，反而可以利用它與衆生的痛苦連結。你擁抱它，並且以全宇宙的血脈轉化了它。你和你的痛苦不再孤立無援，反而藉此機會和其他受苦的人建立了連結。你領悟到「在我弟兄身上發生的，也同樣在我的身上發生了。」透過簡單而慈悲的自他交換練習，崔雅發現她大部分的苦難都被救贖了，還被賦予了意義、使她與衆生的血脈相連繫；讓她得以從「自己」孤立的愁苦中跳脫出來，進入衆生的體性中，不再感到孤獨。

最重要的是，它幫助她（同時也幫助了我）不再批判疾病或苦難，不管是屬於我們的還是他人的。自他交換使你不再讓自己與苦難（你的或他人的）保持距離；你以一種簡單、直接而充滿慈悲心的方式與它產生關聯。你不再袖手旁觀地編織一些理論，或企圖分析某人「為什麼要創造某種疾病」、「它到底有什麼意義」。這樣的理論對別人的痛苦並沒有什麼幫助，不管你認為你的理論有多麼大的助益，它只不過在暗示，「不要碰我！」

自他交換的練習使崔雅以更慈悲的心情與苦難相連，於是她寫了一篇〈什麼才是真正的幫助〉的文章，投在〈超個人心理學期刊〉中，後來又被〈新時代雜誌〉轉載，而且獲得了廣大的回響，同時也使她受到「歐普拉秀」的注意（崔雅很委婉地拒絕了——「因為他們只想要我和鮑尼・席格辯論）。相較於新時代「你創造了自己的病痛」的理論，〈新時代雜誌〉的編輯稱這篇文章為「對

疾病更慈悲的觀點」。以下便是其中的一些摘要：

什麼才是真正的幫助？

五年前的某一天，我坐在廚房的餐桌旁與一位老友喝茶，他告訴我數月前得知自己罹患了甲狀腺癌。我告訴他我母親在十五年前動了結腸癌的手術，到現在還活得好好的。接著我又對他描述了我與姊妹們討論母親之所以得癌症的各種原因。我們最喜歡的理論是，她一直都在扮演妻子的角色，而沒有扮演自己。我們猜想，如果她不嫁給牧場的主人，可能會變成素食主義者，也許就可以避免攝取導致結腸癌的油脂。此外我們還有一個比較高明的理論，她家族的不易表達情感，可能也是她罹患癌症的原因之一。然而我的朋友顯然對癌症有過更深的思考，他後來說了一些話，深深地震撼了我。

「妳們難道不明白自己在做什麼嗎？」他問道，「妳們把自己的母親當成一個物品，滔滔不絕地談論著有關她的理論。別人在你身上所加諸的理論，感覺上就像是一種冒瀆。我明白這一點是因爲在我的例子裡，許多朋友對於我罹患癌症所提出的各種看法，都讓我覺得是負擔和包袱。他們似乎不是眞的關心我，在這樣困難的時刻也不尊重我。我覺得他們的『說法』，只是爲了交差了事，而不是眞的想幫助我。我罹患癌症這個事實，一定對他們產生了相當大的衝擊，以致於他們必須替它找些理由、解說或意義。這些說法是在幫助他們而不是在幫助我，它們只會帶給我許多痛苦。」

我感到極爲震驚。我從未看過那些理論背後的眞相，也未仔細想過我的理論可能帶給母親什麼樣的感覺。雖然我們姊妹並沒有將這些想法告訴母親，但我知道她感覺到了。那樣的氣氛不可能讓人產生信賴、開放與求助之心。我突然領悟到，我在母親最危難的時候，竟然沒有給她一點幫助。

我的朋友爲我開了一扇門。我開始以更慈悲的心情面對那些生病的人，以更友善的態度來接觸他們，對自己的觀點也更加謙卑。我開始看到我的理論背後除了批判之外，還有更深的恐懼。我不但沒有說：「我眞的很關心你；有什麼事是我能幫忙的？」反倒不斷地質問：「你做錯了什麼？你在何處犯了錯？你是怎麼失敗的？」其實，我眞正想表達的是，「我該如何保護自己？」

我看見了無知及隱藏的恐懼，它刺激我、強迫我去編一些理論，這些理論讓我對這個宇宙所發生的事，有了一份自圓其說的掌控感。

這些年來，我曾經和許許多多罹患癌症的病人交談，其中有一些人是最近才被診斷出來的。起初我實在不知道該說些什麼。身爲一名癌症病人，談論自己的經驗總是比較容易，但我很快就認清，那個人並不想聽你說這些話。我發現唯一可以幫助人的方法便是傾聽，只有認眞傾聽他們說話，才能體會他們的需要是什麼、他們面臨的問題是什麼，在某個特定的時刻什麼才是眞正的幫助。因爲人們在生病時會經歷許多不同的階段，尤其像癌症這類持續又難以預測的疾病，專心地傾聽他們的需求是非常重要的事。

特別是當他們必須選擇治療的方式時，會需要一些資訊，也許要我提供一些另類的療法，或是協助他們對傳統治療做一些評估。一旦他們選定了自己的治療方法後，就不再需要任何的資訊

了。此時的他們只需要支持，不需要再聽他們所選的放療、化療或其他療法的危險性在哪裡。如果我在這種時候還不斷提出新的建議，只會將他們推回困惑之中，讓他們感覺我在懷疑這份選擇，徒增他們的疑懼……

我自己在做決定（有關癌症的治療方法）時也不是很容易的；我知道對某些人來說，那可能是這輩子最難下決定的時刻。我逐漸認清，如果我是別人，我永遠也無法預知自己會做什麼樣的選擇。這個認知讓我願意眞正去支持別人的選擇。我有一位好友（她在我頭髮掉光時還讓我覺得自己很美）最近對我說：「妳的選擇和我可能做的選擇不太一樣，但這一點都沒關係。」我非常感激她在我生命中最艱難的時刻，沒有讓不同的選擇造成彼此間的阻礙。後來我對她說：「但是妳也不知道妳會做什麼選擇；我沒有選擇妳認爲妳可能會做的選擇，也沒有選擇我認爲自己可能會做的選擇。」

我從沒想到自己會同意接受化療，我對於把毒物注射到體內有著相當大的恐懼，更害怕它對我的免疫系統造成永久的影響。我一直抗拒，直到最後才做了這項決定，即使它有很多的缺點，但它仍然是我最佳的治癒機會……

我很清楚我無意識地造成自己的疾病，也很清楚我有意識地努力使自己痊癒。我試著將注意力集中在自己能做的事上，盡量擺脫過去自責的習慣。那份習慣只會阻礙我做健康、清醒的選擇。同時，我非常清楚還有許多其他的因素存在於我有意無意的掌控欲背後。值得感謝的是，我們全都是更大整體中的一部分，我很高興能知覺到這一點，儘管這表示我並不具有太多的掌控力。我們全都息息相關，不管是人與人之間，還是人與環境之間。生命實在太複雜了，哪是「你

創造你的實相」這麼簡單的一句話可以涵蓋的。如果我深信我創造了或掌控著自己的實相，我就切斷了生命中更豐富、更複雜而神祕的血脈。這樣的理論奉掌控之名，否定了那個每日滋養著我們、衆生一體的血脈。

我們以前誤認自己是被一個更大的力量所擺佈，疾病是由外在因素所造成的。「你創造你的實相」這個理論在更正上述的誤解上，是非常重要而必要的。但它是一個過於簡單且反應過度的理論。我愈來愈覺得，我們愈是相信這個理論，就愈否定了它的助益，因爲我們在運用這個理論時的心態是狹隘、自戀、疏離的和危險的。我認爲我們對這個理論應該有比較成熟的看法了。誠如史蒂芬・勒文所說：「這個理論只說出了一半的眞相，所以是危險的。」其實更正確的說法應該是：我們「影響」了自己的實相。這樣的說法比較接近完整的眞相，包容了個人行爲的影響力和生命更豐富的神祕性。

如果有人問我：「妳爲什麼要選擇得癌症？」這個問題給人一種自以爲是的感覺，好像發問者是健康無恙的，而我是病懨懨的。這樣的問題並不會引發建設性的內省。那些對於情況的複雜性比較敏感的人，也許會提出比較有助益的問題，例如：「妳要如何運用癌症來成長？」對我來說，這樣的問題是比較令人振奮的；它幫助我認清自己目前所能做的事，使我得到支持和助力，感覺也更具挑戰性。一個人會提出這種問題，表示他不認爲我得病是因爲犯了錯而自作自受的。反之，他使我覺得困境也是成長的契機，我自然也會以同樣的方式來看待這件事。

在我們的猶太——基督教文化裡，由於太強調原罪與罪惡，使得人們很容易將疾病看成是犯錯所遭到的懲罰。這方面我比較偏向佛教的看法，他們認爲每件事的發生都可以增加慈悲心和服務

他人的機會。我不再把那些發生在我身上的「壞」事，看做是過去行爲的處罰，反而當成消除業障的機會。這樣的態度幫我更專注於眼前的處境。

我發現這樣的態度非常有益。依新時代的觀點，我也許會問那些罹病的人：「你做錯了什麼事？」然而從佛家的觀點，我可能會對那些飽受疾病之苦的人說：「恭喜你了，你顯然很有勇氣承受這一切，並且願意從中學習成長，我很佩服你。」

當我和那些剛被診斷出罹患癌症、最近又復發，或與癌症對抗得筋疲力竭的人交談時，我常提醒自己不必給什麼具體的建議，因爲傾聽便是幫助，傾聽便是給予。我試著在情感上更貼近他們，克服自己的恐懼去接觸他們，與他們連結。我發現只要我們允許自己恐懼，就能以談笑的心情來看待我們所恐懼的事。我也試著排除那些對他人武斷施加的意圖，即使是爲你的生命奮戰、改變自己或清醒地進入死亡之類的話語，我都不再脫口而出。此外我盡量不強迫別人依照我的方式做選擇。我試著安住在自己的恐懼中，因爲有一天我可能會處在與別人完全相同的情境中。我必須學習與疾病爲友，不要把它看做失敗，試著利用自己的挫折、軟弱與疾病，來發展對他人與自己的慈悲心，同時記住不要再把那些嚴重的事看得太嚴重。我試著在非常眞實的痛苦中保持覺察，並將其視爲心理與心靈的治療契機。

15 新時代

崔雅和我決定搬到博爾德。就在那年夏天（一九八七年），崔雅做了一連串具有威脅性的夢。在三年的抗癌歷程中，她從未做過如此不祥、預感如此鮮明的夢。雖然距離最後一次的復發已經有好幾個月，當時的醫療檢驗也沒有顯示疾病的跡象，但她的夢境似乎道出了不同的說法。其中有兩個夢特別清楚。

我所做的第一個夢中，有一隻豪豬連在我左側的身體，牠看起來又像是一條魚。這個扁平黝黑的形體連著我的身體，高度從小腿中央直達肩膀。凱蒂幫我拉開牠時拔下了一些豬毛。這些豬毛的末稍都帶鉤，感覺上好像有某種毒物注入了我的體內，一直停留在裡面。

第二個夢境中有位女醫師，她非常關心我乳房切除與接受放射治療的部位。她說那個部位的膚色顯示裡面有不好的東西。雖然没說出是癌症，但那顯然就是她的暗示。

我同意夢境是一條通往潛意識的途徑——通常都和神祕的過去有關（個人的或集體的），而且我認為夢境有時也可以預測未來——屬於通靈和微細的層次；但在日常生活中，我並不太注重它們，因為所有的詮釋都很容易自欺欺人，偏偏我們又禁不住被這些夢境的預兆所影響。

其他的跡象都很樂觀，崔雅只需繼續自己的治療程序：冥想、觀想、嚴格的飲食控制、運動、刺激免疫系統的注射（例如胸腺粹取）、高單位的維他命治療，以及持續寫日記。大體來說，我們相信崔雅正朝著康復邁進。帶著愉悅的心情，我們度過了一個非常棒的夏天，這是我們三年來第一次感覺每件事都很順利。

崔雅將自己投身在藝術創作的工作中，特別是彩繪玻璃，她愉悅地從事設計，許多人都為她作品的美感與原創性所震驚。我們把她的作品拿給幾位專業人士欣賞，他們都說：「這些作品太精緻了，妳一定做了幾年了。」「實際上只有幾個月而已。」

我又開始寫作了！在一個半月的時間裡，我日以繼夜瘋狂地工作，完成了一本八百頁厚的書，暫名為《偉大的存有鏈：長青哲學與神祕主義傳統的當代導論》（*The Great Chain of Being: A Modern Introduction to the Perennial Philosophy and the World's Great Mystical Traditions*）。三年來我的守護神一直受困在我的謊言中，諉過於崔雅，現在又爆發出充沛的能量與動力。天啊！我真是欣喜若狂！崔雅對這本書也有相當大的貢獻，她仔細地閱讀每一個剛從印表機裡出爐的章節，給我許多寶貴的指正，甚至建議我修改整個段落。

我終於決定要有孩子了，也許該生兩個，這個念頭令崔雅大吃一驚，我已經認清「不要小孩顯示了我對人生與關係的逃避」。過去幾年我一直覺得受傷，我本該敞開胸懷投入生活，然而我

卻放棄了良機，退縮到恐懼之中。我們在阿斯彭度過了美好的一個月，崔雅活躍地投入風中之星與落磯山學會的工作。我們是接受朋友的邀約而來的，約翰·布洛克曼、卡婷卡·梅特森、派翠西亞與丹尼爾·艾斯伯格夫婦，還有米契與艾倫·卡伯夫婦以及他們的小兒子亞當，米契·卡伯是蓮花社的發起人，也是我的老友。看到米契和亞當的相處情況，使我興起了生孩子的念頭。後來與山姆及傑克談過之後，更堅定了我的想法。

但真正的原因其實是崔雅和我歷經諸多磨難之後，終於在各個層面又有了連結。那份感覺就像初次相遇一般，也許更好一些。

說到肯恩……打從我們結婚到現在，這是他第一次向我表達想要個孩子！他與傑克森、米契及山姆共處的那幾天，真的影響了他。顯然他問過他們有關生孩子的事（山姆有兩個，傑克有三個，米契有一個），他們全都異口同聲地說，沒問題，別想太多，儘管去生。這真是人生最奇妙的經驗，你的生活將因此改觀，他們會以你無法想像的各種方式兜著你轉，那種感覺真是奇妙極了。所以我們現在所能做的事就是花一年的時間觀察我的健康情況！

在決定要有孩子以前，肯恩已經有了很大的改變。他變得非常溫柔，充滿著愛心。他坐在電腦前工作的模樣十分可愛，他實驗各種香料，烹調大餐時也十分逗趣，即使是做我的健康餐也不例外！這就是他在飽經磨難前的模樣嗎？他比我記憶中的樣子要可愛多了！

我還記得自己禿頂的那段日子，心裡常懷疑我們是否還能回到過去。我十分重視初識時那份親密感和對彼此的渴望。現在我們又重拾那份感覺，而且似乎更上一層樓。這麼說也許有點矯

情，但這是最貼切的形容。現在最大的不同是，我對他的需求和執著不再那麼强烈，雖然我很懷念那份感覺，但我知道這表示我已經成長了。他滿足了我內心那份深刻、古老而空虛的渴求，我只想和他在一起。我現在仍然喜歡和他在一起，這是無人能替代的，但那份强烈的需求感已經消失了，那個大洞有一大部分被填滿了。我們重拾在一起的那份單純的快樂，和他所做的一些特別的小事引起的喜悅。我們又回到從前溫柔相待、彼此嬉戲的相處方式。除此之外，我們比以前更能覺察對方敏感的地方，願意以幽默的方式去呵護彼此的弱點。我學會鼓勵他，給予他正面的回饋，這種方式在我的家庭裡是不存在的。我想他也認清了尖酸刻薄對我造成的傷害。當某個問題出現時，我們能立刻覺察，並且判斷要退一步，還是以溫和的方式解決。大體來說，家裡的氣氛比以前要溫和、柔軟許多。我很喜歡這種溫柔相待的互動。

看著肯恩以清晰易懂的方式把自己的觀點寫出來已經很令我欣喜了，他還把每一份從印表機列出的章節給我過目，詢問我的意見，他似乎很珍惜我的看法，其中有許多都整合在他的作品中。此外，我也很高興見到許多我們過去的對話，例如在男女差異上的各種討論，也都出現在他的著作中。能夠對他的工作有所貢獻，協助他塑造他的理念，的確是一件令人欣慰的事。不管我提出的意見有無可用之處，最重要的是，我覺得自己真正參與了這項工作。光是閱讀存在到靈魂的部分（從意識的表層到第七、八層），便足以回答我現在面臨的許多問題。我真的很高興他寫這本書！

當然，我也熱愛自己的藝術工作！我把自己的抽象素描做爲設計的藍圖，然後將其轉繪到仔細切割的玻璃上，聚合成三到四層的深度，創造出屬於我自己的作品。我將這聚合的玻璃片放入

火窟中，雖然在許多書中看過這種做法，卻沒有一個像我的設計一樣。人們很喜歡，對它們的評價也很高。我真是太愛做這件事了!!我迫不及待地想回去工作。

此外，舊金山的癌症支援團體也愈來愈上軌道。我們從某個重要的基金會那裡獲得兩萬五千美元的財力支援，而且人們開始敲我們的大門了。我聽說（我很遺憾自己無法騰出更多的時間去參與這件有意義的事），許多人因為參與了我們的團體而獲益。有一位罹患轉移性癌症的男病人說，這是唯一令他感受到支持的組織，他再也不懼怕了。另外有位參加乳癌團體的獨居老婦，覺得自己又有了四個女兒（團體中較年輕的四名婦女）。即使那些剛參加過一、兩次聚會的人，也對他們的醫生表示，他們在團體中得到非常大的幫助，不再感到孤獨。維琪現在全權負責這個團體，她做得相當出色！昨天我寫了一篇文章給維琪的母親：

我想和您談一談癌症支援團體比較特別的事。這個癌症支援團體和幸福社區（我們原先想參照的模式），以及目前在丹佛的一個相似組織「優質人生」之間有很大的差異。我很推崇這兩個團體所做的努力，但我發現癌症支援團體最不同的地方是，它是由癌症病患建立的組織。雖然其他團體也希望在最艱困的時刻援助這些病人，但它們重視的卻是方法與效果，並企圖證明自己的主張是正確的。以幸福社區為例，它們在自己出版的手冊中寫著「讓我們一起對抗癌症」。這些團體總覺得它們有某些具體的東西要教給病人，譬如觀想的方法和它們的功效。

癌症支援團體注重的卻是「我們是一體的」感覺，我們更有興趣和這些人的真實處境交會，

滿足他們的要求比證明自己的方法有效來得重要。事實上我們所辦的一切課程與活動，只不過是將那些需要幫助的人聚集在一起。我罹患癌症時，很難和朋友們相處，我必須花很多時間去照顧他們、爲他們解說、處理他們在我身上投射的懼怕，以及隱藏在內心的恐懼。然而我發現和其他的癌症病患相處，卻是一大解放。這些人在一起就像一個大家庭，透過自己的經驗，大家對癌症都有較深的了解。我認爲癌症支援團體要做的就是提供一個場地給這些大家庭的成員聚會，讓大家能分享友誼，分享訊息，分享彼此的恐懼，並能一起討論自殺、生離死別或掉光頭髮的痛苦感受。

我們必須更慈悲地對待彼此。譬如，我們不該把那些剛罹患癌症的病人介紹給那些轉移性的癌症病患（其他的組織通常會將病人混在一起，使他們在毫無心理準備的情況下受到驚嚇）。我們已經認清健康的定義不該局限在肉體的層面，更重要的是如何去生活。我們盡量提供一些建議，爲病人打開大門，讓他們知道不論選擇是什麼，不論接不接受我們的建議，我們永遠支持他們。我們知道這些事，因爲我們經歷過相同的處境，這就是癌症支援團體與其他組織的不同之處。

我喜歡肯恩想要小孩的念頭，但天知道我的身體允不允許？然而不論發生什麼事，我都會把癌症支援團體當做我的孩子。它真的很特別，我就像溺愛孩子的父母一樣以它爲榮。這是我第一次對於要不要小孩這個問題感到平靜。

這段時間，我孜孜不倦地埋首寫書的工作。其中的一個章節「健康、圓滿與治療」，伴隨著崔雅所寫的文章〈是我們讓自己生病的嗎？〉發表在〈新時代雜誌〉中。我不再複述其中的細節，僅列出一些大綱，因為它代表了我和崔雅在過去三年艱苦生活中的思想精華。

1. 長青哲學的爭論是，男人與女人都紮根於偉大的存有鏈，因此我們都擁有相同的本質，那就是物質、身、心、靈與神性。

2. 不論是哪一種疾病，最重要的是先決定這個疾病源起於哪一個層面：是肉體的、情緒的、心智的或靈性的。

3. 因此，從「相同的層面」著手治療，是相當重要的一件事。如果是身體的疾病就要從生理上調整；如果是情緒失衡，就要用情緒療法；如果是心靈的危機，就要用心靈的療法；如果原因有很多種，那麼就要混合使用各個層面的治療方法。

4. 上述的觀點是很重要的，如果你誤認疾病源於較高的層面，你可能會助長罪惡感；如果你誤認疾病源於較低的層面，你可能會助長絕望感，任何一種情況都不會有效，甚至會加重病人的罪惡感或絕望感。

譬如你被車子撞斷了一條腿，這是必須以生理療法來對抗的身病：你得先把腿固定，打上石膏，這便是從「相同的層面」著手治療。你不可能坐在大街上，冥想自己的腿逐漸復原，這種屬於心智層面的方法並不適用於生理層面的問題。更離譜的是，如果你被身邊的人告知，你的思想才是引起這場意外的肇因，因此光憑念力就可以把自己的腿治好；這麼一來，你只會陷入自責、罪惡感和低自尊之中。這就是誤用了不適合的層面來進行治療。

反之，如果你因為內化了某個人生腳本而造成自我貶抑，這是屬於心智層面的問題，你必須以觀想或自我肯定來治療（重寫人生腳本，這是認知治療所運用的方法）。這時如果你用生理層面的治療，譬如服用高單位的維他命或改變你的飲食，是不可能有明顯效果的（除非你的問題真的是因為維他命的失衡所引起的）。

我認為任何一種疾病都應該從底層往上探索。先要研究生理方面的病因，盡你所能地徹底研究，再提升到情緒的因素，接著再往心智與靈性的層面進行研究。

這是非常重要的，因為有許多疾病過去都被認為源自靈性或心理的因素，現在我們才知道主要是肉體或遺傳基因的問題。例如氣喘，過去被認為是「使人窒息的母親」所造成的，現在則很清楚地知道是由生物物理的因素造成。肺結核的致病因素曾被認為是「縱欲型人格」造成的；痛風則是因為道德上的弱點所引起的，另外也有許多人相信所謂的「關節炎傾向人格」，但都經不起時間的考驗。這些觀念只將罪惡感灌輸給病人。治療之所以無效，純粹是因為著手的層面錯了。

然而，我們不能斷定其他層面的治療沒有輔佐的功效。以斷腿這個例子來看，放鬆、觀想、自我肯定冥想、心理治療等等，都可以營造和諧的氣氛，使生理的治療更有效。

但你不能因為這些心理與心靈的治療非常有效，就把斷腿的原因也歸咎於心理與心靈的層面。同理，任何一個有重病的人可能因此而成長改變；可是你不能將其引伸為他們得病是因為改變得不夠。這就好比發燒可以服用阿斯匹靈來退燒，因此發燒的原因就是阿斯匹靈不足所引起的。

現在我們已經知道了，絕大多數的疾病都不是單一或某個獨立的層面所引發的，不管是哪一個層面發生問題，或多或少都會影響到其他層面。一個人的情緒、心智與靈性的特質，都會對生理的病痛與治療產生明顯的影響，如同生理的病痛會強烈反彈到較高的層面一樣。斷腿一定會影響你的情緒與心理，依系統理論來說，這便是「向上的作用力」——較低的層面對較高層面所造成的影響。相反的，「向下的作用力」指的則是較高層面對較低層面所造成的影響。

接下來的問題就是：「向下的作用力」，也就是心智（我們的思想與情緒）會對生理的疾病造成多大的影響？答案似乎是：比過去所認為的要大，但又不像新時代人類想像的那麼大。

新的精神神經免疫學發現了很明確的佐證，證明我們的思維與情緒確實會對免疫系統產生直接的影響。其中的原理正如我們所預料的，在某種程度上，每一個層面都會影響到其他層面。但醫學完全是從生理層面發展出來的科學，它忽略了其他較高層面對生理所產生的影響，精神神經免疫學正好提出必要的修正，也提供了更平衡的觀點。心智的確會對身體造成微小但不可輕忽的影響。

在心智對肉體和免疫系統「微小但不可輕忽」的影響中，意象與觀想是最重要的成分。為什麼是意象？如果我們把「偉大的存有鏈」攤開來看，從物質、感覺、認知、衝動、意象、象徵、概念等等，意象是心智中最低、最原始的部分，它和身體的最高部分產生連繫。換句話說，意象是心智與身體最直接的連結——這裡指的是身體的情緒、衝動與它的生物能量。此外，我們較高的思維與概念可以向下轉化成簡單的意象，而這些意象顯然會對身體的系統造成輕微的影響。

因此，心理的情緒在每一種疾病中都扮演了某種角色，我們應該徹底研究它的成分。若以不

公開的票選為例，這個成分也許足以被當成衡量一個人健康與否的標準，但它卻無法填滿整個投票箱。

例如史蒂芬・洛克（*Steven Locke*）與道格拉斯・卡勒根（*Douglas Colligan*）在《內心的治療者》（*The Healer Within*）一書中曾經寫過，每一種疾病都受到心理因素的影響，每一個治療的過程也都受到心理因素的影響。他們指出，問題出在人們混淆了「心身性」（*psychosomatic*）與「心因性」（*psychogenic*）這兩個詞。「心身性」指的是，生理疾病的過程可能受到心理因素的影響；「心因性」指的則是，某種疾病完全是因為心理因素而形成的。作者寫道：「就字面上的正確含義來看，其實每一種疾病都可以説是心身性；但現在也許該讓這個名詞隱退了。因爲不論是一般大衆或是醫師，都將心身性（表示心智可以影響身體的健康）與心因性（心智會造成生理的疾病）這兩個名詞交替使用。他們對於心身性疾病的眞正意涵並不清楚。正如羅伯特・阿德（*Robert Ader*）所建議的，『我們所説的不僅是疾病的肇因，而是心理社會事件、因應的方式與生物先決條件之間的互動關係。』」

上述兩位作者認為影響疾病的因素有遺傳、生活型態、藥物、居住地、職業、年齡與人格，我還要再加上存在與靈性方面的因素，這些所有的層面都會影響肉體疾病的成因與過程，只取其一而忽略其他，就未免太過狂妄與簡化了。

新時代思潮中所提出的心智是致病與治癒疾病的所有原因，這樣的觀念到底從何而來？他們宣稱這種説法奠基在世界偉大的神祕、靈性與超驗的傳統。我卻認為他們的地基非常不穩。《治療中使用的意象》（*Imagery in Healing*）一書的作者珍・艾特柏格（*Jeanne Achterberg*）指出，這個主張的歷史可以回溯到新思維派或玄學學派，這些學派是以新英格蘭超驗主義者的思想（應該説是曲

解為基礎）而創立的，這些超驗主義者包含艾默森（*Ralph Waldo Emerson*）與梭羅（*Henry David Thoreau*），他們的理念大多是從東方神祕主義衍生而來。這些學派中最著名的是基督教科學學派，它把「神創造了一切」的正確主張誤解為「因為我與神合一，因此我創造了一切」的主張。

這種看法有兩種錯誤，我相信即使艾默森和梭羅也會強烈反對。第一個錯誤，神除了公正如實之外，還是宇宙司仲裁的父母。第二個錯誤，你的自我一旦與這位父母神合一，自然有能力干預或指揮宇宙。我在神祕主義的傳統中完全找不到這樣的主張。

那些新時代思想的支持者宣稱，他們的理念是基於「業」的定律而建立的，這表示你現在的人生情境完全肇因於前世的思想與行動。根據印度教與佛教，這種說法只是部分的真相，即使是全部，我認為這些新時代人也忽略了一個重要的事實：根據這些傳統，你現在所處的情境是「前某世」的思想與行動的結果，會影響你的下一世，而非這一世的生活。佛家認為，在你的現世中，你只是在讀一本由你的前世所寫成的書；至於你現在所做的一切，要到下一世才會顯現出結果。因此，你現在的思想並不會創造出你現在的實相。

我個人並不相信輪迴，因為它是比較原始的概念，高等的佛家學派已經加以修正，大量刪減。他們認為，並非每一件發生在你身上的事，都是你過去行為的結果。紅教的老師南開・諾布（*Namkhai Norbu*，他被視為藏密的至上導師）如此解釋：「有些疾病的確源自業或個人前世的情境，有些疾病則來自外在的能量，有些疾病是由暫時性的理由引發的，如食物或其他的綜合因素。當然某些疾病也可能因意外而起，另外有各種的疾病是與環境有關的。」我的重點是，不論是原始的業報之說或是進化的教誨，都不支持新時代「你創造你的實相」這個觀念。

那麼，這個觀念到底從何而來？在這一點上我要和崔雅分道揚鏢，我準備在信奉這個觀念的人的身上，把我最愛的理論一吐為快。我不準備以慈悲的態度來面對這個觀點所造成的痛苦。我要將它歸類，並提出各種學理來檢討它。因為我認為這個觀點是有危險性的，它應該被束之高閣，不為別的理由，只為了防止更多的痛苦。我的討論並不針對那些相信這個觀點的一般大衆，他們是天真無害的。我的探討主要是針對那些全國知名的新時代運動領導人，那些以「你創造你的實相」開班、授課的人，那些告訴別人癌症完全是因為怨恨而引起的人，那些教導別人貧窮是自作自受或自我壓抑所造成的後果的人。這是一羣意圖良善卻十分危險的人，因為他們把人們的注意力從真實的層面，如生理的、環境的、法律的、道德的與社會經濟的轉移開了。那些層面尚有許多工作需要努力完成。

就我的觀點來看，這些信念，特別是你創造你的實相，都是第二階段意識的信念。它們具有嬰兒期的所有標記，還有自我陶醉人格障礙的神奇世界觀，譬如：誇大、全能與自我陶醉。思想不只影響實相，還能創造實相，這個概念其實來自第二階段意識，因為這個階段仍無法完全區分自我的界線。思想和外在的物體尚未清楚地劃分，因此操縱思想，便是全能地、神奇地操縱外在的物體。

我認為美國的高度個人主義文化是在「自我的十年」中到達顛峯，它導致人們退化到神奇與自戀的層次。我認為社會凝聚結構的瓦解，令個人必須轉而依靠自己，這也助長了自戀的傾向。此外，我和一些臨床的心理學家們都認為，潛藏在自戀之下的其實是憤怒，特別是：「我不想傷害你，我愛你；但如果你不同意我，你就會生病，就會沒命。同意我，同意『你創造你的實相』，

你就會好轉，會繼續活下去。」這樣的信念在世界偉大的神祕傳統中是找不到的；但在自戀症和邊緣症中卻可以看到。

我在〈新時代雜誌〉上發表的文章獲得許多迴響，新時代的理念對無知大衆所造成的閥害，引起許多讀者的共鳴。但那些信奉新時代理念的死硬派卻憤怒地回應我們：假設這些真的是我和崔雅的想法，那麼崔雅是活該得癌症的，因為這個病就是她的想法造成的。

這並不是對「整個」新時代運動以偏蓋全的非難。這個運動的某些層面的確紮根於某些神祕與超個人的定律（譬如直覺的重要性和宇宙意識的存在）。任何一種「超」個人的運動總會吸引許多「前」個人份子，因為這兩者都是「非」個人。「前」與「超」之間所造成的困惑是新世紀運動中最主要的問題。這是我的看法。

這裡有一個觀察研究的具體實例。在柏克萊反越戰的暴動期間，有一組研究員用寇伯格的測驗對學生們進行一次道德發展的抽樣調查。學生們宣稱他們反戰的主要原因是：戰爭是「不道德」的，然而，這些學生的道德發展又處在什麼階段呢？

研究者發現，大約有百分之二十的學生，其道德的發展確實處於後「保守階段」（或「超」保守階段）。他們的反抗是基於宇宙法則中的是與非，而不是基於某個特定的社會標準或個人一時興起的念頭。他們對戰爭的信念也許是對的，也可能是錯的，然而他們的道德理性卻是高度發展的。另外有百分之八十的學生是屬於「前」保守階段，這意味著他們的道德理性是基於個人、甚至自私的動機。他們之所以反戰，不是因為戰爭是不道德的，也不是真的關切越南人民，而是他們不要任何人告訴他們該做什麼，他們的動機既非宇宙的或社會的法則，而是純粹自私的。此

外，正如我們所預期的，幾乎沒有學生是處於保守階段，也就是「不論對錯，它都是我的國家」的階段（這類的學生沒有任何理由反戰）。換句話說，這個反戰的活動是由一小撮「後」或「超」保守階段的學生發起的，他們吸引了一大羣「前」保守的典型學生，因為這兩者都處在「非」保守的狀態。

相同地，在新時代運動中，我認為少數真的具有神祕、超個人或超理性經驗的份子和他們的意識（第七到第九層意識），吸引了一大羣屬於前個人、神奇的前理性階段的份子（第一到第四層意識）。原因很簡單，因為雙方都是非理性、非保守與非正統的（第五到第六層意識）。這些前個人與前理性份子宣稱，如同那些前保守階段的學生一樣，他們擁有「更高」的境界和權威的支持，我卻認為他們只不過是在替自我合理化罷了。如同傑克・英格勒所指出的，他們被超個人的神祕主義吸引，為的是合理化自己的前個人傾向。這是典型的「前／超個人的觀念混淆」。

我和威廉・艾溫・湯姆森（*William Irwin Thompson*）都認為，百分之二十的新時代運動是超個人的（超驗的和神祕的）；然而有百分之八十卻是前個人的（神奇的與自戀的）。你可以發現有些超個人份子並不喜歡稱自己為「新時代人」，因為他們並無「新意」，他們是長青的。

在超個人心理學的領域中，我們小心地處理一些前個人的趨勢，因為它們會替這個學術領域帶來「輕薄」或「愚蠢」的名聲。我們並不反對前個人的信念，只是很難視為超個人的境界。

那些「輕薄」的朋友們似乎對我們相當憤怒，他們以為這個世界只有兩個陣營：理性和非理性的，所以我們應該加入他們，一起去「對抗」理性主義者的陣營。然而事實上，這個世界有三個陣營：前理性的、理性的與超理性的，我們比較屬於理性主義者，而非前理性主義者。高層意

識可以轉化並包容低層意識、神性是超邏輯而非反邏輯的，它擁抱邏輯，並且超越，而不是從一開始就拒絕了邏輯。每個超個人主義者都必須禁得起邏輯的檢驗，還要以更深的洞見來超越邏輯。佛教是一個極為理性的系統，並以直觀的覺察來補足理性，而某些「輕薄」的趨勢不但沒有超越理性，反而是在理性之下。

因此我們正在嘗試將神祕發展中真實的、宇宙性的和經過化驗的成分與那些特異的、神奇的與自戀的傾向區分開來。這是一項非常艱難且弔詭的工作，我們無法做得很好。

讓我再一次強調我原始的論點：在治療任何一種疾病時，首先要很仔細地確認這個疾病中的各種成分到底屬於哪一個層面，以相同層面的療法來治療它們。如果你判定的層面愈精確，治癒的機會就愈高；如果你的判斷錯誤，只會助長罪惡感和絕望。

「它們眞的很美，對不對？我指的是那些意象和理念，它們似乎都是活生生的，對不對？」

我正在問那個「身形」一個問題。

「請往這邊走。」

「等等，我難道不能走進那間屋子？這眞是詭異，我所有問題的解答似乎都在那間屋子裡。我的意思是，仔細地看看它們，那些理念都是活生生的。拜託，我可是個哲學家吔！」我知道這話聽起來眞的很蠢。

「好吧，」我繼續說道，「反正這是個絕無僅有的機會，如果我眞的在夢境中迷失了，你就讓我好好地玩玩吧！」我眞的這麼說嗎？眞的要進去嗎？那些理念看起來如此誘人，如此願意合作。你必須承認，那些理念不是在任何地方都能找得到的。

「你在尋找艾斯崔雅，對不對？」

「崔雅？你怎麼會知道崔雅？你見過她嗎？」

「請往這邊走。」

「除非你告訴我這到底是怎麼一回事，否則我哪裡也不去。」

「拜託，請你務必要跟我來。」

當時間迫近崔雅下一次的體檢時，我想我們都有點擔憂，主要是因為那些不祥的夢境。崔雅做了骨頭的掃描……一點問題都沒有！

我拿到了年度的體檢報告，這是我頭一次在一整年中都沒有復發的跡象。真是太高興了！這段期間我已不再將注意力集中於生理的層次，如果我只以這種方式來定義健康，萬一再復發的話，我該如何是好？我又得再當一名失敗者嗎？

事實上，我感覺非常圓滿與健康，充分受到祝福，有肯恩爲伴，與土地再次接觸，在我的小花園中工作，從事玻璃創作，像新生兒般的純淨，而我最歡喜的部分仍然是崔雅，那位藝術家，她平靜而落實。我的根現在已經紮得很深了……

我持續練習著愛的觀想，有時一天會練習好幾次。我想像著自己被許多愛我的人包圍，並吸入他們的愛。剛開始的時候很難辦到，後來就愈來愈容易了，兩天前我做了一個夢，這是到目前爲止我做過的夢中，自我意象最正面的一個。我夢到一些朋友爲我開了一個很盛大的派對，每個人不斷地讚美我，而我自己在面對這些讚美時，也毫無困難地全盤接受了，沒有過於謙虛的反應，內心也沒有聲音在說：即使他們這麼認爲，我也無法接受。我把這些話全聽進了心中。

有時候當我進行愛的觀想時，我會將環繞在我身邊的愛想像成一道金光。曾經有一次，我的觀想中真的出現一道非常耀眼的金光，環繞在身體的四周。接著我又看見一條薄紗般的藍光貼在身體周圍，我明白那層藍色的薄光代表的是我和肯恩在共度難關時的沮喪與憂慮。突然間這兩道光芒相融在一起，結合成一道非常明亮的、綠色的、充滿活力如電流般的强光，一時間我彷佛沐浴在治療的明光中，感覺內心充滿著愛，好像這一切將永遠地伴隨著我。

我有好幾種自我肯定的觀想方法。目前所用的是：「宇宙完美地在我的面前展開。」我的問題一直是不信任、喜歡掌控。這種觀想同時也協助我不再執著於那些我想做而未做的事，因爲我已經從中學會一些終身難忘的教訓。

我稱這一切爲神性的免疫系統。這個系統中的T淋巴細胞、B淋巴細胞與白血球就是積極思考、冥想、自我肯定、僧伽、佛法、慈悲與仁愛。如果這些因子在生理疾病的過程中佔了百分之二十的成分，那麼這百分之二十我都要。

另一個我正在練習的冥想是自他交換。剛開始練習大約是一年前，第一個浮現眼前的便是與肯恩住在塔霍湖的情景。我原來以爲自己會覺得沮喪、生氣或痛苦；可是相反的，我只感到同情

與慈悲；對於肯恩與我在那段時期共同經歷的爭鬥、掙扎與恐懼生出了巨大的悲憫。能夠對那兩名飽受創傷、充滿驚恐、已經盡力而為的人生出悲憫與溫柔的感受，連我自己都覺得驚訝。自他交換似乎能將所有的苦澀一掃而空。現在當我在練習時，它令我感到自己與衆生之間有著很深的連結。我不再覺得被孤立，或被排除在外。內心的恐懼已經被一種深深的祥和與寧靜所取代。

有時候我只是安住在一種禪境，感覺自己正向天空開展，最後總是會回到鈴木禪師的途徑——對我而言，冥想是自我表達的方式，冥想時我所付出的時間和注意力，令我產生自我肯定的感覺，我覺得我在對一個更大的力量獻禮。這份感覺帶給我不可名狀的滿足。禪坐時任何身心的變化我都不追蹤，也不回顧。如果沒有任何進展也沒什麼關係。

那麼，我現在對癌症的感覺是什麼呢？我偶爾還是會想像再次住院的情景，「會不會又要做化療？」之類的念頭還是會浮現，但我已經不再被攪擾。癌症變成了背景，我甚至連這樣的改變都不再認為是什麼進步的「徵兆」了。我已經聽過太多人說他五年都沒有復發，但後來竟然轉成骨癌。不管怎樣，它不再是一個不祥之兆總是好事。

體檢後的幾個月，崔雅和我開始覺得我們的生活真的有可能恢復正常了。我們讓心中的希望緩緩升起，並以此迎接未來，除了寫信之外，我也開始打坐。我結合了禪宗的訓練，以及卡盧仁波切所教的自他交換和本尊瑜伽。

由於自他交換的練習，我不再害怕自己的焦慮、沮喪和恐懼。每一次當痛苦和恐懼生起時，我就深深地吸入「讓我把所有的恐懼吸進來」這個念頭，呼氣時再吐出去。我開始能安住在自己

的情境中，不再退縮到恐懼、憤怒或煩惱中。其實就是，我開始能消化自己的痛苦，那些累積了三年無法消化的經驗。

崔雅和我在拉雷多度過聖誕。過去四年也是如此。大家都很快樂，因為崔雅可能在新的一年重拾健康。

回到博爾德以後，崔雅發現她左眼持續出現波浪形的干擾。這個現象已經來來去去一個月左右，現在愈來愈顯著了。

我們到丹佛找我們的腫瘤科醫師，他為崔雅安排了一個高密度的腦部電腦掃瞄。當醫生走進來的時候，我正坐在等候室裡，他把我拉到一旁。

「看起來有兩、三個腫瘤在她的腦部，其中一個相當大，大約有三公分。待會兒還要掃瞄她的肺部。」

「你告訴崔雅了嗎？」震驚尚未開始，我覺得是在談論別人，而不是崔雅。

「還沒有，等肺部檢查結果出來再說。」

我坐了下來，望著空中發呆。腦瘤？腦瘤？腦瘤是……很嚴重的。

「她的兩片肺葉裡也都佈滿了腫瘤，算一算大概有一打左右。我和你一樣震驚，明天早上你們最好到我的診療室來，讓我好好地對她說明。我要把所有的資料都準備妥當，再讓她知道。」

我整個人震驚得不知所措，我原本以為自己會這麼說：「嘿！等等！我們從不這麼做的，我要馬上告訴她，我們從不隱瞞對方的。」可是沒有，我只是麻木地點點頭。

回程的路上氣氛僵得嚇人。

「我覺得自己很乾淨，很好，真的。我想那大概和糖尿病有關吧，親愛的，我們有一段好日子等著，別愁眉苦臉的。你在想什麼？」

我在想什麼？我在想我要宰掉那個大夫，我要把事情的真相告訴崔雅，但現在已經來不及了。一想到這件事可能對她產生的影響，和她將要忍受的一切，我就開始反胃。如果自他交換真的有效，我就是拼了命也要把她吸入我的體內，然後帶著那該死的病一起消失在宇宙中。我對崔雅的愛與對那個醫生的恨同時在體內無限地擴張，但我嘴裡只是不斷地喃喃自語：「我想一切都會沒事的。」

一回到家，我馬上衝進浴室狠狠地吐了一頓。那天晚上我們一起去看了一場電影「致命的吸引力」。回到家後，崔雅打了一通電話給醫生，知道了所有的事。

我第一個反應是憤怒，難以抑止的憤怒！怎麼會這樣?!我已經盡力而爲了，怎麼還會發生這種事呢?!該死！該死！該死！該死！然而我並不感到恐懼，也不特別害怕這個結果所代表的意義，我只是火透了。我開始猛踢廚房裡的櫃子，丟東西，大吼大叫，我不想放下我的憤怒，因爲那是正當的反應，我火透了，我要抗爭！我觀想裡的白衣騎士，現在已經變成一羣兇殘的食人魚。

我們打電話給家人和朋友，第二天崔雅和我瘋狂地四處尋找任何可能的治療方法，只要可以控制這個囂張的病情，我們一定前去求醫。崔雅非常認真地考慮了近乎二十種治療方法。其中包

括伯金斯基療法、雷維奇療法（*Revici*）、伯頓療法、楊克診所（*Janker Klinik*）、凱利／岡札勒斯酵素療法（*Kelley/Gonzales*）、美國的生化療法、利文斯頓惠勒中心、漢斯・尼泊療法（*Hans Nieper*）、斯坦納・路克斯診所（*Steiner Lucas Clinic*），以及澤森食療。

盛怒之後，我經歷了一段放棄與沮喪的日子，我無法自制地縮在肯恩的懷裡哭泣，我完全跌入了谷底，遺憾、悔恨與自責，我已經盡力了，難道還不夠嗎？我想到會懷念的事：藝術、滑雪、與家人及朋友共度餘生、肯恩、肯恩的孩子。我多麼希望和我的密友們共度餘生。我不喜歡把這件事寫下來——我永遠也無法擁有肯恩的小孩。肯恩——我希望能一輩子陪在他的身邊，我不想離棄他。我還想跟他廝磨好幾年。我走了，他會變得很孤獨，他還會再找別人嗎？也許他會參加卡盧的三年閉關，這會讓我好過一些。

我覺得自己才剛重生，但現在我好像又不該在這裡了。

治療方法只剩幾個選擇：標準的美式療法，也就是服用更大劑量的阿德利亞黴素；激進的美國療法，是布魯門欣推薦的極激進療法，由德國的楊克診所提供。其中一個治療項目是由迪克・寇恩（*Dick Cohen*）選出來的，他是維琪與癌症支援團體的好友，這項治療必須長期服用低劑量的阿德利亞黴素，平均來說，十四個月後如果無效，就可停止治療。崔雅已經不想再服用阿德利亞黴素，不是因為她承受不了，而是她覺得這項治療對癌症根本起不了作用。

楊克診所是以短期、高劑量的化療聞名，這個療法非常激烈，一些承受不住的病人，就必須

佐以生命支持的治療方法。楊克診所因為替鮑伯・馬爾利（*Bob Marley*）與尤伯連納（*Yul Brynner*）等名人治療而常被媒體報導。一些公開的報告（非科學性的）也指出，楊克診所把癌症症狀減輕百分之七十，因而吸引了許多慕名者前往，他們認為這是最後的希望。然而許多美國醫生卻表示，這種把痛苦減輕的現象是極為短暫的，一旦癌症再度復發，會在很短的時間內死亡。

布魯門欣又給崔雅一連串的建議，這些療法連中美洲的獨裁者都會覺得殘酷。他最後說：「我求求妳，親愛的，別到德國去。」他依慣例給崔雅一些冷酷的統計數據：也許還能再活一年吧，如果運氣好的話。

16 聽鳥兒歌唱！

「愛迪絲，嗨，我是肯恩・威爾伯。」
「肯恩！你好嗎？真高興聽見你的聲音。」
「愛迪絲，崔雅的癌症又復發了，這一次是在肺部和腦部。」
「喔，太可怕了，我真的很遺憾。」
「愛迪絲，妳一定猜不到我是從哪裡打電話給妳的，還有，我們可能需要一點幫助。」

真不敢相信住進醫院已經十天，還沒開始化療。我們在星期一抵達波昂，晚上出去吃晚餐。星期二一大早，我覺得不對勁，下午就住進了「診所」（*Klinik*）。我得了嚴重的感冒、發燒（攝氏39度）。除非我能度過這場感冒，否則無法進行化療，因爲可能會併發肺炎。這意味著一切都得往後延兩個星期。

住進這裡的第一晚，與兩位女士同病房，都是德國人，態度很友善，不會說英語。其中一位整夜都在打鼾，另一位似乎認爲只要她對我多說些德文，我就會聽得懂，於是她一整晚都以德文和我話家常，有時候還自言自語。

「診所」的院長奚弗大夫設法讓我住進一間單人房（這種病房在「診所」裡只有兩三間）。房間小得不得了，我卻覺得像住在七重天。

我非常驚訝這裡居然沒有幾個護士會英文，少數幾位會說一點，但都不算流利。我向他們解釋自己會說一點法語和西班牙語，聊表不懂德文的歉意。

第一個晚上和我同病房、喜歡說話的那位德國女士，帶肯恩和我到餐廳吃飯；晚餐供應的時間是從四點四十五分到五點半。食物糟透了。早餐與晚餐供應的大部分是冷食——起司片、火腿片、肉片、香腸片、外加各種全麥麵包，這些對糖尿病人全是禁品。中餐偶爾會提供熱食，像是燉肉或煮洋芋，這已經是最極限的菜色變化，但對於必須嚴格管制飲食的我來說，沒有一樣是能吃的。「真搞不懂醫院裡的食物到底是怎麼回事？」肯恩不禁大聲地感嘆，「究竟是誰讓這麼多人命喪黃泉，醫生還是醫院裡的廚師？」

第一天在餐廳裡看到一位非常吸引人的年輕女郎，戴著一頂很漂亮的假髮和軟帽。她會說一點英語，於是我向她打聽有關假髮的事，因爲很快就要用上了。我問她癌症的德文要怎麼說，否則我連最起碼的溝通能力都沒有。她告訴我癌症的德文是*Mütze*。我問她：「這裡的每個人是不是都得了*Mütze*？」她回答是的，還伸手指了一下在餐廳吃飯的每一個病人。我問她：「妳得的是哪一種癌症？」她回答說：「我有一個藍的，還有一個白的。」我傻住了，怎麼也想不透她是什麼意思。第二天才弄明白，原來*Mütze*是帽子，癌症的德文應該是*Krebs*才對。

我們以為波昂是一個沉悶、骯髒且非常工業化的都市。然而，它唯一令人覺得陰沉的只有天

氣，從其他方面來看，它是個相當可愛、美麗的城市——德國的外交中心，有一間建於一七二八年的大教堂，一所壯觀、令人印象深刻的大學，一間非常巨大的鬧區購物中心，差不多有三十條街這麼大（完全禁止車輛進入），再走幾步路就是壯麗的萊茵河了。

火車站距離「診所」只有一條街遠，醫院到我所住的位於購物中心旁的帝侯飯店，也差不多是一條街的距離。購物中心的中央是個市場，當地的農夫每天都把最鮮美的蔬果帶到這個寬闊的紅磚區來賣。購物中心的末端是一幢建於一七二〇年的房子，據說是貝多芬的出生地，另一端是火車總站、「診所」和帝侯飯店，介於其中是許多令人目不暇給的餐廳、酒吧、健康食品店、一整條街長的四樓層百貨、運動用品店、博物館和各種紀念館、服飾店、藝廊、藥局以及情趣商品店（德國的色情文化一直是歐洲人所羨慕的）。從萊茵河到我住的旅館只要走一段路。

接下來的四個月，我天天都在這條紅磚道上散步，這裡每位會說點英文的司機、女侍和店東都成了我的朋友。他們關切崔雅，每一次我經過都會問：「你親愛的崔雅還好嗎？」許多人甚至帶著鮮花、糖果到「診所」去探望她。崔雅說，大概波昂半數以上的人都在關心她的進展。

在波昂的這段時間，我面臨了接受崔雅情況與身為支援者的最後危機。我已經竭盡所能地從西摩爾那和自他交換來消化、通過和接納每一段考驗。但我還有一些較深的、尚待解決的問題，包括我自己該做的選擇、信心不足以及不再否認崔雅可能會死的事實。這所有的東西在短短的三天內全灌入我的腦中，我好像快要裂開了。我的心碎了，為崔雅，也為我自己。

眼前最緊迫的問題是崔雅的感冒。「診所」的專長是同時對病人做放療與化療，他們相信這會給癌細胞帶來致命的重擊，但是感冒會阻礙化療的進行，因為可能會併發肺炎。在美國時，醫

生告訴過崔雅，如果不設法醫治腦瘤，她頂多剩下六個月的壽命。因此「診所」必須想辦法，最後他們決定先做放療，等高燒退了、白血球的指數上升後，再做其他的治療。

我頭昏腦脹地閒逛了三天，因爲高燒一直不退。他們開始讓我用磺胺劑（*sulfamide*），但效果非常緩慢。肯恩扶著我在走廊來來回回地散步，在房間裡煮東西給我吃，爲我解決所有的困難。每天早晨他都到市場採購最新鮮的蔬菜。他弄來了一個電爐、一只咖啡壺（煮湯用的），最棒的是還有一輛健身用的腳踏車。他爲我帶了一些植物、鮮花和放在供桌上的十字架。雖然我非常虛弱，內心卻很滿足。

從奚弗大夫那裡得知，我還得繼續進行發熱療法與腦部的放療，這種療法無痛，每天大約半小時左右。高劑量的化療一旦開始就要持續五天之久。第八天或第九天，我身體的狀況可能會跌到谷底，如果血球數量低於*1000*，就得繼續待在「診所」裡；低於*100*，我就得注射骨髓了。第十五天，他們將以電腦斷層掃描與核磁共振檢查我腦部和肺部的腫瘤。每一次治療完畢，我可以休息兩到三個星期，一共要進行三次的治療。

在高燒與感冒的壓力之下，崔雅的胰臟已經完全停止分泌胰島素。

肯恩和我慢慢地、慢慢地往大廳走，因爲我實在太虛弱了，體溫很高，血糖的指數也一直上升。這五天，我不顧肯恩的反對，企圖利用踩腳踏車來控制血糖，但一點效果也沒有。我足足瘦

了八磅，我早就没有本錢再瘦了。躺在床上實在令我痛苦不堪，臀部快成皮包骨了。這裡的每件事都進行得很慢，肯恩不得不再度興風作浪一番，最後他們才肯爲我注射胰島素。我開始進食，試著把體重吃回來。

當我正要適應胰島素的時候，出現了第一次的反應：心跳加速、身體顫抖，檢查血糖表，指數竟然是50，如果降到25，就可能暈倒或全身抽搐。感謝上帝，還好肯恩在旁邊，因爲不怎麼能和護士溝通，他只好衝進餐廳拿了一些方糖回來，我又檢查了一次血糖，指數是33，二十分鐘後升50，然後又升到97。二二八號病房的起伏真是大啊……

日子一天拖過一天，等待感冒解除，但是我腦子裡一直有個隱憂，那就是未來還得面對「化療殺手」。現在只能想像而無法立刻面對，情況似乎更不祥，有點像克雷夫特（*H. P. Lovecraft*）小說中的氣氛，怪獸永遠不露面，只是名字一再被提到。幸好凱蒂及時趕來，紓解了緊張的氣氛。有了凱蒂的協助，我和崔雅的心情終於恢復平靜，偶爾還有點幽默感。

愛迪絲也出現了。我在「診所」門前的台階上遇見她，立刻把她帶到二二八號病房。我認為她們絕對是一見鍾情，我和崔雅都不見得這麼快投緣。不過這種事我見多了，不只一次，我發現自己最好的朋友一個個都愛上了崔雅，我幾乎立刻退居幕後，那種感覺有點像：「我是她的先生，也是她的好友，如果你想認識她的話，我可以替你們安排一頓晚餐。」

我們和愛迪絲及她的先生羅夫相處得非常愉快。羅夫是一位相當著名的政論家，道地的歐洲紳士：有修養、機智、才氣橫溢、涉獵廣泛、非常有說服力，態度謙和有禮。可是令事情有所改

善的還是愛迪絲。只要一見到她，我們立刻放鬆下來，不再憂慮可能在德國遇難，有愛迪絲在就行了！

我被輕輕拖往大廳，朝著第四個房間走去。我忍不住懷疑這個形體爲什麼能拉住我的手臂，因爲無論怎麼看，它都是個不存在、空的東西。一個不存在的東西如何能拉住有形的東西呢？除非……這個想法令我吃了一驚——

「你看見了什麼？」

「什麼？我？我看見了什麼？」我慢慢地往房裡瞧，我知道自己可能會看見一些奇怪的東西，然而我看見的不只奇怪而已，簡直是令人驚心動魄。我像個孩子一般呆立了幾分鐘。

「我們要進去了，可以嗎？」

仍然沒有進行化療。我只是躺在病床上等，也沒有足夠時間寫信、看小說、讀靈修書籍（現在讀的是史蒂芬·勒文所寫的《生與死的治療》*Healing into Life and Death*）、冥想、踩腳踏車、回信、寫日記、和肯恩、凱蒂以及愛迪絲聊天、看望其他的美國人、藝術創作。這實在有點荒謬，我只是在證明時間不夠用罷了。當我這麼想時，心中生起奇怪的感覺，因爲我這一生的時間顯然是不夠用的。有時我覺得非常積極，有時又很怕自己一年內就會死了。

我走出病房，遇見一羣眼眶含淚、掩面哭泣的人。不知道他們聽到了什麼。一位年輕人擁著一個女子，很可能是他的妻子或女友，兩個人都紅腫著雙眼。另一個坐在桌邊的女人環抱著穿綠袍子的女子，她們也在哭。另外坐在桌邊的三個人，眼睛也是紅腫的。佛陀四聖諦中的第一聖諦：人生就是一場苦難。

我剛讀完《新聞周刊》上一篇討論病人有權利選擇死亡的文章，這是我一直深感興趣的主題，甚至早在罹患癌症以前就注意到了。花費那麼多的時間、金錢，又讓病人受那麼多苦，只爲了證明醫學已經偉大到可以拖延病人的壽命，那種存活的方式值不值得，沒有人關心。我希望自己的大限來臨時，可以選擇比較尊嚴的死法，而不是靠一大堆的急救設施來控制病痛。我對肯恩說，過幾天或許會向奚弗大夫要些藥丸擺著，只要知道它們在那裡就夠了。

我希望自己活下去的意志夠堅强，能盡量利用時間，我需要徹底專注、保持清晰的思維和正精進，同時不執著於結果。痛苦不是懲罰，死亡不是失敗，活著也不是一項獎賞。

收到麗蒂亞寄來一封信，她說了一句令我非常感動的話：「如果主在召喚妳，如果妳的大限真的到了，我知道妳會走得非常有尊嚴的。」我也希望如此，有時候我覺得周圍的人似乎會以我能活多久來評斷我的成敗、活著的品質如何，當然我也想活得久一點，但是如果活不久，我不希望人們就此認爲我失敗了。

我一天至少進行兩次的冥想，早上做內觀和自他交換，下午練習觀音法門，我做這些練習，只是爲了證明自己不懶，爲了更長遠的收穫，不在意結果，只是單純地强化對自己的信心、對自己的忠誠以及付出應有的努力。

抵達波昂後的這個星期，雖然有許多的困難，崔雅仍然保持穩定、喜悅，這是醫生、護士和其他訪客經常發出的感言。人們喜歡待在她的房裡，感染一下她的歡愉。有時候我甚至很難找到與她單獨相處的機會！

沒想到我能這麼快就從這些壞消息中走出來，我已經準備好面對一切的真相。毫無疑問，這是冥想的功效。得知這個壞消息的第一個星期我跌入了谷底。我讓所有的感覺湧上，憤怒、恐懼、盛怒、沮喪。它們貫穿我之後就消失了，於是我又回去面對一切的真相。事情是怎麼樣，就怎麼樣了。那份感覺像是接受而不是放棄，但是誰能如此肯定呢？我是在自欺嗎？好像還有一個很小的聲音在說：「崔雅，妳應該擔憂才對。」那個微弱的聲音雖然存在，可是沒有聽眾。

我覺得自己受到太多的祝福，來自我的家庭、我的先生、我的好友們。我無法相信自己的生命如此完美！除了這個該死的癌症之外。

我對肯恩說我實在弄不懂這到底是怎麼回事，因爲我的心情極好、精神極佳，我完全享受人生，我喜歡聽窗外的鳥兒歌唱，我喜歡「診所」裡的每個人。好像時間永遠不夠用，我期盼每一天的到來，一點也不希望它結束。我知道自己可能活不過一年，但我只想聽那些鳥兒歌唱！

我們終於得到消息，星期一要進行化療了。化療的那一天，我尷尬地坐在腳踏車上，凱蒂縮在角落裡，崔雅則相當放鬆。黃色的液體慢慢滴入她的手臂。十分鐘過去了，沒事；二十分鐘過去了，沒事；三十分鐘過去了，還是沒事。我不曉得我們究竟在預期什麼，也許她會爆發一些情

緒或什麼的。一星期前開始有人打電話來道別，幾乎所有人都認為這項治療會要了她的命。事實上這的確是非常激進而強烈的治療方法，它可能會讓病人的白血球指數降到零！但「診所」已經發展出相當有效的「解藥」，可以緩和大部分的問題，當然，我們的美國醫生忘了告訴我們這件事。崔雅發現這項治療没什麼大不了，於是開始平靜地享用她的午餐。

現在距離第一次的治療已經過了幾小時，我的感覺還不錯！抗噁心劑令我有點昏昏欲睡，這一次的藥比起阿德利亞黴素好過多了，我竟然可以邊吃飯邊接受化療……

今天是第二次的治療，我仍然覺得很好，還騎了十五分鐘的腳踏車。我覺得他們應該繼續使用這種解藥。萬歲！萬歲！萬萬歲！美國那些醫生對這種治療一無所知，竟把它說成了虐待狂，啊！反正一切都很順利就好了。

親愛的朋友們：

收到你們那些令人驚嘆、充滿創意的卡片、信件和電話……很抱歉我無法一一向你們致謝，能夠得到這樣的支持實在是很棒，就像飄浮在溫暖舒適的大海一般。

我有許多主要的支持來源。其中之一是肯恩，他一直是「完美的支持者」——這絕對不是容易的差事。他替我辦所有的雜事，在一旁握我的手替我打氣，甚至還要想辦法娛樂我，我們常有很棒的對談，我們還是在熱戀中。另一個則是我的家庭，他們的愛與支持也是無法比擬的。來德國之前，醫生爲我進行骨髓採集（以防將來在治療中需要用到），我的父母還到舊金山來探望我

們，妹妹凱蒂在德國待了十天，幫助我們適應這裡的環境，我的父母目前也到了德國，準備在我的情況穩定後，開車帶我去旅遊。另一個妹妹崔西與妹夫邁克將在巴黎與我們會合，然後再帶我回波昂進行第二階段的治療。當然還有肯恩的父母，他們也非常支持我、愛我。此外還有癌症支援中心的朋友，特別是維琪，她很有效率地到處採集骨髓、收集這方面的資料。然後是阿斯彭、博爾德以及芬霍恩的友人……我覺得非常非常幸福。

剛到這裡的時候不是很順利，我感冒，而且很不幸地拖了三個星期之久。那段時間我每天在醫院裡做放療，不能離開醫院，因爲一旦放棄這間病房，就再也找不到合適的了。現在難關已過，我們很信賴楊克診所的院長奚弗大夫。他是個精力旺盛、開朗而又愉悅的人；我覺得他就像個年輕的聖誕老人（他留著椒鹽色的落腮鬍），紅色皮箱裡總是裝滿了抗癌的禮物。不像大多數的美國醫生，因爲受食品藥物管理局的限制，皮箱的尺寸比較小。有時這些太過專業的明文規定，反而使許多有效的治療方法受到局限，例如奚弗最常用的藥是*ifosfamide*；它是美國現在最常用的*cytoxan*或*cyclofosfamide*的表親，這個藥是奚弗大夫率先研發出來的。他使用這種藥有十年了，直到去年，美國食品藥物管理局才通過，但只能用來治療肉瘤（事實上許多癌症它都能治），而且被許可的劑量也遠遠低於奚弗大夫的認定。因此，在美國我是不可能以這種藥來進行治療的。

一、二月與許多醫師會商，他們都建議我採用阿德利亞黴素，如果按照設計好的療程來進行，我大概到死以前都得服用這個藥。這個藥的時效大概可以維持十四個月，可以想見的是它可能帶給我的痛苦與折磨。我妹妹曾經問我服這種藥會有什麼副作用，我列舉了一堆症狀，聽起來並不怎麼嚇人，但我馬上想到過去服用它時經常對肯恩說的那句話：「我可以活動，也可以做

事，但這個藥最可怕的是它會傷到我的靈魂。」你們可以想像當我聽說又要接受這種治療時，心裡有多麼恐懼了。我逼問醫生，如果接受這種化療還可以活多久，他們回答我，如果這個藥對我還有效的話，我大概有百分之二十五到三十的機會可以再活六個月到一年。這等於只給我一點零錢嘛！我回答得很不客氣，然後就決定找別的出路了。

根據我所罹患的癌症類型以及第一次手術後復發兩次來看，癌細胞轉移的機率是非常非常高的。一月十九日被告知眞正的病情以後，我歷經了不少心理轉折，剛開始是盛怒，我認爲這種事會發生在自己身上，必定也會發生在所有人的身上。我的戰鬥意志徹底被激起，發現「診所」的存在後，精神變得更好。說眞的，最難過的還是在做治療抉擇的時刻。

除了憤怒，我還常常感到煩憂，但生活的忙碌與混亂令我無暇沮喪（我必須列出一連串的電話號碼，一一詢問之後才能做決定）。一開始有好幾天，我極爲脆弱、恐懼，哭個不停，非常地焦慮不安，接近崩潰邊緣……後來我想到這個星球上此刻有多少人和我一樣在受苦，過去又有多少人曾經受過苦，心突然平靜了下來。我不再感到寂寞、孤立；相反的，我覺得自己與衆生有一種不可思議的連結，彷彿我們都是一個大家庭中的成員。我想到那些罹患癌症的孩子，想到那些在車禍中意外喪生的青年，想到那些飽受精神折磨的人，想到第三世界中正在挨餓的人們，還有那些即使活下來也會因爲營養不良而有生理缺陷的孩子們。我想到那些喪子的父母，想到那些年紀只有我一半大，卻死在越南戰場的年輕人，更想到那些慘遭私刑折磨的受害人。我覺得他們都是我的家人，想到佛陀四聖諦中的苦諦，我的心才稍感安慰。這個世界就是一場苦難，一個無法逃避的事實。

這段期間我所接受的佛教訓練令我滿懷感恩，特別是內觀法門與自他交換。此外我也重新受到基督教的吸引，她的音樂、儀式、還有宏偉的教堂都令我神往。它們比佛教儀式更能感動我，但是在神學上卻不能吸引我。基督教重視的是垂直與神聖的面向，佛教強調的則是平心靜氣地接納事物的眞相，以自心來熄滅苦惱。這兩者在我的身上逐漸融合爲一體。

我住進來不久，一羣護士擠進我的病房，好像店舖開張一樣地熱鬧。她們相當害羞地問我：「妳的宗教信仰到底是什麼？」難怪她們會感到困惑，因爲我在自己的房間裡設了一個供桌，上面擺了各式各樣的神像，有佛陀，有肯恩送我的聖母瑪麗亞、一塊耀眼的水晶石，這是一羣住在陽光峽谷的朋友送的、一個聖母懷抱著聖嬰的雕像，是我小姑給的、還有維琪送我的聖安妮像，她說這個雕像曾經給過她治療的能量；此外還擺了一尊觀音、一張肯恩送我的綠度母唐卡、一幅崔西畫的圖、一小瓶鋪在創巴仁波切遺體旁的鹽，這是從他的衣缽傳人攝政（*Regent*）那兒得來的（我身上還帶了其他人的舍利子，我衷心感激他們）、一張卡盧仁波切的照片，還有創巴仁波切和攝政的照片，其他的照片則是來自不同的朋友：拉馬納尊者、賽巴巴和教宗，還有一幅古老的墨西哥金屬圖片，上面畫的是一位具有治療力的神祇、一個親戚送的十字架和阿姨給的祈禱書、芬霍恩的創始人艾琳所寫的祈禱文、許多癌症支援中心的朋友送我的禮物、一本玫瑰經以及我參加卡盧仁波切的智慧閉關時得到的念珠……難怪那些護士被搞得糊里糊塗！但是對我而言這麼做很舒服。我一向是普世運動的擁護者，我的供桌只不過把這個理想具體化罷了！

我對於基督教與佛教都有哲學上的問題，但是疑問生起時，我會讓它們消失於無形。因爲每當陷入哲思時，我就會憶起佛陀的訓戒，對於那些無解的事，我們不需要苦苦思索。因此我從不

費力去融合這兩者，這顯然是不可能的事，但我還是會陷入毫無助益的基督教哲思中，譬如：爲什麼這件事會發生在我身上？爲什麼會發生在任何人身上，是神在處罰我嗎，還是我做錯了什麼？我該如何做才能讓一切好轉起來，孩子們也遭遇這樣的苦難實在太不公平了！爲什麼這些事會發生在好人身上？爲什麼神會讓這些事在世上橫行……縱使如此，寂靜的教堂、風琴伴奏的讚美詩和平靜喜悅的聖誕歌曲，還是令我深深感動。

當事情惡化時，佛教確實能帶來安慰。它不會讓我產生憤怒，也不會激起我想要改造的欲望，反而幫助我接納眼前的一切。這並不是消極的心態，因爲它強調的是一邊解脫貪、嗔、痴，一邊還要保持正精進。事實上因爲我不再執著於結果，反而能看到事情的眞相，能量也不再消耗於設定目標、汲汲營營於達成它或因失敗而失望。

例如，我的左眼仍然有波狀的障礙物——這是腦部有腫瘤的一種症狀（長在我的右側枕葉），後來又發現了肺部的腫瘤。我已經完成腦部的放療，當然希望能有一點改善，因此每當我注意到這些波狀物，自然會生起排斥的反應——反感、恐懼與失望等等。但突然我的感覺轉化了，波狀物只是一個可以注意、檢查與目睹的東西，一個不可改變的事實罷了。以這樣的態度面對一切，我發現恐懼開始戲劇化地消退。即使恐懼又出現了，我也能單純地看著它，而不再懼上加懼。例如當我的白血球下降或溫度升高時，我只把它看做眼前發生的事實，我看著它、看著自己的反應、看著生起的恐懼，直到它們都消退，而我也恢復平靜爲止。

回到治療上的問題。我目前注射兩種藥物，*ifosfamide*和卡氮芥（BCNU，一種抗腫瘤藥）。整個療程有五天，*ifosfamide*每天都必須加在點滴裡，卡氮芥則是星期一、三、五才注射。他們已經

研發出許多解救與支援的產品，來減低短期或長期治療所產生的副作用。有一種叫作*mesna*的藥，在治療的過程中每天要注射四次，用來保護腎臟。還有一種「抗黴菌」（*antifungal*），在治療中與治療後都要注射，特別是當白血球降到1000以下時，更要注射雙倍的劑量。此外他們還在化療中加入止吐劑與栓劑，除了讓人有點昏昏欲睡之外，並沒有任何副作用，效果極好。他們也預備了更強的藥，以防不時之需。我還記得自己在接受阿德利亞黴素治療時，必須服用以膠囊包裝的THC（一種鎮定劑）幫我撐過極爲恐怖的反應，回想起來，那仍然不是愉快的回憶。這一次的治療輕鬆多了，令我難以置信！我對奚弗大夫提及這份差異，他說：「啊，現在用的藥比以前要強得多了。」

不只如此，這裡根本沒有所謂長期進行的化療。這裡採用的是高劑量的短期化療，只有三個療程，時間大約一個月。大致的療程如下：先是連續進行五天的化療，接著是十到十四天的住院觀察，看看白血球降低和上升的情形（這裡有一位美國病人曾經在治療後降至200）。在這段期間內，他們會給你一些輔助的藥物，追蹤你的體溫，並提醒你每次進食都要用一種味道很恐怖的藥水漱口。當你的白血球數量上升到1500時，就可以離開醫院，如果指數上升到1800，就可以趁著空檔做一次短期旅遊。通常你可以要求兩到三個禮拜的假期。他們希望你的白血球指數在下個療程開始前能回復到2500—3000。

有一件事令我頗爲遺憾，那就是我不能從別的病人身上獲得寶貴的資訊，因爲不會說德語，這裡除了我以外，只剩下另一位美國病人鮑伯・杜提；他和肯恩很快便結成好友。他正在接受第二階段的治療（以八到十天的化療來對抗一種相當罕見的腫瘤），我從他的身上學到了很多東

西。我正在整理一些資料，爲往後來這裡的英語系病人介紹一下療程、攝氏與華氏的換算（體溫）、公斤與磅的換算、他們的藥名與美國藥名的不同，如何安排空檔期以及平時的藥單等等。

與我關係最密切，也是我最喜歡的兩個人，爸和媽終於出現了，他們眞是救星！肯恩也有同感。我們將利用兩週的時間和他們一起開車橫越整個德國，然後到瑞士，最後在巴黎落腳五天。此行還有一個特別的意義，這是肯恩第一次的歐洲之旅！到目前爲止，他只見識了波昂和附近的環境……我迫不及待想帶他去巴黎看看！他是在城市長大的，我最想帶他看的就是開車時沿途的風景、丘陵、狹密的山谷、高聳的山巒、湖泊、草原、河流、小村莊，以及變化多端的農田和地理風貌。凱蒂、肯恩和我趁著星期天的空檔開車去兜風。土地曾經是我靈魂的安慰和心靈的根，我一直對它有一份深深的愛。

我希望自己不要執著生病的附帶好處！過去我一直都是「自己動手做」那一型的人，現在幾乎都得讓別人來代勞了。我應該覺得值得被幫助，不要存有強烈的回報念頭，就像我必須接受別人的讚美。我坐在醫院的病床上，讓肯恩或其他的人爲我採買食物、處理雜務、帶雜誌給我，有時還要爲我做飯。

哦，該談談天氣了。這裡的天氣很糟，潮溼、多雲、陰沉。雪雨已經變成了雨，太陽難得露臉，能出現十分鐘便相當稀奇了。雨一直下個不停，萊茵河的水位竟然升到八年來的最高點。天氣並不能困擾到我這個二二八病房的女皇；十三天前我開始接受治療以後，就再也沒踏出醫院的大門一步。好天氣大概也睡午覺去了！

有一位很可愛的女孩每週兩次到這裡來教藝術課程，她啓發了我對壓克力畫的興趣，這與我

過去所畫的鉛筆素描和玻璃創作截然不同。我才剛入門，還在學習如何調色、混色，如何從背景到主體組成一幅畫面（畫鉛筆畫時，我通常會從主體著手）。很難相信我可以自得其樂地在病房裡待這麼久。

至於奚弗大夫，我開始相信他可以在水上行走了。肯恩覺得奚弗是他所見過的人當中心思「最縝密最快速」的人。他每星期二的巡房，來去猶如一陣疾風，我已經學會掌握有限的時間和他預約。但即使定好了約會，在正式踏進他的診療室前，我們還得再等兩到四小時左右。

每一次碰面我都會錄音，因爲我的筆無法鉅細靡遺地記下他所說的那些眞相、故事、意見與笑話！他讀過兩本肯恩的德文版著作，很喜歡治療這麼出名的病人。我們在他的書架上發現伊塞爾療法（*Issels's therapy*）、伯金斯基療法、澤森療法、凱利療法的書籍；我心想美國醫生的書架上能找到這些書嗎？聽說奚弗大夫曾經不辭辛苦地到處收集各種癌症的療法，並親身實驗，加以改良。他有驚人的活力與能量，我對他很有信心。他是最先進的癌症研究者，他所採用的方法從干擾素一直到酵素治療。我不但信任他的判斷力，也相信只要是對我有益的方法，他一定會採用。

星期一和奚弗大夫會談之後，我再來完成這封信。到時候我就會知道電腦掃描腦瘤的結果了。

於楊克診所

一九八八年三月二十六日

「你喜歡吃甘草軟糖嗎？」這是他開口對我說的第一句話。「甘草軟糖？那是我的最愛。」從那一刻起，我們每一次和奚弗大夫碰面時，都會先談一談我在哪裡吃過最棒的甘草軟糖。

不只是甘草軟糖，還有啤酒。奚弗在醫院裡擺了一台啤酒的自動販賣機，兩罐*Kolsch*啤酒五馬克。離開塔霍湖的那一天起，我就戒掉了伏特加，只准自己喝啤酒。奚弗一天要喝十到十五罐啤酒（德國真不愧是全世界啤酒消耗量最高的國家）。但他也患了糖尿病，只能以甘草軟糖取代。我很快就變成自動販賣機的好友。「啤酒，」奚弗似乎在鼓勵我，「是唯一喝進多少就排出多少的酒。」因此他對所有的病人都不加以管制。

有一回我問他（我時常問其他的醫生同樣的問題）：「你會不會建議你的妻子採用這種特別的療法？」

「永遠別問醫生會不會建議他的太太去做某種治療，因為你不曉得他們感情好不好。最好問他會不會對自己的女兒採取相同的方法！」他一邊說著，一邊笑了起來。

「那麼，你會不會如此建議你的女兒呢？」崔雅問。她記得腎上腺的抑制有助於乳癌的治療。

「我們不會這麼做的，這裡的生活品質已經夠低了。別忘記，」他說，「環繞著這個腫瘤的是人的身體啊！」就在這個時刻，我愛上了奚弗大夫。

我們也問了一些在美國盛行的其他療法。

「不，我們也不會這麼做的。」

「為什麼？」

「因為，」他直截了當地說，「這麼做會傷到人們的靈魂。」眼前的這個人是以極為激進的化療聞名於世的，他之所以不願採用某些療法，原因是它們會傷到人們的靈魂。

癌症已經普遍被認定是由心理因素引起的，他的想法呢？

「有些人說乳癌是一種心理問題：和先生、孩子、甚至家裡養的狗有關。然而在大戰期間的集中營裡，雖然充滿各種問題以及極大的壓力，乳癌的罹患率是最低的，主要的原因是他們的食物裡沒有油脂。德國在一九四〇到一九五一年之間的癌症罹病率最低，然而那是一段充滿高壓的日子。所以請問心理問題如何會致癌？」

「維他命呢？」我問道，「我是受過訓的生化學者，從我讀過的研究來看，大量服用高單位的維他命不但能抗癌，甚至會抑制化療藥劑。美國的醫生都同意這兩個觀點。」

「你說得沒錯，尤其是維他命C特別具有抗癌效果，但如果進行化療時也服用它，就會對*ifosfamide*與大部分的化療藥劑產生抑制作用。曾經有一位德國醫師宣稱，他因為在進行化療時讓病人同時服用大量維他命C，所以病人不掉頭髮，當然癌細胞也沒除掉。為了證明這點——」在這裡必須先聲明一下，歐洲學者型的醫生通常都有神農試百草的傳統精神。「我在許多位醫師的見證之下，先為自己注射致命的*ifosfamide*，接著服用二十公克的維他命C。結果我到現在還好端端地活著。因此這位醫生給病人注射的不是*ifosfamide*點滴，他給的是一劑無關痛癢的藥。」

假設從醫學院畢業之後可以成為像奚弗這樣的大夫，我想我就不會離開杜克大學了。美國大

部分的醫學院只教會你把黑死病的骷髏頭對準病人：「死亡也不能免除你付賬的義務。」

有一天我在人行道上遇見奚弗，我問他：「這附近到底有沒有好餐廳？」

他笑著說：「朝那個方向走兩百英哩，一越過法國邊界就有了。」

星期一做了電腦斷層掃描，星期三我們和奚弗大夫碰面。他說掃描的結果「出奇的好」……腦部的腫瘤幾乎完全消失，只剩下邊緣，形狀有一點像新月。放療顯然有效，當然我還有兩次的化療要做，這意味著我仍然有復原的機會。萬歲！（在第二次治療以前，他們並不打算檢查我的肺部。）這眞是令人振奮，我的父母也比較安心了。

唯一令人失望的是，我的血液指數並沒有上升，雖然這只是暫時的現象，但是它們得回復到1500以上，我才能與爸媽、肯恩去度假。七天以來，我的白血球指數一直在400—600之間徘徊，血紅蛋白更低。這一點都不令人意外，因爲我到德國以前所做的骨髓採集，已經抽掉了半數的骨髓。奚弗大夫說這意味著我的「母細胞」比較少，骨髓中的年輕細胞羣比較多，一旦它們成熟了，血液指數自然會升高。鮑伯・杜提的指數也曾經從200升到400再跌回200，但是當指數升到800，隔天便攀升至1300，再隔一天就到了2000。這正是我所期待的進展……

今天是耶穌受難日，他們本來不打算爲我檢查白血球的數量，但這麼一來，我就走不了。於是肯恩再次出去興風作浪了一番，他說現在每個人都討厭死他了。我很高興研究的結果顯示，那些比較難纏、要求比較多的癌症病人復原得比較好。我母親說，他們在安德森醫院遇到的醫師也持相同看法：不收過於被動的病人，因爲主動而積極的病人復原的機率比較大。我暗自期望這裡

的護士也能讀一讀這些研究報告！我有一部分的人格時常害怕提出要求或怕要求會令人生厭，這份報告使我的恐懼和緩了不少，對我產生了很有趣的影響——我好像已經得到許可，不必表現得太友善，只要提出自己的需求就夠了。如果換了別的研究報告，我可能會懷疑自己是否應該要有不同的表現。舉例來說，當我又開始進行佛教的冥想練習時，很自然會思考正精進、接納與安住在事物眞相之類的道理。這時，「打倒癌症」的戰鬥意志和憤怒就會消失。這份改變對我而言是很好的，可是我又記得某些研究報告顯示，具有戰鬥意志和憤怒的病人的治療效果比較好。我是不是喪失了「戰鬥意志」？這樣不好嗎？這又是個「做」與「存在」的古老議題。

很巧的，昨天晚上我在紐約時報（一九八七年九月十七日）讀到一篇丹尼爾・高曼的文章。一位名叫珊卓・李維的醫師對三十六名嚴重的乳癌患者做了一次對比的研究，那些具有戰鬥意志與憤怒的病人和被動的、態度友善的病人所產生的結果如下：

七年以後，三十六名婦女中有二十四位過世了。出乎李維醫師的預料之外，她發現經過一年之後，憤怒對於病患的存活率並沒有什麼影響。這七年的觀察顯示，眞正具有影響力的心理因素似乎是生之喜悅。

她發現可以預測存活率的主要因素，其實都已經完備地包含在腫瘤學中了：在第一次治療過後，某些病人許久不再復發的次要原因其實是「喜悅」，這是透過標準的紙上測驗所得的結論，一旦癌細胞開始擴散，要想預測病人的存活率、觀察其心情是否喜悅，遠比癌細胞轉移到哪裡要重要得多。她完全沒有預料到喜悅竟然那麼強有力地決定了病人的存活。

眞高興知道這件事，我雖然一直被困在醫院裡，但心情非常快樂。我很樂於以我的憤怒來交換喜悅，謝謝妳！可是我馬上又聯想到，如果我感到沮喪或不快樂，這份報告又會讓我產生什麼感覺呢？這些新發表的論文、新的研究、新的實驗結果、新的預測等等，將會引發永無止境的搖擺球反應，因此我必須培養平等心與定力，安住在事物的眞相中，只觀察而不企圖改變，這份訓練對我的幫助實在太大了。

今天是耶穌受難日，醫院很安靜，沒有太多的活動。鳥兒在我的窗外歌唱。有一隻的歌聲帶著抖音，另外一隻則持續地發著單音，前者是後者的襯底音樂，就這樣一、二、三、四、停，一、二、三、四、停地演唱著，眞是天籟。

六條街遠的波昂大教堂一整天斷斷續續地敲著鐘，與鳥兒的歌聲合成交響曲，我在這首曲目中慢慢醒來。肯恩每天都到教堂點燃一根蠟燭，他說有些時候還會在那裡「小泣」片刻。前幾天他帶我的父母一同前往，他們也爲我點燃了三根祈福的蠟燭。

從我的窗口望出去是一個緊鄰其他建築物的開放空間。外面的樹尚未吐出新芽，我想當它們冒出來的時候，我一定還在這裡，到時候觀賞它們感覺一定很棒。

明天就是復活節了。今天早晨我是被太陽曬醒的，自從來到這裡，這還是第一個陽光燦爛的日子。我坐在病房裡享用早餐，腦子想著鳥兒們悅耳的歌聲，突然有一隻紅頭鳥飛來歇息在我的窗台上。那兒有一塊已經擺了好幾天的黑麥餅，我看著它被雨淋溼了又乾，乾了又溼。打從我住進這個房間，沒有一隻鳥兒肯接近它一步。今天早晨突然飛來這隻紅頭鳥，凝神地注視著我；我靜靜地不敢動彈，免得把牠給嚇跑了。接著又飛來一隻頭上有斑點的鳥兒，盯著我瞧了幾分鐘以

後，也開始啄食那塊餅乾，一直到啄盡之後才離去。牠們接受了我偶然的供養，彷彿領聖餅一般。

我覺得心中有很多的愛想分給你們每一個人。你們給我的愛和支持是那麼豐饒，帶給我非常大的改變。就像我替窗台上的那一排植物澆水施肥那樣，你們的愛與支持豐饒了我的心靈，幫助我保有喜悅的心情與生命的活力。我覺得自己受到相當大的祝福，因爲有愛我的家人、先生與朋友。

心中充滿愛的崔雅
於四月一日

PS.我的白血球指數已經回升到1000了，看樣子我們的巴黎之行不久就要實現了！

17 春天是我現在最喜愛的季節

「肯恩，別讓那個意外掃了你的遊興，巴黎真是個美麗的城市。」

瑞德剛才在巴黎郊外撞上了一輛車——這是他七十七年來發生的第一起車禍。他已經連開了好幾天，我擔任的是領航員的角色，身邊都是地圖，蘇與崔雅坐在後面。我們橫越德國，穿過瑞士，來到巴黎。關在斗室一個多月以後，崔雅終於可以吸一吸鄉間的空氣了。

我們正躋身前往巴黎的車陣中。瑞德才向後探了一眼，便撞上前面的一輛車，那輛車又撞上前面的車。雖然無人受傷，場面卻很壯觀；當地的人全都跑出來看這場秀，興奮地指指點點，嘰哩咕嚕地說個不停，還好崔雅會說流利的法語，接下來的三個小時，她很有耐性地和被波及的人協談。她站在那裡，帽子遮住了她完美的禿頭，終於，我們順利脫困了。

離開波昂的那天是復活節，一個陽光燦爛、空氣清新的早晨。車子不停地往前開，老爸掌方向盤，肯恩則負責引導我們進入每一條風光明媚的小徑。我們經過許多小鎮，看見當地人爲了復活節而盛裝，父親牽著女兒的手，祖父母尾隨於後，一起走進餐廳，四周是盎然的綠意。有個小鎮看起來像濱海的度假村，擠滿了前來賞花、做日光浴的遊客。這裡至少有三十間餐廳設有户外

的餐桌，坐在外面用餐可以鳥瞰河面的景致，因此幾乎都坐滿了人。寬廣的步道上也擠滿了度假的遊客，河邊的公園裡有各種年齡層的人，悠然地閒逛。我們開車離去時，還塞了一整排的車子，準備進人這個市鎮。

車子一路往前開，我貪婪地流覽著窗外的景致：檸檬綠的草坪、河邊冒出新葉的樹、如驚嘆號般遍佈四處的黃色連翹、開滿花朵的櫻桃樹、佈滿山坡與河床的葡萄園。我們從一個河谷駛向另一個河谷，從德國前往巴黎，沿途的美景盡收眼底。我長期困在醫院的雙眼與靈魂，迫不及待地將它們一飲而盡。我沒有絲毫的倦怠感，目不轉睛地看著這春天的美景。你能想像嗎？秋天一直是我最鍾愛的季節，現在和煦的春天已經取代了秋的地位。

巴黎真的很美，我們享受了一生難有的奢華款待：瑞德和蘇安排大家住進豪華的麗池飯店。光是簡單的牛角麵包與咖啡，一份早餐就要40法郎。右邊轉角是著名的「哈利的紐約酒吧」（*Harry's New York Bar*），據說是海明威、費茲傑羅德（*Fitzgerald*）以及所謂失落的一代最喜歡停留之處，也是巴黎少數幾處英語人活動的地方。酒館樓下的房間現在還擺著葛爾希文（*Gershwin*）的鋼琴，「一個在巴黎的美國人」（*An American in Paris*）就是利用它譜成的曲子。哈利宣稱他們是第一個調出血腥瑪麗與馬車的酒館；姑且不論真假，他們的血腥瑪麗真的很令人難忘，這是大家一致公認的事實。

不過真正令崔雅和我感動得落淚的，還是聖母院大教堂，癌症、疾病、貧窮、饑荒與苦惱的凡俗世界，都被留在巍峨的大門外，四處可見早已失傳的神聖圖案。崔雅和我參加了當天的彌

撒，我們緊緊地握住對方的手，彷彿全能的上帝這一次真的會降臨，奇蹟似地除去她身上的癌，只因這個神聖的空間隔開了祂的子民所染指的塵世，連祂都被激起了有所行動的興致。由彩繪玻璃穿透進來的陽光似乎也有治療的效果；我們懷著敬畏的心在那裡坐了好幾個小時。

崔西和邁克來了，我們向瑞德和蘇告別，開車前往左岸。崔西是一位頗有才華的藝術家，崔雅是一位工藝家，邁可和我則是具有欣賞力的旁觀者。我們隨著人羣在奧賽美術館（*Musée d' Orsay*）前，準備欣賞梵谷的畫作。叔本華曾經提出一個藝術理論：壞的藝術模仿，好的藝術創造，最好的藝術超越。所謂的「超越」，他的定義是「超越主客的二元對立」。他說所有傑出的藝術品都有一個共通性——可以讓一位敏銳的欣賞者脱離自己而進入作品中，令那份孤立的自我感完全消失；換句話説，偉大的藝術品不管其內容如何，都是神祕的。在見到梵谷的作品以前，我一直不相信這個論調，現在我真的被震攝住了，屏住呼吸、超脫自我似乎在頃刻間發生了。

離開巴黎返回德國的途中，邁克開車，崔西領航，肯恩與我則閒散地縮在後座。又回到了鄉間，我最喜愛的旅遊點。我們在維特鎮（*Vittel*）逗留了一晚，這是個水源地，很難分辨它到底是已經過氣的觀光小鎮，還是尚未從凜冽的冬季中醒來。但是我一點都不在乎，因爲我們的房間對面就是一個充滿陽光、綠意盎然的公園。我拉了張小椅子坐在陽台上，心裡十分滿足。

沿著曲折的小徑，我們回到鄉間的公路，在溪流旁野餐完，攀上較高的一座丘陵時，竟然發現一座滑雪場，裡面有纜車，有人正在滑雪，已經下午四點了，否則我可能會説服身邊的人讓我滑幾個回合，我多麼想到雪地裡一邊滑雪一邊享受陽光。我想起奚弗大夫提過一個小男孩，他在

白血球指數降到400的時候仍執意要去滑雪，最後死於肺炎。我能體會那股强烈想要冒險的欲望。

寇馬爾（*Colmar*）是我們最喜歡的小鎮，老舊的半木造小屋一間挨著一間，彷佛相互扶持了數世紀之久，房子有的向前彎，有的向下垂，有的傾斜，有的搖晃，有的蹲伏，有的凸出，每間都有獨特的個性。譬如某一間是風乾的橙紅色，旁邊那間是斑駁的乳白色，接下來的一間是紋理清晰的藍色，最後兩間則呈現出龜裂的灰色與皸裂的灰褐色。到處都是卵石鋪成的巷道，窄小而彎曲，只適合步行，巷道兩側的農舍好似滿臉風霜的鄰人，倚著欄杆互相交換村子裡的緋聞與閒話。樓下的巷道擠滿了觀光客，絡繹不絕地看著櫥窗裡的東西，點亮教室的香燭。

寇馬爾有一幅舉世聞名的祭壇畫作（*Retable d'Issenheim, 1515*），看起來有點陰森，那個時期的生活可能也有點陰森——被釘在十字架上的耶穌肖像，頭上箍著荊棘，血從鐵釘中淌出，全身上下到處是傷口。崔西說，當時的歐洲梅毒正猖獗，因此，藝術家把這個苦難的標記也畫在耶穌的身上。剛開始我覺得這幅畫太强調基督的受難，接著我聯想到許多佛教僧侶也喜歡在墳墓打坐。十六世紀照樣充滿苦難，這幅畫要提醒我們的就是這一點。我吸了一口氣，看著自己對這幅畫的反應，看著自己不願意認清從古到今這樣的事一直在發生，也想到自己與他人的苦難時，不禁起了寒顫。我看著這些强烈的反應，又深深地吸了一口氣，感覺一股悲憫與善意從心中生起。

在薩爾斯堡（*Salzburg*）停留的那段時間，我們喝了點阿爾薩斯酒，吃了一些蛙腿，買了幾塊印有農莊圖樣的桌巾，還參觀了教堂。爲我們服務的女侍開心地對我們說，下一次我們要去巴黎的時候，她可以陪我們一同前往，因爲巴黎的食物「*très cher et pas bonne*」——既貴又難吃。

回到德國，我們繼續往波昂的方向行駛，沿途在巴登巴登（*Baden-Baden*）落腳，這是一個非常有名的溫泉小鎮。在這個地方，崔雅經歷一件十分困擾她的事，也讓我們朝著不可思議的方向聯想。

第二天我們去洗了一次羅馬—愛爾蘭式的溫泉浴，非常舒服的經驗。我們被帶到十個不同的溫泉浴池，每一處的溫度略有不同，這一連串的浴池溫度全是經過精密計算的，因此可以產生最大的放鬆效果，然而那天晚上我發現自己的五角星項鍊竟然不見了！我們找遍每個角落，詢問每一個可以求助的人，還是不見它的蹤影。這是我的護身符，是我父母在我和肯恩離開舊金山前往德國的那一天給我的禮物。它是按照我畫的一個圖，請我們的好友羅塞爾用手工打造，對我有很特別的意義。在德國的頭一個月，日子過得黑暗無光，好幾次從睡夢中醒來，我發現自己牢牢地握著這顆星，因爲它，我不再孤獨。我非常驚訝怎麼會把它給弄丟了？一點跡象都沒有，就這麼憑空消失了。我迷信的那一面，很自然地隨著這個意外增長：難道我從此以後沒有好運了嗎？這是否意味著將有不好的事要降臨？這是否象徵著我的「守護星」隕落了？

一整晚崔西、邁克和肯恩不停地安慰我。突然我想到了卡盧仁波切教我的觀音菩薩觀想法門。他要我觀想諸佛菩薩都出現在我的面前，我把全世界最美好的東西，供養給祂們；祂們非常喜悅，把祝福如華雨般遍灑全宇宙。我也憶起了自他交換的觀想。我把別人的苦難吸入體內，再把自己的善業吐出給別人。

以下是我用來去除執著之苦的觀想練習：我把這顆五角星的美與幸運供養給衆生。當我這麼

練習時，我可以感覺自己强烈的執著，執著於父母、那位打造項鍊的朋友，執著於得到項鍊時的情境和幸運的概念，執著於「艾斯崔雅」的原始意義。從這事件，我清楚地看到自己强烈的執著心，又因爲它是一件頗值錢的飾物，執著就更强烈了。

我一遍又一遍地觀想著自己把它供養給衆生，它的美、好運與治療的功效，讓每一個人都能獲益。每當我因失去它而感到痛苦，或不自覺地伸手摸它而發現它不見時，都會做上述的觀想。有時在餐廳裡吃飯，我會想像它在每一個人的脖子閃閃發光，走在路上我也會想像它在每一個行人的頭上放光。我甚至會把它化成數百萬顆星星，遍佈整個宇宙，在陽光中緩緩降落地面，照亮了每個人的人生。

這個練習讓我非常清晰地察覺其他形式的執著或自私，譬如想要得到野餐中的最後一片起司，最後一口美酒，視野最好的房間等等。因爲這顆星的遺失，映照出這些細微的反應和這些隨時會出現的執著與欲望。藉著這項練習，我可以將任何我所渴望的東西都變成禮物分送給他人。這實在是非常有趣的經驗。

透過這次練習，我看到一些並不想看到的真相，對於自己的執著，我察覺的速度也不是頂快，更不能做到放下一切。當我察覺自己想得到最好的美酒，或察覺自己有惡毒的念頭或看到自己本來是善意的，說出來的話卻不太友善，一股心知肚明的微笑就會浮現，我希望自己在看到這些真相時能有更多的仁慈。肯恩曾經提到聖保羅所說的一句話：「**我所願意的善，我不去行；我所不願意的惡，我反倒做了。**」這句話讓我知道自己並不是在困境中孤軍奮鬥的人，也讓我對人性生起更大的悲憫。我知道這些話聽起來有點過度樂觀，但是這次練習真的對我非常有幫助，當我在

做上述的觀想時，我覺得這顆星好像還在我心中，永遠不可能遺失。我對於它的消失所產生的迷信也逐漸退去，原來强烈的執著減輕不少。我真的很享受這項觀想的練習，能時常送朋友一些禮物是很開心的事。

「只要抬起你的腳向前踏出一步，其他的事就會水到渠成了。」

「但那只是一個空無一物的空間。」我抱怨著。一個黝黑、看不到盡頭的空間。

「拜託，你一定要這麼做。」

「搞什麼鬼?!」我向前踏了一步，發現自己掉入一個開放的空間，一直往下掉到一處看似山頂或小丘頂的地方，那個形體就在我的身旁。當我向上仰望時，我看見了數百萬顆星星，充滿著四面八方，點亮了整個宇宙。

「這些星星象徵的是崔雅，對不對？艾斯崔雅？這實在太明顯了，先生。」

「這些星星並不意味著艾斯崔雅。」

「不是？好，我認輸了。這些星星到底意味什麼？」

「它們並不是星星。」

「好吧，那麼，這些不是星星的東西代表什麼意思？」

「你眞的不知道它們代表什麼意思嗎？」

「不，我什麼也不知道。」

回到波昂，依依不捨地道別了邁克和崔西，看著他們離去，心裡真的很難過，有些難關仍然等在前面，我可以清楚地感覺到。奚弗大夫在看崔雅最近的檢驗報告，嘴裡講著德文，到現在我還弄不懂他的意思。崔雅身上併發的疾病非常複雜，肺部感染、糖尿病、腫大的雙腿、耗竭的骨髓，更別提那要命的癌症——原本兩個月可以結束的療程可能被迫延至四個月。日子一天天地拖著，恐懼之中增添了乏味，一種怪異的組合。

「諾伯特？是你嗎？」

「是的，肯恩，我能為你做什麼嗎？」

諾伯特和他的妻子烏蒂共同經營帝侯飯店。他是一個相當慧黠的人，幽默中略帶病態，跟我很像（他說他認識一個不怎麼有能力的大夫。這位大夫只有在預測過去時，具有百分之九十的準確度）；我覺得他像個律師，也可以當個大夫什麼的，他自己卻比較喜歡門房的差事。我剛到這裡的第一天，諾伯特便為我做了幾張3×5的卡片，上面寫的都是德文，他告訴我：「這是奚弗大夫要我做的。」有了這些卡片，我才能順利地進出「診所」（譬如崔雅產生胰島素反應的那一天，因為有這些卡片，我才能火速地衝進餐廳，抓了些方糖回來救急），少了他，我什麼事也行不通。

「諾伯特，今天的天氣如何？」

「晚上再問我吧。」

「好，告訴你我為什麼要問這個問題，崔雅剛做完血液檢查，指數還是過低，無法進行下個階段的化療。她有點沮喪，不只是因為想趕快完成這些治療，更因為每一次的延後，即使是一天，都顯示治療的效果降低了。現在可能還得拖上一個星期，上一次的治療整整延後了兩週。情況不怎麼樂觀。諾伯特，『該死』的德文要怎麼說？」

「哦，肯恩，我很遺憾，有什麼是我能幫得上忙的嗎？」

「我需要訂一間小巧的汽車旅館，不要太貴，靠河邊三十公里左右，還需要一輛計程車和一位會說英語的司機、去科尼斯溫特（*Königswinter*）的指示圖、萊茵河渡船的時刻表、龍岩（*Drachenfels*）的開放時間，還有科尼斯溫特是否有供應素食的餐廳……」

天氣，終於不再陰霾。有時萬里無雲，有時飄來幾縷白雲。有人說冬天的氣候如果特別糟，開春之後就會特別好，看來是真的。肯恩和我在巴特・戈德斯伯格（*Bad Godesberg*）與科尼斯溫特度過很棒的週末，我們住在萊茵河畔的一間旅館裡，浪漫極了。春天是我最喜愛的季節，我喜歡看著它的景致變化，然後把它帶回醫院去。當我閉上雙眼時，所有的景象歷歷如繪：在陽光下特別鮮明的白櫻樹冒出的新葉，綠色的草原上點綴著白色的小雛菊與鮮黃的蒲公英。

現在我又回到醫院，回到治癌的瑣事上，一個星期後才能接受化療，有點出乎意料之外，再等一個星期，化療的效果又會降低一些。但這次感覺卻很輕鬆，食欲有點降低，睡眠增加了一些，有時需要服用安眠藥，還有一點頭昏，比阿德利亞黴素要輕鬆多了。如果醫生早一點採用這些化療的藥劑，我想我會應付得更好。阿德利亞會傷我的靈魂，好像費盡千辛萬苦，才能感到一

點愉悅，而眼前這種治療卻不會阻礙我的快樂。

啊，德國人，他們真是既仁慈、和藹又樂於助人，肯恩比我有更多的時間和他們接觸。他常去吃飯的那家餐廳的女服務生，前幾天帶著花來探望我，另外還有許多司機先生、店東以及女服務生都十分關心我。

「點亮萊茵河」是這個週末一項盛大的慶祝活動；沿岸所有的城堡都燃起火炬，還有放煙火的表演。維琪來看望我們，肯恩陪她一起到河邊看煙火，河邊擠滿了人羣，各種年齡層都有，大部分是孩子，非常壯觀。肯恩和維琪邊看邊發出驚嘆聲，他們鬧了一陣子，突然發現周圍鴉雀無聲，連小孩都安安靜靜地，氣氛非常怪異。肯恩後來問櫃台的服務人員，因爲美國人看煙火的時候一定會嗚哇地大叫，服務員說也許美國人的啤酒喝得比較多，肯恩笑著說：「怎麼可能，你們是全世界啤酒喝得最兇的國家，這才不是真正的理由呢！」服務員說：「在德國，大家看煙火的時候從不嗚哇，我們只會噓……」

在波昂總會碰上令人捧腹的場面，頗能振奮我們的精神。有一次我們坐在一家露天咖啡館，維琪點了卡布其諾，我為自己叫了*Kolsh*啤酒。閒談之間，一位侍者走到我們的桌邊：「你是肯恩・威爾伯嗎？我的胃裡有個洞，急需要你的幫助。」

他的胃裡有個洞？我們倆都被嚇呆了，以為他有胃癌，他可能看見我的光頭，以為我也得了癌症，我趕緊站起來送那位侍者到「診所」去。

他在一家書店看過我的書，認出我就是作者，他毫無避諱地談起自己的問題，特別是女友剛

離開所造成的影響與困擾。「我的胃裡有個洞」，其實他真正想表達的是，「我的心中覺得非常空虛。」他已經沮喪得顧不了那些客人了。他足足花了一個多小時描述自己胃裡那個可怕的洞。

我忍不住和維琪及肯恩説，我真希望自己能早點發現這個地方。我提到一些過去犯的「錯誤」——我應該一開始就把整個腫瘤切除，繼續接受三苯氧胺（*tamoxifin*）的治療，每一位癌症復發的患者都覺得自己做得不夠，也都能舉出一兩件足以延緩復發卻被自己疏漏的方法。

對我來説，最重要的是別陷在自責的情緒中（即使有時還是會滑落悔恨的險坡），戴上後見之明的眼鏡來看待目前的處境。我發現許多過去所做的選擇都是出自怠惰，一種「快刀斬亂麻」的治療方式，因而輕忽了重要的後續醫療（繼續食療，服用大量的維他命、運動與觀想等等）。我一直認爲已經動手術，做了放療與化療，難道付出這些代價還不夠嗎？我只想回歸原來的生活，哪兒也不去，不去看其他的大夫，不再做任何醫療的抉擇。我瘦好多，也吃了許多苦，難道還不足以讓情況好轉嗎？反正處在這個模糊地帶，本來就很難決定該做什麼其他選擇。

同時我又看見自己很自然地想往最好的方向想，受到積極思考運動的影響，這股欲望有時膨脹得有點離譜：非常努力地想像癌症已經去除了，充滿信心地告訴自己「我是健康的」，一有可能再度住院或癌細胞還躲在身體的某個角落的念頭，就要立刻打斷，因爲它們可能會真的讓癌症復發。

我發現親友們也都傾向於積極思考，我很了解沒有人願意往壞處想，但是癌症病人的恐懼並不是虛而不實的，也不只是負面思考，希望親友們能學習和這份恐懼相處，畢竟它有時也能有正

面的作用。

我發現過度簡化的積極思考不但會讓人否認自己的恐懼，更會在化療結束後消滅再接受其他治療的動力。選擇其他的治療時需要高度的動機，因爲做這些抉擇是十分困難的，更別提到很遠的地方就醫所花費的時間與金錢了。當你沒病時，看到報上刊登的治療方法，只會覺得有趣，但是生病時接受這些治療可就大費周章了。如果你一味地運用積極思考，可能會失去必要的動力。

我把注意力轉回當下，小心翼翼地調整掛在鼻樑上這副後見之明的眼鏡，再一次地，我看到自己想要依賴奚弗大夫「快刀斬亂麻」的治療背後的怠惰，還有，以爲憑著積極思考就能把癌症治好；但是這副眼鏡使我有了焦距，讓我很清楚地看到我應該繼續尋找長期的輔佐方法。一旦決定採用綜合的治療方法，我知道自己一定會貫徹到底。我知道自己的怠惰與想要過正常生活的欲望，會讓我一聽到別人的建議或他人的經驗時，就會對自己所做的選擇產生疑慮。但是我會保有那些怠惰與欲望，讓它們幫我撥雲見日。我希望我寫的這些東西能幫助別人在起起伏伏的癌症生涯中，維持高度的治癒動力。

我會提醒自己，我所做的一切努力對於疾病的發展或結果，也許只是極小的影響，甚至完全沒有。我提醒自己深呼吸和放鬆，由自責所燃起的動機只會傷害到自己。每當我緊抓著某樣東西不放時，我會提醒自己放下，對自己溫柔一點，學習與未知相處。試著去體會沒有努力的努力、沒有選擇的選擇、沒有動機的動機。努力不一定能達成目標。

崔雅進行第二次化療時，觀想的主題再度浮現，此刻的她應該觀想化療打敗了癌症才對。但

是她無法決定該採用主動或被動的觀點。她覺得兩者都很重要，這又是「做」與「存在」之間的平衡。這一陣子大部分的癌症病人採用的都是積極思考的觀想，但是崔雅覺得應該佐以更開放、更無目標的觀想方法。她時常與愛迪絲一起練習，愛迪絲本人也是超個人心理學派的治療師，比較傾向羅傑派。崔雅將她的觀察寫成一篇報告，在美國各地的癌症中心廣泛地流通（你可以向癌症支援中心索取影印本）。

「肯恩？肯恩？你在嗎？看看這個。」

「開什麼玩笑，它是從哪兒冒出來？」

有一天我坐在病房裡和愛迪絲聊天，肯恩走了進來。當時我正告訴愛迪絲遺失五角星項鍊的事，我說我努力學習透過觀想把它分送給每個人，從這個事件中我讀出了許多意義，我的名字艾斯崔雅就是「星星」的意思。肯恩開始取笑我古怪而迷信的這一面，他說我對正面預兆的信心不及我對負面預兆的信心。我馬上回頂一句，「不，這句話不對，正面預兆也同樣深具意義。」他說：「哦，好，既然妳真的相信正面的預兆，看看這是什麼？」說完就從口袋掏出那條五角星的項鍊。我愣住了，已經這麼久了，它是從哪裡冒出來的?!肯恩一直不肯回答我，最後才說：「我只是要妳好好想一想，如果丟一樣東西可以被妳詮釋成壞的兆頭，那麼失而復得是不是該被詮釋成好的兆頭。」

旅館洗衣婦在我褲子後面的口袋裡發現它，我根本就忘了那個口袋的存在。那天洗澡時，我一定是怕放在櫃子裡會被拿走，才放在褲子口袋裡，扣好後就忘了。我好高興重新拾回這條項

鍊，希望它能帶給我好運。奇怪的是，它不在的時候對我影響更大，我仍然繼續觀想把它分送給別人，觀想它在別人的脖子上，觀想它深入別人的內心，這仍然是很好的練習，但是，當我失去它卻還是渴望它的時候，這項練習反而更具挑戰性。如果它一直沒有被拾回，這項練習可能就會隨著記憶模糊而被淡化，可是現在這顆星星又回到了我脖子上，於是它成了一個持續的提醒，這項練習也將繼續下去。

另一天的傍晚，當我和愛迪絲在林間散步時，對這個「給予」的觀想，突然有了很大的領悟。我以前總覺得善待自己就意味著對別人不善。以最後的一口美酒來說——如果我爲了善待自己而喝了那口酒，其他人就喝不到了。

我覺得有很大的衝突，突然間「我是誰？」這句話冒了出來。我發現善待別人與善待自己的衝突，其實是不存在的。如果我在「我是誰？」這句話上下足了功夫，那麼我與他人之間的界線就會漸漸淡化，因此，這並不是二選一的問題：要不就善待自己，要不就善待別人。當人我的界線淡化以後，以前被我視爲善待別人的行動，其實就是善待自己，所以我非常樂意將最後一口美酒留給他人，甚至是全部也可以。

這對我來說是相當重要的一件事。我已經以這顆星星做了很久的觀想練習，在此之前，是自他交換的練習。現在運用「我是誰」的話頭把人我的界分感連根拔起，則是在道途上更往前跨了一步。每當我執著於最後一片起司時，我都會問：「喔，是誰在執著？是誰在感覺損失？」然後我會十分樂意把它送出去。正如肯恩所說的，宇宙裡只有一個大我在享受它。因此我過去的障礙和不能善待自己的原因，就是出在過於强烈也過於快速的人我之分。因爲被鎖在這樣的分別心

中，我才會覺得善待別人就虧待自己，善待自己就虧待了別人。現在放掉分別心，享受給予，善待自己也善待別人，似乎容易多了。當然這個道理我早就知道了，但現在的領悟才是具體而實在的。

崔雅從第二次的化療漸漸恢復時，她的肺部卻感染了，不太嚴重，醫師這麼保證；但是為了預防從外面帶進來一些污染，他們還是剝奪了我幾天的探視權。崔雅與我只能以電話連繫；她忙著做她的藝術創作、冥想、寫作、參究「我是誰？」這個話頭、寫日記，一切都很順利。

我完全相反。有些不好的感覺在內心生起，但是我無法理解是什麼，感覺糟透了。

「諾伯特，我打算回到龍岩去，我會從科尼斯溫特打電話給你，你有愛迪絲家的電話號碼，對不對？」

「有。肯恩，你還好嗎？」

「我不曉得，諾伯特，我真的不曉得。」

我走向萊茵河，搭上渡輪到科尼斯溫特。那裡有許多路線的台車可以登上山頂，登上極美的龍岩，這是歐洲最受歡迎的山景之一，是距離萊茵河兩百英哩的一處要塞。就像任何一個奇景，龍岩有令人屏息的遺跡，也有為了吸引觀光客而建立的寒酸建築物。

從塔樓的頂端向下鳥瞰，方圓一百英哩的景物盡收眼底，我將視線掃向右側：巴特・戈德斯伯格大教堂的塔樓，再向北七十公里則是宏偉的科隆大教堂。仰頭向上望：天堂；低頭向下看：大地。天與地，天與地；我不禁想起崔雅，在過去的幾年間，她將自己的根重新紮回大地之中，

回到她對自然的愛，回到身體、製造，回到她陰柔的女性特質，也回到她開朗、信任與關懷的基石之上。我仍然停留在自己想要待、讓自己舒服的地方，一個自我的家鄉——天堂，然而它並不是神性的世界，而是由理論、邏輯、概念與象徵組合而成的阿波羅的世界。天堂和心智有關，大地與身體相連。我把感覺拿來說明理念，崔雅則把理念拿來說明感覺。我總是從個人經驗轉向宇宙；崔雅總是從宇宙轉向個人經驗。我喜歡思考，她熱愛製作；我喜歡文化，她鍾愛自然。我喜歡關窗聆聽巴哈的音樂；她卻寧願關掉巴哈的音樂，傾聽外面的鳥鳴。

按照傳統，神性既不在「天」也不在「地」，而是在「心中」；心總是被視為天與地的會合。地是天的根基，天是地的提升，單憑天或地都無法領會神性；只有在內心取得兩者的平衡之後，才能通往那扇超越死亡與痛苦的神祕之門。

這正是崔雅對我的貢獻，也是我們對彼此的貢獻，指出了一條通往內心的路。當我們彼此擁抱時，天與地便結合了，巴哈與鳥兒同聲齊奏，視線所及盡是快樂。一開始相處時，我們會因為彼此的不同而感到不適，我這個心不在焉的教授喜歡翱翔在理念中，在最簡單的事情上編織一些理論；崔雅則喜歡擁抱大地，在沒有妥善安排計畫之前，她拒絕翱翔。

我們確實是不同的，或許這一點也可以適用許多男女身上。分開來的我們絕非完整而自在的個體，只能算是半個人，一個是天，一個是地，這本來就是我們的真相。我們逐漸學會欣賞、尊重彼此的差異，也學會感謝。理念永遠令我感到舒服，大自然也永遠令崔雅感到自在，但是當我們內心交會時，我們就完整了。缺少了彼此，我們永遠無法體會這份合一感。我們把柏拉圖的一句話改成了：「男人與女人本來是一體的，卻被分裂為二。所謂的愛就是對這份一體感的追

求。」

天與地的結合。我的眼睛看著天也看著地，心裡一直在想，自從有了崔雅，我才開始找到自己的心。

但是崔雅就快死了，這個念頭令我禁不住放聲大哭，有幾位德國人很關心地問候我；我真希望自己能有一張德文卡，上面寫著：「是奚弗大夫特別准許我這麼做的。」

我不知道自己什麼時候開始意識到崔雅會死的事實，也許是醫生告訴我她的腦部與肺部都有腫瘤、叫我不要聲張的那一天，也許是美國的醫師答應讓她半年無需治療的那一天，也許是我親眼看到電腦斷層掃描的那一天。不管是哪一天，我只知道一切都要瓦解了，多年來被我排除在外的思想，現在全湧了上來。腦瘤的症狀也許會減輕；至於肺瘤，奚弗大夫也只能擔保百分之四十的減輕機率。我的腦子裡出現恐怖的畫面：崔雅極為痛苦，呼吸十分困難，點滴瓶裡的嗎啡不斷打進她的體內；家人和朋友在醫院的走廊上徘徊，焦急地靜待著呼吸器終止的那一刻。我用雙手抱住自己的身體，前後不停地搖著，口裡一直吶喊：「不，不，不，不，不，不，不……」

我搭第一班台車下山，從當地的酒館打電話給諾伯特。

「崔雅很好，肯恩，你呢？」

「不要為我等門了，諾伯特。」

我坐在酒館內，開始喝起伏特加，喝了很多很多。那些駭人想像一直盤據在我腦中，還有一股無法止息的自憐偷襲著我。可憐的我！即使在塔霍湖，我也從未如此爛醉過，今天我決定讓自己大醉一場。

當我回到帝侯飯店時（怎麼回去的，我一點都記不得了），諾伯特將我拖上床，留了一罐維他命B在床頭櫃上。第二天清晨還派了清掃房間的女侍來盯著我吞下它們。我打了通電話到崔雅的病房。

「嗨，親愛的，妳好嗎？」

「我還好。今天是星期天，沒什麼事。我的燒退了，過幾天應該就沒事了。我們星期三和奚弗大夫有約，他要告訴我們最後一次治療的結果。」

想到這件事，我感到一陣強烈的噁心，我知道他要說什麼，至少我是這麼認為的。

「妳需要什麼嗎？」

「沒有，我正在進行觀想，不能和你談太久。」

「沒問題。我打算出去走走，如果妳有什麼需要，就打電話給諾伯特或愛迪絲，好嗎？」

「好，祝你玩得愉快。」

我搭電梯到一樓櫃台，諾伯特正在那裡。

「肯恩，你不應該讓自己喝得這麼醉，你應該為崔雅堅強起來。」

「哦，天啊，諾伯特，我厭倦了堅強，我要讓自己脆弱一陣子，這會讓我好過一點的。我要出去透透氣，我會打電話回來的。」

「別做傻事啊，肯恩。」

德國的商家星期天是不營業的，我走在戈德斯伯格的後街上，愈來愈自憐。此刻我心裡想的不是崔雅而是我自己。我他媽的這一生已經毀了，我的一切都給了崔雅，而崔雅，我真想殺了

她，她竟然要死了。
我悻悻然地走著，一路抱怨竟沒有半家酒館開門營業，突然我聽見幾條街遠的地方傳來波卡舞曲的音樂。那一定是酒吧，我心裡這麼想；就算是星期天，你也無法讓德國人遠離*Kolsch*和*Piers*啤酒的。我尾隨著音樂，來到一間距離市中心有六條街遠的小酒館，裡頭有十來個人，大都是六十多歲的老先生，他們的臉頰似乎打從*Kolsch*上市的那一天起就泛著紅暈。音樂非常生動，不像美國人所想像的那種勞倫斯・威爾克式的濫清波卡舞曲，而是當地的藍草音樂；我很喜歡這種音樂。酒館裡有半數的男人（沒有女人，也沒有年輕人）圍成半圓，隨著音樂起舞，彼此勾肩搭背，踢著腿，跳著類似希臘左巴的舞蹈。
我在吧台前坐了下來，把頭深深地埋在手臂中。一瓶*Kolsch*出現在我的面前，我不假思索地一飲而盡。接著又遞來一瓶，我再度一飲而盡。
灌了四瓶啤酒後，我忍不住哭了起來，雖然極力想掩飾，就是無法停止。我不記得自己曾經這麼放肆地哭過，當我有兩分醉意時，朝我方向跳舞的幾位男士，示意我加入他們。「不，謝謝你們。」我揮手婉拒。但他們不放棄，其中一位很友善地拉我加入他們的陣容。
「*Ich spreche kein Deutsch*」（譯註：我不會說德文），這是我唯一能記住的德文。他們微笑地對我表露關切，好像真的很想幫我。我想奪門而出，但錢還沒有付。我把手搭在左右兩邊的男士肩上，開始前後舞動，還不時踢踢腿。我忍不住大笑，接著大哭，就這樣哭了又笑，笑了又哭。大約有十五分鐘，我的情緒完全失控，恐懼、驚慌失措、自憐、狂喜、為自己感到遺憾，也為自己高興，我覺得窘極了，但是他們不斷地點頭微笑，好像在對我說：「沒關係，年輕人，一切都會

沒事的，儘管跳吧，年輕人，只要跳就對了。你看，就像這樣……」

我在酒館裡大約待了兩個小時，跳舞，喝啤酒，一點也不想離開。不知怎地，所有的感覺和思想突然湧上來，洗刷了我的一切系統，它們全暴露出來，也都被接受了，雖然不是全盤被接受，至少我的內心開始平靜下來，讓我能繼續走下去。我終於站起來，向酒館裡的男士道別，他們對我揮了揮手，繼續跳舞。從頭到尾沒有一個人要我付酒錢。

後來我告訴愛迪絲這件事，「你現在總算瞭解真正的德國人是怎麼回事了吧！」

我想說明的是，我終於開始接納崔雅可能會死的事實，也願意放棄個人的興趣，以支持她為首要的工作，我很想宣稱這是由於禪坐的電光石火和瞬間的洞見，使我生起足夠的勇氣重新投入這場戰鬥，或者是因為某種超驗的顯化讓我清醒。但真相卻是在一間小酒館裡，和一羣不知名也不懂他們語言的老男人共處了兩個小時而開悟的。

回到波昂，我與崔雅最深的恐懼開始示現。第一，腦瘤沒有完全消失，即使有百分之八十的病人在這種治療之下，腦瘤都消失了。最嚴重的是，崔雅所接受的腦部放射線已經快到極限。第二，雖然肺部的大腫瘤已經萎縮，但有兩個新的瘤正在形成。第三，超音波顯示她的肝臟又出現了兩個腫塊。

我們回到病房，崔雅的情緒開始崩潰，我把她摟進懷裡，緊緊地抱著她，深深地吸入她的痛苦。我發覺之前在小酒館裡所流的眼淚，就是為了現在，為了眼前這一刻。

「我覺得自己好像被判了死刑。我站在窗前看著外面的美景，這是我最愛的季節。但是這可能是我最後的一個春天了。」

崔雅提筆寫信給她的朋友，一字一句小心地斟酌著：

和轉移性的癌症共同生活，就像在坐雲霄飛車，不知何時會有好消息、何時會掉落懸崖、何時會心驚膽戰、何時恐懼會突襲全身。他們上個星期爲我做了肝臟超音波掃描；我躺在手術枱上，操作員從各個角度一遍又一遍地掃描我的全身，然後把一位女士叫了進來，用德文討論一些事後，又重複進行一次掃描。他們只對我說「深呼吸～停住～自然呼吸」幾句話。我起身時看見螢幕上有兩個小點，我很確定那就是肝癌。回到病房，我整個人開始崩潰，心想可能活不過今年了；我必須有這份心理準備。

然而要如何在不傷害「求生意志」的情況下，做好死亡的心理準備呢？當我還在爲生命搏鬥時，如何讓自己坦然面對這件事？我眞的不知道，甚至不能確定這個問題是否成立；有時我覺得可以坦然接納，因爲這兩者也許沒有衝突。剛發現有肝癌時，那份悲傷實在是太巨大了，後來做過深呼吸之後，我逐漸能接受這個事實，雖然還有些不情願。事情如果要發生，就讓它發生吧！到時候再應付，現在我不想膠著在上面。即使被困在醫院裡，窗台上的花也令我喜悅。我覺得自己已決心盡力而爲，即使有肝癌，不一定會導致死亡，還有其他的治療方法。奇蹟可能發生。

雲霄飛車的另一次急速俯衝是——我的免疫力沒有回升到大夫預期的理想狀態，因此他爲我注射高劑量的優質化類固醇（八星期的劑量集中在四天打完）。還有一個令人反胃的俯衝是——奚弗大夫對腦瘤沒有完全消失感到相當失望，他原本以爲腦部的腫瘤經過放射線與第一階段的化療後，可以全部消失，如果第三次化療後仍然沒有完全消失，他就會用 cis-*platinum*來治療，劑量

與時間仍未知。

肯恩和我決定在第三階段的治療開始以前先回美國一趟，我的身體得等一段時間才能再接受治療。我迫不及待想回去，回到那塊說英語的土地！在波昂時，我們學會以更敏銳的眼光來看國內的初選、毒品、嗑藥以及遊民等等問題。我非常驚訝，去年發生在洛杉磯的幫派械鬥案件竟比歐洲全年度的總數還多。但是我仍然熱愛這塊土地，我眞的很想回家。

送給你們每一個人愛與擁抱，你們的信、電話、祈禱與祝福，讓我們在這裡的日子快樂許多。我們現在好比是放長線釣大魚。肯恩一再地重新投入這場艱苦的奮鬥，令我感恩不盡——感謝你們長久以來的陪伴。

心中充滿愛的崔雅

我要以開放的心情面對痛苦與恐懼，勇敢地擁抱它，接納它的存在——這就是事實，這就是眼前所發生的現象，是我們都很清楚的無常之苦，領悟它，生命就會有驚喜。我真的可以感受這份驚喜，尤其是聽到屋外的鳥鳴或在鄉間開車時，我的心揚溢著喜悅，我的靈魂充分滋養。我並不想打敗我的疾病，我要順受，原諒它。如同史蒂芬・勒文所說的：「**以恐懼面對痛苦所產生的感覺就是自憐，它令你想要改變當下的眞相。但是如果以愛來面對痛苦，把心安住其中，不以恐懼或嗔恨，而是以仁慈來面對它，那便是眞正的悲憫了。**」

最近我覺得對肯恩有股特別的愛意，度過危機之後，他相當坦然與專注。我想，不管身體是

否能痊癒，這才是最重要的；讓我的心保持柔軟，保持開放，這才是重點，不是嗎？這才是真正的重點！

凝視著窗外，我再一次明白自己現在爲什麼如此熱愛春天。我會永遠喜歡秋的金黃，但春天更能深入我的心髓，也許我暗自期望我的人生還能出現一個嶄新的春天吧！

我要努力讓一切好轉！這不是一場戰鬥，也不是充滿怒氣的抗爭。我要繼續走下去，不帶絲毫的嗔意與苦澀，而是無比的決心與喜樂。

18 可是我還沒死

崔雅和我終於回到博爾德，回到我們的房子、狗兒和朋友當中。對於崔雅目前的情況，我有一種奇怪的平靜感，混雜著真實的接受與憂傷的寬容。崔雅非常明白病情的嚴重性，但是，她的鎮定與對生命抱持的喜樂似乎與日增長，她很高興自己還能活著！去他的明天！我看到她興高采烈地與狗兒玩耍，愉快地在花園裡栽種植物，帶著微笑從事玻璃創作。我發現有股類似的平靜與喜悅悄悄地爬進我的靈魂，讓我也能享受寶貴的當下，我很高興能擁有眼前的這一刻，這比以前擁有無限的當下要快樂多了，因為以前的快樂是會被時間沖淡的。這是我看著崔雅每天與死亡共處所學會的功課。

親友們也都察覺到崔雅的生活充滿歡愉。風中之星舉辦了一場為期四天的洞察與探究的閉關，崔雅很想參加，但因感冒未癒而作罷。在閉關中的某一時刻，與會的三十多人，必須一一說出一句最能形容自己的話，譬如憤怒、愛、美麗、有能力等等，再對團體中的每個人說：「我是——」如果這樣的形容被接受了，所有的成員就會起立表示贊同；如果不被接受，就得再選其他的辭彙，一次又一次，直到每個人都贊同為止。凱西站起來時說：「有個人因為生病無法參與，我要替她發言。」每個人都曉得她指的就是崔雅。凱西大聲地說：「我是喜樂的！」一說完這句

話，所有的人都大聲地歡呼喝采。他們獻給崔雅的卷軸上寫著「我是喜樂的」幾個大字，每個人都在上面簽了名。

對於崔雅可能會死這個事實，我和她很快有了共識：她能夠撐過今年的勝算是很小的。我們在波昂就心裡有數了，之後我們試著把它放下，以比較實際的態度來面對，譬如如何寫遺囑，她死後我該怎麼辦，她需要我替她處理哪些後事等等。然後我們認真地面對每一個當下，不再投射未來。

朋友和家人時常懷疑她是不是不能面對現實，難道她不會擔憂、煩躁或不快樂嗎？但就是因為活在當下，拒絕期望未來，她開始清醒地與死亡生活在一起。想想看：死亡其實是一種沒有未來的狀態，活在當下意味著不再有明天，她並不是在忽視死亡，而是活出了死亡。現在我也在做同樣的努力，我不禁想到艾默森曾經說過很美的一段話：

> 這些開在我窗下的玫瑰，和以往的玫瑰或其他更美的玫瑰一律無關；它們長什麼樣就是什麼樣；它們與今日的上帝同在。它們沒有時間的概念，只是單純的玫瑰，存在的每一刻都是最完美的。然而人類不是延續便是回憶；他不活在當下，回顧的眼睛總是悲嘆過去，輕忽周遭種種的富饒，他總是踮起腳尖望向未來。除非他能超越時間活在當下的自然中，否則他不可能快樂、堅強。

這就是崔雅目前所做的事。如果有一天死亡真的來臨，她會在當下加以處置。曾經有一個偉

大的禪宗公案：

某位學生前來詢問禪師：「我們死後會發生什麼事？」

禪師回答：「我不知道。」

學生非常訝異地說：「你不知道?!你可是禪師吔！」

「沒錯，可是我還沒死。」

這當然不是說我們已經放棄一切，放棄也是一種對未來的投射，而不是安住在眼前。目前崔雅仍然在考慮一些尚未經驗過的另類療法，其中尤以凱利／岡札勒斯的生化酵素療法最吸引人，這種療法在和崔雅一樣嚴重的病患身上，都顯示了相當的成效。我們計畫在波昂最後一次化療結束的回程中，先到紐約停留一陣子。

目前她正專注地對付感冒。

在家裡休息的這段期間，治好我在二月時染上的感冒是主力目標，它讓我的化療延遲了三個星期。這個甩不掉的感冒讓我一直處在焦慮的邊緣，擔心它又會阻礙第三次的化療，我要將這份壓力逐出我的生命。最近我發現自己採用各種不同的方法似乎奏效了，但不知道是哪一項特別有效，也許感冒本來就該好了。

我去找了一位針灸醫生，他以針灸、藥茶和指壓爲我進行治療，是這些方法產生了療效嗎？我把每天服用的維他命C劑量提高到十二公克，還是因此而使情況好轉的？此外，我還服用一種棘刺科的藥草，據說它可以提高免疫力，真的這麼有效嗎？另一方面我盡可能地多休息，或許這

也是重要的因素之一吧？每天我都會騰出一段時間把注意力放在胸中最不舒服的地方，我只是單純地留意它，與它交談，如果有什麼訊息出現，就照著那個指示去做；有一回它指示我要大聲尖叫，於是我把自己關在浴室，開了水龍頭，在水聲的掩護下大聲尖叫了好久。難道是這個方法釋放了心結嗎？我也和我的指導靈瑪麗與山中老者談過，還照他們的話去做了；會不會這才是感冒好轉的關鍵？

誰知道?!不管是感冒還是癌症，誰敢明確地說出轉折點到底是什麼。我很清楚地察覺到我無法完全明白這些情況的「真相」，於是我學習以遊戲的心情來面對我的「理論」，對事情不要太執著，要看到自己總是偏向某些解釋，要記住自己所編造的那些强迫性或用來自娛的故事，是很難從其中看到真相的。

我打算在回程中去紐約見一位岡札勒斯醫生，他採用了一位曾罹患胰臟癌的牙科醫師凱利所發展出來的「新陳代謝生態學」（*metabolic ecology*）療法。我知道這個療法已經好幾年了，家裡還有兩本他的書的影印本，我一直很被它吸引，它的食療規定其實非常嚴苛，但是依個人情況而訂，有的人百分之七十的飲食是生食與素食，有的人則是三餐都吃肉。我真正感興趣的是，它主張癌症與酵素的缺乏有關。如果體內的胰臟酵素不足，大部分的酵素就會被用來消化食物，而沒有足夠的量留在血液循環裡，就無法有效地抑制癌細胞。因爲糖尿病，我的胰臟一直無法順利發揮血液循環功能，所以做完最後一次的化療，接著下來就是凱利／岡札勒斯的療法。

崔雅和我最近都在打坐，很勤。我每天清晨五點起床，靜坐兩三個小時之後，才開始一天的

支援工作。我似乎已經有了內心真正的寧靜，因為過去的苦澀與嫌惡感都消失了，原因為何我不知道，也許我發現為了自己的情況而怪罪於癌症、崔雅或人生，都只是自欺罷了。在冥想的過程中，目睹的能力緩慢但堅定地逐漸回復。至少某些時刻會出現真正的寧靜與平等心，不論善惡、生死或苦樂，基本上都是同一種滋味；無論出現的是什麼狀態都是完美的。

崔雅一直持續地練習內觀與自他交換的觀想，特別是後者愈來愈動人且具有轉化力。即使不是正式練習，她也能自發地進入：對於一個孤立的人來說，治療是沒有任何意義的。除非衆生都治療，否則沒有人是真正痊癒的。解脫是為了衆生與自己，不只是為了自己。

我最近陪一位也罹患癌症的朋友參加一個治療團體，這個由一羣獨特的女性所組成的團體，爲我們帶來豐富且充滿治療效果的經驗。我對於自己的身體自在多了，少了一個乳房使我看起來比較瘦，但我卻很喜歡目前苗條又結實的身體，肯恩也有同感；我躺在她們圍成的圓圈，有一位女士爲我禱告，希望我能完全治癒。我覺得她好勇敢，尤其是聽過醫生們的說法，我已經準備接受最壞的結果了（當然也摻雜著希望得到最好的結果的預期心情）。我想到得知癌症復發的那一天所作的夢，夢快要結束時我對一位朋友說：「我相信奇蹟會發生！」我深深地吸了一口氣，讓那種可能性充滿我體內，醒來後，放鬆的感覺仍舊存在。

接著我思考著，爲什麼是我呢？那些也同樣受苦的人呢？如果我真的能痊癒或是活得久一點，我當然會非常高興，但一想到那些同樣被癌症或其他苦難折磨的人，憑什麼我比這些兄弟姊妹們幸運？我們爲什麼不能全都治癒？當家中的其他成員仍然在受苦時，我憑什麼要求自己的苦

難結束？每當我覺察到自己的苦，就能體會別人的苦，我的心因此更能對苦難開放。佛陀的第一聖諦：人生就是苦。自他交換的觀想：對苦難要懷抱悲憫之心。

不論結果是什麼，癌症的經驗讓我永遠覺知我與其他處於苦難的人之間的連結。如果我還能多活一些時候，我要以自己學到的東西來幫助其他人度過癌症，無論他們是步向健康或死亡。這是我寫這本書的目的，也是我對癌症支援中心深感驕傲的原因。有時不管我們怎麼努力找尋，生命是沒有意義的，我們只能溫柔、不帶批判地彼此幫助。有一些罹患癌症的友人最近對我和肯恩說，癌症讓他們很清楚地看到人生是不公平的，我們並不會因爲良善的行爲而得到獎賞。某些「新時代」的信念曾經誘使我們相信事情的發生都是有原因的，每一個人的不幸遭遇背後都有更大的目的和功課需要學習。只是我們這羣得癌症的人是以更辛苦的方式領悟到，我們並不明白人生到底是怎麼回事。活在「什麼都不知道的土地」上，確實不是容易的事，然而我們辦到了。

我想起昨晚讀到拉馬納尊者自傳中的一段話，他回答一位信衆：「**神的創造、維持、毀滅、撤回與救贖的行動，從來都沒有任何的欲望和目的。**」像我這樣對意義與目的上癮了一輩子的人，要領會這句話的意涵是很辛苦的，幸好佛法在這方面給了我很大的幫助，讓我不再想弄明白每一件事，只是讓事情如實地存在。拉馬納尊者繼續說道：「**當衆生依神的律法而得到果報時，責任就在他們的身上，而不在神的身上了。**」沒錯，我必須認清我的選擇、人生的無常、過去世遺留下來的果報都會讓我產生各種反應，我必須對這些反應負起責任，但不是以批判或英雄式的苦行，而是以仁慈、理解的方式來面對。

拉馬納尊者曾經說過：「你們時常爲那些發生在自己身上的好事而感謝上帝，卻不會爲了降臨在自己身上的壞事而感謝祂，這正是你們所犯的錯誤。」（這恰巧也是「新時代運動」所犯的錯誤。）上帝並不是一個擬人化的父神，在那裡賞罰自我的各種傾向，祂是完整的實相與如實示現的萬物。就像聖經中的先知以賽亞所領悟的：「我讓光明平等地照在善與惡之上，主所做的就是這些。」只要我們被善與惡、苦與樂、健康與疾病以及生與死等二元對立所束縛，就會被鎖在非二元與至高的本體之外，無法體悟宇宙的「一味」（*one taste*）。拉馬納尊者強調，唯有以友善的態度來面對我們所遭遇的苦難、疾病和痛苦，才能和更大、更慈悲的神性合一。羅摩納說，尤其要和死亡為友，因為它是最後的導師。

在那一次的治療團體中，有一位友人表示，她最大的挑戰就是在如此接近我們的同時，還要保持高度的覺察與活力，以免自己也病倒了。我完全知道她在說什麼。突然我生起了一個念頭，如果我的身體處在長期的健康狀態，還能不能擁有眼前這份利如刀鋒的覺知和集中於一點的專注力？其他人和我都發現，在癌症的壓力之下，原有的限制反而有了突破，新的創造力也被激發了。我很不願意失去……但我又立刻領悟到死亡向來近在咫尺。不論我剩下的是一個月、一星期，一天還是一分鐘，死亡就在不遠處。這是一份奇特的了悟，我將一直帶著這根釘子，這根馬刺，這根荊棘，提醒我時刻保持「清醒」。這種感覺就像身邊有位禪師，隨時準備給你當頭棒喝一般。

這讓我想起了「狗臉的歲月」（*My Life as a Dog*）這部電影，我覺得它對癌症病患會有很大的

助益，癌症支援中心應該有這部片子。它帶給我們很大的衝擊，所以我和肯恩最近又租了錄影帶。電影講述的是一名可愛的十二歲小男孩，如何面對他生命中起起伏伏的各種挫折——他久病的母親死了，他深愛的狗兒被帶走了，他被迫離開自己的家園。「還不算太糟，」他說，「因爲可能還有更糟的事，譬如那個剛做完腎臟移植手術的人，他很有名，你在電視新聞上可以看到他。但他還是死了。」他總是想到萊卡，那隻在太空中挨餓的蘇聯太空狗，他說，「你必須常常和類似的事情比較，才能分出情況的好壞。」譬如泰山影片中那名抓著高壓電線來回擺盪的男主角，「他當場就死了。」當他在描述一起傷亡慘重的火車意外時，還不忘搬出他的名言：「情況可能更糟，你一定要記得這一點。」他甚至改編電視上的新聞，「其實和許多人比較之下，我算是非常幸運了。」有一位名機車騎士想要躍過許多輛車，爲的是打破世界紀錄，他的評論是：「他就差一個車身了。」他在報上看到另一位男士因爲在運動會中抄近路，橫越操場時不幸被標鎗射中，他的結論竟然是：「他一定非常地驚訝。」小男孩說：「你必須做比較；想想萊卡，他們知道牠終究會死，還是把牠殺了。」每一句話都是出自十二歲小男孩的口，他抱著「有可能會更糟」的哲學，來面對人生中的起起伏伏；因爲領悟到死亡就在不遠處，他如此的敏銳與充滿活力。

我們整理好房子，準備再次前往波昂，那兒有一些非常令人驚訝的消息正等著我們。

今天早上我帶著狗兒最後一次散步。蚱蜢全跑出來了，凱洛斯——我們的埃及獵犬似乎下定

決心非逮著一隻不可，牠在草地上笨拙而滑稽地彈跳，卻又很優雅地指出獵物所在。牠困惑、不知該到哪裡去找牠們，如何逮到牠們，爲什麼牠們還是逃跑了。在一陣手足無措之後，牠仰起頭，豎起耳朵，仔細地聆聽最細微的聲音，接著牠將鼻尖湊到地面，在草地上聞來聞去地搜尋著，好像所有的感官都亮起了紅燈。突然牠上前一個猛撲，差一點成功。接著牠將鼻尖埋進草叢中，再度悄悄地潛近，就快到了，差一點就被牠逮到了……可是又逃跑了。牠抬起頭，困惑地四處瞧了一下，這場狩獵在牠一臉錯愕的表情中暫告結束。忽然……另一個警訊又出現了，它奮力一跳，再躍入草叢中——狩獵又開始了！我不厭其煩地觀賞了許久，這真是我見過最有趣的一件事，也是臨行前最佳的禮物。

「到了，去摸摸它。」那個形體說。

「摸星星？你怎麼可能摸得到星星?!」

「它們不是星星。來，伸出手去摸一下。」

「怎麼個摸法？」

「用手指向那顆最吸引你的星星，然後用念力來推動你的手。」

非常奇怪的指示，但我還是照做了。那顆「星星」突然變成一個五角的幾何圖形，看起來的確很像星星。環繞在它周圍的是一個圓圈，圓圈的外圍是黃色的，內圈則是藍色的。至於圓圈的

中心，也是星星的中心點，則是純白色的。

「現在開始用念力去推動這個中心點。」

我照做了，「星星」竟然變成許多我看不懂的數學符號。我推得用力一點，這些符號就變成了蛇。我推得更用力一點，這些蛇就變成了水晶。

「你知道這是什麼意思嗎？」

「不曉得。」

「想不想認識艾斯崔雅？」

又回到波昂了……哦，放心，我們會撐過去的。在家裡待了三個星期，我覺得好多了，不再受困於癌症的魔藺中。在飛機上我穿了一件很久沒碰的夾克，右邊的口袋裡有一個還沒打開的籤條寫著：「你計畫的結果，會令你滿意的。」不是很明確，但是去波昂接受化療的前夕，這句話也算是個好兆頭了！我們抵達時才知道諾伯特度假去了。醫院和旅館都沒有預期我們會來，一時騰不出房間，不過最後還是搞定了。肯恩住進一間身體無法站直的小閣樓，等有空房時再搬進去。這是支援者的考驗與磨難！

現在剛過午夜，我在波昂的後街獨行。在這裡很難打坐，只好以走路來替代，每天的清晨或深夜，我都要走好幾個小時，與我為伴的只有靈光乍現的覺照。

我經過一幢建築物，巨大的招牌上寫著「夜總會」幾個大字。我在好幾個地方都見過類似的

招牌，只是不曉得它們葫蘆裡賣什麼藥。經過了一間又是一間，似乎在波昂的深夜裡，這是唯一開門的地方。我心想波昂一定有不可思議的夜生活，搞不好可以突擊到外交官之類的政官，一轉念，自己難道不會被突擊嗎？愈想愈可笑，我忍不住笑出聲來。

當我經過第四幢掛著「夜總會」招牌的營業所時，我決定進去看看裡面到底搞什麼鬼。裡面傳來非常刺耳的音樂聲。門旁有個小鈴，我按了鈴，一扇小窗打開了，露出男人的濃眉，濃眉下的眼睛一直盯著我打量。一聲鈴響，門開了。

我簡直不相信自己看到的景象。這個地方像是喧嘩的二〇年代的地下酒店，也許是名嗑藥的吉普賽同志做的裝璜。牆上貼滿了俗麗的紫色天鵝絨，中央有一座舞池，天花板垂吊著緩慢旋轉的玻璃球，大大小小的光點灑在每個人的臉上。室內的光線非常暗，隱約可見六名男子圍坐在舞池邊，看起來都很邋遢，坐在他們身邊的卻是相當亮眼的女子，我心想德國女人真他媽的太容易滿足了。

我一進門，所有的人全停止交談，我慢慢地走向吧台。這吧台至少有四十呎長，大約二十張的高凳上竟然沒有一個人。座墊和牆面都是令人窒息的紫鵝絨。我挑了一張靠近中央的高腳凳坐下來，那只噁心的旋轉球所反射的光點剛好灑到我臉上。

「嗨，願意請我喝杯酒嗎？」

「我知道了！這裡是妓院，對不對？一定是的……哦，抱歉，妳會說英語嗎？」一位相當漂亮的女子擠到我身邊跟我搭訕，她顯然不是找不到位子坐，於是我脫口說出那一句話。

「嗯，我會說一點英語。」

「聽著，我不是故意要冒犯，但這是一間妓院吧，對不對？妳知道妓院是什麼嗎？」

「我知道妓院是什麼，但這裡不是妓院。」

「不是？」我被弄糊塗了。我四下看看是不是有一扇門或入口可以通往密室，讓這些女子和她們的恩客「私下交談」。

「你到底請不請我喝酒嘛？」

「請妳喝酒？呀，當然可以請妳喝杯酒。」這裡有舞池，但沒有人跳舞，這裡看起來像妓院，但沒有人行動。紫紅交錯的旋轉光點射出一個個的光洞，看起來像是被天鵝絨包圍的詭異靶場。究竟是什麼樣的鬼地方需要按門鈴才能進入。

兩杯酒送來了，像是滲了水的香檳。「聽好，我既不是條子也不是什麼調查人員，嗯，妳知道條子是什麼吧？」

「我知道。」

「我不是條子，妳確定自己不是阻街女郎嗎？妳知道阻街女郎是什麼嗎？」

「你不用一直問我知不知道的，我不是阻街女郎，我真的不是。」

「咦，我實在很抱歉。」我被搞得一頭霧水。「我曉得，」我試著要理出一點頭緒，「這裡是舞廳吧？對不對？妳知道的，就是男人——」我瞥了一眼與我有著相同性別的那些人，「男人到這裡來，花錢請妳們這些美麗的小姐陪他們跳舞，對不對？」我覺得自己真是荒謬極了。

「如果你想要跳舞，我樂意奉陪，但這裡不是舞廳。這是一家夜總會，我只要覺得無聊，就會到這裡來。我叫蒂娜。」

「是夜總會。哦，嗨，蒂娜，我叫肯恩。」我們握了握手，才喝一口滲水的香檳，頭就開始痛起來。

「妳知道嗎？我最近很不好過。我的老婆，崔雅，正待在楊克診所，妳曉得『診所』嗎？」

「嗯。」

不曉得為什麼，我竟然對素昧平生的蒂娜一五一十地道出所有，包括崔雅的情況、我們為何千里迢迢到這裡來、未來的困難以及我有多麼在乎我的老婆和她的病情。蒂娜靜靜地聆聽。我說了將近一個小時。蒂娜告訴我她來自三十公里遠的科隆；每當無聊時，就到波昂的夜總會來混一混。真想不透，這麼漂亮的小姐居然會大老遠地來這種地方？我一直注視著那些男士，他們籠罩在天鵝絨反射出的紫色光暈中，和身邊漂亮的紫色女郎低聲交談著，沒有人移動，沒有人跳舞，也沒有什麼浪漫的舉動，什麼都沒有。

「蒂娜，妳真的很好，幫我卸掉許多重擔。可是我必須走了，現在已經凌晨兩點了。」

「你想到樓上去嗎？」

啊哈！我就知道，我就知道。「樓上？」

「沒錯，樓上比較安靜，我不喜歡樓下。」

「好吧，蒂娜，我們上樓去。」

「要到樓上，我們得先買一瓶香檳。」

「香檳？當然，當然，就買一瓶香檳吧！」香檳送來了，我瞄了一眼標籤，酒精含量3.2%。沒錯，就像美國的妓院一樣，給的明明是蘋果汁，收的卻是威士忌的錢，如此一來那些女士才不

至於喝醉。我知道自己猜得沒錯。我把那瓶「香檳」留在櫃台。

蒂娜起身帶我穿過舞池，與那羣紫人擦身而過。我們轉過一個拐角，嗯，就是這裡：藏在吧台後面的樓梯，一個可以通往樓上的迴旋梯。

蒂娜走在前面，我尾隨於後。往上看的時候有點尷尬，但我知道她一點都不在乎。上樓之後大約有六間小寢室，門是開的，門簾以同樣的天鵝絨做成。每一間小寢室中有一張長椅與一疊毛巾。音樂非常柔和，是法蘭克・辛納屈的歌，蒂娜問我想聽什麼。

「你們有U_2的歌嗎？」

「當然有。」

我們在第一間寢室中的長椅上坐了下來，波諾（*Bono*）的歌聲充滿整個房間。我發現地上有個洞，可以很清楚地看見樓下的舞池。

「蒂娜，地板上有個洞。」

「這樣樓下的女孩跳舞我們才看得見。」

「什麼時候跳舞？那些女孩會跳舞？」

「脫衣舞。夢娜再過幾分鐘就要上場了，我們可以欣賞欣賞。」

「蒂娜，妳為什麼跟我說這裡不是妓院？妳騙我。」

「肯恩，這裡真的不是你所謂的妓院。因為不准性交，那是違法的，給我們多少錢我們都不做的。」

「那妳到底做什麼？我知道自己很無知，但我肯定這裡不是看手相的地方。」

迴旋梯傳來一陣腳步聲，一名相當亮眼的女子把我們的香檳擱在長椅前的小茶几上。

「六十塊美金，你可以在樓下結帳。祝你玩得愉快。」

「什麼？六十塊美金！天哪，蒂娜，我不知道這麼貴！」

「哦，你看，肯恩，夢娜要開始跳舞了。」那是一場狂野而充滿活力的脫衣舞，她紫色的胴體充滿著誘惑力。

「聽著，蒂娜……」蒂娜突然站了起來，以很快但很平靜的方式脫去了身上所有的衣服，然後挨著我坐了下來。

「你喜歡什麼樣的服務，肯恩？」

我什麼話也沒說，只是盯著她的身體。

「肯恩？」

我目不轉睛地看著她。不曉得為什麼，我只是目不轉睛地看著她。後來我明白了，這是我近三年來第一次見到女人身上兩個完整的乳房。我看著蒂娜，低下頭去；然後我看著蒂娜，又低下頭去。一股強烈的矛盾情緒排山倒海地向我襲來。

「蒂娜，妳什麼都不必做，讓我們在這裡坐一會兒，好嗎？」

我的心迷失在一個肉體與情欲的世界裡，到底它的意義是什麼，癌症又對它造成了什麼影響？坐在這裡，我面對的是兩個截然不同的世界，性在癌症中是個很冒險的事，特別是對患了乳癌而乳房又被切除的女人。第一個出現的問題是這個女人要如何面對她那「不成形」的身體。在我們所處的社會裡，乳房是女性最明顯最受重視的性徵，不論失去一個或兩個，都是飽受蹂躪的

感覺。我一直非常訝異崔雅竟然可以把這個難題處理得這麼好。她當然很想念她的乳房，偶爾也對我和她的朋友抱怨那是一段很難熬的時期。大部分的時候她會說：「我想，我會沒事的。」得乳癌的婦女最大的難題就是失去乳房等於摧毀了她的自我形象，使她的性欲消失，因為她常會懷疑自己「引不起男人的欲望」。

如果她正在進行化療或放療，情況會更嚴重。她常覺得疲倦、沒有體力，沒任何的性欲，然後她會對身邊的男人產生罪惡感。

她生活中的男人反應，足以讓情況好轉或惡化，幾乎半數的先生會在妻子接受乳房切除手術後的半年內離去。因為他們覺得眼前的貨已經受損了，無法有性的衝動。

「你想念它嗎？」手術後崔雅常問這個問題。

「想。」

「它真有這麼重要嗎？」

「沒那麼重要。」事實上它確實沒這麼重要，應該說是比重的問題。我認為崔雅對我的性吸引力大概「下降」了百分之十；單單從觸感來說，兩個當然比一個好。但其他百分之九十的吸引力實在太大了，所以對我而言沒那麼重要。崔雅知道我是誠實的，所以她很容易接受了自己的形象。那剩下的百分之九十仍然是我見過最美、最有吸引力的女人。

在塔霍湖的那一年，我們差一點分手，當時我們沒有性生活，崔雅的反應是可以理解的，她認為原因出在她殘缺不全的身體已經不再有吸引力了。然而事實上我當時不喜歡的是她的人，不是她的身體，這種感覺很自然會轉移到性關係上。

那些伴隨著癌症病患的男人，最常出現的感覺便是恐懼。他們害怕與伴侶發生性關係時會傷害到她們。在癌症支援中心的男性支援團體中，大部分的男人求援的專家都是婦產科大夫。他們需要一些簡單的資訊，譬如可以使陰道潤滑的雌激素乳液，這類的東西可以大量減低他們的恐懼。

有時你可以慢慢地進行性愛的動作，有時也可以完全不動。男人得知道，「愛撫」在任何情況下都是最好的「性」，更何況愛撫是完全被允許的。崔雅和我是這方面的能手，我們可以持續很長的時間。

內華達州有三十五家合法的妓院，其中最著名的是「野馬農場」，從斜坡村開車過去大約四十分鐘。我們住在斜坡村時，崔雅不是在接受化療，便是在等待復原，有一回她建議我去看看「野馬農場」。

「妳是說真的？」

「有何不可？我不想因為這個愚蠢的化療而讓你失去性生活。如果你有外遇，我會受傷，因為那牽涉到真正的情感。但是我對『野馬農場』沒有意見。二十分鐘只要二十元，不是嗎？」

「大概是吧。」我認為妓女是一份高貴的職業（如果是自由選擇的），可惜與我的調調不合。我對崔雅一向忠貞不二，更沒打算改變。我想這是每個男人必須為自己做的決定。但純就理論而言，我頗為沒去過「野馬農場」後悔，只是想經驗一下罷了。

當然，我不能否認有時我真的非常想念那失去的百分之十，想念那一對完整乳房的豐實感與均衡感。

所以我兩眼盯著蒂娜，什麼也沒看見，只看見那失去的百分之十。我伸出手愛撫著她的乳房，親吻著它們——兩邊都親吻。我為自己如此懷念這份均衡感而震驚不已，這對乳房摸上去有說不出的情欲感，這一定和手的觸覺有關，我坐在蒂娜身邊，看著她勻稱的身體、完整的雙乳和臉上甜蜜的表情，心裡卻非常哀傷。

「肯恩？肯恩？」

「聽著，蒂娜，我真的得離開了。這次的經驗很棒，只是，我真的該走了。」

「但是我們還沒有辦完事啊！」

「蒂娜，妳到底要做什麼？」

「口交之類的事。」

「所以沒有性交就表示妳不是妓女，對嗎？」

「沒錯。」

「我要走了，這很難解釋，但是，我已經看到我想看的東西。妳對我的幫助遠遠超過妳的想像，蒂娜，妳明白嗎？」

我走下迴旋梯，進入紫色的光暈與昏天暗地的人羣中，我付了香檳的錢，再度踏上波昂淒冷的街道。

幾天後，我把這段經歷告訴了崔雅，她大笑著對我說：「你應該讓她做完所有的服務。」胡扯！

「哈囉，弗瑞傑夫。」

「肯恩？我真不敢相信！你在這裡做什麼？」

我大概是弗瑞傑夫・卡普拉最料想不到會坐在「診所」階梯上的人。自從我們的婚禮以後，我們再也沒見過面了。雖然弗瑞傑夫和我有某些理念上的差異，但我還是很喜歡他。

「崔雅正在『診所』接受治療，癌細胞已經侵入腦部和肺部了。」

「哦，我真的很遺憾。我一直都不曉得這件事，我這些年都在四處旅行演講。這是我母親，她也在『診所』接受治療。」

弗瑞傑夫和我約定稍後碰面，卡普拉女士自己找到了崔雅的病房。身為知名作家，她寫詩、自傳，也寫舞台劇，就像愛迪絲一樣，似乎集合歐洲博大的智慧於一身，她可以閒話家常地談論藝術、科學、人性以及人類所有的渴望。

她和崔雅見了面，再一次的，她們又是一見鍾情。

卡普拉女士到這裡來治療初期的乳癌。我很喜歡她。她會看手相，昨天她替肯恩和我看了手相。肯恩有一條很長的生命線，幾乎一直通到手掌的根部。她很清楚地指出我目前所面臨的「健康危機」，但是她預言這個危機很快就會解除，我可以活到八十歲。誰知道是真是假，不過我的內心確實有股強烈的欲望想要活到八十歲。這次復發，我幾乎被醫生那些嚇人的預言所淹沒，當時我心想如果能多活八年而非短短的兩年，我便心滿意足了。今天肯恩唸了一封朋友寄來的信，信中寫到他的母親五十三歲時因乳癌過世，一個月前我可能會這麼想，五十三減去四十一（我的

年紀），我還有十二年可以活，聽起來蠻不錯的。可是今天我心裡卻想，太年輕了，我要活到八十歲，看看這個世界會怎麼改變，我想貢獻我的力量，看著朋友們的孩子成長。接著我又問自己，這是不是一廂情願的想法？還是對未來過度樂觀的幻想？這是不是一種執著與渴望？是想要戰勝環境活下去的意志力，或是忽略真實情況一味只想活下去的意志力？我不知道，不知道明年會如何，後年、大後年……

或許是因為那一次無害而動人的手相經驗，或許我們又再度落入否認與抗拒之中，或許我們一點也不在乎了，但我們兩人的確是抱著樂觀的態度，等待奚弗醫師對崔雅目前狀況的檢查報告。然而，他所說的一切，只讓我們更覺苦惱。

又是一次雲霄飛車的俯衝……奚弗大夫宣告的消息完全不是我們所預期的。我肺部的腫瘤對化療幾乎完全不起反應。一個解釋是，化學藥劑已經到達每一個活躍的癌細胞，因此殘餘的腫瘤呈現出蟄伏與穩定的狀態。報告顯示某部分仍然有腫大的現象，醫生打算以核磁共振顯像來檢查，看看是不是還有活躍的癌細胞存在。「最危險的是，」他說，「過度的治療。醫生通常要累積長久的經驗才看得出來。」過度治療可能會讓情況變得更糟。根據他的說法，如果百分之八十到九十的殘餘癌細胞不再成長，那麼第三次的化療就有機會殺死百分之十到二十正在成長的癌細胞。但化療同時也會抑制免疫系統，因此會讓那百分之八十到九十目前正處於蟄伏狀態的癌細胞開始成長，因而讓情況惡化。

我們知道病情變得很嚴重，因為有一些新的黑點開始出現在崔雅的肺臟和肝臟。奚弗大夫原本計畫在第三次的化療中，以*cis－platinum*替代原先的*ifosfamide*，現在他卻說，這種藥也不盡然有幫助，甚至會造成傷害。要是換作美國的醫生，也許明知不可能有幫助還是建議我們做更多的化療。但這不是奚弗大夫的作風，他認為更多的化療只會「傷到她的靈魂」。

無論如何，奚弗大夫已經打算放棄我們了，雖然他不願意這樣表明。他對凱利／岡札勒斯的治療方法相當樂觀，他已經對這些頑強的癌細胞使出了殺手鐧，但是它們仍然健在，他也只好寄望別的方法了。

爲了穩住我的情況（讓腫瘤維持在目前的狀況，不再惡化），奚弗大夫開始爲我注射*aminoglutethimide*，這是一種新研發出來的抗癌藥，比三苯氧胺使用得還要廣泛。他另外還開了三種非特效的處方——胸腺粹取劑（一天一小栓劑，一週兩安瓿）、乳狀維他命A（一天十滴，約*150000*個免疫單位，爲期三個月；肝臟可以儲存數個月之久），以及*Wobe Mugos*酵素。其中胸腺粹取劑在美國是禁品，它是一種非特效的促進免疫系統的藥，目前只在動物實驗上獲得一些成效。研究人員發現，在百分之五十的接種動物身上，必須有十二萬個癌細胞才會引發肺癌，若是注射高劑量的維他命A，則需要一百萬個癌細胞才會引發癌症。但如果注射胸腺粹取劑的話，大概需要六百萬個癌細胞才會引發癌症！它實在有非常高的保護作用……

我對奚弗大夫提到自己即將進行凱利的生化酵素治療，他毫不猶疑地說：「很好，很好。」

肯恩問道：「你會把自己的女兒送到那裡去嗎？」

奚弗大夫微笑地說：「絕對會的。」

我很高興還有凱利的方法可以依恃。

我們問他我的預後狀況如何。

「還不壞，因爲妳的身體把這些腫瘤控制在穩定的狀態，讓妳有能力去應付新的療法。我唯一擔心的是，如果得了感冒或肺炎，妳的身體就沒有能力與癌症搏鬥了。」他說我應該接著進行凱利療法，還建議我去找伯金斯基醫師。這些治療都是無毒的，不會造成什麼傷害。「妳一定要辨認有毒與無毒的差異。」他說凱利和伯金斯基都是有誠信的醫師，但某些另類療法的癌症治療師並不是真的有料。

我們把一個崔雅使用過的葡萄糖量器送給奚弗大夫——一個糖尿病患者送給另一個糖尿病患者的禮物。傷感地和他道別之後，我回到帝侯飯店打包，崔雅則趁著空檔出去走一走。

離開醫院時心情相當低落，有點擔憂奚弗大夫所說的話。自從我們回來之後，天氣一直非常怪異，見不到一絲陽光，只有烏雲和綿綿的細雨，比五月離開時更冷，令人十分沮喪。我開始沿著波朋海默亞勒街（*Poppenheimerallee*）散步，這是一條很美的街道，中央有一個植滿綠樹、如公園般的遊樂場。我看著右手邊的建築物，突然好奇起來，不曉得它們是哪個年代蓋的，一八〇〇年後期？波昂有一些很可愛的房子，每一幢都漆上不同的顏色，各有不同形狀與角度的陽台，還有華麗的石膏雕飾，三角、柱頭、壁柱邊條，以及不同的裝飾圖案。眼前是一幢淡藍的房子，沿

著白色的邊條，二樓陽台種了三色紫羅蘭，極為雅致；旁邊有一幢紅褐色的房子，雕著灰褐色的邊條，二樓與四樓陽台開滿了紅色的康乃馨；接著是深黃、鮮綠、米白與淡灰褐色的房子，每一幢都有一扇帥氣的大門、細致的窗櫺、雕工精密的屋簷和欄杆。有些簡單大方，有些古典高雅，有些則非常華麗，充滿巴洛克風味。每一幢房子都整齊地排列在林蔭大道旁。真是一條美麗的街道。街的另一側是好幾幢現代化的公寓：平板的外觀，未經修飾的方形窗户，巨大的比例以及灰色的水泥漆，比較之下對面的房子和林蔭大道搶眼多了。喜悅的情緒慢慢從心底升起，微風驅走了我的沮喪。

感覺好多了。是我的想像嗎？還是天空中的雲層變得稀薄了？這是不是意味著我的道途上還有陰影等著？我繼續走向大道底一幢可愛的舊式辦公大樓，這幢建築物漆著鮮亮的黃色，外加深褐色的邊條。我看到一羣小女孩，約八、九歲，每個人都穿著芭蕾舞短裙，頭上戴著奇怪的小白帽，還有幾個也穿著芭蕾舞衣、年紀稍長的女孩以及一些扛著攝影機的成年人。啊，我顯然錯過了一場精彩的表演，但我仍然開心地看著這場落幕之後的演出。

太陽要出來了。我發現自己走到一排圍籬旁，圍籬內是充滿綠意的植物園。以前散步時，從未發現，走進去才知道是波昂大學的植物園。一條水道與幾池水塘蜿蜒在高雅的古木之間，野鴨悠游其中。没錯，太陽露臉了。植物小心翼翼地被照顧著，而且都標上了名稱。這裡有一大片草地，草坪中央有一座玫瑰花園，粉紅色的玫瑰似乎是最先綻放的，現在已經開始凋零了，紅玫瑰還盛開著。我逛遍了花園的每一條小徑，回到帝侯飯店時心情非常好。

我提醒自己還有其他的治療選擇。我必須做觀想與冥想，腫瘤最近似乎相當平靜，我感覺不

到它們的聲音、影像或感受，直到踏進植物園，才對目前的處境感到平靜。事情的演變總是這樣，我們只能盡好本分，等候結果到來，既沒辦法預測，也沒辦法掌控，對結果抱持熱切的渴望或激烈的反感都是沒有用的，那只會引導人步向苦難。我的人生還是相當不錯的，至少有肯恩，還有那耀眼的玫瑰！

離開波昂的途中，我們在科隆和阿肯（*Aachen*）停留，參觀當地的大教堂。這可能是我們最後一回的歐洲之旅了。心中有一股鬱鬱不樂的感覺。

我們在阿肯沒有太多事情可做，因爲是星期六，德國的商店下午兩點就打烊了（每個月的第一個週六例外）。由於沒有進一步的醫療計畫，我們一心急著回家去。無聊的情緒開始冒出來，眼前的食物讓它更加惡化。我們倆已經厭倦了不停地走，不停地看著櫥窗。我常懷疑人生到底是爲了什麼，尤其是這麼專注於治療的時刻，還有這麼多的空檔要打發。那股想要好好活著的驅力仍然十分深切，它好像發自我的每一個細胞，偶爾出現的低潮，並不能否定它的存在。在科隆大教堂的聖母像前，我們點燃了一些蠟燭，我突然想到我對生命的熱愛時常出其不意地反彈回來，譬如看到滿園的玫瑰或者聽到鳥兒的競相鳴唱。稍早的時候我還對肯恩説，我們可能比有小孩的人更容易碰到這種低潮期，因爲孩子可以不斷地把你拉回生活中，以他們無窮的可能性和對未來的希望充實你的人生。

此刻我跪在教堂裡，面對著柔和的燭光，唯一能想到讓生命有意義的事就是幫助他人；換言

之就是去「服務」。靈性成長或解脫都只是一種概念，而個人潛能的完全開發，也顯得平庸與自我中心，除非它能帶來解決苦難的新方法或新理論。至於美、我的藝術創作和創造力，以我今天的心情來看這些事，似乎不怎麼重要，除非我的藝術創作能用來裝飾這麼神聖的大教堂。但是人與人的關係、人與人的連結、生命與生命之間溫柔的愛才是最重要的。打開我的心，一直是我最大的挑戰，我應該放下自我保護的欲望，讓我的心有勇氣去經驗痛苦，如此一來，喜樂才有可能進入。這是否意味著我必須減少藝術創作，多花些時間去幫助那些罹患癌症的人？我目前撰寫的這本書中有一些訊息，也許可以幫助面臨相同困境的人，這件事似乎要比玻璃創作有意義得多。我想像著自己已經找到平衡點，心裡面擁有更多的空間來容納喜悅與美，烏雲與低潮因此而……

在前往機場的高速火車上，我們享受了一次舒適又奢華的離程。這是我們第五次沿著萊茵河行進，我終於拿到有關這些城堡的旅遊指南，河兩岸的古堡很多，書中提到了二十七座；這些古堡爲山岬戴上了皇冠，也守護這條河的通道。龍岩是歐洲人最常去的一座，它的核心地帶曾經因爲採砂石而崩塌，現在已經被山泥牢牢地封住；法爾茲爵宮（*Der Pfalzgrafenstein*）興建於一三二七年，是一座河中小島上的城堡；愛榮博瑞古堡（*Ehrenbreitstein*）興建於西元十世紀，鎮守著萊茵河與莫塞爾河（*Mosel*）的交會處；萊茵河比較狹窄的地段就在羅雷萊石（*Lorelei Rock*）附近，那是傳說中女巫的家；古騰岩堡（*Burg Gutenfels*）聳立在一千兩百呎高的地方，有險峻的岬岸、梯狀的葡萄園以及垂直的斷崖。

順著萊茵河而下是非常愉快的旅程。我最喜歡欣賞鐵道兩旁的花園，有時會出現一兩片，有時則出現一大片的，再劃分成三十幾塊小花圃，上面有倉庫、工作室或是涼亭，外面還擺了幾張

曬太陽的椅子。有的種了不知名的蔬菜，有的則種滿鮮豔的花朵。我真希望這是星期六而不是星期二，那樣我就可以看到人們忙著種菜的樣子。這些花圃看起來像是覆蓋在大地之上的拼被。

經過龍岩時，我從靠走道的位置換到靠窗的座位。我看著山上的古堡，直到它消失在地平線下，竟花了十分鐘的時間。

19 熱情的靜定

凱利／岡札勒斯療法的基本理念很簡單，那就是消化酵素會分解一切的有機組織，包括癌瘤在內。口服的高劑量酵素具有分解腫瘤的效果。這方面的科學資料很多，專治運動傷害的醫師們利用酵素分解許多遭疾病侵害而受傷的組織，凱利療法的重點是大量服用胰臟酵素藥丸，一天六次。酵素攝取必須利用兩餐間的空腹期，否則只會停留在胃裡分解食物。

凱利療法現在的主治者是紐約的尼古拉斯・岡札勒斯醫師，就我們所知，他是一位智商極高、博學多聞的內科大夫，先是在哥倫比亞大學取得學位，後來在斯隆—凱特林醫院受訓。他還在研究各種不同的癌症治療法時，曾經與凱利共事。凱利是一位牙醫，以胰臟酵素結合食療、維他命、咖啡灌腸以及另類的健身運動，治好了自己的癌症和兩千五百位癌症病患。但是凱利療法真正與眾不同之處還是胰臟酵素的療效。

聽說凱利後來變得有點神經兮兮，依我看是妄想型的精神分裂症，我們得到的消息是，凱利目前仍在某個地方與外星人溝通。這個訊息並沒有造成我和崔雅的困擾，反而更有信心，畢竟所有正常人發明的醫療方法我們都試過了。

岡札勒斯從凱利那兒收集了數千個病歷，再篩除資料不齊的個案，從剩餘的病歷史挑選五十

個擁有嚴格醫學證據的個案，將這份結果發表在斯隆—凱特林醫院的醫學期刊上，其中有的結果相當令人震驚，例如，像崔雅這類轉移性乳癌的病患，通常存活五年的機率是零，然而在這五十名個案中竟然有三名是五年以上的存活者，其中一位還活了十七年！岡札勒斯對這些醫療成果留下了極深的印象，便趁著凱利醫生的神智還算清醒時，跟著他研究他的治療方法。直到我們第一次見到他的八個月前，岡札勒斯才以凱利醫生的理念為基礎，開設自己的診所。我想要強調的是，這並不是一間缺乏誠信的墨西哥式醫院，岡札勒斯是一位受過完備訓練的內科大夫，他所嘗試的是非常值得信賴的癌症另類療法，完全符合美國醫藥法規定。

岡札勒斯主要的診斷方式是血液分析，藉以診斷出體內不同癌症的罹患部位，以及活躍的程度。在我們與岡札勒斯見面時，並未告訴他有關崔雅的病情，這項血液分析卻明確地指出腫瘤在她腦部與肺部的活躍程度，也推測出癌細胞可能已經侵入淋巴與肝臟。

我們剛從德國回來，正準備開始凱利／岡札勒斯的療法，那時丹佛醫院所做的各種正統檢驗顯示：崔雅的肺部大約有四十個腫瘤，腦部有三個，肝臟至少有兩個，淋巴系統可能也有了。

根據岡札勒斯的觀察，腫瘤活躍的危險指數可能從0到50，他認為指數在45以上便無藥可救。崔雅的指數是38，雖然很高，但還在可能產生療效的範圍以內，病情甚至可能減輕。

唯一令人擔憂的是，當凱利／岡札勒斯的治療產生作用時，會在人體內造成一些改變，那是連一般醫學也無法理解的癌細胞增長現象。例如：當酵素攻擊腫瘤並且開始分解它們時，腫瘤會被激怒——一種標準的組織胺反應，這種被激怒的現象在電腦斷層掃描下，看起來就像腫瘤在增長。主流醫學沒有任何方法可以測出腫瘤到底是在增長，還是死亡之前的迴光返照。

因此，我們踏上最令人膽戰心驚、焦慮不安的治療之旅。當酵素開始產生作用時，電腦斷層顯示腫瘤的確在快速增長，但是岡札勒斯的血液分析結果卻是，崔雅整體的癌症指數毫無疑問地在下降！要相信誰呢？在這種情況下，崔雅要不好得很快，要不死得很快，誰也無法預測結果。

我們只好在家裡遵循嚴格的治療規定，靜待其變。

這段期間，崔雅有了另一次的內在轉變，可以說是從泰利轉變成崔雅的後續變化。這次的變化不像上一次那麼明顯，可是崔雅覺得更深刻。如往常一樣，這裡面包含「存在」與「做」的問題。崔雅一向與「做」的那一面有很好的連結；第一次的改變是重新發現自己的「存在」面——女性特質、身體、地球、藝術家的那一面（這是她的觀點）。最近的改變是統合了「存在」與「做」，並使它們更和諧地展現出來。她稱之為「熱情的靜定」。

我最近一直在思考天主教卡默爾修會（*Carmelite*）所强調的熱情，以及佛家所看重的靜定或平等心。東西方長久以來的無神論與有神論之爭，對我沒有太大的意義，倒是上述的議題令我很感興趣，它使我領悟到，我們對熱情的認識都只限於執著、想要得到某人或某樣東西，但是又害怕失去他們，以及强烈的佔有欲等等。如果你沒有執著，沒有其他那些東西，只有純粹的熱情，你會怎麼樣？其中的意義又是什麼？我想到有時打坐時，突然感覺心開意解，混雜著奇妙的心疼感，那一股巨大的熱情是沒有對象的。如果把兩個辭組合便可以比較完整地形容那種狀態——熱情的靜定，意思是對人生的每一個面向都充滿熱情，對每一個生命都有最深的關懷，但是沒有絲毫的執著。這份感覺是充實的、圓滿的、完整的，而且充滿挑戰性。

我覺得這兩個辭的組合非常適切，非常深刻，也是我長久以來靈修的核心精神。感覺上我的前半生好像在學習熱情，得了癌症之後學習的是靜定的功夫，現在則是把它們結合在一起。這實在太重要了！它們非常緩慢而堅定地滲進我生命的每一個層面，我們仍然有一段路要走，但感覺上我已經很清楚地看到這段「沒有目的地的旅程」了。

我目前的功課就是熱情地工作而不執著於結果。熱情的靜定，熱情的靜定，聽起來多麼的適切啊！

崔雅所指的平靜的熱忱，其實就是禪所說的劈柴、挑水。我們全神貫注於日常的瑣事和極為嚴格的凱利／岡札勒斯療法。我們正在等待測驗的結果，以便規劃未來的治療方向。

親愛的朋友們：

我們已經從德國回來一陣子了，目前正享受著落磯山多變的天氣，和逗趣的狗兒、近在咫尺的親友團聚。

盡可能地醫治自己是我目前的當務之急，我結合了凱利新陳代謝生物學的療法（補充養分、胰臟酵素，食療以及各種不同的體內淨化方法），打坐、觀想，閱讀靈修書籍，接受一位來自台灣的中醫師的針灸治療（他主張不痛則無效）與住在舊金山的專家邁克・布拉夫曼（*Michael Broffman*）討論中國與美國的療法，與當地的腫瘤專家探討、接受檢驗，做運動，盡量待在戶外，我開始尋找本地的心理專家爲我做諮商，也做一點瑜伽的鍛練。

我每天的例行公事就是這些治療。肯恩早上五點左右起床，打坐一兩個小時以後才開始一天的支援工作——打掃、洗衣、買日用品以及打一大堆的蔬菜汁！我通常會睡到九點半或十點（我很難在十二點以前上床），接著開始進行早晨的例行公事，大部分是凱利療法所規定的事項。我必須在淩晨三點半與清晨七點服用兩劑胰臟酵素（一天要服七次，每次六顆膠囊）。起床後馬上服用治療糖尿病和甲狀腺的藥，然後吃早餐，否則無法服用酵素。用餐時必須補充一些藥丸（三十多顆）。早餐要生吃十四種的穀粉（這些穀粉在前一晚必須先磨好，再浸泡一整夜），肯恩會爲我煮一兩個蛋，好搭配那整把的藥丸。此外我必須煮好咖啡，等它涼，做爲早上的咖啡灌腸劑；一天只可以喝一杯咖啡，因爲它有利於我的新陳代謝（眞是開始得太慢了！）我必須承認我很盼望這一杯……

我一邊吃早餐，一邊聞著咖啡的香味，望著山谷中蒼鬱的樹林。最近閱讀的書有貝克（*Becker*）寫的《對死亡的否認》（*Denial of Death*）、湯馬斯・基廷神父的《思想的開放，情感的開放：從深思的層面看福音書（*Open Mind, Open Heart: The Contemplative Dimension of the Gospel*）、奧斯伯（*Osborne*）眼中的《拉馬納尊者與自我認識之道》（*Ramana Maharshi and the Path of Self-Knowledge*）以及《拉瑪納尊者的教誨》（*The Teachings of Ramana Maharshi*）。每當我過度執著於身體的感覺，如眼中的閃光、腳上的麻木感等，便很慶幸能有這麼多不同方向的提醒。把這麼多的能量傾吐於治療是需要留意的，因爲求生之火一旦被煽起，就很難不執著於生命，很難不認同這個由細胞聚合而成的所謂的「我」。

閱讀結束後，我會先做點瑜伽，再開始冥想。我把冥想當做是對神性的供養和加強我對某種

無法言傳的東西的信心。這樣的冥想方式，可以讓我不落入過於目的取向的陷阱。

這令我想起了湯馬斯・基廷神父所說的一段話：「意志最主要的行動並不是奮力，而是一種允許，……以意志的力量去完成一些事實是在加強假我……，但是當內心愈來愈自由，意志隨著這自由的階梯往上攀登時，它的行動逐漸變成一種允許，允許神的來臨和恩寵的流入。」我通常以「神性」替代「神」這個字，因爲後者暗示了太多擬人化的父神形象，統馭、批判與界分感都太強，「神性」比較像是超越形式、包容一切的虛空，我可以觀想自己完全融入其中。我很喜歡基廷強調的接納、開放與允許，而不是去努力奮鬥。他說：「試著去稀釋接納之中的傾向，這對於深思的祈禱是有助益的。接納並不是不行動，而是眞正的行動，其中沒有奮力的成分。那是一種靜待終極奧祕的態度。你並不知道那奧祕是什麼，如果你的信心被淨化，你甚至不想知道那是什麼。」這種「活躍的不行動」就是我所謂的「熱情的靜定」。肯恩告訴我，道家稱這種狀態爲「爲無爲」，常被詮釋成「不費力的努力」。

基廷建議我們採用五到九個音節「活躍的祈禱」，有一點像咒語。我最喜歡的一句祈禱文是「允許神性出現」。「允許」這兩個字每次都讓我吃驚，令我覺醒，因爲我是這麼容易就落入努力的狀態。「允許」讓我在行動中放緩腳步，在我身邊低語著「放鬆」和「溫柔」，然後從那狀態中再出發。白天我仍然採用「唵嘛呢叭咪吽」這句觀音菩薩的六字大明咒。我很高興基廷神父給我們這句英文的咒語，我的左腕上現在還戴著那串雪山修道院帶回來的木質念珠。每當我的心想要追趕什麼的時候，我都會停下來，輕柔地把心放下，如果有不耐煩產生，就去留意它，在心裡默唸「允許神性出現」，它會爲我的心帶來寂靜和空間。

冥想結束後便是咖啡灌腸的時間，這是幫助肝臟與膽囊排毒的方法。許多另類療法都採用，包括澤森療法在內。這個灌腸法已經被安全地使用了一百多年。對我而言，感覺還不錯。幾年前我被腫瘤科大夫嚇得不敢嘗試，即使它能幫我消除化療後直腸組織所產生的痛苦。那位腫瘤大夫認爲這個方法會造成體內電解質的不平衡。後來我發現他也許不熟悉這項治療，因爲通常一天得替病人灌二十二次腸才能證實它的效果，所以是非常負責的療法。

灌腸大約得耗掉三十分鐘，我通常利用這段時間觀想，放一卷葛印卡老師以巴利語誦唱的祈禱文。觀想的方式依照當天的感覺走，我可能採取非常目標導向的觀想，想像腫瘤被殺死、溶解和完全清除。有時我覺得應該開放、質疑與探索，就會開始和腫瘤對談，提出問題，看看它有什麼話要說。

如果是第一種情況，我會觀想酵素在體內打敗腫瘤（我從腦部的腫瘤開始觀想，再轉到肺部的大腫瘤）。我想像這些腫瘤被酵素軟化，想像壞細胞逐漸被分解，想像我的免疫系統也在協助殲滅這些癌細胞。我觀想這些腫瘤從中心最黑的部分開始壞死，周圍腫長部分也慢慢萎縮，有時我也觀想腫瘤被殺死的壞細胞累積得愈來愈多，最後被清除得一乾二淨。

如果是與腫瘤對談，則是截然不同的感覺。我會先檢查從上次到現在它們是否有任何變化，接著問這些腫瘤是否有話要對我說，譬如肯定我所做的事，或提出不同的意見。這些腫瘤曾經說過類似這樣的話：「別擔心，一切都會沒事的。」或「如果妳有一些奇怪的症狀也不用擔心，我這個部分一定會有改善，腫瘤的形狀可能會改變或壓迫其他部位，但那並不意味什麼，別擔心。」幾個星期前，腦部的腫瘤曾心懷歉意地告訴我，它不是有意要傷害我，也不想害死我，它

很高興我正在嘗試生化酵素的療法，因爲它是無法被放射線或化療殺死的，它認爲自己可能會被酵素分解。它要求我給這項治療一個機會，至少持續三個月！

我是以很輕鬆的態度來看待這一切。我不曉得自己在這種觀想上所得到的訊息與建議是否具有客觀的眞實性，但是我發現與這些內在的聲音接觸是很有幫助的，它讓我瞭解比日常意識更深的層面。有好幾次，這些腫瘤格外沉默，或是難以接觸，這時我會向聖母瑪麗亞與山中老者（他看起來很像我在機場買的一個德國玩偶——一臉的大鬍子，身穿綠色外套，背著一個布袋）求救，他們是我道途中的指導靈，也是我的朋友與最大的安慰。童年時，我沒有足夠的創造力像一般的孩子那樣想像出一些玩伴，現在我終於把他們創造出來了！

咖啡灌腸結束後，要服用第三劑的酵素（必須與用餐時間隔一個小時以上，否則它們會很高興地去分解食物，而不會進到我的血液裡）。接著我帶狗兒去散步，做點家事，準備享受肯恩快速料理出來的晚餐。我對於岡札勒斯醫生所規劃的食療很意外，比起我過去所採用的半長壽食療法要寬鬆多了，這對我來說是一大解放，在毛髮分析與血液測試之下，我被歸類爲適度的素食新陳代謝者，這是十種新陳代謝類型中的一種，表示我可以順利吸收植物性蛋白質（從一九七二年起我便是只吃魚的素食主義者），但更能吸收動物性蛋白質（譬如蛋、起司、魚、家禽肉、偶爾也可以吃一點紅肉）。到目前爲止（我已經進行十二天了）我只犯了一個規，那就是沒有吃紅肉！我不曉得現在吃起牛肉會是什麼滋味，當然我那位牧場主人的父親一定很高興聽到這個消息！

這項食療有百分之六十是生食（實在很難做到），一天至少要吃四餐青菜，每天都必須喝新

鮮的蔬菜汁（非糖尿病患者則以紅蘿蔔汁代替），一星期吃五次粗糠穀物，這些穀物加起來有十四種之多，而雞蛋、乳類製品（我這類型的病人沒有膽固醇的顧慮，但我仍設法避免黃起司），一星期可以吃兩次核果與豆類以及家禽肉，至於紅肉只能每週一次，一天可以吃三次水果，但除非注射胰島素，必須避免喝酒，特別是前三個月，不過偶爾喝一點紅酒是無傷大雅的。果糖也在禁止之列，然而一點點的代糖（因爲是糖尿病患者，水果和蜂蜜都是被禁止的）是沒有問題的。我實在無法解釋爲什麼小包的代糖會對我一天的生活造成那麼大的不同……

伴隨著午餐一起入口的還有一大把藥丸，有時實在很難下嚥，但我沒有其他的選擇，我曾經試過一口氣吞下一大把，好慘，我再也不這麼做了。現在不是一顆顆地吞，就是一次兩顆，視心情而定。沒什麼事比凌晨三點半起床吃藥更煩人的了，特別是吞下豬的胰臟酵素這類「美味」的藥。不論是吃藥或灌腸，我都只能喝經過逆滲透處理的過濾水和蒸餾水。

午餐後一個小時，我必須服用第四劑的酵素，兩小時後再服第五劑（同樣地，任何點心都不許吃），再等一個小時才喝晚餐前的蔬菜汁。接著便是晚餐時間了，肯恩會煮一些很棒的食物，如可口的蔬菜脆皮比薩餅、素辣椒、燻雞和泰式魚（他現在仍在研究怎麼煮紅肉）。吃過晚餐後，我們通常在沙發上相擁看錄影帶，狗兒子們也陪在身旁。

肯恩眞是全能的幫手，每當我需要他的時候，他總是在我的身邊。晚上我們緊緊地依偎在一起，思考著生命中發生的每件事。我們甚至把遺囑都寫好了，以防萬一。我們爲發生在我們身上的事感到盛怒煩亂，但同時也學習深呼吸、如何接納生命的眞相（至少某些時刻可以辦到），如實享受人生，感謝每一刻的連結與喜悅，利用這個恐怖的經驗來打開我們的心，增長我們的悲

慣。

我們買了一輛六年保證期的吉普車，我懷疑保證書到期時，我還會不會活在世上，就如我不想延後整理花園的工作，也許明年就沒辦法再享受這種樂趣了。聽到朋友描述他們的尼泊爾之旅，咸覺也很怪，因爲我這輩子可能永遠去不了，途中如果感染什麼疾病，我的免疫系統就會忙著與它奮戰，而顧不得腫瘤。我去過不少地方，但從未去過尼泊爾，肯恩常說我動得太多，現在有機會住得離家近一點，看看會帶來什麼變化。

我一星期要做三次的針灸治療，每一次大約兩個小時。第六劑在晚餐一個小時後服用，然後花四十至六十分鐘踩腳踏車，上床睡覺前還要服第七劑酵素，並做一小段冥想。上床以後還得再吞一些睡前該吃的藥（包括反雌激素的藥），把鬧鐘設定在凌晨三點半。

這種日子一連持續十天，才能換得五天不必服用維他命與酵素的休息日（但我還是得在餐間服酵素和HCI）。這種十天服藥、五天休息的循環是醫療的指定形式，趁著休息的空檔，身體才能清除「因生理重建而累積的毒素」。在第一次的五天休息期間，我進行了體內大掃除，每天服用三次高劑量的車前子（*psyllinm*）與白土奶（*bentonite*）。車前子會在大小腸內起作用，清除卡在腸壁或縫隙中的宿便，白土奶則會吸收腸內的毒素。這次的大掃除目前正進行到第三天。下一個階段的休息期間，我打算進行肝臟的沖洗計畫，非糖尿病患大多使用蘋果汁，我卻得把正磷酸（*ortho－phosphoric acid*）溶解於清水中，一天喝四杯，然後再服用瀉鹽（*Epsom salts*，一種灌腸劑，含鹽量極高），接著——痛快啊！我可以在晚餐大吃水果了，最後上床前再喝些橄欖油。正磷酸可以清除動脈中的鈣與油脂，並軟化分解膽結石，瀉鹽則能鬆弛膽囊的括約肌，疏通膽汁導

管，好讓結石順利排出。橄欖油的功效是在促進膽囊與肝臟的收縮，迫使其中的廢物、膽汁與結石順利進入小腸。多麼不可思議的療程……令人期待！

肯恩和我都很喜歡岡札勒斯醫生，他的診所距離我阿姨在紐約的公寓不遠。他指出百分之七十到七十五的病人，對這項治療都有不錯的反應，也就是說有的人眞的被治好了，有的則穩住病情準備長期抗戰。雖然我的體內仍有許多腫瘤，但是他說我有百分之五十的機會產生良好的反應，我的毅力與決心，加上對這種治療的理解，機會可能比預期還高。

透過一項特別的血液檢查，他們可以測出不同的器官與身體系統的強度，藉以辨別是否有癌細胞的存在，這次檢查可以顯示身體的弱點，幫助醫生拿捏維他命與器官粹取物的劑量。我的檢查結果與癌症實際存在的部位完全一致，與化療的預期效果也相去不遠；這都是在醫師還沒見到我或讀過我的資料前的判斷。此外，他們也爲體內的癌症病況訂出一個危險指數，這個指數是他們後來設計療程的指標。岡札勒斯醫生說大部分的病人指數都在18到25之間，一旦超過45到50就無法挽救了。我的指數是38，相當高，但還有機會產生良好的治療反應。他說曾經有指數只有15的病人沒有產生什麼反應，而指數高達30多的病人接受治療以後卻很有效地擊敗了腫瘤。他表示治療一個月以後，就可以確定我的機會有多少了，屆時他可能再做一次血液檢查，我自己也會有感覺對這項治療的反應爲何。岡札勒斯醫生說某些病人在情況好轉之前會非常痛苦，好像要死了似的。因此每當我抱怨身體疲累時，肯恩就大叫「好……啊」——眞是一點同情心都沒有。到目前爲止，我還是處在疲累狀態，這表示我的運動時間必須縮短，而且得開始服用胰島素了。

如果從頭到尾所有的治療選擇都是我自己決定的，不論未來如何我都會相當平靜。譬如奚弗

與凱利療法都是我的選擇，但是在發病的初期實在受到太多醫師的影響；如果能傾聽自己的聲音，我可能會選擇乳房切除手術，然後到利文斯頓—惠勒診所去接受治療。我們當然要對醫師的話保持警覺（他們通常對自己太過自信，對另類治療則相當封閉），但也要騰出時間安靜地思考自己想要什麼，直覺上被哪一些療法吸引，然後做出眞正屬於自己的選擇，一個不論結果如何你都承擔得起的選擇。如果我死了，我也必須清楚地知道這是我的選擇。

我剛完成一些玻璃盤的設計，很滿意，我想我現在可以在自己的職業欄塡上「藝術家」這三個字了！

我最近開始將覺察與臣服納入冥想練習，這是把佛教與基督教的冥想方法混在一起、成爲我自己的一種途徑。最近參加那洛巴學院舉辦的基督教與佛教冥想方法研討會，我覺得很有意思。那洛巴是位於博爾德的一所冥想學院，由一羣創巴仁波切的學生興辦，肯恩也是董事之一。他們設計了一些非常有趣又創新的課程，強調的是心理學、藝術、寫作、詩歌以及佛法的研究。

那幾場研討會對我最大的影響是，過去我對基督教詞彙裡的負面暗示頗爲反感，譬如上帝、基督、原罪或臣服等等，現在我比較能體會其中的神祕意涵了。我發現自己已經把「允許神性出現」的基督教咒語改成「臣服於上帝」。臣服與上帝兩個詞彙對我來說曾經是非常刺眼的，現在卻愛上了它們！因爲它們可以喚醒我。每當我反覆誦唸這句話時，我發現自己立刻能放下心中的執著，知覺開始向外擴張，意識到周遭的能量與美湧入我的心中，再向外延伸到無限的虛空。「上帝」不再令我聯想到父神，而是虛空、能力、永恆與圓滿。

我目前的情況蠻好的，晨間的靈修爲我帶來安適感，並且不斷地提醒我——雖然我很注意身

體的情況，但我並不是這副身體。我喜歡有人提醒我是「無條件的、絕對的生命體」，雖然我距離這樣的體悟還很遙遠。我希望有人提醒我「所有的努力都是爲了解開我們是被輪迴（現世的）所困的錯誤認知。」我喜歡聽拉馬納尊者所說的「信賴神」，他說：「所謂的臣服指的是接受神的旨意，不爲那些發生在你身上的不悅之事哀嘆。」我也喜歡有人提醒我「你會爲那些發生在你身上的好事而感謝神，卻從不爲那些看似不好的事而感謝神；這就是你最大的錯誤。」我的一位朋友曾經說過：「得了癌症，我的人生才眞的被啓動。」我也有同感。另外一位罹患癌症的朋友拿他的藝術創作給我看，我被這件作品的力與美深深震撼，他對我說：「妳知道嗎，要不是因爲癌症，我不知道自己的生命還有這麼深的東西。」

我不知道未來是什麼，可能輕鬆一些，也可能更艱難。我發現到目前爲止還沒有眞正經歷過身體的巨大痛苦或功能的受損，不知道未來如果面臨這樣的情況，能有多大的勇氣，多大的接納力、定力與對神的感恩。

我沒想到會持續不斷地寫這些信，其實我只是懶得寫給每一個想保持連繫的朋友。現在它們已經活出了自己的生命，即使沒有任何人讀它們，我還是會繼續地寫。我之所以鉅細靡遺地描述這些檢驗、令人困惑的結果、相互衝突的意見與困難的抉擇，並不是因爲這些數字、結果或抉擇非常重要，而是這些與癌症共處的生活細節，讓人活生生地感受到病患共通的心聲，譬如「與癌症共同生活就像在坐情緒的雲霄飛車」，「選擇治療的方法是非常困難的事」，「我們無法預先做下個星期的計畫」以及「這一切都會持續下去，直到結束的那一天爲止」。別的病患的故事可能在數據、細節、步調與結果上有所不同，但感覺上沒有多大差異。這確實是一條不平坦的路。

我時常質疑這一切是否值得、生命是否眞的如此美好，値得奮戰不懈，我是否該在它變得更困難之前趕緊放棄（我眞的常常出現這樣的想法），這時有一件事會支持我，讓我繼續走下去，甚至做更深的探究，那就是可以將我所經驗到、所學到的一切寫下來。肯恩幾天前才問過我，如果情況轉壞，我是否還要繼續寫這些信？我不假思索地回答當然要，而且我早已思考過，寫信可能會讓我面臨眞正的痛苦與死亡時不至於輕生，甚至認爲活著的每一天都有它的意義與價值。因此我還是會試著讓你們知道我的近況，用我的經驗去激發你們的希望，也許有一天，它會眞的對某人有幫助也說不定。

暫且擱筆，下封信中再談！我必須爲自己無法逐一回信與回電話致歉，但我確信你們每個人都會理解。肯恩和我每一天都從你們那裡得到了各種不同的支持！

心中充滿愛的崔雅於博爾德
一九八八年七月

路又開始顚簸了，眞正的顚簸。互相衝突的檢驗結果立刻湧了進來，正統的醫學檢驗顯示腫瘤在崔雅的體內正快速成長。這些檢驗報告與酵素分解腫瘤的現象不謀而合。

昨天過得有點恐怖，這也是夜晚無法安眠的原因。丹佛的醫生打電話告訴我檢查的結果——癌胚抗原檢定（CEA）可以測出血液循環中癌細胞的蛋白質數量，然後就能知道體內有多少活

躍的癌細胞。我在一月份所做的檢驗結果是7.7（2～5被認爲是正常），在德國接受第一次治療以後升到13，五月離開前的指數是16.7。這些指數告訴我們腫瘤一直在成長，最近一次的檢查結果是21，這是否意味它們再度活躍起來了，本來應該維持兩三年穩定狀態的腦瘤，正不斷成長中？也許該考慮再繼續做一個月的化療？我才享受了兩個星期的家庭生活，拜託，多給我一點喘息的時間吧！

很幸運的，肯恩和我今天早上及時聯絡到岡札勒斯醫生，他要我們別太在意。「我有一些病人的指數高達800—1300，現在都還活得很好，除非到達700，否則我不會太介意的。」他警告我在酵素治療的過程中，當癌細胞被瓦解時，釋放出來的蛋白質會在檢驗中顯現更高的指數。「這並没什麼大不了的，」他說，「它可能會在短短的兩週內由700升到1300，那些正統醫師要是看到這種情況，鐵定會抓狂。21的指數確實有點活躍，但並不算高。」你可以想像我釋放出來的能量有多大。此外，我也很高興得知酵素已經跨越了腦血管的障礙，在腦部產生了作用（我最近發現那些我持保留態度的治療——腫瘤壞死因素、伯金斯基的反腫瘤增生以及單克隆化療都没有發生效用，唉！）岡札勒斯醫生的語氣聽起來相當有信心，我覺得好過多了，我希望他是對的，這項治療真能發生效果。至少我現在覺得比較有安全感了，特別是我們下個星期要去見正統醫師，看更多的檢查報告，聽更多的諫言。

根據正統醫生的建議，在這種情況下一定要馬上接受最高劑量的化療（劑量高到可以殺死骨髓），然後再接受骨髓移植（這整個過程被視為最殘酷而嚴厲的治療）。我們憂心忡忡地等待來

自岡札勒斯的血液分析報告。根據他的說法，這項特殊的檢查具有決定性的影響，可以評斷到底腫瘤是在增長，還是被分解了。

酵素似乎真的產生了作用，萬歲！這是長久以來我們聽見的第一個好消息。我在治療了一個月之後又送了一些毛髮與血液的樣本去分析，結果我的癌症危險指數由38降到33，就連岡札勒斯本人也表示，他從未見過一位病人在短短一個月的時間裡，就有如此明顯的改變。治療時我也服用了反雌激素，有些效果可能源自於此（我最近才和一位女士談過，她說自己做了卵巢切除手術之後，肺部的腫塊便完全消失了）。肯恩和我都因為岡札勒斯帶來的好消息而雀躍不已！

但是我的熱情馬上被一個出現在右手臂上的新症狀澆息了一些，這個新症狀可能意味腫瘤移到新的地方。我記得在冥想中曾經告訴自己，如果有奇怪的症狀發生也不要憂慮，因為那也許是腫瘤被吞噬所產生的改變。這些內在的訊息仍然非常樂觀，「我會沒事的」感覺也不斷浮現。這並不是一種積極思考，沒有強迫的感覺或意圖，它們是自發的。這些訊息是很樂觀的，即使與正統醫學的檢查結果並不一致！

整個情況簡直快令人發狂了。到底該相信誰呢？那天我帶著狗兒出去散步時，腦子出現以下的想法：

我是個受過訓練的生化學者，根據我所學的去判斷岡札勒斯的結論似乎是合理的。因為當腫瘤在分解時，的確會釋放與腫瘤成長時所產生的相同物質；正統醫學的檢驗可能無法輕易地辨別

它們。即使是訓練有素的放射線專家，也無法以組織胺劇增來判別到底是癌症的增長、*hastamine* 反應或是傷疤組織。

如果他真的是在誤導我們，想讓我們覺得好過一些呢？但他為什麼要這麼做？我們的正統腫瘤科醫生認為他的目的是為了錢，不過這種說法實在太荒謬了。岡札勒斯是事先統一收費的，不管崔雅是死是活，他都已經收了錢。

如果是為了讓我們好過一些，他應該知道我們很快就會察覺，而且很可能演變成違法的詐欺事件。崔雅甚至還問過他：「如果你的判斷錯誤，而我們因為你的錯誤拒絕了正統醫療的途徑，結果把我害死了，你該怎麼辦？我的家人可以告你嗎？」他回答說：「可以的，他們當然可以，只不過這種療法在美國是合法的，而且有很高的成功率。如果不是這樣，我和所有治療過的病人早就死了！」

此外岡札勒斯也必須考慮自己的名聲；如果他的病人沒有起色，他會立刻建議他們採用正統療法。他希望崔雅和其他人活得一樣久，他對崔雅深具信心，認為她會很快好轉。

因此他不是誤診，便是在撒謊。但他應該不會撒謊才對——那個損失太大了。那麼他是誤判了檢驗的結果嗎？他為什麼如此深具信心？我知道他這種檢驗已經做過數百次了，以實驗的角度來看，他一定是發現這項檢驗具有相當高的正確性，雖不是百分之百，也足以讓他掛牌行醫，此外他還結合了其他的檢驗。如果這項檢驗沒有那麼精確，他也應該會發現，並算出其中的誤差，然後告訴病人。我們實在不該懷疑他，如果他是錯的，他自己一定也知道！

而且從外面的消息（他的檔案都是對研究人員開放的），大約有百分之七十的病人不是好轉

就是穩住病情。從每一個案例來判斷，他們的血液分析與病情都非常符合。

我逐漸理出一些頭緒，心想這個瘋狂的療法，也許真的產生了一些功效。做了決定的崔雅，似乎也感覺這個療法真的生效了。但是在這個節骨眼上，我們倆都不想太篤定。我們仍然假設她只有不到一年的壽命，如果希望太大，到時候豈不更失望?!雖然如此，樂觀的期望還是慢慢從心底生起，所以我們決定在崔雅熱愛的阿斯彭待一個月，我們現在有車，只要花四小時就到了。

可以在阿斯彭待一個月！盡情享受生命一個月，不必打電話給醫生排定檢查或診療，躲開有關癌症的所有事項，花一個月的時間健行、聽音樂會、見老朋友、做户外活動，與家人相聚……萬歲！

就在我們出發前往阿斯彭的最後一刻，肯恩發現一個爲期兩週的佛教禪修，閉關地點在加拿大的北部，他很想參加。我也很高興，因爲他説自從我一月份復發以來，這是他第一次對一件事如此興奮。這一整年對於肯恩來説想必極爲難挨，畢竟他是我唯一的支持者，此外他還得面對我未來的死亡和遺囑問題等等。而我可以趁機和父母、妹妹與狗兒們共度一段時間。能離開博爾德休息一陣子真是件好事，我發現自己開始失去應付治療瑣事的戰鬥力了。

真的是酵素發生作用了嗎？岡札勒斯是對的嗎，還是那些正統醫師？我不曉得。在阿斯彭我有太多複雜的感覺，這已經不是單純的度假了。經過獨立隘口時，我爲它壯麗的景觀而落淚，第二天去我的冥想小屋，也爲白楊樹透過來的陽光而潸然落淚。如果不是意識到明天可能就看不到

這些景物，也不會有那麼强烈的反應。這裡的美令我對生命深深讚嘆，我只想要更多、更多的美！你很難不執著，如果在你周圍的是水晶般清澈的溪水所發出的沖刷聲，微風中輕柔擺動的白楊樹，抬頭仰望赫然發現的萬點繁星。没錯，有時我真的對生命依依不捨，尤其是在阿斯彭。

在這裡我不只看到自己的執著，也察覺自己的局限。聽到朋友提起他們的異國之旅，或是肯恩告訴我加德滿都要舉辦閉關，我立刻聯想到細菌、骯髒的餿水和感冒。我體內的免疫大軍已經全部武裝起來對付癌症，没有剩餘的軍備再去對付感冒，更別提那些具有異國風味的病毒了，我恐怕從此以後無法再放心地旅行了。

我每一次出門都得帶胰島素、水、藥丸和甜點（在血糖突然降低時服用），還要隨身帶著保暖的外套。這些安排都會助長我執著的一面。我發現打坐最容易生起以下的念頭：凌晨的酵素到底吃了没？……讓我想想，如果在十二點吞藥丸，那麼一點以前我就得吃點心，因爲胰島素……如果我没有早一點服用那些藥丸，如何能擠進其他的藥丸……去阿斯彭之前，我一定要記得購足胰島素，還要將兩種反雌激素的藥罐都裝滿……要去一趟醫院多要幾份檢查報告的副本寄給安德森……也許我該更改一下今晚的胰島素劑量，因爲空腹時的血糖指數太高了等等等等。這都是垃圾，這些籌劃的念頭侵犯了我的時間，真是心猿意馬，心猿意馬啊！

我去參加閉關是近三年來和崔雅第一次小別——密宗大圓滿（*Dzogchen*）的禪修閉關。結束後我回到阿斯彭陪伴崔雅。我們仍設法不要太相信那些酵素的功效。雖然崔雅大聲質疑自己是否還能見到下一個春天，她的喜樂與熱情的靜定還是時而浮現，我也因為一些開心的想法有點瘋

癲。

在阿斯彭的這段日子發生了好多奇妙的事。其中之一是約翰•丹佛與卡桑德拉的婚禮，肯恩和我都認爲她的澳洲腔實在很有趣。婚禮是在史塔伍德（*Starwood*）的高原舉行，落日的餘暉照亮了四周鋸齒狀的羣山。

另外一件美好的事就是肯恩回來了，加拿大的閉關令他充滿了能量。他臨行前還對我說他不知道爲什麼要去參加。這是我第一次看到他憑直覺去做一件事。後來他才知道這個由貝諾法王（*Dema Norbu Rinpoche*）所主持的閉關是佛教最高的智慧傳遞法會。西方總共舉辦了兩次，全世界只有極少數的老師有資格教導。閉關的過程似乎相當難挨，短短的兩週內，肯恩接受了十二次以上的灌頂，或者智慧傳遞。他回來之後改變很大，整個人變得更輕鬆更平和了。

其他的美好時光都是與家人共度的，大家一起消磨時間，我享受他們爲我做的每一件事。這次風中之星基金會一年一度的座談會是在音樂節營區舉行的，充滿了啟發與快樂。

風中之星的創辦人湯姆以〈我們星球的狀況〉（*State of Our Planet*）爲題進行討論，最後一次的主題是觀點的改變，有六個人分享了觀點的改變如何幫助他們度過生命的挑戰。

湯姆邀請我擔任其中一名發言者。我知道自己必須接受這份邀請。我在冥想時與我的腫瘤交談，肺部的腫瘤不斷地告訴我要勇於開口講話，特別是說出這段與癌症共處的經歷，同時傳出的另一個聲音卻非常害怕。它必須透過我的經驗和行動來證明說出真相並不是一件恐怖的事。因此我心懷恐懼地接受邀約。

每個人的談話被限定三到四分鐘，可是我足足講了九分鐘，在場的人都起立鼓掌。我講完後，約翰開始高唱「我要活下去」這首很美的歌謠，唱完之後他對我說：「這首歌是獻給妳的。」整個過程真是美極了！

會後，我們與約翰以及卡桑德拉共進晚餐。肯恩與約翰非常投緣。回到博爾德以後，卡桑德拉前來拜訪我們，與我們在陽台上吃午餐，並且帶來令人驚喜的消息：她懷孕了！雖然這對我而言是個永遠無法達成的心願，但我還是爲卡桑德拉與約翰高興！啊，生命不斷地延續著……

回到博爾德。我們又送了一份血液採樣給岡札勒斯醫生做另一次分析。崔雅的指數竟意外地下降了五點！就連岡札勒斯本人也難以置信，於是要求實驗室重新分析一次，結果還是一樣。他將這項成果歸因於崔雅對這項治療所抱持的「穩定而熱忱」（熱情的靜定）的態度。他開始將崔雅的例子介紹給其他的病人，告訴他們如何做才正確。於是我們接到許多同樣在接受這項治療的病患打來的電話，我們很樂意能協助他們。

你也許會懷疑這些酵素到底產生了多大的功效？根據岡札勒斯那份「可笑的小檢驗」（這是他對這份報告的稱呼），酵素發揮的功效非常好。從剛開始的38指數（他通常不接受指數超過40的病人），一直降到現在的28，一共花了兩個半月的時間！

但是我們不打算就此燃起希望。毫不執著地努力！這是我的座右銘。但是偶爾幻想自己可能活到很老，與肯恩、家人、好友們共度未來的美好時刻，也是很棒的事。我也許真能活得比吉普

車的保證期更久一些！

崔雅的家人來拜訪我們，當他們正要離去時，我在他們身後大聲喊著：「你們知道嗎，我剛才在想她或許會好轉！我真的這麼想！」

我探頭到房裡，「崔雅？」

「肯恩？」

「崔雅！老天，妳去哪裡了？我到處找妳！妳去哪裡了？」

「就在這裡啊！」她溫柔地看著我。「你還好嗎？」

「啊，當然好。」我們親吻、擁抱，緊握著對方的手。

「我看見你帶他來。」

「哦？我覺得好像是他在帶我。」

「仔細地聽好。」那個形體說。

20 支持者

當酵素治療持續發生效用時，檢驗結果的詮釋之戰也達到頂點。岡札勒斯醫生這方的說法是：從治療的第三個月起，病人會特別疲倦；許多人覺得自己就像快死了似的。這是因為酵素開始在瓦解組織，包括腫瘤，於是有毒的廢物不斷地在系統中累積，咖啡灌腸、瀉鹽和其他的方法就是用來排毒的。這時腫瘤增生的情況格外活躍，電腦斷層掃描的結果，腫瘤可能比以前還要大一些。

如果治療產生了效果，這是「必然」會發生的事；實際上每一位接受凱利療法的病患在好轉前都必須度過這一關，所以這一切的症狀當然也會出現在崔雅身上。根據那些指數和特別的血液分析，岡札勒斯醫生估計崔雅大約有百分之七十好轉的機會——無論是病況獲得穩定或是減輕。然而正統的腫瘤科醫師們卻認為她只剩下二到四個月的壽命。

這實在令人難以忍受。隨著時間的消逝，檢查的結果愈來愈戲劇化，兩方的詮釋也愈來愈對立。我發現自己陷入分裂，一半相信岡札勒斯，另一半則相信那些腫瘤科大夫。我無法得到令人信服的證據來證明哪一方完全對或完全錯。崔雅也一樣。

這真像是陰陽交界：在未來的幾個月內，要不就愈來愈好，甚至恢復健康，要不就一步步邁

向死亡。

這些酵素令崔雅覺得筋疲力竭，但除此之外，其他方面倒還好。事實上她看起來很好，非常美麗。一些主要的症狀她都没有——没有咳嗽，没有頭痛，也没有視力的問題。

整個情況是如此荒謬，崔雅常常覺得很滑稽。

我該怎麼辦？拔光頭髮，連一根都不留？我坐在地板上，入迷地望著屋外的景致、狗兒們嬉戲，我的生命充滿至樂。我感到非常幸福，每一次的呼吸是那麼不可思議，那麼令人愉悅，那麼寶貴。我錯過了什麼？有什麼地方不對勁嗎？

崔雅只是單純地向前走，像個走鋼索的人，一次一步，拒絕往下看。我雖然想跟隨她，但是我害怕自己會忍不住往下看。

她所做的第一件事就是在風中之星基金會的年會上分享她的經驗，這是整個年會中被票選為最有意義的一項活動。我們將過程錄下來，反覆看了好幾遍，這段分享中最令我震憾的是，崔雅把她五年的抗癌歷程所學到的每一件事都加以濃縮整理，在短短的數分鐘內闡述得極為完整。這段分享摘要了她的靈修觀點、冥想練習、自他交換以及所有的事，卻没有提到「冥想」、「自他交換」、「上帝」或「佛陀」之類的字眼。在看這捲錄影帶時，我們倆都注意到，當崔雅說「我的醫師預估我只能活二到四年……」時她的眼神有點呆滯，因為她在說謊，事實上醫生認為她只剩下二到四個月的壽命。她不想嚇到在座的親友，才決定將這件事保留，成為我們倆的祕密。

她能做這樣的分享，我也非常訝異。她的肺部有四十個腫瘤，腦部有四個，肝臟還有好幾個轉移性的腫瘤；電腦斷層掃描顯示，她最大的腫瘤又長大了百分之三十（像一顆大李子一般）；主治大夫才剛告訴她，如果幸運的話，她還有四個月的壽命。

還讓我震撼的是崔雅所展現的活力與旺盛的生命力。她照亮了整個講台，每個人都看到、也感覺到了。我心裡一直在想：從第一天見到她，我就愛上了她這一部分。這個女人就是生命的本身，她整個人充滿了生命力。這是人們覺得她吸引人的原因，這股能量讓人們因她的存在而受到鼓舞，想圍在她的身邊看著她，與她交談，和她在一起。

當她步下講台時，所有的觀衆都被她照亮了，我心裡不斷地想：崔雅，好一瓶年代久遠的美酒啊！

哈囉，我的名字是崔雅・吉蘭・威爾伯。你們在座的許多人都知道我過去的名字叫「泰利」，我在風中之星基金會的草創期便加入了這個組織。

五年前的這個時候，也就是一九八三年的八月，我遇見了肯恩・威爾伯。我們墜入情網。我喜歡稱之爲一觸鍾情。四個月後我們結婚了，婚禮才過十天，我就被診斷出罹患第二期的乳癌，我們的蜜月都是在醫院度過的。

過去這五年，我經歷了兩次復發，接受許多不同形式的治療，包括正統與另類的療法。今年一月，我們發現癌症已經擴散到我的腦部與肺部，我的主治大夫估計我只剩下二到四年的壽命。

因此當湯米要我來談談這件事時，我閃過的第一個念頭就是，我還在生病呢！而晚上要分享

經驗的其他人多少都已經克服了他們生命中的障礙，或透過挑戰而有了具體的創造——譬如米雪剛才告訴各位的故事，她是我十五年的老友，也是我仰慕的人。

好吧，既然我還在生病，那就看看得了癌症之後，我的生命到底發生了什麼事。

我曾經和數百位癌症病患做過諮商。我和友人在舊金山創立了癌症支援中心，每週提供數百位癌症病人各種不同的免費服務與聚會活動。此外我盡可能忠實地將自己的經驗與內在探索記錄下來，看過的人都覺得很有幫助，我希望能很快地集結出書。

然而完成這些事後，我突然發現自己落入一個古老的陷阱，因爲我把成功、贏得身體的健康與外在的具體成就視爲同一件事了。後來我才感覺到，我們今晚在這裡所表揚的觀念上的改變以及更高的選擇，其實是一種內在的改變與內在的選擇。要談論與理解外在世界的事是很容易的，但更令我興奮的是發覺到自己內在的改變，藉著每一天的靈修，將自己對健康的認知從肉體提升到靈性的層次。

一旦輕忽這份內心的工作，我發現自己充滿危機的人生情境立刻變得恐怖、沮喪，甚至乏味。內心的工作如果一直在進行（我採取折衷的態度，吸納各門各派的方法），我就能感受到生命的挑戰、振奮和深刻的參與感。我發現自己乘坐的這輛癌症的情緒雲霄飛車，是我對生命熱情逐漸增長時練習靜定的好機會。

學習與癌症爲友，學習與提早來臨的死亡和痛苦爲友，從其中我學會了接納自己的眞相和人生的本然。

我知道有很多事是我無法改變的，我不能迫使生命有意義或變得公平。我愈是能接受生命的

本然，包括所有的哀傷、痛苦、磨難與悲劇，愈是能得到內心的安寧。我發現自己開始和受苦的衆生有了非常眞實的連結。一股開闊的悲憫之情不斷從心中湧現，我想盡我所能持之以恆地提供幫助。

有一句老話在癌症病患當中相當流行：「人生隨時都是終點。」如果以這個角度來看，我其實是很幸運的。我常常會注意到那些亡故者的年齡，讀報時也注意到那些年紀輕輕就葬身意外的人；我習慣把這些消息剪下來提醒自己。我很幸運能事先得到警訊，因爲如此一來，我才有足夠的時間機警地過活，我覺得非常感恩。

因爲不能再忽視死亡，於是我更加用心地活下去。

會場中有數百人，當她的分享結束時，我環顧一下四周，幾乎所有的人都起立為她鼓掌，人們的臉上掛滿了淚水大聲地為她喝采，就連攝影師也甩下手中的攝影機。我想如果人的生命是可以贈予的，那麼所有人想分給她的生命已經足夠她多活好幾個世紀了。

就在這段期間，我決定寫一封與崔雅相輔相成的信，一封給正處在煉獄的支持者的信。以下是濃縮的版本。

20 支持者

親愛的朋友們：

身爲一名支持者，我發現我們有一個隱藏的問題。這個問題會在照顧工作進行兩三個月後漸漸浮現。其實外在的肉體以及顯而易見的照顧工作是比較容易的，你只要重新安排自己的工作

表，學習煮飯、洗衣、打掃或其他支持者必須爲愛人做的事：帶他們去醫院，陪他們治療等等。雖然這些事不見得容易，但解決的方式是可以看得到的——你可以自己多做一些，也可以找人來分擔。

對支持者來說，更困難、更險惡的是那些來自情緒與心理層面的煩憂。它可以分成兩方面，一是私下的，一是公開的。在私下這方面，不管你個人的問題有多少，一旦與患有癌症或是重病的人相較，一切都顯得微不足道了。在照顧他們幾星期或幾個月後，你不再談論自己的問題，因爲不想讓心愛的人煩惱，不想讓情況變得更糟，你不斷地對自己說：「至少我沒有得癌症，我自己的問題不至於那麼糟。」

但是經過幾個月以後（我想這是因人而異的），有一個問題冒出來了：雖然自己的問題與癌症相較是微不足道的，可是它們並沒有消失，甚至更糟，因爲你不能表達出來或解決它們。問題因此逐漸擴大，你將塞子塞得愈緊，它們的反彈力愈大。你開始變得有點詭異，如果是內向的人，身體可能會抽搐，呼吸有窒息感，焦慮也會開始浮現，你會笑得太狂，無意識地借酒澆愁。如果是外向的人，你會開始在不適當的時刻發脾氣，性情暴躁；你火冒三丈，到處摔東西，猛灌啤酒。內向的人常常興起自殺的念頭；外向的人會有置人於死的欲望。不論處在何種情況，死亡都吊在半空中；憤怒、憎恨、苦澀隨時爬上心頭，然後又生起一股矛盾的罪惡感。

這些感覺與情緒在那樣的情況下是自然且正常的。如果支持者沒有經歷過這些感覺，我反而比較憂慮。處理這些感覺最有效的方法就是去討論它們，我認爲這是唯一的解決辦法。

接著支持者開始進入第二個情感與心理上的難關，也就是公開的面向。一旦決定說出來，眼

前的問題就是：找誰談呢？你所深愛的那個人很可能不是談論你個人問題的最佳人選，因爲他本身就是你的問題，他帶給你非常沉重的負擔，而你又不願意讓他們產生罪惡感，不論你對他「罹病的事實」有多麼生氣，你還是不忍心歸咎於他。

能讓你談論這些問題的最佳場所大概就是與你有同樣情況的人所組成的支援團體了。此外個人心理諮商也是非常重要的，或許可以夫妻一起接受治療。等一下我會談一談「專業輔導」的重要性，因爲一般人，包括我在內，通常不會善加利用這個媒介，除非情況到了不可收拾的地步。一般人很自然會去找家人、朋友或同事傾訴，這麼做往往令他們跌入第二個面向的問題，也就是問題被公開了。

誠如維琪所言：「沒有人會對慢性病感興趣的。」我帶著問題來找你，我需要一些建議、一些諮商。我們談了，你表現得非常仁慈、體貼而有助益，我感覺好多了，而你也覺得自己很有用。但是第二天我深愛的人仍然受癌症的困擾，情況基本上沒有改善，也許更糟。我的感覺糟透了，於是我又跑去找你，你問我好不好，如果我說了實話，我們又開始交談。而你會再一次地表現出你的仁慈、體貼，於是我又覺得舒服一些……過了幾天，我發現她還是飽受癌症的摧殘，日復一日，情況沒有絲毫起色。不久你會發現，如果你不停地談論你的問題，沒有相同經驗的人會開始覺得乏味或被干擾。你的好友也很有技巧地躲開你，因爲癌症就像烏雲，隨時會降下大雨，破壞了人們的嘉年華會。於是你變成一個長期發牢騷的人，沒有人喜歡聽別人一而再再而三地抱怨。

回到我剛才所說的，討論你的問題的最佳場所就是支持者所設立的支援團體。如果你仔細聆

聽這些團體中的人，你會發現他們幾乎都在抱怨自己所深愛的人，例如「他以爲他是誰啊，竟然可以這樣命令我？」「她憑什麼認爲自己這麼特別，就因爲她有病，我也有自己的問題啊！」「我覺得自己的生活已經完全失控。」「我眞希望那個混蛋趕快死掉。」這些話一般人都不願意在公開場合說出來，當然，更不會對心愛的人說。

在這些黑暗的感覺、憤怒與憎惡的情緒之下，其實是藏著非常巨大的愛意，否則他早出走了。但是憤怒、憎恨與苦澀擋住了出口，讓愛無法自由地湧出。紀伯倫說過：「恨就是對愛的飢渴。」在這些支援團體中確實有許多恨意被表達出來，只因爲底端還有那麼多的愛，一份充滿渴望的愛，否則你不會去恨一個人，你只會對他毫不在乎。我和大部分的支持者都發現並不是我們沒有得到足夠的愛，而是很難在如此艱困的情況下仍然記得付出愛。根據我個人的經驗，要想眞正付出具有治癒效果的愛，支持者必須設法清除那些堵在路口的障礙，包括憤怒、憎恨、苦澀以及嫉妒與羨慕（我就常嫉妒崔雅能有一個像我這樣的人，隨時陪伴在身邊）。

這種支援團體是相當可貴的，另外我還要推薦個人的心理諮商，不僅對支持者本身，也對他心愛的人非常有幫助。你很快就會察覺，有一些事情是無法與心愛的人一起討論的；相對的，有些事也是你心愛的人不該與你探討的。我們這個年紀的人都相信「誠實才是上策」這句名言，所以配偶之間不該有祕密，每一件大小事都該被提出來商討。這其實是個不當的想法，開誠佈公固然重要、有益，但不盡然都是如此。某些時候開誠佈公反倒變成武器，一種惡意中傷他人的方法——「我只不過是實話實說罷了。」崔雅的癌症曾把我們兩人推入一個充滿憤怒與憎恨的情境，但是把一切都歸咎於崔雅，對我來說一點好處也沒有。崔雅對這個情況的恨意並不下於我，可是

又不是她的錯。因此你不能將這些情緒與心愛的人「分享」，也不能歸咎於他們，所以最好花錢找個心理醫師，把所有的垃圾都倒給他們。

這樣一來，彼此都有空間可以相處，支持者不再隱藏憤怒和憎恨，所愛的人也不再懷著罪惡感與羞恥感，因爲你已經把大部分的重擔都丟給團體或心理醫生了。此外你也從團體中學會如何說出「慈悲的小謊言」，不再以自戀的態度說出傷人的「眞話」。有些時候你會對自己照料者的身分感到厭倦，如果你所愛的人問起「你今天好嗎？」你會不假思索地脫口而出：「我覺得好像活在地獄；我的生命已經不是自己的，妳乾脆跳河算了。」這雖然很眞實，卻糟透了。你可以試著這麼回答：「我今天很累，親愛的，可是我還是會待在妳身邊的。」然後趕緊去參加支援團體或是去找心理醫生，把所有的煩擾吐出來。把這些情緒一味地倒在你所愛的人身上是一點用都沒有的，不管你有多麼「誠實」……

要成爲一名夠格的支持者，必須學會使自己變成一塊情緒的海綿。大部分的人都以爲自己的工作應該是給予意見，幫助所愛的人解決問題，讓自己變得有用，隨時給予協助，學著做晚餐以及載他們到他們想去的地方等等。但這所有的工作仍比不上做一塊情緒的海綿來得重要。這個可能會致命的疾病，一定會帶給你的愛人情緒上的巨大起伏；有時他們會被恐懼、憤怒、歇斯底里以及痛苦的感覺淹沒。那時你的工作就是去穩住他們，陪伴他們，並盡你所能地吸取這些情緒。你什麼都不必說（任憑你說什麼都是沒有用的），也不需要提供任何意見（這更不會有幫助），只要靜靜地陪著他們，一句話也不要說。用心去吸取他們的痛苦、恐懼或所受到的傷害，就像一塊海綿一樣。

當崔雅開始生病的時候，我認爲自己一定可以使情況好轉，說些適宜的話，以及爲她做正確的醫療選擇等等。那些都很有幫助，但都不是重點。譬如她知道一個很糟的消息——癌細胞轉移了，傷心地落淚，我會馬上說出類似的話：「這個消息還不能確定，我們需要做更多的檢查，沒有證據顯示妳必須改變治療的方式。」這些話並不是崔雅所要的，她需要的是有人陪她一起落淚，於是我試著去感受她的感覺，幫她驅散這些情緒。我認爲這時的幫助應該是身體層面的，當然，你想說話也可以。

當心愛的人面對恐怖的消息時，我們最本能的反應就是盡力讓他們好過一些，但那是錯誤的反應。最重要的是你必須同理他們的感覺，陪在他們的身旁，不要害怕他們的恐懼、痛苦與憤怒；讓一切順其自然地浮現，不要想藉著幫助對方去除那些痛苦的感覺，或以勸說的方式來拔除他們的擔憂。在我自己的例子裡，只有當我不想面對崔雅和我的感覺時，這種「幫助」的態度才會出現，因爲我不想直截了當地面對它們；我只想脫離那個狀態，不想成爲一塊海綿，而只想當一名成就者，讓所有的情況好轉。我不想面對未知中的無助感，我其實和崔雅一樣恐懼。

做一塊海綿，會讓你覺得自己是無助、無用的，因爲不能做任何事，只能靜靜地待在那裡。許多人發現這是最難學會的一件事，我自己也是如此，幾乎花了一整年才學會不要去修整任何事，也不要嘗試去改善什麼，當崔雅傷心難過時，只要安靜地陪在她身邊就夠了。如果朋友們認爲應該做點什麼來幫助你，卻又發現所做的一切都產生不了功效，就會感覺失落：我能做什麼？什麼也不能做，只能待在那裡……

如果有人問我在家裡做了什麼，而我又沒心情和他們閒聊時，我通常會說：「我是一個日本

主婦。」這句話令他們非常困惑。我的重點其實是，身爲一名支持者，你應該保持沉默，順著你的配偶的意願行事——你應該要當一位「好妻子」。

男人通常會覺得這是最難辦到的事；至少我是這麼感覺的。兩年前我才停止怨恨崔雅拿出癌症這面金牌。不論任何的爭執或需要做決定時，崔雅總是佔上風，我只有順服的份，就像一名小妻子般跟在後頭。

我現在已經不太在意了。第一，我並不完全順著崔雅的決定來行事，如果我認爲她的判斷是錯誤的。以前我會順著她，因爲她是那麼渴望我支持她的決定。現在我們處理的方式則是，如果崔雅正在做一項重要的決定，譬如要不要嘗試新的療法，我會先強烈地向她表達自己的意見，直到她做了決定爲止。之後，我會全力支持她，不再質疑她的選擇，因爲她的問題已經多得無法再分神去懷疑自己了。

第二，涉及日常生活的瑣事時，我已經不太在乎扮演小妻子的角色。我煮飯、打掃、洗碟子、洗衣服、到超級市場購物，崔雅則忙著寫她那些動人的信，做咖啡灌腸，每兩個小時吞一大堆藥丸。

你必須肯定自己所做的選擇，這點存在主義者說得沒錯。也就是說你應該支持那些促成你基本命運的選擇；正如存在主義者所言：「我們就是我們的選擇。」無法肯定自我的選擇被稱爲「錯誤的信念」，它會導致「不眞實的存在」。

我對這件事的解釋很簡單：在這個煎熬的過程中，我隨時可以出走，沒有人把我囚禁在醫院的病房中，沒有人威脅我，也沒有人束縛得了我。最主要的原因是我已經決定，不論發生什麼

事，我都要忠貞不渝地守在她的身邊，陪她度過這個難關。可是到了第二年，我就忘了自己的選擇，現在我仍然在這個選擇中，否則早離開了。所以我展現的是錯誤的信念與不眞實的存在。我掉進責難與不斷自憐的狀態。現在我已經可以很清楚地看到眞相了。

要肯定自己的選擇並非易事，因爲情況不會自動好轉。我把它想像成自願從軍，然後不幸中彈，上戰場也許是自願的，但是我可沒選擇挨子彈。因此我覺得有一點受傷，也有不悅；然而我是自願接受這項任務的，這是我的選擇。我已經完全清楚其中的狀況，要我選擇，我還是會自願承擔這項任務。

除了慢慢回復寫作之外，我也重拾冥想的練習，它的重點就是要學習如何死亡（解除分裂的自我感），至於崔雅所面對的致命疾病，卻是激發她的覺知力的大好機會。哲人們曾說，如果你能維持這份沒有選擇的覺知，以及赤裸的目睹，那麼死亡就像人生的其他時刻一樣單純，因爲你已經養成簡單而直接的應對方式。你不再貪生避死，它們都是會消逝的人生經驗罷了。

此外，佛家所言的「空」也給了我相當大的幫助。空並不是空白一片或空洞，而是暢然無阻、無障礙、自發或自然的狀態；也可以說是無常的同義詞。佛家主張實相就是空——沒有什麼東西是永恆或不變的，也沒有什麼東西是可以執著的或讓你安全的，金剛經說：「一切有爲法，如夢幻泡影，如露亦如電，應作如是觀。」這句話的重點就是要我們放下，不執著於夢幻泡影。所以崔雅的癌症不斷地提醒我們死亡就是徹底放下，你不必等到肉體死亡才放下此刻的執著。

現在讓我們回到自家的生活中。神祕主義者認爲，一個人如果眞的依循無揀擇的覺察來過日子，他的行動是沒有自我或超越自我中心的。如果你想熄滅自我感，就必須實踐無私的服務。你

必須服務他人，但不是爲了自己或希望受到讚美；而只是單純地去愛、去服務——就像德蕾莎修女所說的：「要愛到心疼爲止。」

換句話說，你要變成一名好妻子。

別誤會我的意思，我現在離德蕾莎修女的境界仍然很遠，但是我逐漸把支持者的工作視爲一種無私的服務、靈性的成長，一種動中禪和悲憫。但這不代表我已晉升到完美的境界；我仍舊會怨嘆、憤怒、責難外境；崔雅和我仍舊半開玩笑地說我們應該手拉著手，一起從橋上跳入這個巨大的笑話中。

心中充滿愛的肯恩於博爾德

一九八八年七月二十七日

這封信被刊登在〈超個人心理學期刊〉（*Journal of Transpersonal Psychology*）上，獲得相當大的回響，令我們有點受寵若驚。這樣的回響反映出有太多與我處境相同的絕望支持者，都在「默默地被浪費」中，因為他們不是「病人」，不會有人認為他們有什麼問題。身兼病患與支持者的維琪說得最中肯，我想這段話是每一位支持者都應該仔細聆聽的：

我一直活在兩個世界中——我身患癌症，但也是崔雅和其他病友們的支持者。我想說的是，扮演支持者的角色比病人要困難多了，至少對我而言。當我在對治自己的癌症時，的確有許多時刻是明澈的、美的、充滿恩寵的。可是我認爲支持者很難擁有這些，癌症病人毫無選擇地必須與

疾病共處，支持者卻必須選擇永遠陪伴在患者的身邊。他們必須克服哀傷，克服那份小心翼翼伺候病人的恐懼，還要與他們所選擇的治療方式共處。我常常思考自己到底該做什麼？應該如何支援她？我該不該對自己的感覺誠實？這所有的起伏就像在坐雲霄飛車似的。但最後我總是回到愛，只有愛才是最重要的。

崔雅在阿斯彭分享完她的經驗後，我們又在舊金山短暫停留，為了與彼得・李察茲及迪克・柯恩討論一些事。這段時間裡，崔雅也在癌症支援中心發表了一場演說。演說的當天，人羣從癌症支援中心一直擠到大街上。維琪說：「他們都為她傾倒，她的誠實與勇氣令我們敬畏。」

「我知道那種感覺，維琪，我們兩個是排在這條長龍最前端的人。」

我們回到博爾德和每日例行的苦工中。在這之前，我已經深深地投入大圓滿的修行，我的指導上師是貝諾法王。大圓滿的精髓是極為簡單的，與世界其他的最高智慧傳統是一致的，特別是印度教的吠檀多哲學與佛教的禪。簡而言之：

如果神性具有任何意義，它一定是無所不在、遍佈四方與包容一切的，神性一定在你當下、此時、此地的覺知中。也就是說，你當下的覺知既不需要修正，也不需要調整，它本來就是完整、圓滿地被神性所充滿的。

更一進步說，你並不需要解脫才看到神性，也不是說你已經與神性同在，只是不自知而已，因為這還是暗示了某些地方神性是不存在的。根據大圓滿的觀點，你和神性根本是一體的，圓滿的覺性就是當下這一刻，你的每一個覺知的活動就是神性的展現。

如果神性具有任何意義，它應該是永恆的，或是沒有起點，也沒有終點的。如果神性有起點，它就是暫時的，而非無時間性與永恆的。這意味著你無法變成或是達到解脫的狀態。如果你能達到解脫的狀態，這種狀態就是有起點的，也就不是真正的解脫了。

反之，神性和解脫其實就是你當下正在覺知的狀態。當我在接受這些教誨時，我想到星期天的報紙登出的謎題，上面畫了一張風景畫，標題寫著：「二十位名人的臉就藏在這幅風景畫裡，你能分辨得出來嗎？」這些名人的臉可能包括華特・克朗凱（*Walter Cronkite*）、約翰・甘迺迪等知名人士。但重點是你正在看這些人的臉，你不必再多看什麼，因為他們就在你的視覺領域內，你只是沒認出他們罷了。如果你還是看不出來，就會有某個人前來為你指點迷津，將他們一一指給你看。

我認為神性與解脫也是如此，我們已經在看著神性，只是還沒認出它而已，我們也都擁有這份必要的認知力，但是沒有領悟力。這也是大圓滿的教導並不特別推薦冥想的理由。冥想在其他方面是有用途的，但是目的是要改變認知，改變覺知從大圓滿的角度來看是不必要的，也是偏離重心的。你目前所擁有的覺知已經完全俱足了神性；沒有任何東西是需要改變的。任何想要改變的企圖都好像是在那幅風景畫上添加油彩，而不是單純地認出那些面孔。

因此大圓滿的核心教誨並非冥想，因為冥想著重在意識狀態的改變，但解脫並不是意識狀態的改變，而是對任何現存狀態的自然認知。實際上，大圓滿有許多的教誨都說明了為什麼冥想無法產生功效，解脫是無法獲取的，因為它已經存在當下了。想要得到解脫就如同畫蛇添足一般。大圓滿的第一個原則是：要想擁有根本的覺知，你既不能做什麼，也不能不做什麼，因為它已經

本自俱足了。

大圓滿不採用冥想，而是用「直指」的方式。上師先簡單地和你交談、然後指出你已經俱足的神性或覺性，這份覺性在父母未生你之前，你已經本自俱足了，它是永恆的，也是沒有起點的。換句話說，如同指出那幅風景畫中的臉孔一樣，你不需要解謎題也不需要重組謎題，只要認出你正在看的是什麼就夠了。冥想為的是重組這個謎題；大圓滿則什麼也不更動。通常上師直指你本自俱足的覺性時會說：「既不去改正，也不去修整你當下的覺知……」

我不能真的教你什麼，因為那是大圓滿上師的職責，但我可以提供你印度教吠檀多哲學的觀點，因為它們已經被撰寫出版，特別是在拉馬納尊者的著作中。以下是我的引述：

我們恆久以來早已覺知的就是知覺的本身，我們早已俱足了本覺，它能目睹任何一個生起的現象。一位老禪師曾說過：「你聽見鳥叫了嗎？你看見太陽了嗎？誰沒有解脫呢？」我們無法想像有人是沒有本覺的，因為就連這份想像我們都能知覺得到。即使在夢境中我們也能知覺。此外這些教誨還主張，覺知不該劃分成解脫的與無明的，存在的只有覺知，不需要更正或修整，它的本身就是神性。

這些教誨就是要你認出自己的本覺和目睹的本能，然後安住在那個狀態中，任何想要獲得覺察的企圖都偏離重點。你可能會說：「可是我看不見神性啊！」「但是你能知覺自己看不到神性，這知覺的本身就是神性！」

注意力是可以訓練的，因為你可能會忘記，但是本覺無法訓練，因為它是自來就俱足的。在訓練注意力的時候，你把注意力集中在當下這一刻，但是本覺卻是在你尚未做任何努力之前的覺

知狀態。你其實已經在覺知，也已經解脫了。你也許不能永遠保持注意力，但你永遠已經是解脫的。

這種「直指」的教誨大概是這樣進行的：有時候幾分鐘、幾小時，有時候幾天，直到你「領悟」，直到你發現自己的真面目，那個父母未生你以前的面孔（超越時間的，永恆的，沒有生死的），這是一種領悟而不是認知，有點像看著百貨公司的玻璃櫥窗時，發現有一個模糊而熟悉的臉孔正看著自己，你再集中焦點一看，才發現那竟然是自己臉孔的反映。這整個世界都是你的真我的反映。根據這些教誨，本覺並不難達到，甚至根本不可能避開。而所謂的方法對於真我而言其實是障礙。只要你執著於方法，它們反而會阻礙你對於本覺的領悟。存在的只有真我，只有神。拉馬納尊者是這麼說的：

> 既沒有創造，也沒有毀滅，
> 既沒有命運，也沒有自由意志，
> 既沒有途經，也沒有成就；
> 這就是最終的眞理。

我應該提醒一下，雖然大圓滿本身並不強調冥想，但是當你被傳授大圓滿的教誨時，應該已經完成前面八個階段的冥想練習。冥想仍然被視為非常重要的訓練，它可以增進心智的美德、專注力、注意力和洞見，但是它和解脫是無關的。任何一種能達到的解脫都不是真的解脫。冥想是一種訓練，大圓滿則指出訓練其實從一開始就脫離了當下的本覺。

我的上師時常與學生們面談，學生們有時會說：「我剛才有一段最奇妙的經驗，我的自我突

然消失與萬物合一，連時間感也不見了，真是奇妙極了！」

上師回答：「那很好，請你告訴我，那個經驗有沒有時間的起點？」

「呀？昨天發生的，我只是在打坐，它突然就出現了。」

「只要有開始，就不是真的。在你認出之前，它早存在了，而且不是一種經驗，因為既沒有起點，它是你早已覺知的東西，你領悟到無始的狀態再來找我吧！」

學生一旦有了領悟，就可以藉由冥想來穩定這份領悟，把它帶到生活中的每一個面向，這其實是最難的部分。大圓滿中有句話是這麼說的：「要領悟你的眞實面目是比較容易的；但活出它來就很困難了。」我目前就是在練習活出它來。

崔雅自己的練習也讓她產生了類似的理解，她大部分都追隨拉馬納尊者的教誨，拉馬納尊者也是我個人最偏愛的導師。更重要的是，崔雅開始能體悟她在十三歲時所經歷的一次神祕體驗（她稱之為「我生命中的指引象徵」），其實就是對於真我的一瞥，那是一種與空性合一的經驗。那個經驗發生在她十三歲那一年的冥想狀態中——她其實只是在排演自己的死亡。

我喜歡在冥想時融入虛空，融入那無垠的空間。今天早上肯恩說，在冥想練習中，只有一件事真正吸引他，那就是與無限的空間認同，這也是最吸引我的一件事。我立即聯想到十三歲的經驗，我發現它在我面臨死亡的這段期間，帶給我很大的幫助，因爲那不是學來或別人告訴我的事，而是親身的體驗，且是自發的。我認爲它可以幫助我真正地放下，當時我看見自己擴大到和宇宙的每一個原子及分子完全合一了，我領悟到那就是我真正的本質。在冥想時也發生過同樣的

情形，但那個原始的經驗因爲沒有接受任何暗示，所以我比較信任它。

岡札勒斯醫生警告我們，崔雅肺部的腫瘤因為開始分解了，會產生呼吸困難，可能需要攜帶型的氧氣筒來幫助呼吸。他説某些接受這項酵素治療的病人曾經咳出壞死或被分解的腫瘤。鮑伯・杜提（我們在「楊克診所」交到的朋友，也因為癌症復發而開始接受凱利療法）打電話告訴我們，他咳出了一大塊像肝一樣的東西，令他的醫生大吃一驚。

正統醫生告訴她她可能即將死於肺癌，必須開始攜帶氧氣筒了。

十月底崔雅開始使用氧氣筒，她不怎麼喜歡這個安排，但是她因此洩氣了嗎？每天早晨我打完坐以後，總會經過她的走路機，我看見她背上綁著氧氣筒，每天至少走三英哩路，臉上寫滿了熱情的靜定與喜悦。

她的正統醫生詢問她對死亡的恐懼感，他們認為她是完全否認了死亡，才會接受凱利療法，而拒絕他們的建議（在逼問之下，他們承認自己建議的方法根本是無效的）。我清楚地記得這段對話的過程。

「崔雅，妳怕死嗎？」

「我不怕死，但是我怕痛，我不想痛死。」

「這一點我們一定有辦法處理。現在的痛感測量水準很高，長久以來已經沒有病人在疼痛中死亡，我保證絕對不會讓妳發生這種情況。但是，妳真的不怕死嗎？」

「不怕。」

「為什麼？」

「因為我覺得我和自己以及每個人都是連結的，當我死的時候，我只是融入了一切萬有，沒有什麼好怕的。」

這就是她真實的狀況，醫生最後終於相信她了。他有點激動，情況相當感人。

「我相信妳，崔雅。妳知道嗎？我從沒看過像妳這樣的病人，妳不自憐，一點都沒有，能為妳治病是我的榮幸。」

崔雅上前擁抱他，臉上帶著燦爛的笑容，「謝謝你。」

「你看過其他的房間嗎？」我問道，「它們眞是美極了！其中一間有令人驚嘆的水晶和山脈，還有一個叢林。哦，妳看見星星了沒？我認爲它們應該是星星。反正——喂，妳上哪裡去了？當我在遊覽的時候，妳在哪裡啊？」

「就在這裡。我很高興你也在這裡，你總是對我保證你一定會找到我的，所以我開始有點擔心……」

「妳到底進去沖了什麼茶，居然要那麼久的時間，如果是一整壺那還得了！」

「他是誰？」

「不曉得，我還以爲他是妳的朋友呢！」

「我什麼東西也看不見，」她說，「外面有人嗎？」

「我不確定。不迴我倒有個理論，我認爲這是一場夢，我們都在對方的夢裡，有可能嗎？我剛才一直跟他在一起，也不知道他是個什麼東西。我只是照他的話去做，蠻好玩的，眞的。」

「仔細地聽我說，」那個形體開口了，「我要你們手牽著手往這邊走。」

「怎麼走？」我問，「我的意思是，你從剛才到現在一直在下指令──譬如用你的念力向前推進這一類的指令。告訴我現在怎麼做？」

「只要手牽著手往這邊走。」

崔雅和我對看了一會兒。

「相信我，」它說，「你們要相信我。」

「爲什麼？」

「因爲那些看起來像星星的東西並不是星星，這個夢也不是一場夢。你們聽得懂我在說什麼嗎？」

「我告訴你，我一點都不知道你在說什麼，所以爲什麼你不……」

「我知道它在說什麼。」崔雅說，「來吧，把你的手給我。」

21 恩寵與勇氣

親愛的朋友們：

屋外的風正在肆虐，相當強勁；不幸的，離我們家不遠的左手峽谷，有一場大火正在燃燒。最新的報導說有七十六户人家被迫撤離。因爲風勢太強，消防人員無法噴灑止火劑，從我們的屋頂可以看見熊熊的火光，恐怕遲早我們也得撤離。睡前我們將一些必備的用品收進車裡，以防半夜接到催我們離開的電話。黃石公園的這場大火，不知要到什麼時候才會熄滅？

這次的火災讓我看到我已經不再像從前那麼強烈地被所謂的「壞」事所干擾了。得癌症到現在五年了，我不斷地和好消息、壞消息以及不確定的未來搏鬥。從中我學會隨波而流，不抵抗，允許事情以原貌呈現，然後靜觀其變。如果我們必須撤離，就撤離。現在我只是靜靜地看著遠方黑夜中的火焰，爲那些被迫撤離的人祝福。

肯恩總喜歡說，我們在自己身上所下的功夫，無論是心理或靈性上的，都不是要設法除去生命之海的波浪，而是要學習如何衝浪。在飽受威脅的情況下，我學會許多衝浪的技巧，這點是可以肯定的。上個月在阿斯彭，我想起以往每件事對我而言似乎都很重要，我曾經深染「意義與目的」的毒癮，努力想把每件事都搞清楚；新時代的觀點是那麼明確地強調每件事都是有目的、安

排好的和有意義的。我記得在芬霍恩有一個很流行的祈禱文是這麼結尾的：「讓愛與光的計畫實現」。佛法與癌症卻教我如何與那些「未知」生活在一起，而不去掌控生命的洪流。讓每件事維持原貌，並且透過放下來體會失望與煩惱中的平安。以往我是那麼喜歡做事，我的自我價值感都取決於自己所做的事，我一直忙個不停，每一刻都得被塡滿。

參與風中之星年會的那幾天，我一直想起自己曾經舉辦一次學生暑期活動。我有點後悔當時爲那些學生安排了太多的活動，好像他們愈忙，我們的活動就辦得愈好。現在回想起來，我並沒有給他們足夠的空間喘口氣，整合一下豐富又多樣的經驗，單純地與他人相處，沐浴在科羅拉多山美麗的環境中。多年來我在自己身上也施加了同樣的壓力。

我正在學習。我決定明年要集中焦點在自我治療與酵素治療，我稱爲「小老太婆年」。我要盡可能睡晚一點，少做事，放慢腳步，喝下午茶，減少出遠門的時間；只接受治療，參加閉關，探望家人。我要在寒冷的冬天燃起爐火，和肯恩與狗兒們一同窩在爐邊取暖。我要仿效芬霍恩的生活，有充足的時間休息、冥想、思考、訪友、在花園中悠遊地散步，享受午後的陽光。

過去我總覺得貢獻能力、做「正當的事」是最重要的，譬如當我們去露營時，大部分人都跑去玩耍了，我卻責無旁貸地撿樹枝、木柴生火，搭帳蓬，替馬兒鬆綁。我總是在假期結束後成爲「榮譽女童軍」的一員，得到一枚鑲有土耳其石的銀製別針。然而現在身處疾病的壓力與酵素治療造成的倦怠感中，生活變得簡單清明多了，也更爲寬闊。我發現自己愈來愈容易丟掉一些「東西」，例如我把攝影器材全部送人，以免有一天又不能自主地投入，此外我也將那些過去曾帶給我快樂的衣服、小飾物和有流蘇的長圍巾，通通分送給最好的朋友的孩子們，因此櫃子與衣櫥騰

出了許多空間。生命不再那麼濃稠，也不再那麼晦暗，反而變得輕快、透明與充滿著喜悅。

一九八八年九月／十月於博爾德

我想，下一個單元的題目應該是「陌生人要幫助你的時候，不要害怕說不。」或者「學習信賴自己心靈的免疫系統！」

我不知道爲什麼如此擔憂那些罹患了癌症，還要受到某些自以爲是之人的負面暗示。過去有一些本意良善的人，給了我許多看似建議其實是批判的建言，令我十分困惑和內咎。更深的心理因素應該追溯到我在童年時那份強烈的不安適感，我很想保護在自己和在別人心中的那個小孩，我想幫她認清自己的力量，也幫她釐清自己的錯誤。尤其是那些罹患癌症的人，我想安慰他們內心裡那個比以前更脆弱的小孩，「不要去聽那些自認爲很了解你的人的話。」「你要相信自己，要以自己的理解來過濾他們的意見，你要拒絕那些對你有害、剝奪你的權力、讓你對自己存疑的話。你要保有心靈免疫系統，讓自己有能力接受有助益的幫助，拒絕那些毫無助益的『協助』。」

舉例來說：我有位朋友在風中之星年會期間爲我引薦了兩位治療師。其中一位替我做了一次免費的治療，我很信任她，覺得她不會傷害我，也不會操控我。她爲我做了一次短暫卻相當有價值的治療，第二天我覺得自己精力旺盛得幾乎手足舞蹈。（當天晚上我眞的和肯恩去迪斯可跳舞！）我多麼渴望能去滑雪，沿著山麓蜿蜒而下，感受一下風吹拂在臉上的滋味！

至於第二位女士，我在稍早之前就見過她，是一名有自己工作室的心理治療師。第一次見到

她的時候，我正和琳達談論前一晚做的夢。

這位女士突然打斷了我的話，語氣強烈地說：「我感覺到妳的內心有一個兩、三歲的小孩，而且有一股很大的暴力。」

「是憤怒嗎？」我問。

「不，是暴力，很大的暴力，比憤怒更強烈。」

我們沒有機會多說什麼，因爲下一堂課就要開始了。

一直到傍晚時分，我才意識到自己對她的話有多麼生氣！第二天，我將她拉至一旁，義正辭嚴地對她解釋，不管她的洞見是對是錯，重點是，我覺得自己受到她的貶抑、攻擊與侵犯。我並未請她擔任我的心理治療師，也從未邀請她進入我內心的世界，我們之間完全沒有信任可言，充其量只是一面之緣罷了。我試著向她解釋，她在一個全然不適當的情境將這些話一古腦兒地倒到我身上，還以爲自己是對的（在那種情況之下，我想很少有人會對她的話產生正面的回應）。這整個情況非常清楚，她並不是一位值得信任的心理醫師。我很高興自己的心靈免疫系統在當時奏效，我希望它能在很短的時間就把這些污染清除乾淨！她說的或許是對的，但是她的溝通方式卻擺明了她在乎的是自己的權威與判斷，而不是眞心想要幫人洞悉自己內在的需要。

第一位女士，也就是我從一開始便很信任的那位，週末也主持治療的活動。我本來要參加，但是與她的助理交談過後，馬上放棄了這個念頭。我想我的心靈免疫系統那一天又發揮了功效（那位與我談過話的助理可能會稱之爲抗拒吧）。那位助理要我先弄清楚自己在那個週末想達到什麼目標與功效，說我可能會有抗拒的反應（一個人的心靈免疫系統很容易就被冠上抗拒的標

籤，一旦想加強自己的免疫力，馬上就會被視爲抗拒）。她對我說：「妳得的既然是癌症，勢必有東西在吞噬妳的內在，妳有能力面對眞相嗎？」一聽完這句話，我的心靈免疫系統立刻產生效應。

肯恩當時也在分機上，他很少動怒，這回卻對這位女士火了。我記不太清楚他當時所說的話，好像是「女士，眞正吞噬她的，就是像妳這樣根本不知道自己在胡說些什麼的混蛋。」講完他就把電話掛了。我心想，上帝啊，請不要讓我再聽到這些過於簡化的詮釋，這些人到底是要幫助我，還是傷害我？我很想讓她知道，她那看似無知的話語中包含了多少的暴力和攻擊性，但在肯恩充滿愛的表現後，似乎有點困難。他說他已經受夠了這些人，我深表贊同，但仍然試圖與他們溝通，讓他們知道自己的態度有多傷人。

我發現傑洛米・海沃德（*Jeremy Hayward*）對於佛化教育的一些註解（他在那洛巴學會所發表的演說）與這整個議題有關。

「從佛家的觀點來看，人類的存在有一些本質是超越文化的，其中之一就是全人類都在受苦。所有人看似安全的家中皆有一個祕密，那就是我們有很深的恐懼……因爲每一時、每一刻我們都有可能死亡。不論是快是慢，不論因病而死或老死，死亡的那一刻是突然的，我們只要想到那一刻就非常恐懼，而且這份恐懼是宇宙性的，不因文化而產生差異，依努特人如此，澳洲人也如此。因此覺察與逃離這份恐懼——這個企圖平衡自己的動作一直在進行。覺察恐懼的本身就是一種無懼。我們一旦覺察到它，並且安住於其中，就是讓自己去感受那份戰慄、體會那令人發抖的滋味，然後就無懼了。逃離恐懼或恐懼自己的恐懼都是怯懦。這是我們的心智不斷演出的一場

戲……演著演著，突然有一刻你發現有一種覺察是包含了恐懼與無懼，還有喜悅和信心。因此如果你能安住在那份恐懼中，就可能發現喜悅和信心，而喜悅和信心又是來自你發現自己竟然有一份無法被摧毀的覺察力。

「因此最根本的事實是，恐懼與無懼結合在一起就能帶來信心和喜悅……人性本善指的是這份根本的喜悅和根本的信心。如此我們就能從內咎和罪惡感中解脫了。」他說佛化教育的基本精神就是去除恐懼和發現人性本善，我們需要「放下罪惡感，放下內咎，放下譴責，不再認爲自己犯了什麼錯；不再尋找問題加以修正，而是去滋養自己的善與智慧……覺察別人身上的恐懼與無懼，並且幫助他們覺察自己的恐懼，發現自己的無懼，這就是慈悲。」

至於前面所提到的治療工作坊，我完全清楚它們對許多人可能都有助益，但是現在也有報導和批評指出，這些工作坊對某些人是有害和欠缺慈悲的。

我的訊息很簡單，但卻是辛苦學來的：相信你自己，也相信你的心靈免疫系統。花點時間去發現自己的重心，持續自己認爲有效的治療，不論是冥想、觀想、心理治療、散步、寫日記、解夢，或者在日常生活中練習內觀，只要是能幫你達成功效的，就值得持續下去。

於九月二十六日

酵素治療的成效如何？好極了！根據岡札勒斯「可笑的小檢驗」顯示，酵素發揮了相當的功效，除了些許的疲倦感之外，我覺得很好，也很喜樂。

但來自另一方面的看法就沒有這麼樂觀了。過去這六個星期中，我所有的指數不斷地上升，因此我的腫癌科大夫又爲我安排了一次電腦斷層掃描。某天早上他打電話告訴我檢查的結果，腫癌約成長了百分之三十左右；他要我們盡快過去商談對策。我一點都不覺得驚恐（好吧，是有一點……），我想先和岡札勒斯醫生談一談，我記得有位女士曾經說過有關她骨頭掃描的結果。「情況比我剛開始接受治療時惡化許多，」她說，「我的醫生也不曉得是怎麼回事……最初骨頭有強烈的疼痛感，現在卻不痛了，所以我相信電腦斷層掃描所呈現的結果應該就是岡札勒斯醫生說的治療反應。」感謝上帝我們一大早便聯絡上他。岡札勒斯醫生相當肯定，他認爲我身上出現的症狀就是酵素吞噬腫瘤的結果，身體的免疫系統也釋出了各種東西來應戰，譬如吞噬細胞。他說電腦斷層掃描的結果之所以很活躍，是因爲它無法分辨到底是腫瘤在成長、治療產生了功效還是疤痕組織的反應。他說：「每週都得說服我的病人這是好轉的反應，最好不要考慮放療或化療。」他問我症狀是否惡化，我說沒有，至少沒有什麼顯著的異狀，如果腫瘤眞的成長了百分之三十，我應該會不舒服才對：「我眞的希望你是對的，但我不打算對你所說的一切寄予厚望，除非你親眼看到電腦掃描的結果，認定那確實是好轉的反應。」

肯恩和我趕忙去看電腦斷層掃描報告；它們看起來糟透了，但惡化的程度都差不多，這似乎支持了岡札勒斯的詮釋，而且腦部移位的現象也沒有惡化（我的右腦有一個大腫瘤，它一增大會擠壓到左腦，產生易位的現象）。我的症狀還算輕微，左眼的左側仍有波浪感，此外偶爾會輕微地頭痛，打坐之後有奇怪的腫脹感（因此我改做瑜伽），有時會失去平衡感與方向感。眼睛後方不時有強烈的疼痛感，我想可能是腦瘤的腫脹造成的結果，但是枕頭加高之後這些現象就消失

了。

岡札勒斯醫生看過電腦斷層掃描之後，我們又通了一次電話，他非常確定最初的看法。他請了一位放射專家，很肯定這種看起來像是細胞增長的現象，其實是腫瘤壞死之後的發炎反應。

岡札勒斯醫生要我們繼續努力，我也決定這麼做。我們在十二月中會再做一次掃描。岡札勒斯醫生說，他有百分之六十到七十的病人經過六個月的治療後，掃描的結果都有明顯的改善。我想那會是我在聖誕節前最期待的一個好消息！

癌症支援中心有兩名女士因持續接受化療而痊癒，前後大約花了二十到二十四個月的時間，她們兩人的體質似乎比我強壯許多，但我很清楚，化療並不適合我。我眞慶幸在化療之外還有能讓我產生信心的治療方法。然而我不斷地提醒自己，這項療法並沒有明確的統計數據，儘管岡札勒斯非常有信心，但也可能失敗(即使奚弗大夫對這項療法也很樂觀)。

看樣子我還是得使用氧氣筒來幫助呼吸，或許這不是一時可以擺脫掉的……

還有些細瑣的小事值得記錄，我的頭髮已經漸漸長出來了，只不過速度非常慢，放療與化療阻礙了它們的生長，頭頂有一大片非常稀疏，我並不太在意。如果我還能活下去，而這個問題仍然無法解決，或者會像某些男性朋友一樣考慮植髮。

我仍然透過電話和同樣罹患癌症的病人交談，那是一種苦樂參半的感覺，我很樂意和他們談話、與他們分享自己的內省與洞見，但我的心也會因他們悲慘的故事而傷痛，那些單身母親、離開妻子的丈夫、十年後又復發的病人的幸福快樂生活因此瓦解。最近有許多人打電話向我詢問我對楊克診所的看法，這是很難回答的問題。我很敬重奚弗大夫，只不過他的治療是以化療爲主，

毒性很強又不一定有效（到現在我對酵素的治療也沒有十足的把握）。因爲我感冒了，奚弗大夫無法讓我進行正規的治療，這也許是治療結果不如預期的原因。此外也必須考慮長時間待在德國的花費與各種可能的壓力，最好有一位像肯恩這樣的支持者隨侍在側，否則很難撐過去。如果所有的要素都不成問題，我會對這項療法背書認可。岡札勒斯醫生也對他們的治療深表贊同，但他只推薦給那些剩下三、四個月壽命的病人。

我在阿斯彭的時候，曾經聽到一些很棒的道理，尤其是珍妮特在每一次聚會開始前誦讀的巴哈依教（*Bahá'í*）祈禱文：

哦！我的上帝，祢的名是我的良藥，
憶起祢是我的救贖，
親近祢是我的希望，
祢的愛是我的伴侶。
祢的悲憫是我的治療與拯救，
不論今世與來世。
祢就是圓滿，
全知，
與全智。

「臣服於神」仍然是我用來提醒自己的咒語。拉馬納尊者說：「無論祂出現或消失，都要臣服於祂，接受祂的旨意，如果你要祂照你的意思而行，就不是臣服而是要求，你不能要求祂服從

你，同時又認為自己臣服於祂……要將一切的事交託在祂的手中……」我發現愈在自己身上探索這份降服的品質（我認為自己在這方面很弱），愈發現它和佛家的平等心、靜定、接納事物的原貌、不企圖掌控或改變什麼是相同的道理。

我很喜歡拉馬納尊者教誨中的「已經」特質。我們永遠都是已經解脫的，已經與神性合一，與虛空一體。他說：

「人們總是無法明白一個簡單的事實：日常生活中每一個當下的覺知就是永恆的神性或自性。有誰是無法意識到自性的？人們只對神祕的事物感興趣，譬如天堂、地獄、輪迴轉世等等，簡單的眞相是不吸引人的。因此宗教縱容他們，最後還是要把他們帶回自性。既然你最終還是回到自性，何不在當下便安住於自性。

「恩寵始終是存在的，恩寵就是自性，並不需要向外追尋。我們只需要認識它的存在……

「如果領悟的東西不是永恆的，它就不值得擁有。因此我們追尋的並不是一個有起點的東西，而是永恆的、每一個當下的覺知。」

有關奮力修行，他說：「透過各種努力，人最終變成的其實是自己早已具備的狀態。所有的奮力只是為了去除我們被現世的苦難所限的錯誤印象。

「現在要你們不努力是不可能的。但是你們深入之後就會發現，要自己努力是不可能的。」

於十月十日

我最近完成了第二次的體內「大掃除」與「肝臟排毒」。能夠將那些藏在結腸與膽囊中的壞東西清除乾淨，實在非常有趣！這是凱利療法的一部分，有許多朋友表示他們對這兩種排毒方法感興趣，我在這裡一併介紹相關的資訊。我的體內大掃除是一個很長的過程，幾個月下來，我的腸壁仍有不少的線狀黏著物。第一次的肝臟排毒沒有成功，我想是因爲沒有喝蘋果汁。第二次我把胰島素的量提高了，可以大量地吃蘋果，結果排出了三十顆大的膽結石以及三十顆以上較小的結石，顏色確實是我所聽過的綠色。許多人都認爲這種體內大排毒每個人至少一年要做一次，藉以維持結腸的健康。我開玩笑地對肯恩說：「我的生命已經淪落到檢查自己的糞便了。」

現在我的每一件事幾乎都由肯恩負責照顧。他片刻不離地守在我的身邊，我稱他爲「我的冠軍」，這可能令他有點不好意思。他爲我做飯，看護我，照顧我的飲食，帶我去看醫生，注射胰島素時他幫助我，我累得不想動時他還幫我洗澡。他每天清晨五點就得起床，這樣才有時間打坐。最近他打坐時開始出現一些奇妙的現象。他告訴我他已經學會如何服務，他的行動確實證明了這一點！我告訴他我很抱歉自己的癌症毀了他的事業，他睜著棕色的大眼睛對我說：「我是全世界最幸運的男人。」多麼甜的人啊！

我身體其他部位的情況又如何？

於十月二十日

崔雅没有機會完成這封信，因為她的左眼失明了。就在她開始使用氧氣筒時，我注意到她左

眼的視覺反應不佳，而檢查也證實了這一點：腦部的腫瘤影響到視覺中樞，崔雅可能永遠失去左眼的視力。

這個傷害究竟是由成長中的、還是壞死的腫瘤所引起的，我們無從判斷，當然正統醫師一定認為是成長中的腫瘤造成的，而岡札勒斯則會說是壞死的腫瘤。這時無論哪一方的說詞已不是問題的重點；腦部，而不是肺部，變成我們眼前的當務之急；腦部的這一團東西正在擴張。崔雅開始服用 *Decadron*，一種強力的類固醇，可以抑制腦部的腫脹一兩個月，但是後來也會失去效用，屆時崔雅腦部的組織將開始毀壞，痛苦也愈來愈難以忍受，到時候非得用嗎啡來減輕疼痛了。

現在我們只能與時間賽跑，如果酵素真的有效，就必須在一兩個月內扭轉整個局勢，崔雅的身體也必須把腦部的廢物排出，否則累積的壓力是致命的。

崔雅靜靜地聽著所有的解釋，眼睛連眨都沒眨一下。「如果這是一場賽跑，」她停了好一會兒終於開口說，「我們就跑吧！」

走出醫生的診所，我以為崔雅會大哭一場，但她只戴上了自己的小氧氣筒，坐上車，微笑地對我說：「回家吧！」

崔雅現在幾乎都得戴上氧氣罩來幫助呼吸，睡覺時也不例外，因此我們接了一條五十呎長的管子在大氧氣筒上。她肺部的腫塊已經增加到六十個，肝臟也腫了起來，而且擠壓到腸子，腦壓也在慢慢增加中；她每天得檢查五、六次的血糖，為自己打胰島素，吞一百二十顆藥丸，服用六劑酵素；半夜得靠鬧鐘喚醒以吞下更多的藥丸和酵素。她每天都沒有減少運動，背著氧氣筒在莫札特的音樂中快走。

她的醫生説得没錯：她不自憐，一點都没有。她没有放棄的意圖，既不為自己感到遺憾，也没有被擊倒。她絕不怕死，也没打算向死神妥協。

她目前的態度令我聯想到我們曾經談到一則很著名的禪宗公案。一位學生問禪師：「什麼是絕對真理？」禪師只回答了兩個字：「行動！」

在這段期間，崔雅和我似乎發展出真正的心電感應，許多江湖術士自稱通靈，造成許多人對意識神通層次的誤解，因此我不是很願意論及這方面。

這段期間，我的每一分精力與時間都給了崔雅，因此，我開始能預知她的需求，有時在她尚未開口之前，就能直覺她要什麼，甚至在她還没想到時，我就能根據她過去的習慣預知到。「你能幫我煮個三分鐘的蛋嗎？」「已經在做了，親愛的。」「今天我大概需要十七個單位的胰島素。」「已經放在妳的右腿邊了。」諸如此類的情況不斷出現。我們兩人都注意到這個現象，但或許這只是潛意識與邏輯推演後的結合（標準的經驗主義者的回答），然而有太多的例子是非邏輯的、無先例可循的。這種心靈的結合就像是屋子裡只有一顆心。

由於崔雅無法離開家門一步，所以我們請她的針灸醫師到家裡來。他叫華倫・包爾斯，是崔雅在芬霍恩結識的老友，也住在博爾德。他真是上帝派來的幫手，聰明、溫柔、體恤，又有高度的幽默感。崔雅每天的治療得耗掉兩小時，這是我一天當中唯一可以處理個人事務的時間。

有一天傍晚，當華倫為崔雅進行治療時，她突然感到極為難過，不但頭痛欲裂、全身顫抖，右眼的視力也發生了問題。我馬上打電話給岡札勒斯醫生，他已經看過最近所有的檢驗報告，他和他的合夥人（都是受過完整訓練的內科醫師）仍然堅持原始的看法，認為崔雅所有的症狀都顯

示了腫瘤的壞死現象。他說她正出現中毒反應，應該服幾劑酵素，針灸、洗鹽浴——這些方法都能幫她排毒。和他談過話後，崔雅覺得好過多了。

但我沒有。我急忙打電話到急診室，要求他們安排緊急的腦部掃描，再打電話給她的腫瘤醫師，請他準備就緒。崔雅的情況持續惡化，恐怕會腦中風，我趕緊替她戴上氧氣罩，火速將她送往急診室。十五分鐘後，崔雅被注射了大量的 *Decadron* 與嗎啡，但腦部腫脹的情況仍然無法控制，而且很快便產生了痙攣。

幾天後，也就是十一月十日，在每個人的同意之下，崔雅被推進了手術房，進行腦部大腫瘤的切除手術。

醫生們要她在醫院裡乖乖待五天，也許更久，然而才過了三天，她就背起氧氣筒，戴上她的帽子，走出醫院大門；在她的堅持下，我們走了幾條街遠，到蘭格勒餐廳吃烤雞。餐廳的女侍問她是不是模特兒——「妳好漂亮哦！」還問她那頂可愛的小圓帽是在哪兒買的。崔雅取出了她的葡萄糖量器，檢測自己的血糖，為自己打了一針胰島素，很快就把那隻雞解決了。

腦部手術為崔雅帶來全身的不適，但她還是堅持要以熱情的靜定繼續每天的治療：吞藥丸、酵素、打胰島素、食療以及肝臟排毒等工作。每天她仍舊踏上跑步機，駝著氧氣筒走幾英哩。這次的手術讓她左眼的視力完全失明。雖然右眼還看得見，但整個視界已經支離破碎。她試著做點藝術創作，但是線條無法統合；看起來就像是我做的。

在 *Decadron* 的功效喪失之前，我們還剩下不到一個月的時間，家人和朋友以為她快走了，全趕了來。在她死前，我非常渴望和「我們的」導師卡盧仁波切見一面。崔雅也希望我去見他，然

而我離去的當天，她在日記中寫：「我好悲傷，好不快樂，全身都痛。如果我告訴他我的感覺，他一定不會離開的，我是這麼的愛他，他知道我有多愛他嗎？」

我去了三天；琳達在家陪伴崔雅。所有偉大的智慧傳統都主張，死亡的時刻是極為重要而寶貴的解脫機會：在死亡的時刻，人會卸下粗重的軀體，較高的次元——微細光明與自性的次元——會立刻在病者的知覺中靈光乍現。如果這個人能認出較高的與靈性的次元，就能獲得立即的解脫。

我要再仔細地解說一下崔雅準備迎接死亡的冥想練習。這個方法來自藏密的系統，它似乎是最完整，且和全世界的神祕傳統吻合的。

人有三個主要的層面或次元：粗重的（肉體），微細的（心智），以及自性的（靈性）。當人經歷死亡的過程時，這個偉大的生命鏈中的最低層次就會分解，從肉體開始，然後是感覺與覺知。肉體一旦分解，心智與靈魂的次元就會現前。當死亡的那一刻來臨時，所有的層次都將瓦解，那時純然的自性就會現前。如果死者能認出這自性就是他或她最真實的本質，便能立即體驗到解脫，而永遠回返神性，與神性合一。

如果當時没有認出，死者就會進入中陰身，這段過渡期可能長達數月之久。接著微細光明體開始示現，然後粗重的肉體逐漸成形，此時這個人便以肉身重生，帶著他們前世所累積的美德與智慧（但不是特別的回憶）一起進入這個新的生命，開始新的人生。

不管我們對於輪迴轉世、中陰身或死後的世界抱持什麼想法，以下這一點似乎是可以確定的：如果你相信自己的某部分是神性的展現，如果你相信自己擁有某種神性可以轉化不朽的肉

身，那麼死亡的時刻就格外重要了，因為那時肉體已經壞死，如果還有任何東西存在，一定得弄清楚是什麼，對嗎？

顯然對瀕死的報導與研究都支持上述的說法，但我要強調的是，確實有一種特別的冥想練習可以預先排演這整個死亡的過程，目前崔雅正在進行這項練習，幫助她融入虛空中。

我再次和卡盧連繫，為的是讓自己的心更有能力分解和擴張，以幫助崔雅融入虛空。藏密主張，已經解脫的上師，他或她的心已證入空性或徹底轉化，如果你的心和上師的心能產生連結，那麼死亡的那一刻就能得到他極大的助益。只要能見到上師本人，就能建立這樣的連結，這就是我要去見卡盧的原因。

當我回到家時，崔雅正與身體的不適奮戰。腦部的腫脹令她幾乎無法忍受，不僅疼痛異常，也對她的情緒造成極大的破壞。但她仍然不願服止痛劑，也不服鎮定劑，這是癌症雲霄飛車中的另一個俯衝，她希望自己能有清明的意識目睹這一切過程。

維琪和凱蒂前來看望我們。有一天很晚了，崔雅把維琪叫進她的房間，根據維琪的描述，那一兩個小時裡，崔雅的狀況只能用痛苦兩個字來形容。崔雅很清楚地把感覺一一告訴了維琪：她感覺大腦的腫瘤正緩慢地破壞所有正常的機能，一點一滴地吞噬侵蝕，令人不禁毛骨悚然。維琪深感震憾；她下樓時，全身仍不停地顫抖。

「她希望我深刻地體會這一切，才能給其他受同樣苦的癌症患者更好的幫助。她為我描繪了一張有關死亡過程的明確地圖，讓我能用在其他病人身上，也讓我對他們所經歷的一切更有悲憫之心。我簡直不相信她能辦得到。」

我們無法返家過聖誕節，家人分別利用假日前來看望我們。瑞德和蘇要離去時遞了一封信給我。

親愛的崔雅和肯恩：

你們倆所經歷的才是眞正愛的故事。許多人都曾享有變化不大但十分快樂的伴侶生活，然而你們的人生從一開始就面臨了最大的磨難。你們的愛情與對彼此的奉獻是那麼地刻骨銘心，雖然困難重重，但是你們的情感仍然與日俱增。

肯恩，若是沒有你，崔雅一定會失去方向。你對她的關懷，你對她的需要、疼痛與苦悶的關注（還有她的狗兒），不斷地帶給她和我們安慰。我們無法再找到足以和你媲美的女婿了。

崔雅，我們衷心期望妳的癌症能好轉，你們可以回復正常健康的生活。如果有誰値得完全康復，那必定是妳。妳的態度與勇氣，讓所有曾經和妳接觸過或讀過妳的信的人，受到不可思議的啓示與鼓舞。我們認爲妳很快就會重返癌症支援中心以及其他和妳有連繫的組織，一起努力使世界成爲更好、更能相互體恤的大社區。至於你，肯恩，我們都希望你能有足夠的時間再從事寫作與學術方面的思考（雖然其中有很多是我們不懂的），把你對心智與靈魂的洞見貢獻給世界。

我們希望這趟來訪能對你們有所助益，你知道我們及所有的家人都支持你們，有需要時，我們會放下一切前來助你們一臂之力。我們知道這將是一個不尋常的聖誕節——我們或許無法團圓，崔雅卻可能逐漸康復。

崔雅，我們愛妳，妳眞是我們的好女兒。肯恩，我們再也找不到比你更好、更願意爲我們的

女兒如此犧牲奉獻的女婿了。

寫這封信的時候，我們禁不住掉下眼淚，因為我們實在太愛你們，你們永遠在我們的心中。

我們希望這是黎明前的黑暗。你們如此勇敢地對抗這場疾病，我們深深地引以為傲。崔雅，妳是我們最棒的女兒，而肯恩也永遠是這個家的一份子，沒有你們的聖誕節將會與過去截然不同，但你們永遠在我們的心中。

我們的愛都給你們，媽和爸

新年那天，我們在沙發上相擁而眠，崔雅突然對我說：「親愛的，我想是該停止的時候了。我並不是想放棄，而是酵素即使有效，也不可能產生神效。」

事實上 *Decadron* 的藥效正在逐漸減退，無論我們將劑量調得多高，都無法讓它發揮應有的功效。她的不適與痛苦與日俱增；即使好轉，也要先經過更嚴重的惡化。

「親愛的，我會支持妳的，告訴我妳想怎麼做，告訴我妳的需要。」

「你覺得我還有任何機會嗎？」

我知道崔雅的心意已定。如同往常一樣，她希望我能支持她，而不是與她爭辯。「情況看起來似乎不怎麼好，對不對？」我們沉默了好一會兒。「我想，再等一個星期吧，以防萬一。妳也知道的，他們清除了百分之九十腦癌的壞死組織，酵素的確發生了顯著的功效，也許還有機會。但是妳必須做決定，盡量告訴我妳的需要，我們一起來努力。」

她看著我說：「好吧，再一個星期，我辦得到的，就再一個星期吧！」

崔雅的意識非常清楚。我們以相當實事求是的態度討論這件事，甚至有點抽離，不是因為我們不在乎，而是以前經歷過太多相同的時刻，這場戲在我們的腦海裡已經演練數百回了。

我們起身準備上樓，崔雅沒有氣力。她坐在第一個階梯上，放下氧氣筒，開始落淚。我抱起她一步步地往上走。

「哦，親愛的……我一直期望不要走到這個地步，我不希望變成這樣的狀況，我要自己爬樓梯。」她把頭埋在我肩上哭著說。

「我覺得這是全世界最浪漫的事，換了任何一種情況，妳都不會讓我這麼做的，現在就讓我抱著我心愛的女孩上樓吧！」

「你相信他嗎？」我問崔雅。

「我認為我相信。」

崔雅守著承諾撐了一個星期的劇痛。她仍然奉行每一項治療的細節，但拒絕了嗎啡，為的是保持每個當下的覺察。她仰著頭，面帶微笑——絕不是偽裝的。她仍然按部就班地過日子，她所展現的勇氣與解脫的平等心，是我一生中從未見過的，我想未來也不可能再見到了，這是毫不誇

張的。

一星期過了，最後一天的傍晚，她溫柔地對我說：「我要走了。」

那一刻我只回答了一句：「好。」便抱起她步上樓梯。

「等等，親愛的，我要在日記上寫點東西。」

我為她拿來日記與筆，看著她以清楚娟秀的字跡寫下：「這眞的需要恩寵，當然——還有勇氣！」她看著我。

「我明白。」我靜默了許久。我什麼也不需要說，她都知道。「來，讓我抱著我的女孩上樓吧。」

歌德說過一句很淒美的話：「所有成熟的東西都想死。」崔雅已經成熟，因此她想死了。我一邊看著她寫下那一句話，心裡一邊默想，恩寵與勇氣，存在與工作，靜定與熱情，臣服與意志，接納與果決，這就是她一生的總結。她一生都在和自己靈魂的這兩面角力，最後終於將它們結合成一個和諧的整體——這也是她臨終的遺言。我看著她將這兩面結合成一體；我看著這份和諧感擴散到她生命的每一個面向；我看著靜定的熱情為她的靈魂下了清楚的定義。她唯一的、最主要的人生目的已經完成；她完成了人生情境最殘忍的考驗，如果領悟得不夠就會被擊垮。她的智慧已然成熟，她想要死了。

這是我最後一次抱著我親愛的崔雅上樓。

22 閃耀之星

茫然　不確定　猶豫不決
雙翅溼答答地尚未開展
仍然黑暗多變與困惑
束縛在一個空盪的繭中
空氣攪動了一下
我顫抖著　仍然處在一個模子裡
但形體的感覺已模糊
空了　用盡了
它的任務已畢
我一步一步小心地移動
然後　靜靜地等待
空氣吹乾了這副新的形體
看著它金黃　漆黑與橙紅的組織

迎風開展
準備進入驚奇
我不知道該怎麼做
只好憑著本能飄
交出自己
乘著無形的氣流
俯衝　翱翔
臣服於其中
繭空了
在烈日下逐漸乾枯
它曾經服侍過的生命
已經將它遺忘
也許某一天　一個好奇的孩子問起媽媽
這麼小的屋子
不知道什麼樣的怪物曾經住在裡面？

崔雅於一九七四年

接下來是我們這一生中最不可思議的四十八小時。崔雅決定要走了，但是在醫理上她並不該

在這時候走，醫師認為她至少可以再多活幾個月，但崔雅不想躺在醫院裡不停地吊嗎啡點滴，身上插滿了管子，慢慢地窒息而死。除了這些理由，崔雅更希望我們免去這場嚴酷的考驗，看著她安靜地離去。不管理由為何，我知道崔雅一旦下定決心，事情已經成形。

那天晚上，我將崔雅抱上床，挨在她身邊坐下，她整個人變得恍恍惚惚。「我要走了，真不敢相信，我就要走了。我真的好快樂，好快樂，好快樂。」她嘴裡不停地說著，「我很快樂，我很快樂……」

她突然迴光返照，我眼睜睜地看著她的身體逐漸起變化。一個小時內，她似乎減輕了十磅，身體彷彿順從她的意志開始縮小。她關閉了自己的維生系統，一步步邁向死亡。在短短一小時中，她完全變了一個人。她非常堅決，也非常快樂，她快樂的反應似乎具有感染力，我發現自己也開始與她分享這份喜悅，雖然仍充滿困惑。

接著，她開口說：「但是我不要離開你，我實在太愛你了，我不能離開你，我真的好愛你。」她開始低泣，我跟著落淚，這五年來為了在崔雅面前維持堅強而刻意壓抑的淚水一湧而出。我們長談著對彼此的愛，這分愛令我們更強壯、更良善，也更有智慧。十幾年來的成長造就了我們對彼此的關愛，面對終結的現在，我們兩人都覺得快要被淹沒了。要不是眼前這獨一無二的人，我不可能經驗此生最溫柔的時刻。

「親愛的，如果時候真的到了，那就走吧。別擔心，我會去找妳的。曾經找到妳，我答應一定再把妳找到。妳要走，別擔心，就走吧。」

「你保證一定找到我？」

「我保證。」

過去這兩個星期，崔雅的腦子裡一直浮現五年前我在婚禮上對她說的話：「妳到哪裡去了？我找了妳好幾輩子，現在終於找到了。我屠龍斬荊才把妳找到，妳知道嗎？如果有任何事發生，我還是會再找妳的。」

她很平靜地看著我。「你保證？」

「我保證。」

我不明白自己當時為什麼會說出這一段話；我只是單純地陳述自己對我們兩人之間關係的感覺。這兩個星期崔雅一直回到我們在婚禮中宣誓的那一刻，這似乎帶給她相當大的安全感，只要我信守承諾，世界就沒問題了。

「你保證一定找到我？」

「我保證。」我說。

「直到永遠？」

「直到永遠。」

「那麼我就可以走了，真不敢相信，我好快樂。過去這段日子比我想像的還要艱難，親愛的，一路走來都這麼難啊！」

「我知道，親愛的，我知道。」

「但是我現在可以走了，我好快樂，我好愛你，我真的好快樂。」

那天晚上我睡在她房裡的針灸枱上。我迷迷糊糊地看見一團光雲旋在屋頂上方，像是千萬個太陽同時映照在白雪皚皚的山峯。我之所以說迷迷糊糊地看見，因為不確定當時是否在做夢。

第二天清晨，我去看崔雅時，她剛好醒來，她的雙眼明澈，顯得精神奕奕，非常堅決地對我說：「我要走了，我好高興，你會在那裡嗎？」

「我會在那裡的，安心地走吧，我會在的。」

我打電話給家人，記不得自己到底說了些什麼，好像是，請你們盡快趕過來。我打電話給華倫，也忘了自己對他說什麼，大概是：時候到了。

家人當天早晨便陸續趕來，每個人都有機會和崔雅坦誠地交談，她向家人表白自己對他們的愛，她非常幸運能有這樣的親人。她似乎要向每一個人「了業」；她要把自己燃成灰燼，沒有無法啟齒的話，沒有罪惡感，也沒有責難歸咎。就我所知，她完全辦到了。

那天晚上我們送她上床，我仍然睡在針灸枱上，以防有狀況發生時，可以及時處理。屋子裡似乎充滿著不尋常的氣氛，我們全都感覺到了。

凌晨三點半左右，崔雅突然醒來，屋裡的氣氛如夢似幻。我立刻醒來，詢問她的狀況。「吃嗎啡的時間到了嗎？」她微笑地說。與癌症難苦搏鬥的過程中，除了手術之外，崔雅一共只服了四顆嗎啡。「親愛的，妳要什麼都可以。」我給了她一粒嗎啡和溫和的安眠藥，接著我們做了最後的交談。

「親愛的，我想是該走的時候了，」她說。

「我在這裡，親愛的。」

「我好高興。」我們沉默了一段時間。「這個世界真的很詭異，好詭異啊。不過我就要走了。」她的情緒中夾雜著喜樂、幽默與堅定的決心。

我開始為她覆述一些教誨中的「經句」，她非常重視這些經句，要我在她臨終時提醒她。

「放鬆地面對自己的眞如本性，」我開始唸誦，「讓自己在虛空中無限伸展。你的初心是不生不滅的，**它既不隨肉體而生，也不隨肉體而死。你的心與神性是永遠合一的。**」

她臉上的神情放鬆了，清醒地看著我。

「你會來找我嗎？」

「我保證。」

「是該走的時候了。」

接下來又是一段冗長的沉默，我覺得很奇怪。原本昏暗的屋子，突然遍室光明，這是我所經驗過最神聖、最直接、也最單純的一刻。我一生從未見過這樣的景象，我不知道該怎麼辦，只好陪在崔雅的身旁。

她把身體轉向我，比了一個手勢，似乎想告訴我最後的一些話：「你是我這輩子見過最偉大的人，」她喃喃地說：「你是我這輩子見過最偉大的人，我的冠軍……」她一直重複說地：「我的冠軍。」我傾身對她說，她是我所認識的人中真正解脫的，因為她，解脫對我而言才有了意義，那個創造崔雅的宇宙是一個神聖的宇宙，神的存在也是因為她，這所有的話突然浮現在我的腦海，但我的喉嚨鎖住了，一句話也說不出來；我沒有哭，只是勉強地擠出，「我會找到妳的，

親愛的，我一定會……」

崔雅靜靜地闔上了雙眼，她沒有再張開眼睛。

我的心碎了。解脫的約翰說過的一句話一直在我腦海奔騰：「體會愛的創痛，體會愛的創痛。」真愛是令人心痛的，真愛能讓你超越自我，真愛令你全然脆弱、開放，因此真愛也能徹底毀滅你。我不斷地想著，如果愛沒有擊垮你，你就不知道什麼是真愛，我們兩人已經完成了在愛中受創，因為我被擊垮了。

那一刻我注意到周圍的氣氛變得非常不安，好幾分鐘後我才明白，氣氛的不安並不是因為我傷心欲絕，而是狂風正在屋外肆虐。平常如岩石般穩固的房子，那一刻在強風襲擊下竟然嘎嘎作響。隔天新聞報導，有個時速一一五英哩的超級強風，在凌晨四點左右瘋狂地襲擊博爾德（科州的其他地區並沒有這種情況）。這陣狂風吹翻了汽車，甚至飛機，也成了各大報紙的頭條消息。

我想這陣風也許是巧合，不管怎樣，屋子被吹得嘎嘎作響，總是令人感覺不尋常。我想再回去睡一會兒覺，但是屋子搖晃得太厲害，我只好起床拿一些毯子圍在臥室窗户的四周，怕玻璃會被吹破。我迷迷糊糊地想著，「崔雅就要死了，沒有什麼是永恆的，萬事皆空，崔雅就要死了……」

第二天早晨，崔雅的姿勢好像是她已經準備好迎接死亡——頭枕在一疊枕頭上，雙臂輕放在身旁，手上握著念珠。前天夜裡她開始默默誦唸「唵嘛呢叭嘛吽」，以及她最鍾愛的基督教祈禱文「臣服於神」。我相信她整晚一直誦唸著。

我們請了一些安寧照顧人員前來協助，克萊兒也適時趕到。我非常希望有安寧照顧人員在

場，確定我們所做的每件事都能讓崔雅靜靜地以自己的方式走。

克萊兒實在太好了，她問崔雅是否可以量血壓，但不期望崔雅回答她。安寧照顧的訓練中，成員都被告知瀕臨死亡的病人能清楚地聽見旁人所說的每一句話，包括嚥氣的那一刻，所以克萊兒只是表達基本的禮貌。崔雅已經有好幾個小時未發一語了，然而當克萊兒詢問她時，她卻突然轉過頭（眼睛仍然閉著），非常清楚地說：「當然可以。」在場的人因此知道，雖然崔雅看似「無意識」，卻能完全知覺周遭發生的一切。

凱蒂也以為崔雅已經進入無意識的狀態，她看著我說：「肯恩，她真是美極了。」崔雅居然清楚地回了一句：「謝謝妳。」（這是她所說的最後一句話。）

狂風依舊咆嘯，吹得整幢房子嘎嘎作響。所有的家人徹夜未眠地守候在崔雅的身邊，蘇、瑞德、凱蒂、崔西、大衛，瑪麗、邁克與華倫，每個人輕輕地撫摸崔雅，湊近她的耳畔對她說最後幾句話。

崔雅握著念珠，這串念珠是她在卡盧仁波切主持的冥想關閉時得到的，當時崔雅許下了諾言，要以慈悲心做為解脫的途徑。卡盧仁波切為崔雅取了一個法號：「空行之風」（*Dakini Wind*，意思是「解脫之風」）。

那天下午兩點左右，崔雅已經對一切的刺激失去反應，她的雙眼緊閉，呼吸出現間歇性的窒息（淺淺的喘息伴隨著冗長的停頓），四肢也逐漸冰冷。克萊兒把我們拉到一旁，對我們說崔雅很快就要走了，可能就在幾小時內。她說如果有需要，她會帶著最誠摯的祝福回來。

整個下午的氣氛就這麼緊繃著；狂風繼續襲擊屋子。我一直握著崔雅的手，在她耳邊輕聲地

說：「崔雅，妳可以走了，這裡的每件事都已經完成，走吧，放心地走吧。我們都在這裡，親愛的，安心走吧。」

（接著，無法遏止地，我開始嘲笑起自己：「崔雅從未依照任何人的話做過事，也許我不該說這些話；我不閉嘴的話，她永遠不會走的。」）

我繼續誦著她喜愛的經句：「迎向光去，崔雅，去尋找那顆宇宙的五角星，那顆明亮、閃爍且燦爛的五角星，緊緊地跟隨那道光，親愛的，緊緊地跟隨那道光，不要再擔心我們了，跟著那道光去吧。」

崔雅過四十歲生日的那一天，解脫的約翰曾經對我們說，如果一個人看見了那顆宇宙的五角星，或宇宙的曼陀羅（*mandala*）就能夠超脫一切限制，進入終極的解脫。崔雅當時並不明白這句話，雖然如此，她卻將自己的名字由泰利改成了崔雅。我相信崔雅早在三年就見過這個異象了，在參加卡盧仁波切所舉行的灌頂法會後不久，這個奇特的異象曾出現在崔雅的夢中，雖然她從未對任何人提及此事。因此，在這個面臨死亡的時刻，我認為崔雅並不是第一次看見自己最原始的面貌，而是再一次地經歷自己光明之星的本質。

我想屋裡的每個人都明白，他們在心中釋放崔雅是非常重要的事，充滿悲傷的瑞德非常溫柔地撫摸著崔雅的額頭說：「妳是我最棒的女兒。」蘇也說：「我真的好愛妳。」

我走出房間喝杯水，突然崔雅出現在我面前急切地說：「肯恩，趕快上樓去。」於是我狂奔上樓，挨在床邊，緊緊握住崔雅的手。所有家人相繼走進房間。崔雅緩緩地張開眼睛，帶著非常溫柔的眼神看著房裡的每一個人，凝視了一段時間，然後閉上雙眼，停止了呼吸。

每個人都很專注地看著崔雅，不久所有人開始低泣。我緊緊地握著她的手，另一隻手按在她

的胸口上，我的身體劇烈地顫抖，終於發生了，我無法抑遏地顫抖不已，喃喃地在她耳邊唸著幾句摘自《西藏度亡經》（*the Book of the Dead*）的話：「認清那道明光就是你的初心，認清你此刻已經與解脫的神性合一了。」

最美好、最堅強、最開明、最真誠、最能鼓舞士氣的、最有美德、也是最值得珍惜的人已經走了，宇宙不可能再和往常一樣了。

她死後五分鐘，邁克忽然開口說：「你們聽。」屋外的狂風突然停了，四周一片靜謐。我們從第二天的報紙得知，就在那一刻狂風安靜了下來。有一句古老的諺語：「偉大的靈魂**逝去時，風便開始呼嘯。**」逝去的靈魂愈偉大，就需要愈強勁的風帶他離去。或許這是巧合，但我還是忍不住這麼想：這是一個多麼偉大的靈魂啊，連風也感應到了。

崔雅在世的最後六個月，我們變成彼此靈性上的加速器，盡己所能地服侍對方，過去的五年我為她放棄了自己的事業，最後我終於不再抱怨，雖然對支持者而言這是很正常的事。我完全不後悔放棄了一切，對她我只有心存感激，能這樣服侍她是莫大的恩寵與榮耀。她也不再因為「毀了」我的生活而自怨自艾，我們兩人似乎在某個深奧的層次上達成了協議，不論發生什麼事，我都要陪她通過這場考驗。

「我一直都深愛著你，」她死前三個月的某一天突然對我說，「你最近有許多深刻的改變，你注意到了嗎？」

「嗯。」

「什麼樣的改變？」

我們沉默了很久。這是我從大圓滿閉關剛回來的那段時間。「我不知道是什麼改變，親愛的。我愛妳，所以我服侍妳，這是非常簡單的事，妳不認為嗎？」

「你有一種覺知幫我度過了這幾個月的時間，那到底是什麼？」她似乎覺得很重要，「那是什麼？」我有一種感覺，這並不是問題，更像是一項測驗。

「我想，只不過因為我一直在妳耳邊，親愛的，只是在這裡罷了。」

「你就是我活下去的原因。」她終於說出口了，這並不是對我的評斷，重點是過去的這幾個月我們彼此幫對方繼續往下走，也成了對方最好的老師。我對她毫不間斷的服侍，激發了她強烈的感恩與仁慈之心，而她回報我的愛也使我的生命達到飽和。我這一生的業已經透過服侍崔雅而燒盡，我給她的愛也填滿了她心中的每個角落，沒有任何陰影存在了。

我打算讓崔雅的身體保持二十四小時不受任何打擾。因此，她死後的一個小時，我們全都離開房間，整理一下自己的情緒。一整天崔雅的嘴都是張開的，她的下顎卡住，嘴根本閉不起來。大約四十五分鐘後，我們又回到房裡，發現崔雅的嘴竟然閉上了，嘴角露出微笑，一股滿足、寧靜而解脫的微笑。她看起來就像美極的佛像，散發著解脫的笑容。臉上原來那些痛苦的紋路已完全消失，皮膚平滑而光亮。我看著她的身體禁不住叫了起來，「崔雅，看看妳！崔雅，親愛的，快看看妳自己！」

往後的二十四小時，她臉上那份解脫與滿足的笑容絲毫沒有消退。雖然她的肉體還是被抬走

了，但這道微笑將永遠烙印在她的靈魂。

那天晚上，每個人上樓與她道別，我徹夜守在她身邊，繼續唸那些經句，直到凌晨三點。當我第三次為她誦唸「你已經與神合一」時，房間突然發出卡答一聲。我迅速地四處查看，有一種很清楚的感覺，就在深夜兩點整，她直接體認了自己的本性而燒盡了業力。換句話說，她與虛空合一了，如同十三歲或日後的冥想經驗一樣。

我不知道，也許這一切都是我的想像，但基於對崔雅的瞭解，這很可能不是我的想像。

幾個月後我讀到一段大圓滿描述死亡階段的文字，其中列舉了兩種肉體的徵兆，暗示死者已領悟自性，與神性合一。這兩個徵兆是：

如果你已安住在自性的光明中
你的皮膚會變得非常美好
你的嘴角會露出微笑

那天晚上我一直待在崔雅的房間，入睡後我做了一個夢，其實不太像是夢，更像是單純的意象：水一滴滴地落到海裡，立刻與海水融合。起初我以為這個意象顯示崔雅已經解脫，因為崔雅就是融入大海的小水滴。後來我才明白它更深的含義：我是水滴，而崔雅是那片大海。她並沒有解脫，因為她早已解脫了。真正得救的人是我，我因服侍她而得救了。

這正是她不斷要我保證找到她的原因。其實她並不需要我去找她，而是透過我對她許下的承諾，她可以因此而找到我、幫助我，一次又一次地毫不間斷。逆向思考後，我才想通了：我原來以為自己的承諾是在幫助她，其實這是她想幫助我的方法。然而崔雅想幫助的人絕不只是我而已，還有每一位好友和家人。在所有人的面前，她都出現了解脫的風貌。

二十四小時後，我親吻她的額頭，所有的人也一一向她道別。面露微笑的崔雅被帶往火葬場。

我們的好友瑞克聽到她的死訊後，為她寫了一首短詩，道盡了一切：

起初我們不在這裡
後來我們出現了
最後我們走了
妳親眼目睹我們的來去
妳比我們都要久遠
也比我們更有勇氣與恩寵
妳笑了
妳一路笑著——

這首詩沒有絲毫修飾，只是單純的事實：就我所知，每個認識崔雅的人，都認為她是他們所

認識的人中最正直而誠實的。

我不認為我們當中的任何人會再見到崔雅，我不認為事情會以那種方式呈現，因為太過具體了。相反的，每一次你和我——任何認識崔雅的人展現出正直、誠實，毅力與慈悲時，我們就能與崔雅的心靈相遇。

我答應她我會找到她，其實真正的含義是找到我自己那顆解脫的心。

最後的六個月我真的做到了。我知道自己已經找到那個解脫的洞穴，我們因恩寵而結合，也因恩寵而埋葬自我。這是發生在我身上的改變，崔雅注意到了，所以她才不斷問我：「是什麼樣的改變？」這個問題的答案，她早已了然於心，她只想知道我是否也明白。

死亡的最後時刻與接下來的那一夜，當崔雅的光照亮我的靈魂與這個有限的世界時，一切都變得分明。因為崔雅，我的靈魂不再殘留任何謊言。

崔雅的骨灰回來以後，我們舉行了簡單而隆重的告別式。

肯恩・邁克李歐讀了一段崔雅從卡盧仁波切那兒學會的慈悲心培養文。羅傑・沃許讀了一段《奇蹟的課程》中有關寬恕的話。慈悲與寬恕這兩個主題成就了崔雅的解脫。

山姆主持最後的儀式，我們燃燒了一張崔雅的相片，象徵最終的釋放。

在場有些人敍述他們對崔雅的懷念與回憶，有些人則保持沉默。史蒂夫和琳達的女兒——十二歲的克洛依，為了這個告別式寫下了：

崔雅，我的守護天使，妳是世上的一顆明星，帶給我們所有人溫暖與光明，然而每一顆星星都必須死去才能重生，這一次是在天堂重生永恆的靈魂。我知道妳現在正在雲端起舞，我很幸運能感覺妳的喜樂、妳的微笑。仰望天際時，我知道妳璀璨的靈魂正在放光。

我愛妳，崔雅，我知道我會想念妳，但我也為妳感到高興，因為妳已經脫離了肉體與妳所遭受的痛苦，從此可以盡情跳著靈魂的生命之舞。我可以在夢中和心中與妳翩翩起舞。妳並沒有死，妳的靈魂仍然活著，活在一個更高的地方，活在每一個被妳深愛過的人心中。

妳教了我一堂最重要的功課　愛與人生
愛是全然而誠摯地尊重其他的生命
愛是眞我的狂喜
愛能超越所有的層次與限制
歷經數百萬次的生與死　它仍然存在
它存在於內心與靈魂之中
人生是屬靈的　它不屬於其他任何層次
愛與歡笑同時出現於人生　痛苦與煩惱亦然
但無論我往哪裡去
無論我看見什麼
在我的內心與靈魂中
妳永遠與我同在

我看著山姆對大家說：「沒有多少人記得我是在博爾德向崔雅求婚的。我們當時住在舊金山，我帶崔雅來這裡與山姆見面，看看他的想法如何。與崔雅見面才短短幾分鐘，山姆便笑著對我說，他不僅舉雙手贊成，還有點擔心她會吃虧。當天晚上我向崔雅求婚，她只回了一句話：『如果你不問我，我也會問你的。』可以說我們的人生是在博爾德與山姆一同開始的，也是在這裡與山姆一同結束的。」

我們後來在舊金山為崔雅舉行一場追悼會——維琪、羅傑、法蘭西絲，還有許多朋友都分享了他們對崔雅的追憶。那一天的追悼會裡，山姆以兩句話總結：

「崔雅是我所認識的人當中最堅強的一位，她教我們如何生活，也教我們如何離去。」

接下來的幾天，信件開始湧入，我感到驚訝的是，許多人竟然都提到相同的事，在我最痛苦的時刻，數百人也同時參與了生死的訣別。

這些信中不斷提到「風」、「光輝」、「陽光」與「星星」等字眼。他們是怎麼知道的？有一封信（事實上是一首詩）是姑媽寄來的（這可能是崔雅最喜歡的一首詩，也最能代表她）。

不要在我的墳上哭泣
我不在那裡　也未沉睡
我是呼嘯的狂風

我是雪上的晶鑽
我是麥田上的陽光
我是溫和的秋雨
你在晨曦的寂靜中醒來
我已化成無語的鳥兒振翅疾飛
我是溫柔的星羣　在闇夜中閃爍著微光
不要在我的墳上哭泣
我不在那裡

某位與崔雅僅有一面之緣的女士寄來了一封信，她深深地被崔雅所感動。

「在我得知崔雅進入最後的時刻前，我做了一個夢，那天是九號星期一的深夜。就像大部分人，我強烈地感覺崔雅偉大的靈魂充滿光輝地出現在我的面前，另一位讓我感受到這種光芒的人只有卡盧仁波切。

「夢中，崔雅靜靜飄浮在空中……我想仔細看她的時候，突然傳來一個巨大的聲音，我察覺那是風的聲音，一股狂風在她的身體四周吹著，她的身體愈來愈純淨，最後變成透明的，散發著光輝，風繼續在她身體的四周吹著，聽起來像是一種音樂。她的身體慢慢融入山上的積雪……化成千千萬萬的繁星，和星空合一了。那天清晨我哭著醒來，心中充滿了敬畏與美……」

（卡盧聽到崔雅的死訊時，特別為「空行之風」做了祈請的法式。）

告別式之後，我們聚在一起觀賞崔雅在風中之星年會上的錄影帶，突然有個影像浮現我的腦海，一個我永難忘懷的影像。我們第一次觀賞這卷錄影帶時，崔雅坐在椅子上，疲倦得不想移動身體，臉上戴著氧氣面罩，相當不舒服。影像中的她很清楚地說：「因爲不能再忽視死亡，於是我更加用心地活下去。」這段演說令許多成年人落淚，甚至為她鼓掌喝采。

我看著崔雅，看著這卷錄影帶，兩個影像同時出現在我的腦海，一個是強壯的崔雅，一個是受難的崔雅。當時崔雅強打精神問我：「我表現得還好嗎？」

此生，我有幸親眼目睹這顆宇宙的五角之星得到最終的解脫，對我而言這顆星星就是「崔雅」。

再見了，祝妳一路平安，我最親愛的崔雅。我會找到妳的。

「你保證？」她再一次溫柔地問我。

「我保證，我最愛的崔雅。」

我保證。

〈附錄一〉

整合學：二十一世紀的「思想地圖」

樓宇偉

肯恩·威爾伯於二十三歲時，即因寫了一本結合西方心理學與東方靈修傳統的書：《意識的光譜》，而在美國新時代思想界名噪一時。不過他隨後謝絕所有的演講邀請，閉門閱讀、靜坐與寫作，並嘗試以每年出版一本討論人類心靈與思維的著作為目標。終於在九〇年代中期，綜合各家學說與個人獨特觀點，發表了他的整合哲學完整架構，將科學、心靈與文化三大主題，做了始無前例的系統整合。甚至面對美學與文學理論等不易客觀面對的學科，也毫不畏懼的將之納入其架構中討論，並得到高度的好評。

威爾伯認為西方社會近兩、三百年來，自由主義與傳統保守派兩大陣營的衝突，肇因於雙方對科學與宗教認知的不平衡。而東方的靈修傳統與西方的理性思維之結合將有助於人類追尋真正自由的心靈，因而他提倡一種「心靈人本主義」（*Spiritual Humanism*），鼓勵「自由上帝」的觀念。由於威爾伯思想嚴謹、身體力行、辯才無礙，因此已有很多時代脈動的掌握者稱讚他是：「當代哲學思想界最為全面與深入的人」。即使是試圖以各種流行思潮，如「自然浪漫主義」、

「後現代主義」、「系統科學論」或「結構女性主義」來批評威爾伯論點的專家，也不得不承認其系統思維的全面性與深入。

由於威爾伯廣納學派，粹取精髓，以歸納法而非一般學者常用的演繹法做學問，加上他本人靈修亦有相當水準，了解理性思維的陷阱與極限，因此不但在綜合佛洛伊德及榮格心理學、佛教及印度教修行論證上沒有障礙，當遇見「認知心理學」、「全相典範」、「生命之網」等新潮論點時，也能夠迅速以全盤的觀點將之定位，分辨出其功能範圍與適用性，不易有超出其分的演繹。

威爾伯將東西方哲論思想歸納出四大領域：個人行為與意向，以及羣體行為（社會）與意向（文化）。各個領域分別有一定的演化程序與發展階段，而整合學的特性就是綜合了過去聖哲對於人類文化的特定了解，發現其間重複與不足之處，由此建立起一個有系統的架構，從而幫助我們不被各種知識與歷史細節所迷惑，在大問題上掌握方向。

本文試圖以舉例的方式指出威爾伯思想與先哲的看法，如：柏拉圖的「真善美」、康德的「三大批判」及佛教的「佛法僧」等觀念的一致性，並且討論中國人比較熟悉的一些思想，如共產主義、孫文學說與「儒釋道」傳統，在威爾伯思維模式下的定位。

新時代的環境與個人經歷

西方人研究東方的思想開始得比較早，由最早探險家（如十四世紀馬可波羅）的立場，逐漸演變為傳教士與商人的觀點，然後才是學者與哲學家的研究。但是將東方的思想當做一種生活方

式的青年反思運動，大概從美國嬰兒潮這一代才算開始。那時剛好碰上七〇年代初期，美國面對冷戰、越戰、民權運動等社會動盪的歷史事件時，使得年輕人反省整個西方主流文化的負面衝擊，其中比較消極的表現就是「嬉皮」文化的興起。威爾伯就是這批新時代生長環境下的突出思想家，相信也是第一位在理論上圓融整合東西方心智文化，並且身體力行的開創性歷史人物。

威爾伯出生於一九四九年，父親是美國空軍。他從小隨著家人東遷西跑，很早就有世事無常的切身體會。他熱愛讀書與運動，在學校裡成績優良，也經常參加體能競賽與社團活動，表現突出。唸大學時，隨著社會潮流，很自然地選擇了追求客觀真理的自然科學領域。進入杜克大學化學系。在一個偶然的機會裡，威爾伯讀到老子的《道德經》，大開眼界，開始大量涉獵東西方哲學性質的書籍，改變了原有的生涯規劃，甚至申請退學回到父母家中。

威爾伯初期最有興趣的研究主題是東方探索心靈的宗教傳統，如佛教、印度教的修行，與西方心理學對意識現象敍述之間的關係。顯然這兩種知識有相當的交集，但是前人沒有很系統地為兩者的異同做出交待。不論是佛洛伊德或是榮格，還是「禪密法要」似乎都自成體系、互不相關。

此時威爾伯除了閱讀之外，也開始打坐。為了避免被立即徵召當兵，他回到內州大學，申請進入生物研究所。一九七三年冬，再次中輟博士學業離開校園，從此開始了他在西方主流體制之外全心追求真理的歷程。

威爾伯的第一本書《意識的光譜》僅三個月就完稿，但是卻花了三年才找到出版商願意出版，其間經過二十家的回絕。這本整合性很強的書，將東方禪修的次第與西方心理學的人類成長階段

接合，充分展現了這兩種文化在內省直覺與客觀理性方面的各自優勢，而且居然是可以歸納在同一基礎上相提並論的。此書使得威爾伯一夕成名，各方演講的邀約不斷，這時他才二十八歲。

但是威爾伯自覺內心鍛鍊尚未成熟，聽眾的熱情使他無法專心閱讀與禪修。因此決定回絕所有公開演講的邀請，回歸每日靜坐、閱讀、寫作與維生的規律生活。此時也是他參與編輯新時代整合性思想刊物〈回觀〉（*ReVISION*）的開始。他鞭策自己以每年一書的速度出版有關個人心靈成長（*1980/81*）、文化與社會演化（*1983*）、認識論與科學哲學（*1982/83/84*）、社會學（*1983*）與心理學（*1986*）等相關著作，這也是威爾伯第一階段的多產時期。

一九八三到一九九〇之間，威爾伯為了與罹患癌症的妻子崔雅共同面對病魔挑戰，全心照顧她的起居而停止任何書籍的出版。崔雅在一九八九年離開了人世，為此威爾伯還特別將這個共同奮鬥與成長的過程寫成此書：《恩寵與勇氣》以紀念亡妻，這也是他唯一的一本感性著作。之後威爾伯進入整合學的第二階段，也是他更為成熟的作品時期，我們現在剛好躬逢其盛。

威爾伯在一九九五年出版了《性別、生態與靈性：演化的精神》（*Sex、Ecology and Spirituality：The Spirit of Evolution*）一書，全書共八百多頁，第一次將人類思維的所有領域有系統地整合在一起。這是他為二十一世紀人類文明走向提出前瞻性看法，他自己稱之為「地圖」的三大著作的第一本。其特點是以理性的論證接受東方禪修傳統的可驗證性，並將各類東西方哲學思想予以合理的定位，並指出其對於我們的內心與外在活動，包括科學、宗教，甚至文學、藝術與倫理的相互關係。

為了方便一般讀者，他還在次年出版了一本以對話方式摘要前書內容的三百多頁簡本，書名

是：《萬法簡史》（*A Brief History of Everything*），由這個名稱就可以知道威爾伯對於整合學涵蓋面的信心和企圖。

整合學的內涵

要談整合學必須先談系統層次、演化階段與學科分野等觀念，然後才能整合。而威爾伯獨特的貢獻就在於他能夠洞察每一學說的適用範圍與限制，接受當今系統科學的重點內涵，加上靈修的主觀與歷史實證，將系統與演化的觀念應用在個人與羣體心靈的範疇之上，並且採用歸納法將這些研究內心與外相的不同系統、演化與學科整合在一起，毫無矛盾的全面解釋各種現象。

心靈的層次與演化

科學界對於生命現象的解釋，曾經有「兩種時間方向」的矛盾。也就是熱力學第二定律：「系統趨向最大亂度」與生命演化「逐步走向更有序化」的衝突。而這個問題經由諾貝爾獎得主普耳戈金（*Ilya Prigogine*）的「耗散結構」理論而得到了調和，這也導致一門新系統學科「複雜科學」的興起（見註一）。雖然複雜科學不能夠完全用來解釋需要感受與對話的人文學科，但是它對於系統層次與演化現象的了解，卻是有助於建構整合學的分科基礎。

譬如科學界對於生命與思維系統中有關自主組織（*Self－organizing*）與自主超越（*Self－transcending*）等新的演化觀念，就被威爾伯所接受，並且融合在古今大師的各項學門理論之中。像是近代發展心理學者皮亞傑對於人格發展過程的看法，以及著重修行的東方傳統如天台止觀、

菩提道次地廣論，甚至猶太教的卡巴拉（*Kabbalah*）冥想等心智鍛鍊法，均有明顯的階段性。威爾伯大致將其演化過程粗分為十個階段，前六者為心理學所研討的，後四者則必須以靈修的方式才能夠達到與維持。

這些階段的代表特性分別是：一、生理（新生兒的感覺），二、情緒（一到三歲的感性與形象認知），三、觀念（三到六歲的符號與語言接受能力），四、角色（六到七歲開始學習進入社會），五、邏輯（十三或十四歲開始以理性思考、演繹能力等逐步融入社會；通常一般人就停留在這一層次），六、創新（以整合能力為特質，並且是踏入超越個人心理經驗的第一階段）。西方文化所認可的人格發展就到此為止。任何超越這一層次的發展是被主流文化所排斥的，而未能達到第五階段，也就是邏輯思考程度的個人則被認為是有思維障礙的。

東方的靈修傳統似乎認為如果過分強調心理人格的發展與其困境的解決，則有分散修行人積極向上、超越世俗努力的嫌疑，因此對於感官與社會環境的刺激及其相對應的心理障礙往往採用避之唯恐不及的態度。因而要求修行人先以「戒定慧」三學為基礎，才能逐步進入威爾伯（參考二一九頁）稱之為：七、通靈（*Psychic*，化身）、八、微細光明（*Subtle*，報身），九、自性（*Causal*，法身），與十、無分別（*Non-dual*，本明）的境界。其差別在於神識所能體驗內心世界的深淺，威爾伯也用自然、神祇與無色界等三種神祕學層次來表達這第七、八、九層的實況。而最後一層次的無分別，則是所有世界的本來面目，也就是《心經》中「色即是空」的境界。

主觀與客觀認知的共通性

對於實證主義論者以心靈的境界無法客觀驗證，因此無法承認超越第六階段以外的境界為實際存在這一觀點，威爾伯是採取釐清對於「認知」的邏輯定義來應對，而不是去討論主、客觀對立的意義。他舉出在科學與人文領域廣為大家所接受的認知三步驟，也就是：一、學習工具的使用（如某種語言），二、使用此工具以體驗某種知識（如使用英文閱讀莎翁名著《羅密歐與茱麗葉》），三、將此體驗與他人互相印證無誤，並由此互動中完成知識的傳承（如對於這個愛情悲劇共掬同情之淚，或是更珍惜自己周遭的人際關係等）。如果一個人讀完了《羅密歐與茱麗葉》劇作之後，卻說它是一部諷世喜劇或是探險遊記，我們一定說他的認知能力有問題，因而沒有完成知識與經驗的傳承。這也是科學實驗所經的過程，威爾伯認為這過程也適用於更高的心靈境界。

禪修境界的傳承經由當事人：一、坐禪（工具）的訓練，二、體驗禪修的過程（經驗），三、再經過前人或者是經典的印證（印心），所獲得的知識，自然符合前述「認知」的邏輯定義。只是這種知識與心理學所採用的訪談實驗證據相似，都必須是內心的意向與境界而非經由外界的現象而定，如果我們接受心理學的證據實有，也必須接受嚴謹的禪修證據。但是這並不表示我們必須接受所有的主觀證據，因為只要無法完成第三步驟的印證過程，我們就必須對這類的知識存疑，就像我們對未經印證的科學假說（理論）存疑一樣，這也是檢驗邪說與錯誤的唯一法則。

境界提升的超越與包涵

威爾伯認為一個系統與觀念的演化，必能同時經過「超越」與「包涵」兩個過程，否則就會有麻煩出現。也就是說當我們由較低的境界，譬如理性思維進入心靈修養的靈修層次時，必須同時保有或尊重理性邏輯以下層次的各項能力，否則就會產生撕裂的人格，也會影響到更進一步的修行能力。

這個系統觀念的重要性看似很簡單，譬如沒有人會在生物科學的領域說因為人是古猿人進化而來，一旦我們超越了猿人的境界，就不必尊重別種的生物等等，因為我們已經能夠接受保護生態環境對生存的重要性這一事實。但是在文化與社會的領域，我們卻每天都在面對「超越」與「排斥」（而非包涵）的問題，像是「社會階級」、「移民」、「種族」、「膚色」、「統獨」等等歧視，都是因為我們的集體意識還停留在不能「超越」，或是超越後卻不能「包涵」下一層次的觀念所造成的。

文化與社會的演化層次

類似個人心理成長的發展層次，威爾伯也參考如韋伯（*Max Weber*）、海德格（*Martin Heidegger*）、孔恩（*Thomas Kuhn*）等人的文化詮釋學觀點，將人羣主流價值的成長發展分為：一、衝動的（感性反應的人羣），二、古老的（有限溝通與強者主導的羣體），三、魔術的（敬畏天地與自然的社羣），四、神祕的（信服上蒼與天命的族羣），五、理性的（自由民主人權的

國族），六、平衡整合（理性、感性與靈性的文化社會）。目前世界上仍然以具備有第三與第四層文化水準的國族團體為主，只有少部分國家及人羣到達第五層甚至第六層的境界，顯然這些社會的組成份子，必須先在個人心理成長到達理性或是創新的層級，才有可能在羣體文化上表現出這些高層次的特質。

至於社會的演化，早在孔德（*Auguste Comte*）與馬克思時期就已是衆所皆知的觀念，與達爾文的生物演化學說同為十九世紀影響後人的重要思想。其發展階段以現代的觀點大致可分為：一、搜尋與狩獵的部落，二、從事農藝的村落，三、畜力耕作的領地，四、工業發展的國家，五、資訊產業的地球村等。至於生物演化的階段就不在這裡贅述了。

在了解了演化的階級之後，我們可以介紹下一個威爾伯的核心觀念，也就是他創新的採用歸納法所得出的一個重要發現：「人類知識分屬四大範疇」；或者說我們必須知道在日常運用中有「四種真理面貌」的存在，而在此思辯上的任何混淆都會阻礙我們看清事實的真相。

歸納得出的「四種眞理面貌」

曾經有一段時間，威爾伯理想的認為「吾道一以貫之」是可能以理性達成的境界，也就是世界上有「一種真理」的假設大膽成立。他試圖將歷史上一些主要思想的核心內容互相比較，剔除明顯矛盾的差異，保留相互吻合的內涵，然後再假設此共通性為真實，以進一步建立整合學的架構。譬如在各宗教派別中，威爾伯對於上帝這個觀念提出幾個問題，然後在比較各派答案上做歸納工作。例如：是不是這些派別都同意耶穌就是上帝這個觀念？如果不是，這觀念就被排除。再

問：是否這些派別都同意上帝的存在？顯然這個問題必須說明一下，如果我們把佛教「空」的觀念與猶太教的「神祕的上蒼」都解釋為上帝的話，答案顯然是「肯定」的。對此威爾伯即不再細分，而完成他自己稱之為「定位歸納」(*Orienting Generalization*)的異中求同過程，並假設此結論為真。

用同樣的方法，威爾伯處理了所有的人類知識學問，甚至包括美學、文學等。他相信只要能夠被歷史留下來的知識，都有其實用性；使用歸納手段的主要問題不在於分別「誰對誰錯」這種較粗淺的主觀價值比較，而是「誰比較全面，誰比較受限制」的差異。因此威爾伯的下一步歸納手段就試圖把這些不同核心的結論整合在一起，再去討論驗證的標準。這是大部分過去習慣於演繹推論的思想理論家所沒有採用的方法，後者往往在此時建立了理論，然後試圖去解釋他人的世界，其適用範圍是有相當局限性的。

就在這第二個階段時，威爾伯突然發現他「吾道一以貫之」的最初假說不通，因為這些「定位歸納」的結論似乎分別講述了四個不同的「真理」，而不是一個！因此他必須丟掉這個理想假說，但是其他的歸納假說仍然適用。經過一番整理，威爾伯發現這四種真理的面貌也不過就是「個人與羣體」、「外相與內心」這兩組對象的不同組合與排列而已。這麼簡單的結論，卻是他收集與吸收了數千本書，歸納古今中外各種知識與教訓所得。威爾伯於是將這四種範疇用一個簡單的四個象限的四塊圖表示（如圖一）。

其中右上角為探討「個人」與「外相」（行為）的客觀自然科學範圍，右下角為研究「羣體」與「外相」（社會）的系統科學領域。左上角以探索「個人」與「內心」（意向）的主觀學科（包括心理學、宗教等）為對象，左下角則以研討「羣體」與「內心」（文化）的主流思考

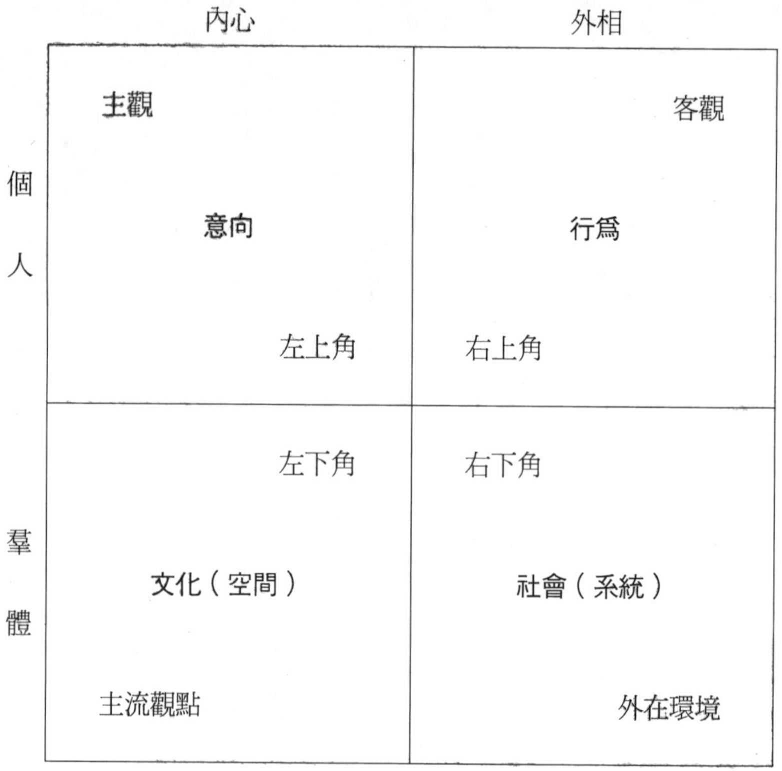

圖一　威爾伯歸納古今中外各種知識所得的「四個象限」

（如倫理、典範等）為範疇。

這一個看起來貌不驚人的四象限分類法（我們在初一就已學過），卻能解決很多哲學理論與實證學派之間的矛盾與衝突，如果再加上系統演化的層次概念，就完成了威爾伯所創之「整合學」的主要架構（見圖二），剩下的工作就是驗證假說與適用範圍，面對其他觀點的辯證與考驗過程了。

整合學的驗證與應用

威爾伯認為真要解決當今世界多元思考的混亂與困境，必須以「全象限、全層次」的整合性思維來分析與表達。否則不但個人言行經常矛盾、內心衝突，整個羣體環境與社會也將是各說各話、漫無標

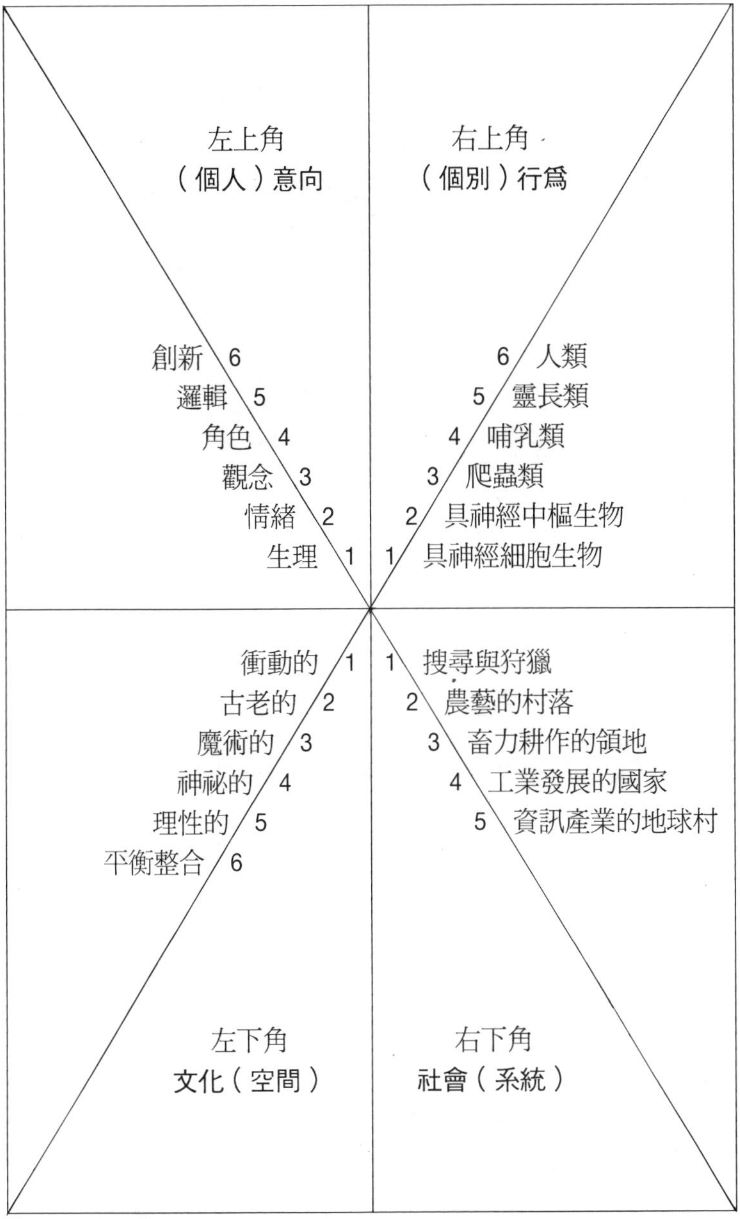

圖二　威爾伯整合學的主要架構；四個象限與不同演化階層爲其特色，這也是 他的「思想地圖」

準，甚至積非成是，結果則是更多的無力感、環境的破壞與文明衝突。因此他才會在別人提出宗教、歷史與科學都已「終結」的時候，指出一個全新的方向：整合思維。

未能整合的困境與風險

在西方思想史中，曾經試圖用一個象限的學問去解釋四個象限的世界現象的失敗例子層出不窮。僅是近代已被逐漸淡忘的誇大學說就有行為心理學（右上角象限）、系統控制論（右下角象限）、結構主義（左下角象限）與超覺靜坐（左上角象限）。但是目前仍然有其改頭換面的提倡者，像是認知心理學、「生命之網」的生態學、後現代主義與各種末世宗教，都是以偏蓋全的例子。

在東方的社會裡，雖然近百餘年來缺乏創新思維的人才，或說社會條件並不允許這類人才的突破，但是因為東西文化的交流，也產生了某種一定象限的支持者，像是科學家比較著重右上象限，系統論者比較鼓吹右下象限，儒家學者支持左下象限，修行人則重視左上象限。如果這四種偏向只是因為專業或強調重點不同所造成的還不打緊，就怕鼓吹的領導人矯枉過正，忽略其他象限的重要與平衡性，反而給社會造成負面影響。

比較明顯的歷史教訓有：迷信唯物辯證的共產集團（右下象限）、鼓吹種族優越的軸心聯盟（左下象限），以及對羣體傷害性較小，我們經常面對的唯物科學觀（右上）與唯心救贖論（左上），這些偏頗的觀念都會造成不平衡的影響。即使是兩個象限的參雜與合併也不能解決根本問題，像是存在主義（左下與左上）與解放神學（右下與左上）都沒有給其提倡者，更不要說是追

隨者，帶來真正的自由就是明證，這些例子多得不可勝數。

因此威爾伯主張「全象限、全層次」的看問題。為了顯示這種觀點的全面性，讓我們選擇一個最具爭議性、也最可以各說各話的學科做為例子：藝術評論。這是比文學評論還要更難詮釋的主題，後者至少還有文字可以做為依據，不像是藝術主題的抽象與隨性所至。

藝術評論：四種象限的交互作用

提到當今流行藝術評論學派，對於一般人來說大概只有一句話就可終結：「誰管它呢?!」因為最新的「後現代解構主義」的觀點認為，藝術詮釋決定於內涵，而內涵是沒有界限的廣泛，所以任何評論都是無意義的！同時有評論者認為，欣賞者的角度決定了藝術作品的意義，因此過去所有的藝術與其理論都不必了解，相信自己的感覺最重要！這兩種觀點應是當今最流行的藝術評論觀點，威爾伯簡稱它們為「虛無主義」（*Nihilism*）與「自戀主義」（*Narcissism*），而這兩種看法都是未經整合的偏見。

一個藝術品的創作源起於作者的心意（左上角象限），而這個意念與他所處的無形文化背景（左下角象限）如語言、內涵、習慣等相關，這些文化背景又架構在一個有形的社會背景（右下角象限）如工商業、科技、國家、制度之上。同時作者的行為模式、創作技巧（右上角象限）是可以為外界所客觀理解與觀察的。至於一個欣賞者的觀點與藝術主題的互動，也可以經由同樣的四個象限的交互作用來理解，再加上每一個象限還存在著不同的層次，要平衡的評論某種藝術作品還真不是一件容易的事。不過經由一段簡短的藝術評論歷史回顧，我們就可發現威爾伯的觀點

顯然比任何一種曾經流行的理論更為全面，也更為接近藝術創作的各層面，因為它可以「面面俱到」，可以囊括其他學說。

西方最早的藝術評論出現在柏拉圖《理想國》（*Republic*）一書，其中認為藝術是一種模仿與表徵（右上角象限），亞里斯多德與十八世紀以前的學者多半認同此觀點。直到十八世紀浪漫主義思潮開始，才將個人放在世界的中心，認為藝術基本上是一種作家的感情表現（左上角象限），因此要詮釋藝術必先了解藝術家的原創意向。像是托爾斯泰（*Leo Tolstoy*）與克羅齊（*Benedetto Croce*）都持這種看法，而相對應的「表現主義」作家則有梵谷、高更、馬蒂斯等人。

在此同時，由於心理分析學與各種社會運動的興起，藝術作品中的隱藏內涵與集體文化意義（左下角象限）也被拿出來討論，不論是性別、道德、經濟、意識型態都可自成觀點。似乎只要能掌握到蛛絲馬跡，就沒人能否認（至少完全否認）由此而引申出來的立論。馬克思主義與女性主義者為鼓吹此類藝術評論觀點的積極提倡者。

不過十七世紀的科學革命引起的啟蒙運動，在藝術方面也有深厚的影響。像是莫內、雷諾瓦、畢沙羅等人的印象派作品，就試圖以光影的捕捉來顯示創作當時的視覺印象（又回到了右上角象限），不強調作者的感情。而由理性主義衍生出來的俄國「形式主義」、美國的「新批評」與法國的「結構主義」論述，甚至日後的「後結構主義」都是對作品的本身結構、形式與外相做學問，並不去推敲作者的內心世界，因而有符號大師巴特（*Roland Barthes*）提倡的名言：「作家已死！」不過這種著重於作品本身內涵而非作家內涵的「世俗」（*Secular*）觀點，仍然是藝術評論學界的主流思想之一。

到了「後現代主義」時代，繼承海德格詮釋學思想的評論家如迦達瑪（*Hans- Georg Gadamer*），則認為解釋作品必須經由一種與觀衆「對話」的過程（這又走回了左上角象限，但這次是觀衆的內心，而非作者），這種立足於歷史環境與語言中不斷變化的心靈意念（包括了左下角象限）才是藝術的本質。

以上我們大致了解了藝術評論的歷史演變與幾種主要觀點，「虛無主義」與「自戀主義」就是最後兩種觀點的極端演變，顯然這些觀點都有部分的正確性，相對的也有其局限性。將它們放在威爾伯四個象限的整合立場來分析，立刻可以看出這些觀點的不足，而四個象限則毫無困難的包容前人的理論（見圖三）。如果再加上前段有關系統層次的觀點，如作者的宗教心靈與社會階級等因素，我們自然能夠更全面地了解一個藝術作品的各方面的意義（註二），這也是威爾伯提出「整合學」以幫助二十一世紀面對當前複雜的個人與羣體系統問題的本意。

哲人的智慧與威爾伯共鳴

柏拉圖首先提出「真、善、美」是人類至高境界的先哲，我們如果將可以客觀驗證或觀察的自然與社會科學（右上角與右下角兩個象限）解釋為「真」的範圍，將羣體的主觀倫理意識（左下角象限）設定為「善」的範疇，以及將個人的心靈審美觀點（左上角象限）歸屬為「美」的領域，那麼威爾伯的思想架構也就包括了全部的至高境界。

當佛教徒皈依「佛、法、僧」三寶時，人們多半以觀想、持咒或敬禮的方式向「三世諸佛」、「三藏正法」與「出入世僧」學習尋找自性即佛性的方法。威爾伯認為「佛法僧」也可以

主觀 二、作家內心表現 （毛爾斯泰……；浪漫主義） 六、觀衆內心反應 （迦達瑪……；後現代主義） 左上角	客觀 一、模仿與表徵 （柏拉圖到18世紀；古典主義） 四、視覺印象 （弗賴……；形式主義） 右上角
左下角 三、集體文化意識（連右下） （馬克思……；女性主義等） 五、符號、結構、解構(連右上) （巴特……；結構主義等） 主流觀點	右下角 （空白） 外在環境

圖三　西方藝術評論理論的歷史演變，強調重點在不同象限間擺動

從自性「佛」（左上角）、一切「法」（右上與右下角）與同修「僧」（左下角）的擴大解釋來看釋迦牟尼佛的本來意思，也就是三界所有的有形無形、有情無情的主客觀對象都被包括在內。

當康德（*Immanuel Kant*）提出他不朽的三本哲學著作：《純理性批判》以反駁經驗主義者（右上與右下象限）、《實踐理性批判》以回應相對倫理觀點（左下角象限）與《判斷力批判》以論證審美不依賴物性（左上角象限）等，其討論對象也與威爾伯的整合學相映。甚至當今流行的速食文化三Q人性商數品質：IQ（右上／右下）、EQ（左上）以及MQ（左下）也是在講類似的對象（見圖四）。

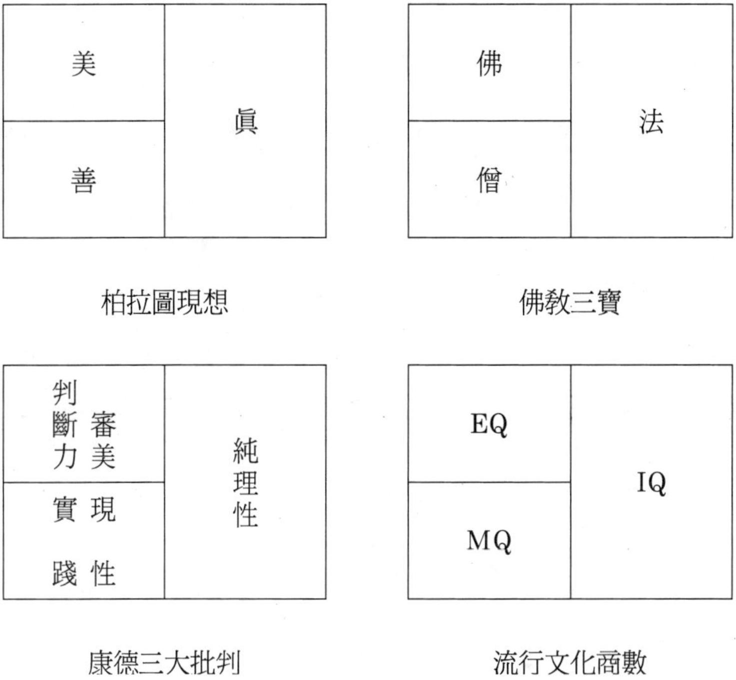

圖四　兩位西哲的智慧與兩種羣體文化在威爾伯思想架構下的涵蓋面

因此我們可以說威爾伯「全象限與全層次」的整合觀點應該是值得大家進一步了解，並且廣泛討論，甚至是全力支持的新視界與新學問。難怪他在美國文化界引起了熱烈的討論，他的第一本談科學與宗教（佛教、基督教等）的普及書：《感官與靈魂的交融》經過五家出版商競標，才由藍燈出版社（*Random House*）搶到發行權於今年四月出書，與二十年前的境遇不可同日而語。

對中國人的啟示

中國文化並不是強調理性思維的文化，因此在唐宋禪宗黃金時期之後近千年來，除了空談心性的宋明理學，並沒有產生有分量的哲學

家。而近兩百年來的中國知識份子更是忙於追趕西方文明的物質，而疏忽將中國原有的三大思想「儒釋道」重新詮釋並發揚光大，以至於當今海峽兩岸都不是世界新文化發源的重鎮（譬如說佛教的現代傳承，西方是先想到泰國、日本與西藏，然後才可能提到中國）。今天既然有像威爾伯的外國人幫我們圓融的歸納出東方宗教思想在整體思考下的合理定位，為什麼我們不借用這整合學來討論一下在我們周圍環境耳熟能詳的思想，說不定就會有創新的觀點與力量出現（見圖五）?!

前文我們已經看到共產主義唯物思想（右上與右下角）的局限性，尤其是它忽視心靈，卻唯心地自認唯物觀點能夠解釋全面，是根本的缺失。即使是三民主義的思想，我們也只能由社會與文化（右下與左下角）的內涵去了解，缺少科學（右上角）與心靈（左上角）的論述。不過如果以「寧缺勿濫」的眼光來比較，這種溫和的社會主義也是世界的潮流，並不需要改頭換面的批判，尤其是強調中國儒家清議傳統的五權憲法（以具有公信力的左下角象限道德力量去制衡有任期制的右下角三權分立制度）更是中山先生高瞻遠矚的創見。直到近數十年，美國才多次運用具有公信力的「藍緞委員會」（*Blue Ribbon Committee*），這種體制外清議組織來應付三權制度下無法解決的重大國家問題。而目前國內的政治亂象，更顯示出沒有公正的、可信的與超然的「御史」機構，是民眾對政府喪失信心的主要原因之一。這也是全世界採用三權分立民主制度國家的共同問題，只是在我國獨特的政治生態環境與歷史傳統下表現得更為突出與迫切。

至於道家的天人合一思想，不但講到人與自然（右上角）的關係，也談到修心養性（左上角）的內涵，如果將其中中醫與氣功的傳統拿來與西方生命科學的組成層次比較，我們不難發現

主觀 **佛教** （內省心靈） 左上角	客觀 **道教** （中醫、氣功） 右上角
左下角 **儒教** （清議制度） 主流觀點	右下角 **共產主義** **孫文學說** 外在環境

圖五　中國人較熟悉的一些思想，在威爾伯思想架構下的涵蓋與強調重點

前者有關「氣的本質」的討論，與近年來西方才開始注意到的「生物能量」觀念相通，而後者正是傳統西醫所忽視的主題。或許我們可以利用中國人勉強存留的一些觀念優勢，在此產生一些突破。要不然就像威爾伯吸收佛法不過二十年，就能夠歸納出如此全面的整合學，筆者相信西方也將有人在吸收到中醫精髓多年之後，就可以以其完備的科學與理性素養，做出令我們臉紅的貢獻。

威爾伯的成就在於他利用本身成長在西方文化環境中，繼承理性思維傳統的優勢，並且接受東方文化直觀禪修傳統的核心，而結合出一套圓融的整合學觀點。有心的中國人應該也可以利用本身成長在東

方文化環境中，繼承感性實證傳統在「儒釋道」三方面的優勢，接受整合學的理性架構核心，而發展出幾項對於全世界人類有貢獻的創新思維，如清議制度、內省文化與生命科學。扭轉東西方思想界都在原地踏步，亦即「歷史終結」、「科學終結」或是「河殤」、「說不」與「文明衝突」的困境，如此才能盡到一個地球村族羣的基本義務，讓我們共同以此理想共勉。

（作者現任職於美商聯合訊號航空工業服務股份有限公司）

註一：陳家成，〈複雜科學與佛法〉，第四屆佛學與科學研討會論文集，頁59至83，圓覺文教基金會主編（1996）。

註二：如果讀者對威爾伯評論藝術的實例有興趣，不妨參考索引十二：《靈性之眼》的第5章。

❖肯恩・威爾伯的書籍著作

The Spectrum of Consciousness. *Wheaton, Ill.: Quest, 1977.*

No Boundary: Eastern and Western Approaches to Personal Growth. *Boston and London: Shambhala Publications, 1979.*

The Atman Project: A Transpersonal View of Human Development. *Wheaton, Ill.: Quest, 1980.*

Up from Eden: A Transpersonal View of Human Evolution. *Boston and London: Shambhala Publications, 1982.*

A. Sociable God: A Brief Introduction to a Transcendental Sociology. *Boston and London: Shambhala Publications, 1983.*

The Holographic Paradigm: Exploring the Leading Edge of Science. *Boston and London: Shambhala Publications, 1985.*

Eye to Eye: The Quest for the New Paradigm. *Boston and London: Shambhala Publications, 1990.*

Quantum Questions: Mystical Writings of the World's Great Physicists. *Boston and London: Shambhala Publications, 1984.*

Transformation of Consciousness: Conventional and Contemplation Perspectives on Development. *Boston and London: Shambhala Publications, 1986.*

Grace and Grit: Spirituality and Healing in Life and Death of Treya Killam Wilber. *Boston and London: Shambhala Publications, 1991.*

Sex, Ecology and Spirituality: The Spirit of Evolution. *Boston and London: Shambhala Publications, 1995.*

A Brief History of Everything. *Boston and London: Shambhala Publications, 1996.*

The Eye of Spirit: An Integral Vision for a World Gone Slightly Mad. *Boston and London: Shambhala Publications, 1997.*

The Marriage of Sense and Soul: Integrating Science and Religion. *New York: Random House, 1998.*

❖評論肯恩・威爾伯的相關書籍

What Really Matters: Searching for Wisdom in America. *Tony Schwartz, New York: Bantam, 1995.*

Ken Wilber in Dialogue. *ed. D. Rothberg and S.Kelly, Wheaton Ill: Quest, 1997.*

〈附錄二〉

延伸閱讀——英文篇

Achterberg, Jeanne. **Imagery in Healing.** *Boston and London: Shambhala Publications, 1985.*

Anthony, Dick; Bruce Ecker; and Ken Wilber. **Spiritual Choices: The Problems of Recognizing Authentic Paths to Inner Transformation.** *New York: Paragon House, 1987.*

Arieti, Silvano. **The Intrapsychic Self.** *New York: Basic Books, 1967.*

Assagioli, Roberto. **Psychosynthesis.** *New York: Hobbs, Dorman, 1971.*

Aurobindo. **The Life Divine.** *Pondicherry: Centenary Library, 1982.*

Becker, Ernst. **The Denial of Death.** *New York: Free Press, 1973.*

Bellah, Robert, et al. **Habits of the Heart.** *Berkeley: University of California Press, 1985.*

Blanck, Gertrude, and Rubin Blanck. **Ego Psychology II: Psychoanalytic Developmental Psychology.** *New York: Columbia University Press, 1979.*

Broughton, John. 'The Development of Natural Epistemology in Adolescence and Early Adulthood.' Doctoral dissertation, Harvard University, 1975.

Campbell, Joseph. **The Masks of God,** *vols. 1 – 5. New York: Viking Press, 1959, 1962, 1964, 1968.*

Capra, Fritjof. **The Tao of Physics.** *New York: Bantam Books, 1977. Boston: Shambhala Publications, 1985 (2nd ed.), 1991 (3rd ed.).*

Clifford, Terry. **Tibetan Buddhist Medicine and Psychiatry.** *York Beach, Me.: Samuel Weiser, 1984.*

Coomaraswamy, Ananda. **Time and Eternity.** *Ascona, Switzerland: Artibus Asiae, 1947.*

A Course in Miracles. *Tiburon, Calif.: Foundation for Inner Peace, 1975.*

Cousins, Norman. **The Healing Heart.** *New York: Avon, 1984.*

Da Free John. **The Dawn Horse Testament.** *Clearlake, Calif.: Dawn Horse Press, 1986.*

Eckhart, Meister. **Meister Eckhart.** *Trans. by Edmund Colledge and Bernard McGinn. New York: Paulist Press, 1981.*

Erikson, Erik. **Identity and the Life Cycle.** *New York: International University Press, 1959.*

Faye, Martha. **A Mortal Condition.** *New York: Coward – McCann, 1983.*

Fowler, James. **Stages of Faith.** *San Francisco: Harper & Row, 1981.*

Frankl, Viktor. **Man's Search for Meaning.** *Boston: Beacon Press, 1963.*

Freud, Sigmund. **Civilization and Its Discontents.** *New York: W. W. Norton, 1930, 1961.*

——**The Ego and the Id (1923).** *Standard Edition, vol. 19. London: Hongarth Press, 1961.*

——**A General Introduction to Psychoanalysis.** *New York: Pocket Books, 1971.*

Gilligan, Carol. **In a Different Voice.** *Cambridge: Harvard University Press, 1982.*

Goddard, Dwight. **A Buddhist Bible.** *Boston: Beacon Press, 1966.*

Grof, Stanislav. **Realms of the Human Unconscious.** *New York: Viking Press, 1975.*

Habermas, Jurgen. **Communication and the Evolution of Society.** *Boston: Beacon Press, 1979.*

——**The Philosophical Discourse of Modernity.** *Cambridge: MIT Press, 1990.*

Hart, William. **The Art of Living: Vipassana Meditation as Taught by S. N. Goenka.** *San Francisco: Harper & Row, 1987.*

Hayward, Jeremy. **Shifting Worlds, Changing Minds: Where the Sciences and Buddhism Meet.** *Boston and London: Shambhala Publications, 1987.*

Hegel, Georg. **The Phenomenology of Mind.** *J. Baille (trans.). New York: Harper & Row, 1949.*

Hixon, Lex. **Coming Home: The Experience of Enlightement in Sacred Traditions.** *Los Angeles: Jeremy Tarcher, 1989.*

Hoffman, Edward. **The Way of Splendor: Jewish Mysticism and Modern Psychology.** *Boston and London: Shambhala Publications, 1981.*

Hume, Robert (trans.). **The Thirteen Principal Upanishads.** *London: Oxford University Press, 1974.*

Huxley, Aldous. **The Perennial Philosophy.** *New York: Harper & Row, 1944.*

Jampolsky, Gerald. **Love Is Letting go of Fear.** *Millbrae, Calif.: Celestial Arts, 1979.*

John of the Cross. **The Dark Night of the Soul.** *Garden City, N.Y.:*

Doubleday/Anchor, 1959.
Jung, C. G. **Analytical Psychology: Its Theory and Practice.** *New York: Vintage Press, 1961.*
——**Man and His Symbols.** *New York: Dell, 1964.*
——**The Portable Jung.** *Joseph Campbell (ed.). New York: Viking Press, 1971.*
Lax, Eric. **Life and Death on Ten West.** *New York: Times, 1984.*
Levenson, Frederick. **The Causes and Prevention of Cancer.** *Chelsea, Mich.: Scarbrough House, 1986.*
Kalu Rinpoche. **The Gem Ornament of Manifold Oral Instructions.** *San Francisco: KDK, 1986.*
Kapleau, Philip. **The Three Pillars of Zen.** *Boston: Beacon Press, 1965.*
Keating, Thomas. **Open Mind, Open Heart: The Contemplative Dimension of the Gospels.** *New York: Amity, 1986.*
Kernberg, Otto. **Borderline Conditions and Pathological Narcissism.** *New York: Jason Aronson, 1975.*
Kohlberg, Lawrence. **Essays on Moral Development.** *San Francisco: Harper & Row, 1981.*
Kohut, Heinz. **The Restoration of the Self.** *New York: International University Press, 1977.*
Kongtrul, Jamgon. **The Great Path of Awakening.** *Trans. by Ken Mcleod. Boston and London: Shambhala Publications, 1987.*
Krishnamurti, J. **The First and Last Freedom.** *Wheaton, III.: Quest, 1954.*
Lama Shabkar. **The Flight of the Garuda.** *Kathmandu, Nepal: Rangjung Yeshe Publications, 1988.*
Lasch, Christopher. **the Culture of Narcissism.** *New York: W. W. Norton, 1979.*
Levine, Stephen. **Healing into Life and Death.** *New York: Doubleday/Anchor, 1987.*
Locke, Steven, and Douglas Colligan. **The Healer Within.** *New York: E. P. Dutton, 1986.*
Loevinger, Jane. **Ego Development.** *San Francisco: Jossey_Bass, 1976.*
Mahler, Margaret; Fred Pine; and Anni Bergman. **The Psychological Birth of the Human Infant.** *New York: Basic Books, 1975.*
Maslow, Abraham. **The Further Reaches of Human Nature.** *New York: Viking Press, 1971.*
Murphy, Michael, and Steven Donovan. **The Physical and Psychological Effects of Meditation.** *San Rafael, Calif.: Esalen Institute,*

1989.

Norbu, Namkhai. ***The Cycle of Day and Night.*** *Barrytown, N.Y.: Station Hill Press, 1987.*

Piaget, Jean. ***The Essential Piaget.*** *Ed. by Howard E. Gruber and J. Jacques Voneche. New York: Basic Books, 1977.*

Ramana Maharshi. ***The Collected Works of Ramana Maharshi.*** *Ed. by Arthur Osborne. York Beach, Me.: Weiser, 1970.*

——***The Spiritual Teaching of Ramana Maharshi.*** *Boston and London: Shambhala, 1972, 1988.*

——***Talks with Sri Ramana Maharshi.*** *3 vols. Tiruvannamalai: Sri Ramanasraman, 1972.*

Reynolds, John Myrdhim (trans.). ***Self_Liberation through Seeing with Naked Awareness.*** *Barrytown, N. Y.: Station Hill Press, 1989.*

Ring, Kenneth. ***Life at Death.*** *New York: Coward, McCann & Geoghegan, 1980.*

Schuon, Fritjof. ***Logic and Transcendence.*** *New York: Harper & Row, 1975.*

Smith, Huston. ***Forgotten Truth.*** *New York: Harper & Row, 1976.*

Sontag, Susan. ***Illness as Metaphor.*** *New York: Vintage Books, 1979.*

Suzuki, D. T. (trans.). ***Lankavatara Sutra.*** *Boulder: Prajna Press, 1978.*

Suzuki Shunryu. ***Zen Mind, Beginner's Mind.*** *New York: Weatherhill, 1970.*

Teilhard de Chardin, Pierre. ***The Phenomenon of Man.*** *New York: Harper & Row, 1964.*

Trungpa, Chögyam. ***The Myth of Freedom.*** *Berkeley: Shambhala Publications, 1976.*

Tsele Natsok Rangdrol. ***The Circle of the Sun.*** *Hong Kong: Rangjung Yeshe Publications, 1990.*

Tulku Thondup Rinpoche. ***Buddha Mind: An Anthology of Longchen Rabjam's Writings on Dzogpa Chenpo.*** *Ithaca, N.Y.: Snow Lion, 1989.*

Vaughan, Frances. ***Awakening Intuition.*** *Garden City, N.Y.: Doubleday/Anchor, 1979.*

——***The Inward Arc: Healing and Wholeness in Psychotherapy and Spirituality.*** *Boston and London: Shambhala Publications, 1986.*

Walsh, Roger. ***Staying Alive: The Psychology of Human Survival.*** *Boston and London: Shambhala Publications, 1984.*

——***The Spirit of Shamanism.*** *Los Angeles: Jeremy Tarcher, 1990.*

Walsh, Roger, and Deane Shapiro (eds.). ***Beyond Health and Normal-***

ity: Explorations of Exceptional Psychological Well _ being. New York: Van Nostrand Reinhold, 1983.

Walsh, Roger, and Frances Vaughan. **Beyond Ego: Transpersonal Dimensions in Psychology.** Los Angeles: Jeremy Tarcher, 1980.

Watts, Alan. **The Supreme Identity.** New York: Vintage Books, 1972.

Wei Wu Wei. **Open Secret.** Hong Kong University Press, 1965.

Wilber, Ken. **The Spectrum of Consciousness.** Wheaton, Ill.: Quest, 1977.

——**No Boundary: Eastern and Western Approaches to Personal Growth.** Boston and London: Shambhala Publications, 1979.

——**The Atman Project: A Transpersonal View of Human Development.** Wheaton, Ill.: Quest, 1980.

——**Up from Eden: A Transpersonal View of Human Evolution.** Boston and London: Shambhala Publications, 1982.

——**A Sociable God: A Brief Introduction to a Transcendental Sociology.** Boston and London: Shambhala Publications, 1983.

——**Quantum Questions: Mystical Writings of the World's Great Physicists.** Boston and London: Shambhala Publications, 1984.

——**The Holographic Paradigm: Exploring the Leading Edge of Science.** Boston and London: Shambhala Publications, 1985.

——**Eye to Eye: The Quest for the New Paradigm.** Boston and London: Shambhala Publications, 1990.

Wilber, Ken; Jack Engler; and Daniel P. Brown.. **Transformations of Consciousness: Conventional and Contemplative Perspectives on Development.** Boston and London: Shambhala Publications, 1986.

Zukav, Gary. **The Dancing Wu Li Masters.** New York: Morrow, 1979.

張老師文化智慧的書目

•此書目之定價若有錯誤，應以版權頁之價格為準。
•讀者服務專線：（02）2218-8811　傳真：（02）2218-0805

P1

一、生活叢書			
	生活技巧系列	定價	備註
A_{1}	讀書與考試	60元	
A_{9}	怡然自得—30種心理調適妙方	130元	
A_{10}	快意人生—50種心理治療須知	120元	
A_{11}	貼心父母—30帖親子相處妙方	120元	
A_{12}	生活裡的貼心話	150元	
A_{13}	讀書會專業手冊	250元	
A_{14}	創意領先—如何激發個人與組織創造力	250元	
A_{15}	大腦體操—完全大腦開發手冊	120元	
A_{16}	想戒就戒—成功戒菸手冊	180元	
A_{17}	張德聰的自助舒壓手冊〔上〕：美好人生的心理維他命	220元	
A_{18}	快樂是一種陷阱	280元	
A_{19}	聰明的餅乾壓不碎—找回你的天賦抗壓力	200元	
A_{20}	聆聽自己，聽懂別人：35堂讓生活更美好的聲音魔法課+CD	300元	
	愛・性・婚姻系列	定價	備註
E_{41}	結婚前，結婚後—成長與改變	220元	
E_{42}	愛得聰明•情深路長	210元	
E_{43}	遠離危險關係—愛情的七大警訊	290元	
E_{44}	愛就是彼此珍惜—幸福婚姻的對話	300元	
E_{45}	婚內昏外	220元	
E_{46}	一定要結婚嗎？	280元	
E_{47}	愛上M型男人—找回妳的勇氣、尊嚴與幸福	290元	
E_{48}	重建—重塑婚姻與自我的願景	350元	
E_{49}	搞懂男人—李曼法則39	270元	
E_{50}	享受愛情不吃虧	230元	
E_{51}	抓住幸福很easy	230元	
E_{52}	愛在金錢蔓延時—金錢與親密關係	290元	
E_{53}	夫妻溝通成功七律	250元	
E_{54}	中年太太俱樂部	280元	
E_{55}	莫非愛可以如此	240元	
E_{56}	幸福關係的七段旅程	300元	
E_{57}	女性私身體	480元	
E_{58}	抱緊我－扭轉夫妻關係的7種對話	320元	
E_{59}	宿命・改變・新女人	250元	
	親子系列	定價	備註
P_{9}	天下無不是的孩子	180元	
P_{12}	尋找田園小學—創造兒童教育的魅力	220元	
P_{13}	不是兒戲—鄧志浩談兒童戲劇	220元	

P_{17}	父母成長地圖	200元	
P_{18}	做孩子的親密知己	200元	
P_{21}	孩子的心，我懂	220元	
P_{22}	你可以做個創意媽媽	230元	
P_{23}	我要和你一起長大—尋找家庭桃花源	250元	
P_{24}	媽媽心裡的話—關於兒子	330元	
P_{25}	愛女兒愛爸爸—做女兒生命中第一個好男人	280元	
P_{26}	孩子的天空—成長、學習、邁向卓越的七大需要	300元	
P_{27}	大手牽小手—我和我的自閉兒小宜	220元	
P_{28}	每個父母都能快樂—怎樣愛青春期的孩子	270元	
P_{29}	當孩子做錯事—掌握機會塑造好品格	300元	
P_{30}	如何與青少年子女談心	280元	
P_{31}	我想安心長大—如何讓孩子有安全感	260元	
P_{32}	王鍾和與父母談心①—親子關係	240元	
P_{33}	王鍾和與父母談心②—生活教育	240元	
P_{34}	王鍾和與父母談心③—兩性教育	240元	
P_{35}	王鍾和與父母談心④—學校生活	240元	
P_{36}	青少年非常心事	250元	
P_{37}	單親媽媽，滿分家教	200元	
P_{38}	媽媽，沒有人喜歡我	320元	
P_{39}	我兒惠尼	320元	
P_{40}	燈燈亮了—我的女兒妞妞	320元	
P_{41}	為什麼青少年都衝動？	320元	
P_{42}	媽媽，用心去做就好	240元	
P_{43}	一生罕見的幸福	220元	
P_{44}	任修女的親子學堂	240元	
P_{45}	巴黎單親路	240元	
P_{46}	青少年非常心事2：我的孩子變了！	250元	
P_{47}	罕見疾病FOP的試煉與祝福	360元	
P_{48}	如何教養噴火龍	280元	
P_{49}	29種做快樂爸爸的方法	260元	
P_{50}	當孩子得了躁鬱症—該做什麼？如何做？	300元	
P_{51}	是誰傷了父母？—傷心父母的療癒書	280元	
P_{52}	Orange媽媽：四分之三的幸福	250元	
P_{53}	喬伊的返校之旅	350元	
P_{54}	碰恰恰說故事魔法	280元	
	青少年系列	定價	備註
Z_{2}	悸動的青春—如何與人交往	120元	
Z_{3}	葫蘆裡的愛—如何與家人溝通	120元	

Z_4	輕鬆過關—有效的學習方法	120元	
Z_5	孩子，你在想什麼—親子溝通的藝術	120元	
Z_6	青少年的激盪—青少年心理及精神問題解析	150元	
Z_9	少年不憂鬱—新新人類的成長之路	180元	
Z_{10}	想追好男孩—青春族的情感世界	180元	
二、輔導叢書			
助人技巧系列		定價	備註
C_3	助人歷程與技巧	240元	增訂版
C_4	問題解決諮商模式	250元	
C_5	校園反性騷擾行動手冊	150元	修訂本
團體輔導系列		定價	備註
M_2	團體領導者訓練實務	280元	
M_3	如何進行團體諮商	150元	
M_6	小團體領導指南	100元	
M_7	團體輔導工作概論	250元	
教育輔導系列		定價	備註
N_{14}	短期心理諮商	250元	
N_{15}	習慣心理學—理論篇	380元	
N_{17}	自我與人際溝通	220元	
N_{19}	心理治療實戰錄	320元	
N_{20}	諮商實務的挑戰—處理特殊個案的倫理問題	300元	
N_{21}	習慣心理學（歷史篇）	420元	
N_{22}	客體關係理論與心理劇	400元	
N_{23}	薩提爾的家族治療模式	380元	
N_{24}	焦點解決短期心理諮商	200元	
N_{25}	邁向成熟—青年的自我成長與生涯規劃	250元	
N_{27}	臨床督導工作的理論與實務	400元	
N_{28}	10倍速療法—短期心理治療實戰錄	200元	
N_{29}	人際溝通分析練習法	420元	
N_{30}	兒少性侵害全方位防治與輔導手冊	260元	
N_{31}	心理治療入門	360元	
N_{32}	TA的諮商歷程與技術	280元	
N_{33}	敘事治療—解構並重寫生命的故事	420元	
N_{34}	志工實務手冊	450元	
N_{35}	家庭暴力者輔導手冊	280元	
N_{36}	遊戲治療101	450元	
N_{37}	薩提爾治療實錄—逐步示範與解析	280元	
N_{38}	解決問題的諮商架構	270元	
N_{39}	情緒取向V.S.婚姻治療	300元	
N_{40}	習慣心理學•辨識篇〈上冊〉	500元	
N_{41}	習慣心理學•辨識篇〈下冊〉	500元	
N_{42}	快意銀髮族—台灣老人的生活調查報告	220元	

N_{43}	志工招募實戰手冊	270元	
N_{44}	助人工作者自助手冊—活力充沛的祕訣	350元	
N_{45}	家族星座治療—海寧格的系統心理療法	450元	
N_{46}	性罪犯心理學—心理治療與評估	350元	
N_{47}	故事與心理治療	300元	
N_{48}	每個學生都能成功	250元	
N_{49}	情緒與壓力管理	300元	
N_{50}	兒童故事治療	280元	
N_{51}	理情行為治療	220元	
N_{52}	婚姻與家族治療—個案研究	720元	
N_{53}	焦點解決諮商案例精選—激勵人心的治療故事	270元	
N_{54}	幫他走過精神障礙—該做什麼，如何做？	280元	
N_{55}	存在心理治療—死亡（上）	300元	
N_{56}	存在心理治療—自由、孤獨、無意義（下）	380元	
N_{57}	兒童注意力訓練手冊	400元	
N_{58}	面試成功進大學	270元	
N_{59}	心理治療Live現場	380元	
N_{60}	青少年與家族治療	400元	
N_{61}	習慣心理學•應用篇	400元	
N_{62}	兒童與青少年焦點解決短期心理諮商	320元	
N_{63}	兒童敘事治療：嚴重問題的遊戲取向	420元	
N_{64}	薛西佛斯也瘋狂	290元	
N_{65}	兒童注意力訓練父母手冊	260元	
N_{66}	行動的反思團隊	450元	
N_{67}	敘事取向的生涯諮商	270元	
N_{68}	焦點解決諮商的多元應用	480元	
N_{69}	跟薩提爾學溝通	200元	
N_{70}	聯合家族治療	320元	
N_{71}	克服逆境的孩子—焦點解決諮商的家庭策略	280元	
N_{72}	從換幕到真實—戲劇治療的歷程、技巧與演出	400元	
N_{73}	稻草變黃金—焦點解決諮商訓練手冊	320元	
N_{74}	挑戰成癮觀點—減害治療模式	400元	
N_{75}	心理治療的新趨勢—解決導向療法	250元	
N_{76}	OFFICE心靈教練—企業的焦點解決短期諮商	250元	
N_{77}	家庭暴力加害人處遇團體方案手冊—EMERGE模式	350元	
N_{78}	失去靈魂的優秀	450元	
N_{79}	好好出口氣—設定界限，安全表達憤怒	220元	
N_{80}	遊戲治療101—II	450元	
N_{81}	遊戲治療101—III	450元	
N_{82}	家庭與伴侶評估—四步模式	320元	
N_{83}	性侵害加害人團體處遇治療方案	300元	
N_{84}	如何與非自願個案工作	270元	

N85	合作取向治療	420元	
N86	敘事治療的工作地圖	320元	
N87	心靈的淬鍊—薩提爾家庭重塑的藝術	350元	
N88	終點前的分分秒秒	380元	
N89	當下，與你真誠相遇	320元	
N90	合作取向實務	450元	
N91	薛西佛斯也瘋狂II	270元	
N92	災難後安心服務	250元	
N93	勇氣心理學—阿德勒觀點的健康社會生活	350元	
N94	走進希望之門—從藝術治療到藝術育療	350元	
N95	繽紛花園：兒童遊戲治療	360元	
N96	憂鬱症的情緒取向治療	470元	
N97	情緒取向VS.婚姻治療（二版）	380元	
	心理推理系列	定價	備註
T4	走出生命的幽谷(新版)	200元	
T9	桃源二村	250元	
T10	前世今生—生命輪迴的前世療法	250元	
T11	家庭會傷人—自我重生的新契機（二版）	300元	
T12	你是做夢大師—孵夢•解夢•活用夢	250元	
T13	生命輪迴—超越時空的前世療法	270元	
T14	生命不死—精神科醫師的前世治療報告	280元	
T16	你在做什麼？—成功改變自我、婚姻、親情的真實故事	380元	
T18	榮格自傳—回憶、夢、省思	400元	
T19	家庭祕密—重返家園的新契機	280元	
T20	跨越前世今生—陳勝英醫師的眠治療報告	200元	
T21	脆弱的關係—從玫瑰戰爭到親密永久的婚姻	320元	
T25	回家：結構派大師說家庭治療的故事	400元	
T27	當尼采哭泣	420元	
T28	診療椅上的謊言	420元	
T29	愛上警察—警察家庭心理手冊	360元	
T31	前世今生之回到當下	280元	
T32	我的家缺角了—一個心理治療師的觀察	210元	
T33	祕密，說還是不說	360元	
T34	靠窗的那張床—心理成長小說	420元	
T35	請聽，我心—心理醫生的自我分析	300元	
T36	神奇城堡—以愛整合多重人格的真實案例	360元	
T37	不再害怕—性受虐者心靈療癒的動人故事	220元	
T38	為什麼做壞事—了解毀滅性人格	320元	
T39	父母會傷人	300元	
T40	百變小紅帽	280元	
T41	診療椅上的愛與 性	350元	
T43	鏡子裡的陌生人—解離症：一種隱藏的流行病	380元	

T44	你有沒有看見我的馬	280元	
T45	大師說舞	260元	
T46	婚姻探戈	260元	
T47	舞動人生	260元	
T48	成長之舞	260元	
T49	美聲男子	220元	
T50	刺蝟的愛情	270元	
T51	獵食者：戀童癖、強暴犯及其他性犯罪者	380元	
T52	夢境實驗室	400元	
T53	佛洛伊德的近視眼	290元	
T54	佛洛伊德的輓歌	250元	
T55	媽媽有病—代理性伴病症真實案例	200元	
T56	解剖自殺心靈	250元	
T57	打開史金納的箱子—二十世紀偉大的心理學實驗	320元	
T58	女王駕到—西洋棋王后的歷史	320元	
T59	改變治療師的人—23位治療大師的生命故事	320元	
T60	愛情劊子手	350元	
T61	受虐的男孩，受傷的男人	280元	
T62	情緒分子的奇幻世界	420元	
T63	家有千絲萬縷	250元	
	心靈拓展系列	定價	
D40	心靈神醫	220元	
D43	照見清淨心	180元	
D44	恩寵與勇氣	380元	
D46	杜鵑窩的春天—精神疾病照顧手冊	320元	
D47	超越心靈地圖	300元	
D49	邪惡心理學—真實面對謊言的本質	300元	
D50	生命教育—與孩子一同迎向人生挑戰	240元	
D53	空，大自在的微笑—空 禪修次第	200元	
D55	假如我死時，你不在我身旁	280元	
D56	不知道我不知道	180元	
D57	如何好好生氣—憤怒模式工作手冊	250元	
D58	因為你聽見了我	220元	
D59	當醫生遇見 Siki	240元	
D60	戰士旅行者—巫士唐望的最終指引	300元	
D61	靈性復興—科學與宗教的整合道路	320元	
D62	我的生命成長樹—內外和好的練習本	270元	
D63	Erikson老年研究報告	400元	
D64	難以置信—科學家探尋神祕信息場	240元	
D65	重畫生命線—創傷治療工作手冊	400元	
D66	家屋，自我的一面鏡子	380元	
D67	你可以更靠近我	280元	

D68	快樂的十日課（上）	250元		D113	愛與自由	300元	
D69	快樂的十日課（下）	250元		D114	我是有為者	200元	
D71	一分鐘心理醫生	250元		D115	發現你的利基	250元	
D72	你可以自由—讓受虐婦女不再暗夜哭泣	200元		D116	小魚舖，大奇蹟	240元	
D73	這就是男人！	340元		D117	道別之後	220元	
D74	非零年代—人類命運的羅輯	450元		D118	難以置信 II—尋訪諸神的網站	280元	
D75	打破沈默—幫助孩子走出悲傷	270元		D119	關係療癒	320元	
D76	天空不藍，仍然可以歡笑—練習幽默	270元		D120	人道醫療	300元	
D77	我們並未互道再見—關於安樂死	260元		D121	孩子為何失敗	260元	
D78	巫婆一定得死—童話如何形塑我們的性格	320元		D122	孩子如何學習	300元	
D79	用心去活—生命的十五堂必修課	260元		D123	生命河流	220元	
D80	艾瑞克森—自我認同的建構者	370元		D124	創意是一種習慣	300元	
D81	放心，陪他一段—照顧者十二守則	260元		D125	跨界之旅	220元	
D82	憂鬱心靈地圖—如何與憂鬱症共處	290元		D126	永恆的朝聖者—空與神的會晤	280元	
D85	成功就是現在—大器晚成的祕訣	300元		D127	超越語言的力量—藝術治療在安寧病房的故事	270元	
D86	慾望之心—了解賭徒心理	300元		D128	古老的故事，幸福的奇蹟	200元	
D87	寫自己的壓力處方	320元		D129	我最寶貴的	200元	
D88	我的哭聲無人聽見—孤單與健康	460元		D130	阿嬤的故事袋—老年、創傷、身心療癒	280元	
D89	我的感覺你懂嗎？—面對拒絕	320元		D131	逃學老師	260元	
D90	躁鬱奇才—不凡創造力的背後	350元		D132	海神效應—幹細胞與其對醫學的承諾	350元	
D91	日常談話・深度傾聽	290元		D133	全方位憂鬱症防治手冊	300元	
D92	勝過失望	270元		D134	改變的禮物	250元	
D93	父母離婚後—孩子走過的內心路	360元		D135	卓越大學・一流校長—MIT邁向卓越的策略	320元	
D94	此刻有你真好—陪伴悲傷者走過哀痛	220元		D136	如果梵谷不憂鬱	380元	
D95	向自殺SAY NO！	350元		D137	中年學音樂	240元	
D96	別跟情緒過不去	280元		D138	當綠葉緩緩落下：生死學大師的最後對話	260元	
D97	木屐與清酒	220元		D139	當好人遇上壞事	240元	
D98	可以溝通真好	280元		D140	美名之路：慕哈妲•梅伊的故事	200元	
D99	打開戀物情結	300元		D141	話語、雙手與藥：醫者的人 關懷	280元	
D100	愛上工作—找尋自尊、獨立、安適、從容	300元		D142	石瓦豆的鬱望之旅	240元	
D101	心中壞小孩	270元		D143	RV親情新幹線	280元	
D102	抗癌無懼・活得更好—15000個抗癌勇士的健康秘訣	250元		D144	好心情手冊 I—情緒會傷人	280元	
D103	和好再相愛—破裂關係的修復與重建	320元		D145	好心情手冊 II—焦慮會傷人	290元	
D104	當所愛的人有憂鬱症—照顧他，也照顧好自己	290元		D146	好心情手冊 III—情緒治療師	280元	
D105	請容許我悲傷	250元		D147	熟年大腦的無限潛能	250元	
D106	再也不怯場	290元		D148	寬恕，我唯一能做的—種族滅絕的倖存者告白	280元	
D107	殺不死我的，使我更堅強	280元		D149	喪慟夢	240元	
D108	空間詩學	350元		D150	感受台灣心希望	350元	
D109	做自己的心理管家	290元		D151	踏上心靈幽徑：穿越困境的靈性生活指引	400元	
D110	男人其實很憂鬱	280元		D152	搶救心理創傷：從危機現場到心靈重建	250元	
D111	女人的壓力處方	250元		D153	愈感恩，愈富足	270元	
D112	心理治療室的詩篇	250元		D154	幸福的偶然	240元	

D_{155}	關照身體，修復心靈	280元	
D_{156}	信念的力量	280元	
D_{157}	活出熱情	200元	
D_{158}	微笑天使向前走：逆境家庭的生命復原力	260元	
D_{159}	漸漸懂了你的心	250元	
D_{160}	不單單是爸爸：風雨中的生命書寫	380元	
D_{161}	每個人心中都有兩隻鱷魚	250元	
D_{162}	生命如此豐盛	280元	
D_{163}	心美，生活更美—現代生活新倫理	250元	
D_{164-1}	真善美的追尋—李鍾桂與救國團的半世情	350元	
D_{165}	智慧的心—佛法的心理健康學	450元	
D_{166}	生命宛若幽靜長河	270元	
D_{167}	觀山觀雲觀生死	270元	
D_{168}	生命夢屋	240元	
D_{169}	情話色語	270元	
D_{170}	在時光走廊遇見巴黎—廖仁義的美學旅行	270元	
	人與自然系列	定價	備註
NB_{1}	傾聽自然（二版）	200元	
NB_{2}	看！岩石在說話	200元	
NB_{3}	共享自然的喜悅	250元	
NB_{4}	與孩子分享自然	220元	
NB_{5}	探索大地之心	180元	
NB_{7}	學做自然的孩子—國家公園之父繆爾如何觀察自然	180元	
NB_{9}	你也可以帶孩子和自然玩	210元	
NB_{10}	樂遊自然天地—與孩子共享自然的六十種遊戲	220元	
NB_{11}	女農討山誌	300元	
NB_{12}	貂之舞—來自阿爾卑斯山一股澄澈的自然聲音	280元	
NB_{13}	義大利的山城歲月	280元	
NB_{14}	冷靜的恐懼—絕境生存策略	280元	
	心靈美學系列	定價	備註
Y_{14}	疼惜自己	100元	
Y_{15}	玩得寫意	100元	
Y_{16}	彼此疼惜	100元	
Y_{17}	老神在哉	100元	
Y_{18}	和上蒼說話	100元	
Y_{19}	心中的精靈	100元	
Y_{23}	與人接觸	110元	
Y_{24}	心的面貌	110元	
Y_{25}	沈思靈想	100元	
Y_{26}	尊重自己	100元	
Y_{27}	寬恕樂陶陶	100元	
Y_{28}	簡樸活得好	100元	
Y_{29}	善待此一身	100元	

Y_{30}	自在女人心	100元	
Y_{31}	接納心歡喜	100元	
Y_{32}	喜樂好心情	100元	
Y_{46}	祝你聖誕快樂	180元	
Y_{47}	祝你生日快樂	150元	
Y_{48}	祝你天天快樂	150元	
Y_{49}	給我親愛朋友	150元	
Y_{50}	當所愛遠逝	150元	
Y_{51}	讓憤怒野一回	150元	
Y_{52}	給壓力一個出口	150元	
Y_{53}	勇敢向前行	150元	
Y_{54}	好好過日子	150元	
Y_{55}	活出真性情	150元	
Y_{56}	寶貝你的學生	150元	
Y_{57}	給工作中的你	150元	
Y_{58}	給我親愛家人	150元	
Y_{59}	給獨一無二的你	150元	
Y_{60}	記得照顧自己	150元	
Y_{61}	祝你早日康復	150元	
Y_{62}	親親我的寶貝	150元	
Y_{63}	親親我的媽咪	150元	
Y_{70}	會哭的男人很可愛	150元	
Y_{71}	跟沮喪說 bye bye	150元	
Y_{75}	別讓自己白白受苦	150元	
Y_{76}	平安在我心	150元	
Y_{77}	時時心感恩	150元	
Y_{78}	離開祕密花園	150元	
Y_{79}	走進萬花筒	150元	
Y_{80}	因為愛，我和你	180元	
Y_{81}	因為愛，我和自己	180元	
	浮世繪系列	定價	備註
VW_{2}	這人生	280元	
VW_{3}	讓我擁抱你	180元	
VW_{4}	彼此擁抱	180元	
VW_{5}	象山的孩子	300元	
VW_{7}	小柴犬和風心	250元	
VW_{8}	小柴犬和風心2—四季的喜悅	250元	
VW_{9}	小柴犬和風心3—日日是好日	250元	
VW_{10}	小柴犬和風心4—又是美好的一天	280元	
VW_{11}	萊恩的願井	280元	
VW_{12}	小柴犬和風心5—和的學習之道	280元	
VW_{13}	積木之家	280元	

國家圖書館出版品預行編目資料

恩寵與勇氣／肯恩・威爾伯（Ken Wilber）作；
胡因夢，劉清彥譯.
——二版.——臺北市：張老師，2011 [民 100]
面；　公分.——（心靈拓展系列；D44）
譯自：Grace and Grit: Spirituality and Healing in the Life and Death of Treya Killam Wilber

ISBN 978-957-693-747-7（平裝）

1. 威爾伯（Wilber, Treya Killam）～傳記　2. 癌症

417.8　99003627

Living Psychology
心靈拓展系列 D44
恩寵與勇氣：生與死的靈性與療癒
Grace and Grit：Spirituality and Healing in the Life and Death of
Treya Killam Wilber

作　　者→肯恩・威爾伯（Ken Wilber）
譯　　者→胡因夢、劉清彥
責任編輯→周旻君
封面設計→徐　璽
發 行 人→李鍾桂
總 經 理→廖翰聲
出 版 者→張老師文化事業股份有限公司 Living Psychology Publishers
郵撥帳號：18395080
10647 台北市大安區羅斯福路三段 325 號地下一樓
電話：(02)2369-7959　傳真：(02)2363-7110
E-mail：service@lppc.com.tw
讀者服務：23141 新北市新店區中正路 538 巷 5 號 2 樓
電話：(02)2218-8811　傳真：(02)2218-0805
E-mail：sales@lppc.com.tw
網址：http://www.lppc.com.tw（讀家心聞）
登 記 證→局版北市業字第 1514 號
初版 1 刷→1998 年 11 月
初版21刷→2010 年 03 月
二版 2 刷→2013 年 01 月

I S B N→978-957-693-747-7
定　　價→ 450 元
法律顧問→林廷隆律師
印　　製→永光彩色印刷股份有限公司
繁體中文版授權／博達著作權代理有限公司

廣　告　回　函
北區郵政管理局登記證
北台字第1809號
免　貼　郵　資

10647 台北市大安區羅斯福路三段325號地下一樓

張老師文化公司　　收

【張老師文化之友】

地址：□□□□□　市(縣)　鄉/鎮/市/區　路/街　段　弄　號　樓/室

電話：(O)　(H)　傳真：

請填妥本表寄回，就可加入【張老師文化之友】，並透過email得到張老師文化最快的訊息：

□ 我同意　簽名：＿＿＿＿＿＿　□不同意

※ 張老師文化依「個人資料保護法」之相關規定，對本人之個人資料在特定目的內，可為聯絡讀者、傳遞訊息、內部分析、行銷宣傳等目的之處理及利用。

※ 張老師文化將盡力以合理之技術及程序，保障所有資料安全性使用，除依法令規定及本人同意外，絕不提供任何第三人使用或移作其他用途。

※ 張老師文化支持並維護個人資料的保護，消費者若有任何疑問與建議，敬請利用service@lppc.com.tw與我們連絡，我們將儘速回覆說明。

姓名：＿＿＿＿＿＿ 性別：□男　□女　Email(請填寫工整)：＿＿＿＿＿＿

職業：□1.軍　□2.公　□3.教　□4.工、商　□5.服務業　□6.醫療、社工　□7.學生　□8.其他：＿＿＿＿

1.您所購買的書名：＿＿＿＿＿＿　書籍代碼：＿＿＿＿

2.您從何處得知本書消息？□1.書店　□2.報紙　□3.雜誌　□4.電視　□5.廣播　□6.網站　□7.DM、海報　□8.電子報＿＿＿＿　□9.張老師文化email告知　□10.朋友　□11.其他：＿＿＿＿

3.您最常使的購書方式：□1.書店　□2.劃撥　□3.信用卡　□4.網路　□5.其他：＿＿＿＿

4.您對本書：□1.非常滿意　□2.滿意　□3.普通　□4.不滿意（原因是　□1內容不符期待　□2.文筆不佳　□3.版面、圖片、字體不佳　□4.其他＿＿＿＿

5.您對本書的感想或建議：＿＿＿＿＿＿

◎讀家徵文：歡迎上網分享您的心得感想(或email到service@lppc.com.tw)，字數不限，還有好禮相送！